RÉFORME

DE LA

LÉGISLATION DE L'ENREGISTREMENT

OU

ÉTUDE DES LOIS ACTUELLES

ET

MODIFICATIONS DONT ELLES SONT SUSCEPTIBLES

AU DOUBLE POINT DE VUE DES CONTRIBUABLES ET DU TRÉSOR,

PAR

LOUIS CARON,

VÉRIFICATEUR DE L'ENREGISTREMENT A AMIENS.

AMIENS

IMPRIMERIE DE LENOEL-HEROUART

RUE DES RABUISSONS, 30

1872.

RÉFORME

LÉGISLATION DE L'ENREGISTREMENT.

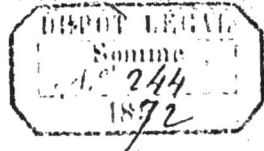

RÉFORME

DE LA

LÉGISLATION DE L'ENREGISTREMENT

OU

ÉTUDE DES LOIS ACTUELLES

ET

MODIFICATIONS DONT ELLES SONT SUSCEPTIBLES

AU DOUBLE POINT DE VUE DES CONTRIBUABLES ET DU TRÉSOR,

PAR

LOUIS CARON,

VÉRIFICATEUR DE L'ENREGISTREMENT A AMIENS.

> Ceux-là seuls mettent juste le doigt
> sur les réformes à faire, qui souffrent
> chaque jour du mal qu'elles doivent
> guérir.
>
> (*France administrative*, 12 mai 1872.)

AMIENS

IMPRIMERIE DE LENOEL-HEROUART

RUE DES RABUISSONS, 30

—

1872.

AVANT-PROPOS.

L'idée de cet ouvrage remonte à plusieurs années, mais sa réalisation date du jour où, après une guerre insensée, notre malheureux pays, vaincu, trahi et abandonné de toutes parts s'est résigné à subir la paix la plus onéreuse qui fut jamais !

Nous y avons consacré les tristes loisirs que nous a faits l'occupation étrangère, soutenu par l'espoir d'être utile, et trop heureux si notre travail peut faciliter la tâche de ceux à qui est confiée la mission de réparer les désastres de la France.

Voici ce que nous avons écrit, comme préface d'une première édition qui a été terminée trop tard pour être soumise utilement à l'Assemblée nationale, l'année dernière, et qui n'a pas été livrée à la publicité. C'est encore notre préface aujourd'hui :

« Les charges qui pèsent sur la France vont nécessairement se traduire par une augmentation d'impôts.

» Il est donc du devoir des hommes spéciaux de rechercher quelles sont les branches de produits qui ne sont pas encore épuisées, et qu'un meilleur aménagement pourrait rendre plus fécondes.

» L'impôt de l'enregistrement est parfois tellement onéreux qu'il semble avoir atteint ses limites extrêmes. Il n'en est rien cependant, et tous ceux qui ont fait de cet impôt une

1

étude attentive en même temps qu'une application journalière, sont convaincus qu'avec de sages réformes, on peut tout à la fois et le rendre moins lourd, et assurer à ses produits un développement considérable.

« Pour obtenir ce double résultat, qui paraît un paradoxe quoiqu'il soit parfaitement réalisable, il ne suffit pas d'un simple remaniement de tarif, ou d'une modification isolée : il faut remonter à la loi fondamentale dans son essence, et profitant de l'expérience acquise, la modifier de telle façon que la loi nouvelle donne à l'impôt des bases meilleures, c'est-à-dire plus sûres, plus étendues et plus équitables.

» Il faut aussi faire en sorte que le contribuable puisse aisément se rendre compte de ce qu'il doit : — Les lois en matière d'enregistrement sont tellement nombreuses et tellement subtiles ; elles ont été si souvent rendues dans un esprit différent, et les innombrables décisions qui sont venues les interpréter, offrent tant et de si spécieuses contradictions, qu'il est devenu infiniment difficile d'asseoir les droits d'une manière exacte. — Malhesherbes disait, en 1775 : « Celui qui paie ne sait guère ce qu'il doit, et souvent le préposé ne le sait pas mieux ! » — Nous en sommes là de nouveau, et c'est ce qui fait surtout que l'impôt semble si lourd.

Il n'y a d'autre remède à cette situation qu'une *refonte* complète des diverses lois qui régissent en ce moment l'impôt de l'enregistrement. L'ordre et la clarté sont à ce prix. Et c'est en même temps la meilleure manière de déduire naturellement les réformes et modifications qui sont utiles, au double point de vue du Trésor et du contribuable.

« La loi du 22 frimaire an VII, que des hommes éminents ont préparée, et à laquelle les meilleurs esprits ont rendu hommage, est restée, malgré ses lacunes et ses imperfections, un monument de sagesse que le temps n'a fait que consacrer.

» Nous l'avons donc prise pour base du travail que nous nous sommes imposé, et nous avons cherché à nous inspirer de son esprit, dans les dispositions nouvelles que l'expérience conseille, et que la situation réclame.

» Personne n'a développé l'esprit de la loi du 22 frimaire avec plus de concision et de netteté que M. Demante, dans son *Exposition raisonnée des principes de l'enregistrement;* aussi avons-nous suivi pas à pas son ouvrage, auquel nous renverrons souvent, plutôt que de le copier.

» Plusieurs des modifications que nous proposons sont dues à ses observations et ont été produites par ses critiques. — Les autres sont le résultat de mûres réflexions, dirigées par d'utiles conseils, et soutenues, dès le début, par un bienveillant encouragement.

» Puisse notre travail, sinon résoudre les difficultés, du moins marquer la voie à suivre dans l'accomplissement des réformes ! »

Depuis que nous avons écrit ces lignes, deux lois ont été rendues en matière d'enregistrement, — l'une le 23 août, et l'autre le 16 septembre 1871. — Mais ces lois, malgré les résultats qu'elles produisent déjà, ne sont que des lois partielles, laissant subsister la nécessité d'une *codification générale,* qui est réclamée de toutes parts depuis longtemps. Voici comment s'exprimait à ce sujet, il y a bientôt dix ans, M. Aulanier, président de la chambre des notaires de Guingamp, dans un opuscule marqué au coin du bon sens et de l'expérience, qu'il a publié sous le titre d'*Observations sur les modifications proposées aux lois d'enregistrement dans le projet de budget pour 1863.*

« La conclusion la plus rationnelle, dit-il, à tirer de ces *observations*, c'est l'opportunité d'une *refonte* de toutes nos lois d'enregistrement, pour les réunir et les codifier. — Avec l'expérience du passé, et à l'aide des statistiques de l'administration, on ferait vite et facilement une loi logique, concise et claire, en harmonie avec la loi civile, *et dont les résultats, connus d'avance, seraient tout à l'avantage du Trésor, sans augmentation sensible de charges pour les contribuables.* »

Nous remercions M. Aulanier d'avoir bien voulu nous adresser son excellent petit livre, et nous sommes heureux de nous être rencontré d'idées avec un esprit aussi pratique et aussi sensé que le sien.

Nous remercions également M. Dournel, président de la chambre des notaires de l'arrondissement d'Amiens, — à qui notre première édition a été soumise, — de l'accueil sympathique qu'il a bien voulu faire à notre travail.

M. Dournel est un homme dévoué aux idées de progrès, et l'empressement avec lequel il s'est engagé à se faire notre auxiliaire, est pour nous un témoignage certain que nous accomplissons un acte utile, en tâchant de préparer les voies à une *refonte des lois de l'enregistrement.*

INTRODUCTION

DROITS D'ENREGISTREMENT.

HISTORIQUE ET DROIT ANCIEN.

Définition. — L'enregistrement est une *formalité* qui consiste dans l'inscription d'un *acte* ou d'une *mutation*, sur un registre spécial tenu par un fonctionnaire de l'Etat.

Cette inscription a lieu moyennant le paiement d'un *droit :* les droits ainsi perçus constituent *l'impôt de l'enregistrement.*

L'impôt de l'enregistrement a donc deux objets distincts, les droits de *mutation*, et les droits dûs à raison de la *formalité* donnée aux *actes.*

CHAPITRE Ier.

DROITS DE MUTATION.

Origine. — Sous une dénomination ou sous une autre, dit « Dalloz, v° enregistrement n° 7, l'établissement d'un impôt » sur les *actes* et *mutations* se rencontre à toutes les époques. » — Créés par Auguste, qui les appliqua à l'Italie seulement, » étendus ensuite par Caracalla à toutes les provinces, les » *droits de mutation* ont été recueillis exactement, en France, » par la fiscalité féodale, et imités plus tard par la fiscalité » royale, sans que leur existence ait jamais éprouvé de » lacune. »

Féodalité. — A l'origine, les grands *vassaux* étaient presque les égaux des rois, et jouissaient, dans l'étendue des concessions territoriales qui leur avaient été faites sous le nom de *fiefs* ou *bénéfices*, des prérogatives de la souveraineté. Ils avaient eux-mêmes des vassaux dont ils étaient les *suzerains ;* ceux-ci en avaient d'autres, qui *inféodèrent* à leur tour, et qui non-seulement eurent des *vassaux*, mais encore se firent des *censitaires*, en aliénant les domaines par de simples *baux à cens*, à la charge de les tenir en *roture*, et de payer annuellement une redevance modique, *in recognitionem directi Dominii.*

Il était de l'essence de l'inféodation qu'elle fut faite sous la stipulation de *devoirs* honorifiques et pécuniaires envers le suzerain ; et les *sous-inféodations, démembrements, jeux de fiefs* et *baux à cens*, nécessairement consentis dans les conditions de l'investiture première, multipliaient les *devoirs* en les superposant.

Les *droits* résultant de ces *devoirs* constituent les *droits féodaux*, ou *profits seigneuriaux.*

Ces droits s'appelèrent d'abord *lods*, ce qui signifie *honneurs*, du latin *laudes*. Ils étaient dus aux suzerains pour toutes les transmissions qui s'opéraient dans leurs *mouvances* ou *seigneuries*, et ils variaient suivant les conditions de la concession des fiefs, ou suivant les coutumes établies.

Les *lods* et *rentes* étaient dus au *seigneur de censive*, pour chaque mutation par vente ou acte équivalent à vente, des *héritages censuels*, c'est-à-dire des *fiefs tenus en roture*. Ces droits, connus vulgairement sous le nom de *Franc quatre blancs* (1), étaient, ainsi que cette expression l'indique, du *douzième* des prix de vente. Aussi les appelait-on, en certains pays, *treizièmes*, parce qu'ils constituaient un treizième *douzième.*

---

(1) Le blanc était une pièce de monnaie qui valait 5 deniers. *Six blancs* faisaient deux *sous et demi.*

L'ensaisinement, ou saisine, était le droit payé également au seigneur de censive, pour la *mise en possession* des héritages censuels, transmis à tout autre titre qu'à titre de vente.

L'ensaisinement faisait courir les délais du *retrait lignager*.

Les droits de quint, ou *cinquième du prix*, s'appliquaient aux mutations de fiefs par vente ou actes équipollent à vente.

Les droits de requint, ou *cinquième du quint*, s'ajoutaient au quint dans certaines coutumes, notamment dans celle de Montargis.

Les droits de *relief*, ou de *rachat*, avaient été substitués à l'ancienne *réversion des fiefs* au profit des seigneurs, lorsqu'ils n'étaient possédés qu'à vie. On les payait pour *relever le fief*, pour le racheter des mains du seigneur. Ces droits étaient du revenu d'une année. Ils étaient exigibles pour toute mutation de biens fonds autre que celles donnant ouverture au droit de quint, ou de lods et ventes, (échanges, partages, résolutions, successions collatérales, etc., etc.). — Les successions directes en ont été reconnues exemptes en vertu de la maxime : « *Le mort saisi le vif.* »

En somme, ces droits, purement *seigneuriaux*, qui devenaient exigibles chaque fois que les *fiefs* et *censives* changeaient de main, étaient de véritables *droits de mutation*.

L'exigibilité en était surveillée d'une manière très-exacte dans chaque seigneurie, au moyen des *aveux* et *dénombrements* que les seigneurs étaient en droit d'exiger ; et le paiement en était assuré sous peine de *saisie féodale*, ou de *prise de possession réelle* par le seigneur, jusqu'à ce qu'on lui ait fait régulièrement des offres de *foi* et de *profits*.

Mais, tous les biens du territoire n'étaient pas *fiefs* ou *censives*. La conquête, après l'expulsion des Romains, avait laissé subsister quelques rares domaines possédés par d'anciens *Gaulois*, et il se trouva, en outre, de divers côtés, des héritages morcelés qui échappèrent à l'inféodation. Ces domaines et héritages, connus sous le nom de *leudes*, puis de *francs-alleux*, nobles et roturiers, se transmirent longtemps comme *terres libres*, c'est-à-dire que, ne relevant de personne, elles n'avaient *aucun devoir*, et par conséquent ne payaient aucun *droit de mutation*.

Mais la royauté grandissante substitua au fait de l'existence libre, des principes de nature à étendre partout sa domination. Elle prétendit, par l'organe de ses légistes, que, dans l'étendue du royaume, il ne pouvait pas y avoir d'héritages francs et indépendants : et, sous le règne de François Ier, le chancelier Duprat réussit à faire prévaloir cette maxime, longtemps contestée, et restée fameuse : « *Nulle terre sans seigneur !* »

De cette maxime est sortie cette conséquence capitale pour la prépondérance de la royauté, « que les terres qui ne dépen- » daient d'aucun seigneur, dépendaient du roi. » (Art. 383 de l'ordonnance de 1629)

Les droits féodaux étaient dus au roi, dans ses *mouvances*, comme aux autres seigneurs, et sur le même pied.

Le roi jouissait, en plus, comme attribut *régalien*, du droit de *francs fiefs*. — Ce droit, qui, d'après l'édit du 14 mai 1708, était d'une année de revenu, payable au moment de chaque acquisition, et renouvelable tous les vingt ans, — était la *finance* moyennant laquelle les *roturiers* ou non nobles, étaient relevés de l'incapacité de posséder des fiefs et biens nobles.

Le roi jouissait encore, au même titre, de divers autres droits et finances, notamment des droits *d'amortissement* et de nouvel acquêt, qui étaient dus par les *communautés* et autres *gens de main-morte*, à raison des biens qu'ils possédaient ou acquéraient, et pour ce fait, qu'en passant dans leurs mains, ces biens sortaient du commerce.

Les droits *d'amortissement*, établis, paraît-il, par Charles-le-Chauve en 840, ont été réglementés par Saint-Louis, puis par

Philippe-le-Hardi (ord. de 1275), pour réprimer l'avidité des ecclésiastiques de ce temps, et pour les empêcher d'augmenter leurs possessions.

Comme ceux de francs fiefs, ils étaient d'abord d'une année de revenu *tous les vingt ans*, soit en réalité 5 0/0 du revenu annuel. Ils ont été fixés par la déclaration du roi du 21 novembre 1724, à un cinquième *de la valeur* des biens tenus en fief, soit du roi, soit des seigneurs particuliers, et au sixième de ceux tenus en roture.

Ils étaient, du reste, indépendants des droits féodaux ordinaires.

L'abaissement de la féodalité n'ayant pas changé les conditions de *la terre*, tous les droits *seigneuriaux* qui précèdent subsistèrent jusqu'à la Révolution, et ne furent abolis que dans la nuit fameuse du 4 août 1789.

Il est juste de dire que les seigneurs ne les exigeaient pas dans toute leur intégrité. La coutume s'était établie de faire des remises ou *modérations* de certains *profits de fief*, qui étaient en réalité excessifs, et qui paralysaient les mutations au préjudice des seigneurs eux-mêmes.

Ces remises étaient purement gracieuses ; rien n'y obligeait les seigneurs : aussi les quittances de droits qu'ils donnaient énonçaient soigneusement les *modérations* qui étaient accordées !

La *modération* était du tiers ou du quart des droits de quint, suivant les contrées.

Henry II établit les *modérations* d'une manière générale dans ses *mouvances*, par lettres patentes rendues en l'année 1550, mais il en fit le prix du paiement exact des droits.—Les lettres patentes prescrivent en effet aux receveurs *du domaine*, de remettre le tiers des droits *féodaux*, à ceux qui déclarent leurs acquisitions et en paient les droits, *dans les trois mois de la date des contrats*.

CHAPITRE II.

DROITS DE FORMALITÉ.

On vient de voir que les droits de mutation remontent, en France, à la constitution de la féodalité.

Il n'en est pas de même des droits perçus sur les actes et contrats, autrement dit des *droits de formalité*. Ceux-ci datent de la monarchie.

Ce n'est que quand la prépondérance du pouvoir royal fut établie, que les rois prirent des mesures générales pour assurer, dans toute l'étendue du royaume, la sincérité des conventions, l'efficacité des hypothèques, et la conservation des contrats.

§ Ier. — INSINUATION.

La première ordonnance rendue dans le but que nous venons d'indiquer est celle de *Villers-Cotterets*, par laquelle François Ier, en 1539, établit l'*insinuation*.

L'*insinuation* est une formalité dont on trouve des traces dans les lois romaines, et qui consistait à faire enregistrer au greffe d'une juridiction, et pour les rendre publics, certains actes que les *tiers* pouvaient avoir intérêt à connaître.

D'après une ordonnance de 1549, l'*insinuation* devait se faire, non dans les justices seigneuriales, mais au siége des *justices royales*. — Henri II, en 1553, créa des offices spéciaux dont les titulaires prirent le titre de greffiers *des insinuations-laïques*. Ces offices furent supprimés, en 1710, et réunis au domaine.

L'ordonnance de François Ier, qui institue l'insinuation, n'avait en vue que les intérêts des particuliers ; mais, plus tard, on en fit un moyen de *finance* : limitée d'abord aux donations entre vifs, elle fut étendue par les édits de 1703, 1705 et 1706 aux quittances d'amortissement, et aux autres actes translatifs de biens immeubles, ainsi qu'aux actes dont la publicité avait été jugée utile, testaments, codiciles, séparations, interdictions, etc., etc.

Les droits d'insinuation, quoique convertis en moyen de finance, étaient considérés comme le *salaire de la formalité*, et n'étaient dus, par conséquent, que quand la formalité était requise, à la différence des droits *féodaux*, qui étaient dus à *chaque mutation*, sans que le seigneur fut obligé de représenter les titres de la mutation.

La formalité de l'insinuation, maintenue provisoirement par la loi du 22 frimaire an VII, art. 72, s'est conservée jusqu'à la publication du Code civil, où elle est remplacée par la *transcription hypothécaire*. (l⁰ⁿ du 26 niv. an XII, n⁰ 196.)

§ 2. — CONTRÔLE.

Contrôle. — Le contrôle des *actes des notaires* n'est venu que quarante-deux ans après l'insinuation, — édit de Henri III, daté de Blois, juin 1581, enregistré au Parlement le 4 juillet.

Cet édit, portant création d'un *bureau de contrôle* des actes en chaque siége royal, est le point de départ de *la législation de l'enregistrement*. Il a été rendu pour prévenir les fraudes qui se pratiquaient dans les contrats, et pour *assurer la date* et *l'existence* des actes.

Un siècle plus tard, on pensa à rendre la formalité obligatoire. Dans ce but, un édit du mois de mars 1693, — dérogeant à toutes coutumes, édits et déclarations qui seraient contraires, — établit que les parties ne pourraient acquérir aucun privilége, hypothèque, *propriété*, ni aucun autre droit ni action, en conséquence d'actes qui n'auraient point été contrôlés.

Le contrôle des exploits est venu ensuite, mais longtemps

après. Une ordonnance de 1667 imposait aux huissiers et sergents l'obligation de se faire assister de *témoins* et *recors* dans les exploits. Un édit du mois d'août 1669 a substitué à cette obligation, celle de faire contrôler les actes dans un délai déterminé.

Le contrôle des actes judiciaires ne remonte qu'à l'édit du mois de mars 1693. Encore les greffiers des *arbitrages* ne devaient-ils faire contrôler que les actes faits sans contestation préalable, et qu'il était au pouvoir des parties de consentir en justice ou devant notaire.

Les jugements et actes intervenus sur contestation étaient donc exempts de contrôle; mais ils devaient être *scellés* à peine de nullité et de deux cents livres d'amende, avant d'être délivrés aux parties, en extrait ou expédition.

Enfin le *contrôle des actes sous seing* privé a été établi par l'édit d'octobre 1705. Cet édit porte qu'avant d'exercer aucune poursuite en vertu d'un acte sous seing privé, cet acte sera contrôlé et assujetti aux mêmes droits que les actes de même nature passés pardevant notaire.

§ III. — PETIT-SCEL.

Les *sceaux* et *scels* étaient des marques authentiques de l'autorité, nécessaires pour *valider* les actes et jugements et les faire exécuter. — On nomme *petit-scel* le sceau des actes émanant des sièges et juridictions royales de *second ordre*, dont les *droits* faisaient partie de la *ferme des domaines*.

D'après un édit du mois de mars 1696, tous les actes des notaires et tabellions royaux devaient également être scellés par le *garde-scel*, avant de pouvoir être remis aux parties en extrait ou expédition. Mais un édit du mois d'octobre 1706 a attribué aux notaires le droit de sceller eux-mêmes leurs contrats.

Le droit de *petit-scel* afférent aux *sentences* et *actes sur requête* des cours, bailliages et sénéchaussées, prévôtés, vigueries, chatellenies, justices consulaires et autres justices royales, a été perçu *jusqu'à la Révolution*, sur les bases et d'après le tarif fixé par la déclaration du 20 mars 1703.

Il variait entre un *minimum* de 12 sous 6 blancs, et un maximum de 37 sous 6 deniers, suivant les valeurs portées dans les actes, pour les insinuations, nantissements, ensaisinements, publications de donations, ouvertures de testaments, et autres actes de simple formalité.

Il atteignait les *rôles des tailles* et du *sel*, et les rendait *exécutoires*. — On percevait :

1° Pour les rôles au-dessous de 400 livres . . . 3 livres.
2° Pour ceux de 400 à 1,000 livres. . . . . . . 4 —
3° Pour ceux de 1,000 à 2,000 livres. . . . . 6 —
4° Pour ceux de 2,000 à 3,000 livres. . . . . . 8 —
5° Et pour ceux de 3,000 et au-dessus . . . . . 12 livres.

Le droit de scel était également dû pour les actes de *foi* et *hommage, souffrance,* ou réception d'*aveu* et *dénombrement*. Il était fixé :

Pour les fiefs simples, à . . . . 25 sous.
Et pour les chatellenies, baronies et autres
  terres titrées, à . . . . 2 liv. 10 sous.

§ IV. — CENTIÈME DENIER.

A l'origine, les droits de contrôle, comme ceux d'insinuation, ne représentaient que le *salaire de la formalité*. Mais l'édit de décembre 1703 est entré dans une autre voie, et a créé un *véritable impôt de mutation,* en établissant, *au profit du trésor royal,* sous le nom de *centième denier*, un droit proportionnel de 1 0/0 *sur la valeur des biens transmis.*

Ce droit, qui se percevait, non au moment du contrôle, mais au moment de l'insinuation, *et au bureau de la situation des biens*, s'appliquait à toute espèce de mutation de propriété ou d'usufruit de biens immeubles, tenus en fief ou censive, soit du roi, *soit des seigneurs*, opérée à titre gratuit ou à titre onéreux, par succession ou autrement, *avec ou sans titre*, et atteignait les *successions* collatérales (art. 25 de l'édit de 1703), ainsi que les biens de *franc-alleu, franc-bourgage* ou franche bourgeoisie, qui avaient été jusque-là reconnus exempts du *droit de mutation* (art. 16 de la déclaration du 17 juillet 1704).

Il exceptait, cependant les *successions directes* et les donations, également en ligne directe, faites par contrats de mariage aux futurs.

Édit de 1722. — Les droits de contrôle, qui avaient été organisés et rendus obligatoires par l'édit de 1693, furent révisés et réglementés par l'édit du 22 septembre 1722. — Cet édit, qui fit loi jusqu'en 1790, soumet tous les actes à un *droit fixe* ou *proportionnel*, suivant leur nature, et d'après un tarif légèrement *progressif*.

§ V. — ENREGISTREMENT.

Telle était la situation au moment où l'*Assemblée constituante* entreprit de réorganiser la société sur de nouvelles bases.

Nous avons vu que, le 4 août 1789, elle abolit les *droits féodaux*.

Seize mois plus tard, les 5 et 19 décembre 1790, elle supprima, à compter du 1er février 1791, les droits de contrôle, d'insinuation et de centième denier, et les remplaça par une législation uniforme, qui a pour base l'*enregistrement des actes et mutations*.

La loi des 5 et 19 décembre 1790 peut être considérée comme la *loi fondamentale* de l'enregistrement. Rédigée avec clarté et méthode, elle pose nettement la plupart des principes de la législation actuelle ; et, à ce titre, elle sera longtemps encore utilement consultée.

Mais cette loi, empreinte de trop de confiance dans l'honnêteté des citoyens, ne prit que des mesures insuffisantes pour prévenir ou réprimer la fraude.

Les lois additionnelles des 9 octobre 1791, 14 thermidor an IV, et 9 vendémiaire an VI, furent un retour à d'autres idées, et posèrent d'autres principes.

Ces divergences entre la loi-mère et les lois additionnelles, devenues elles-mêmes insuffisantes, firent sentir la nécessité d'une *réforme*.

C'est dans cet état de choses, et sous l'empire de besoins financiers considérables, que le conseil des *Cinq-Cents* ordonna la *refonte* des lois d'enregistrement alors existantes, et qu'il vota la loi du 22 frimaire an VII, (12 décembre 1798), sur un rapport qui illustra son auteur, M Duchâtel.

Nous voudrions pouvoir reproduire en entier ce travail remarquable, et trop peu connu ; mais les limites de ce livre ne nous le permettent pas.

Disons seulement que M. Duchâtel appartenait à l'administration de l'enregistrement ; qu'il avait parcouru un à un tous les degrés de la hiérarchie administrative ; et que, s'il a été choisi pour rédiger la loi nouvelle ; s'il en a posé les bases fondamentales avec tant d'autorité et de raison ; s'il a si sagement combiné les dispositions destinées à assurer une équitable répartition de l'impôt, c'est qu'à une science profonde, il joignait les souvenirs de la pratique et une expérience consommée !

Nous permettra-t-on de dire qu'il est regrettable que les Assemblées ne soient pas composées de telle sorte que les hommes spéciaux soient appelés à concourir directement à la confection des lois.

Les grandes administrations de l'Etat ont une notoriété suffisante dans le pays pour être représentées à l'Assemblée nationale. Il semble donc qu'on pourrait établir, sans ressusciter pour cela les *ordres de l'Etat*, que chaque grande administration formerait un collége spécial et déléguerait, par voie de suffrage, quelques-uns de ses membres pour faire partie de la Chambre. On aurait ainsi un noyau d'hommes de science spéciale et d'expérience pratique, dont la collaboration serait loin d'être inutile pour l'étude et la discussion des lois !

On aurait de plus, — et dans tous pays qui veut fonder ses institutions sur la justice, cela est nécessaire, — un contrôle assuré et indépendant, une tribune ouverte pour signaler librement les actes de favoritisme, quelquefois scandaleux, qui désolent les administrations et découragent les meilleurs employés.

Hâtons-nous d'ajouter, qu'en disant cela, nous parlons en règle générale, et moins pour l'administration de l'enregistrement que pour les autres ; car, s'il est des exceptions malheureuses, et souvent imposées, il faut reconnaître que dans cette noble administration, la justice n'a jamais cessé d'être la règle !

PREMIERE PARTIE.

TEXTE DES LOIS ET DÉCRETS EN VIGUEUR

AU 1er JANVIER 1872.

2

TEXTE.	N^{os} DE RENVOI à la Refonte.

Loi du 22 frim. an VII (12 déc. 1798).

TITRE Ier. — *De l'Enregistrement, des droits et de leur application.*

ART. 1er. — Les droits d'enregistrement seront perçus d'après les bases et suivant les règles déterminées par la présente.

Rédaction plus complète.
V : art. 1er de la Ref.

ART. 2. — Les droits d'enregistrement sont *fixes* ou *proportionnels*, suivant la nature des actes et mutations qui y sont assujettis.

ART. 3. — Le droit fixe s'applique aux actes soit civils, soit judiciaires ou extrajudiciaires, qui ne contiennent ni obligation, ni libération, ni *condamnation, ni collocation ou liquidation de sommes et valeurs*, ni transmission de propriété, d'usufruit ou de jouissance de biens meubles ou immeubles.

Il est perçu aux taux réglés par l'article 68 de la présente.

Double division.
1° En droits de *mutation* et en droits *d'actes*;
2° En droits proportionnels et en droits fixes.

Portée de chacune de ces divisions.
V : Ref. art. 2, 3 et 4.

ART. 4. — Le droit proportionnel est établi pour les obligations, libérations, condamnations, collocations ou liquidations de sommes et valeurs, et pour toute transmission de propriété, d'usufruit ou de jouissance de biens meubles et immeubles, soit entre-vifs, soit par décès. — Ses quotités sont fixées par l'article 69 ci-après. — Il est assis sur les valeurs.

ART. 5. — Il n'y a point de fraction de centime dans la liquidation du droit proportionnel. Lorsqu'une fraction de somme ne produit pas un centime de droit, le centime est perçu au profit de la République.

Art. déjà modifié par *la loi du 27 vent. an IX*, art. 2.
V : Ref. art. 6.

ART. 6. — Cependant le moindre droit à percevoir sur un acte donnant lieu au droit proportionnel, et sur une mutation de biens par décès, sera du montant de la quotité sous laquelle chaque acte ou mutation se trouve classé dans les articles 68 et 69, sauf les exceptions y mentionnées.

Art. également modifié par *la loi du 27 ventôse an IX.*

V : art. 6 de la Réf.

ART. 7. — Les actes civils et extrajudiciaires sont enregistrés sur les minutes, brevets ou originaux. — Les actes judiciaires reçoivent cette formalité, soit sur les minutes, soit sur les expéditions, suivant les distinctions ci-après. — Ceux qui doivent être enregistrés sur les minutes sont les procès-verbaux d'apposition, de reconnaissance et de levée de scellés, et ceux de nomination de tuteurs et curateurs ; les avis de parents, les émancipations, les actes de notoriété, les déclarations en matière civile, les adoptions ; tous actes contenant autorisation, acceptation, abstention, renonciation ou répudiation ; les nominations d'experts et arbitres, les oppositions à levée de scellés par comparution personnelle, les cautionnements de personnes à représenter à justice ; ceux des sommes déterminées ou non déterminées, les ordonnances et mandements d'assigner les opposants à scellés ; tous procès-verbaux généralement quelconque des bureaux de paix, portant conciliation ou non conciliation, défaut ou congé, remise ou ajournement ; tous actes d'acquiescement, de dépôt et consignation, d'exclusion de tribunaux, d'affirmation de voyage, d'enchère et surenchère, de reprise d'instance, de communication de pièces avec ou sans déplacement, d'affirmation ou vérification de créances, d'opposition à délivrance de titres ou jugements, de procès-verbaux et rapports, de dépôts de bilan, et de décharges ; les certificats de toute nature et ordonnances sur requête ; les jugements portant transmission d'immeubles, et ceux par lesquels il est prononcé des condamnations sur des conventions sujettes à l'enregistrement, sans énonciation de titres enregistrés. — Tous autres actes et jugements, soit préparatoires ou d'instruction, soit définitifs, ne sont soumis à l'enregistrement que sur les expéditions. — Ceux des actes de l'état civil qui sont assujettis à l'enregistrement par la présente ne seront également enregistrés que sur les expéditions. — Les jugements de la police ordinaire, des tribunaux de police correctionnelle et des tribunaux criminels, ne sont de même soumis à l'enregistrement que sur les expéditions, lorsqu'il y a partie civile, et seulement pour les expéditions requises par elle ou autres intéressés.

Cet art. a été remplacé par l'*art.* 38 *de la loi du* 28 *avril* 1816, auquel est venu s'ajouter l'art. 73 de la loi du 15 mai 1818.

V : art. 7 de la Réf.

ART. 8. — Il n'est dû aucun droit d'enregistrement pour les extraits, copies ou expéditions des actes qui doivent être enregistrés sur les minutes ou originaux. — Quant à ceux des actes judiciaires qui ne sont assujettis à l'enregistrement que sur les expéditions, chaque expédition doit être enregistrée, savoir : la première, pour le droit proportionnel, s'il y a lieu, ou pour le droit fixe, si le jugement n'est pas passible du droit proportionnel ; et chacune des autres pour le droit fixe.

Nota. — Bien que d'après l'art. 38 de la loi du 28 avril 1816, les actes judiciaires s'enregistrent *tous* sur les minutes, les expéditions continuent à recevoir la formalité de l'enregistrement, *mais seulement pour acquitter le droit de greffe.*
Formalité à supprimer.
V : art. 7 et 131.

ART. 9. — Lorsqu'un acte translatif de propriété ou d'usufruit comprend des *meubles et immeubles,* le droit d'enregistrement est perçu *sur la totalité du prix,* au taux réglé pour les immeubles, à moins qu'il ne soit stipulé un prix particulier pour les objets mobiliers, et qu'ils ne soient désignés et estimés, article par article, dans le contrat.

Modifié.
V : art. 8 de la Ref.

ART. 10. — Dans le cas de transmission de biens, la quittance donnée ou l'obligation consentie par le même acte, pour tout ou partie du prix entre les contractants, ne peut être sujette à un droit particulier d'enregistrement.

Comparez : art 9 de la Ref.

ART. 11. — Mais lorsque, dans un acte quelconque, soit civil, soit judiciaire ou extrajudiciaire, il y a plusieurs dispositions indépendantes ou ne dérivant pas nécessairement les unes des autres, il est dû, pour chacune d'elles et selon son espèce, un droit particulier. La quotité en est déterminée par l'article de la présente dans lequel la disposition se trouve classée, ou auquel elle se rapporte.

Comparez : art. 10 de la Ref.

ART. 12. — La mutation d'un immeuble en propriété ou usufruit sera suffisamment établie, pour la demande du droit d'enregistrement et la poursuite du paiement contre le nouveau possesseur, soit par l'inscription de son nom au rôle de la contribution foncière, et des paiements par lui faits d'après ce rôle, soit par des baux par lui passés, ou enfin par des transactions ou autres actes constatant sa propriété ou son usufruit.

Cet article a été complété par *la loi du 27 ventôse an IX,* art. 4.
V : art. 11 et 13 de la Ref.

ART. 13. — La jouissance à titre de ferme, ou de location, ou d'engagement d'un immeuble, sera aussi suffisamment établie pour la demande et la poursuite du paiement des droits des baux ou engagements non enregistrés, par les actes qui la feront connaître, ou par des paiements de contributions imposées aux fermiers, locataires ou détenteurs temporaires.

L'effet de cet article a été étendu aux *mutations verbales* par l'art. 11 de la loi du 23 août 1871.

V : Réf. art. 12 et 13.

TITRE II. — *Des valeurs sur lesquelles le droit proportionnel est assis, et de l'expertise.*

ART. 14. — La valeur de la propriété, de l'usufruit et de la jouissance *des biens meubles*, est déterminée, pour la liquidation et le paiement du droit proportionnel, ainsi qu'il suit, savoir :

V : Réf. art. 11 (division par nature de transmissions, et non par nature de biens).

1° Pour les baux et locations, *par le prix annuel exprimé, en y ajoutant les charges imposées au preneur.*

(V : art. 1er de la loi du 16 juin 1824.)

Maintenu quant aux meubles.

V : art. 14 n° 6 § 1, de la Réf.

2° Pour les créances à terme, leurs cessions et transports, et autres actes obligatoires, *par le capital exprimé dans l'acte, et qui en fait l'objet.*

Modifié.

V : art 14 n° 1.

3° Pour les quittances et tous autres actes de libération, *par le total des sommes ou capitaux dont le débiteur se trouve libéré.*

Sans changement.

V : art. 14 n° 2

4° Pour les marchés et traités, *par le prix exprimé ou l'évaluation qui sera faite des objets qui en seront susceptibles.*

Sans changement.

V : art. 14 n° 3.

5° Pour les ventes et autres transmissions à titre onéreux, *par le prix exprimé et le capital des charges qui peuvent ajouter au prix.*

Sans changement.

V : art. 14 n° 9, § 1.

6° Pour les créations de rentes, soit perpétuelles, soit viagères, ou de pensions, aussi à titre onéreux, *par le capital constitué et aliéné.*

Sans changement.

V : art. 14 n° 4.

7° Pour les cessions ou transports desdites rentes ou pensions, et pour leur amortissement ou rachat, *par le capital constitué, quel que soit le prix stipulé pour le transport ou l'amortissement.*

Sans changement.

V : art. 14 n° 5.

8° Pour les transmissions entre-vifs, à titre gratuit, et celles qui s'opèrent par décès, *par la déclaration estimative des parties, sans distraction des charges.*

V : art. 15 n° 1.

9° Pour les rentes et pensions créées sans expression de capital, leurs transports et amortissements, à raison d'un capital formé de vingt fois la r nte perpétuelle, et de dix fois la rente viagère ou la pension, et quel que soit le prix stipulé pour le transport ou l'amortissement. — Il ne sera fait aucune distinction entre les rentes viagères et pensions créées sur une tête et celles créées sur plusieurs têtes, quant à l'évaluation. — Les rentes et pensions stipulées payables en nature seront évaluées aux mêmes capitaux, estimation préalablement faite des objets d'après les dernières mercuriales du canton de la situation des biens, à la date de l'acte, s'il s'agit d'une rente créée pour aliénation d'immeubles, ou, dans tout autre cas, d'après les dernières mercuriales du canton où l'acte aura été passé. — Il sera rapporté à l'appui de l'acte un extrait certifié des mercuriales. — S'il est question d'objets dont les prix ne puissent être réglés par les mercuriales, les parties en feront une déclaration estimative.

Modifié.
V : art. 14 n° 5 et art. 15 n° 4.

10° Pour les actes et jugements portant condamnation, collocation, liquidation ou transmission, *par le capital des sommes, et les intérêts et dépens liquidés.*

Supprimé.
V : Réf. n° 22.

11° L'usufruit transmis à titre gratuit s'évalue à la moitié de la valeur entière de l'objet.

Modifié.
V : Réf. art. 15 n° 1.

ART. 15. — La valeur de la propriété, de l'usufruit et de la jouissance des *immeubles* est déterminée, pour la liquidation et le paiement du droit proportionnel, ainsi qu'il suit, savoir :

V : Réf. art. 14 (division par nature de transmissions, et non par nature de biens).

1° Pour les baux à ferme ou à loyer, les sous-baux, cessions et subrogations de baux, *par le prix annuel exprimé, en y ajoutant les charges imposées au preneur.* — Si le bail est stipulé payable en nature, il en sera fait une évaluation d'après les dernières mercuriales du canton de la situation des biens, à la date de l'acte, à l'appui duquel il sera rapporté un extrait certifié des mercuriales. — Il en sera de même des baux à portion de fruits, pour la part revenant au bailleur, dont la quotité sera préalablement déclarée, et sur la valeur de laquelle le droit d'enregistrement sera perçu. — S'il s'agit d'objets dont la valeur ne puisse être constatée par les mercuriales, les parties en feront une déclaration estimative.

(V : art. 75 de la loi du 15 mai 1818.)

Modifié.
V : art. 14 n° 6, § 1er de la Réf.

2° Pour les baux à rentes perpétuelles et ceux dont la durée est illimitée, *par un capital formé de vingt fois la rente ou le prix annuel, et les charges aussi annuelles, en y ajoutant également les autres charges en capital, et les deniers d'entrée, s'il en est stipulé* — Les objets en nature s'évaluent comme ci-dessus.

Modifié.
V : art. 14 n° 7.

3° Pour les baux à vie, sans distinction de ceux faits sur une ou plusieurs têtes, *par un capital formé de dix fois le prix et les charges annuels, en y ajoutant de même le montant des deniers d'entrée et des autres charges, s'il s'en trouve d'exprimés.* — Les objets en nature s'évaluent pareillement comme il est prescrit ci-dessus.

Modifié.
V : art. 14 n° 8.

4° Pour les échanges, *par une évaluation qui doit être faite en capital, d'après le revenu annuel multiplié par vingt, sans distraction des charges.*

Modifié.
V : art. 14 n° 13.

5° Pour les engagements, *par les prix et sommes pour lesquels ils sont faits.*

Maintenu.
V : art. 14 n° 11.

6° Pour les ventes, adjudications, cessions, rétrocessions, licitations, et tous autres actes civils ou judiciaires portant translation de propriété ou d'usufruit à titre onéreux, *par le prix exprimé, en y ajoutant toutes les charges en capital, ou par une estimation d'experts, dans le cas autorisé par la présente.*— Si l'usufruit est réservé par le vendeur, il sera évalué à la moitié de tout ce qui forme le prix du contrat, et le droit sera perçu sur le total ; mais il ne sera dû aucun droit pour la réunion de l'usufruit à la propriété ; cependant, si elle s'opère par un acte de cession, et que le prix soit supérieur à l'évaluation qui en aura été faite pour régler le droit de la translation de propriété, il est dû un droit, par supplément, sur ce qui se trouve excéder cette évaluation. Dans le cas contraire, l'acte de cession est enregistré pour le droit fixe.

Modifié.
V : art. 14 n° 9.

7° Pour les transmissions de propriété entre-vifs, à titre gratuit, et celles qui s'effectuent par décès, *par l'évaluation qui sera faite et portée à vingt fois le produit des biens, ou le prix des baux courants, sans distraction des charges.*

Changé d'une manière complète.
V : art. 15 n° 6.

Il ne sera rien dû pour la réunion de l'usufruit à la propriété, lorsque le droit d'enregistrement aura été acquitté sur la valeur entière de la propriété.

V : art. 15 n°s 7, 8 et 9.

8° Pour les transmissions d'usufruit seulement, soit entre-vifs, à titre gratuit, soit par décès, *par l'évaluation qui en sera portée à dix fois le produit des biens, ou le prix des baux courants, aussi sans distraction des charges.*

Modifié.
V : art. 15 n° 6.

Lorsque l'usufruitier qui aura acquitté le droit d'enregistrement pour son usufruit acquerra la nue-propriété, il paiera le droit d'enregistrement sur sa valeur, sans qu'il y ait lieu de joindre celle de l'usufruit.

Maintenu implicitement.
V : art. 14 n° 9.

ART. 16. — Si les sommes et valeurs ne sont pas déterminées dans un acte ou jugement donnant lieu au droit proportionnel, les parties seront tenues d'y suppléer avant l'enregistrement, par une déclaration estimative certifiée et signée au pied de l'acte.

Reproduit presque littéralement, art. 16 de la Ref.

ART. 17. — Si le prix énoncé dans un acte translatif de propriété ou d'usufruit de biens immeubles, à titre onéreux, paraît inférieur à leur valeur vénale à l'époque de l'aliénation, par comparaison avec les fonds voisins de même nature, la régie pourra requérir une expertise, pourvu qu'elle en fasse la demande dans l'année, à compter du jour de l'enregistrement du contrat.

(V : Art. 5 de la loi du 27 ventôse an IX.

Nouveau mode d'expertise.
V : Ref. art. 23 à 42.

ART. 18. — La demande en expertise sera faite au tribunal civil du département dans l'étendue duquel les biens sont situés, par une pétition portant nomination de l'expert de la nation. — L'expertise sera ordonnée dans la décade (les dix jours) de la demande. — En cas de refus par la partie de nommer son expert, sur la sommation qui lui aura été faite d'y satisfaire dans les trois jours, il lui en sera nommé un d'office par le tribunal. — Les experts, en cas de partage, appelleront un tiers expert : s'ils ne peuvent en convenir, le juge de paix du canton de la situation des biens y pourvoira. — Le procès-verbal d'expertise sera rapporté, au plus tard, dans le mois qui suivra la remise qui aura été faite aux experts de l'ordonnance du tribunal, ou dans le mois après l'appel d'un tiers expert. — Les frais de l'expertise seront à la charge de l'acquéreur, mais seulement lorsque l'estimation excédera d'un huitième au moins le prix énoncé au contrat. — L'acquéreur sera tenu, dans tous les cas, d'acquitter le droit sur le supplément d'estimation, s'il y a une plus-value constatée par le rapport des experts.

(V : art. 1 et 2 de la loi du 15 nov. 1808.)

Même observation.

ART. 19. — Il y aura également lieu à requérir l'expertise des revenus des immeubles transmis

Même observation.

en propriété ou usufruit, à tout autre titre qu'à titre onéreux, lorsque l'insuffisance dans l'évaluation ne pourra être établie par actes qui puissent faire connaître le véritable revenu des biens.

(V : art. 5 de la loi du 27 ventôse an IX.)

TITRE III. — *Des délais pour l'enregistrement des actes et déclarations.*

ART. 20. — Les délais pour faire enregistrer les actes publics sont, savoir :

De quatre jours, pour ceux des huissiers et autres ayant pouvoir de faire des exploits et procès-verbaux.

Maintenu.
V: Réf. art. 43 n° 1.

(V : art. 13 de la loi du 27 ventôse an IX, et art 19 de la loi du 30 mai 1831.)

De dix jours, pour les actes des notaires qui résident dans la commune où le bureau d'enregistrement est établi.

De quinze jours, pour ceux des notaires qui n'y résident pas.

Maintenu, mais complété.
Réf. art. 43 n° 4.

(V : art. 23 de la loi du 21 mai 1831.)

De vingt jours, pour les actes judiciaires soumis à l'enregistrement sur les minutes, et pour ceux dont il ne reste pas de minutes au greffe, ou qui se délivrent en brevet.

De vingt jours aussi, pour les actes des administrations centrales et municipales (*Préfets, Sous-Préfets et Maires*) assujettis à la formalité de l'enregistrement.

Refondu et complété.
V: Réf. art 43 n° 7.

(V : art. 14 de la loi du 27 ventôse an IX, et art. 78 de la loi du 15 mai 1818.)

ART. 21. — Les testaments déposés chez les notaires, ou par eux reçus, seront enregistrés dans les trois mois du décès des testateurs, à la diligence des héritiers, donataires, légataires, ou exécuteurs testamentaires.

Modifié.
V: Réf. art. 44.

ART. 22. — Les actes qui, à l'avenir, seront faits sous signature privée, et qui porteront transmission de propriété ou l'usufruit de biens immeubles, et les baux à ferme ou à loyer, sous-baux, cessions et subrogations de baux, et les engagements aussi sous signature privée, de biens de même nature, seront enregistrés dans les trois mois de leur date. — Pour ceux des actes de ces espèces qui seront passés en pays étranger, ou dans les îles ou colonies françaises où l'enregistrement n'aurait pas encore été établi, le délai

Refondu et modifié.
V: art 45 et 46.

sera de six mois, s'ils sont faits en Europe ; d'une
année, si c'est en Amérique ; et de deux années,
si c'est en Asie ou en Afrique.

(V : loi du 27 ventôse an IX art. 4, et
loi du 23 août 1871, art. 11.)

ART. 23. — Il n'y a point de délai de rigueur
pour l'enregistrement de tous autres actes que
ceux mentionnés dans l'article précédent, qui seront faits sous signature privée, ou passés en
pays étranger, et dans les îles et colonies françaises où l'enregistrement n'aurait pas encore été
établi ; mais il ne pourra en être fait aucun usage,
soit par acte public, soit en justice, ou devant
toute autre autorité constituée, qu'ils n'aient été
préalablement enregistrés.

Maintenu.
V : art. 71.

(V : art. 58 de la loi du 23 avril 1816, et
art 1 de la loi du 16 juin 1824.)

ART. 24. — Les délais pour l'enregistrement des
déclarations que les héritiers, donataires ou légataires auront à passer des biens à eux échus ou
transmis par décès sont, savoir : — de six mois, à
compter du jour du décès, lorsque celui dont on
recueille la succession est décédé en France ; —
de huit mois, s'il est décédé dans toute autre partie de l'Europe ; — d'une année, s'il est mort en
Amérique ; et de deux années, si c'est en Afrique
ou en Asie.

Délais modifiés.
V : art. 50.

Le délai de six mois ne courra que du jour de
la mise en possession, pour la succession d'un
absent ; celle d'un condamné, si ses biens sont
sequestrés ; celle qui aurait été sequestrée pour
toute autre cause ; celle d'un défenseur de la pa-
trie, s'il est mort en activité de service hors de
son département, ou enfin celle qui serait recueillie
par indivis avec la nation. — Si avant les derniers
six mois des délais fixés pour les déclarations des
successions de personnes décédées hors de France
les héritiers prennent possession des biens il ne
restera d'autre délai à courir, pour passer déclaration, que celui de six mois à compter du jour de
la prise de possession.

(V : art. 14 de la loi du 28 avril 1816.)

ART. 25. — Dans les délais fixés par les articles
précédents pour l'enregistrement des actes et des
déclarations, le jour de la date de l'acte, ou celui
de l'ouverture de la succession ne sera point
compté. — Si le dernier jour du délai se trouve
être un décadi (dimanche) ou un jour de fête na-

Maintenu.
V : art. 52.

tionale, ou s'il tombe dans les jours complémentaires (supprimés), ces jours-là ne seront point comptés non plus.

TITRE IV. — *Des bureaux où les actes et mutations doivent être enregistrés.*

ART. 26. — Les notaires ne pourront faire enregistrer leurs actes qu'aux bureaux dans l'arrondissement desquels ils résident. — Les huissiers et tous autres ayant pouvoir de faire des exploits, procès-verbaux ou rapports, feront enregistrer leurs actes soit au bureau de leur résidence, soit au bureau du lieu où ils les auront faits. — Les greffiers et les secrétaires des administrations centrales et municipales feront enregistrer les actes qu'ils sont tenus de soumettre à cette formalité, aux bureaux dans l'arrondissement desquels ils exercent leurs fonctions. — Les actes sous signature privée, et ceux passés en pays étranger, pourront être enregistrés dans tous les bureaux indistinctement.

(V : art. 6 de la loi du 22 pluv. an VII.)

Maintenu, mais complété.
V : art. 53.

ART. 27. — Les mutations de propriété ou d'usufruit par décès seront enregistrées au bureau de la situation des biens. — Les héritiers, donataires ou légataires, leurs tuteurs ou curateurs, seront tenus d'en passer déclaration détaillée et de la signer sur le registre. — S'il s'agit d'une mutation, au même titre, de biens meubles, la déclaration en sera faite au bureau dans l'arrondissement duquel ils se sont trouvés au décès de l'auteur de la succession. — Les rentes et les autres biens meubles sans assiette déterminée lors du décès, seront déclarés au bureau du domicile du décédé. — Les héritiers, légataires ou donataires rapporteront, à l'appui de leurs déclarations de biens meubles, un inventaire ou état estimatif, article par article, par eux certifié, s'il n'a pas été fait par un officier public; cet inventaire sera déposé et annexé à la déclaration qui sera reçue et signée sur le registre du receveur de l'enregistrement.

Modifié et complété.
V : art. 54.

TITRE V. — *Du paiement des droits, et de ceux qui doivent les acquitter.*

ART. 28. — Les droits des actes et ceux des mutations par décès seront payés avant l'enregistrement, aux taux et quotités réglés par la présente. — Nul ne pourra en atténuer ni différer le paiement,

Reproduit textuellement.
V : art. 55.

sous le prétexte de contestation sur la quotité, ni pour quelque autre motif que ce soit, sauf à se pourvoir en restitution, s'il y a lieu.

ART. 29. — Les droits des actes à enregistrer seront acquittés, savoir : par les notaires, *pour les actes passés devant eux* ; — par les huissiers et autres ayant pouvoir de faire des exploits et procès-verbaux, *pour ceux de leur ministère* ; — par les greffiers, *pour les actes et jugements (sauf le cas prévu par l'art.* 37 *ci-après) qui doivent être enregistrés sur les minutes, aux termes de l'art.* 7 *de la présente, et ceux passés et reçus aux greffes, et pour les extraits, copies et expéditions qu'ils délivrent des jugements qui ne sont pas soumis à l'enregistrement sur les minutes* ; par les secrétaires des administrations centrales et municipales, *pour les actes de ces administrations qui sont soumis à la formalité de l'enregistrement, sauf aussi le cas prévu par l'art.* 37 ; — par les parties, *pour les actes sous signature privée, et ceux passés en pays étranger, qu'elles auront à faire enregistrer* ; *pour les ordonnances sur requête ou mémoires, et les certificats qui leur sont immédiatement délivrés par les juges* ; *et pour les actes et décisions qu'elles obtiennent des arbitres, si ceux-ci ne les ont pas fait enregistrer* ; — et par les héritiers, légataires et donataires, leurs tuteurs et curateurs, et les exécuteurs testamentaires, *pour les testaments et autres actes de libéralité à cause de mort.*

Simplifié et complété.

V : art. 56.

ART. 30. — Les officiers publics qui, aux termes des dispositions précédentes, auraient fait, pour les parties, l'avance des droits d'enregistrement, pourront prendre exécutoire du juge de paix de leur canton, pour leur remboursement.

L'opposition qui serait formée contre cet exécutoire, ainsi que toutes les contestations qui s'élèveraient à cet égard, seront jugées conformément aux dispositions portées par l'art. 65 de la présente, relatif aux instances poursuivies au nom de la nation.

Reproduit textuellement.

V : art. 57.

ART. 31. — Les droits des actes civils et judiciaires emportant obligation, libération, ou translation de propriété, ou d'usufruit de meubles ou immeubles, seront supportés par les débiteurs et nouveaux possesseurs, et ceux de tous les autres actes le seront par les parties auxquelles les actes profiteront, lorsque, dans ces divers cas, il n'aura pas été stipulé de dispositions contraires dans les actes.

Modifié et complété.

V : art 58 § 1 et 2.

Art. 32. — Les droits des déclarations des mutations par décès seront payés par les héritiers, donataires ou légataires, — Les co-héritiers seront solidaires, — La nation aura action sur les revenus des biens à déclarer, en quelques mains qu'ils se trouvent, pour le paiement des droits dont il faudrait poursuivre le recouvrement.

Même observation.
V : art. 58 § 1 et 2.

TITRE. VI. — *Des peines pour défaut d'enregistrement des actes et déclarations dans les délais, et de celles portées relativement aux omissions, aux fausses estimations et aux contre-lettres.*

Art. 33. — Les notaires qui n'auront pas fait enregistrer leurs actes dans les délais prescrits paieront personnellement, à titre d'amende et pour chaque contravention, une somme de cinquante francs, s'il s'agit d'un acte sujet au droit fixe, ou une somme égale au montant du droit, s'il s'agit d'un acte sujet au droit proportionnel, sans que, dans ce dernier, la peine puisse être au-dessous de cinquante francs. — Ils seront tenus, en outre, du paiement des droits, sauf leur recours contre les parties pour ces droits seulement.

Modifié.
V : art. 60.

(V : art. 10 de la loi du 16 juin 1824.)

Art. 34. — La peine contre un huissier ou autre ayant pouvoir de faire des exploits ou procès-verbaux est, pour un exploit ou procès-verbal non présenté à l'enregistrement dans le délai, d'une somme de vingt-cinq francs, et de plus une somme équivalente au montant du droit de l'acte non enregistré. *L'exploit ou procès-verbal non enregistré dans le délai est déclaré nul,* et le contrevenant responsable de cette nullité envers la partie. — Ces dispositions, relativement aux exploits et procès-verbaux, ne s'étendent pas aux procès-verbaux de ventes de meubles et autres objets mobiliers, ni à tout autre acte du ministère des huissiers sujet au droit proportionnel. La peine pour ceux-ci sera d'une somme égale au montant du droit, sans qu'elle puisse être au-dessous de cinquante francs. Le contrevenant paiera en outre le droit dû pour l'acte, sauf son recours contre la partie pour ce droit seulement.

Maintenu, mais modifié quant aux amendes.
Ref. art. 43 n° 1, et art. 60.

Art. 35. — Les greffiers qui auront négligé de soumettre à l'enregistrement, dans le délai fixé, les actes qu'ils sont tenus de présenter à cette formalité, paieront personnellement, à titre d'amende et pour chaque contravention, une somme égale

Modifié quant aux amendes.
V : art. 60.

au montant du droit. — Ils acquitteront en même temps le droit, sauf leur recours, pour ce droit seulement, contre la partie.

Art. 36. — Les dispositions de l'article précédent s'appliquent également aux secrétaires des administrations centrales et municipales, pour chacun des actes qu'il leur est prescrit de faire enregistrer, s'ils ne les ont pas soumis à l'enregistrement dans le délai.

Refondu avec les articles précédents.

V : art. 60.

Art. 37. — Il est néanmoins fait exception aux dispositions des deux articles précédents, quant aux jugements rendus à l'audience, qui doivent être enregistrés sur minutes, et aux actes d'adjudication passés en séance publique des administrations, lorsque les parties n'auront pas consigné aux mains des greffiers et des secrétaires, dans le délai prescrit pour l'enregistrement, le montant des droits fixés par la loi. Dans ce cas, le recouvrement en sera poursuivi contre les parties par les receveurs, et elles supporteront en outre la peine du droit en sus.

Pour cet effet, les greffiers et les secrétaires fourniront aux receveurs de l'enregistrement, dans la décade qui suivra l'expiration du délai, des extraits par eux certifiés des actes et jugements dont les droits ne leur auront pas été remis par les parties, à peine d'une amende de dix francs pour chaque décade de retard, et pour chaque acte et jugement, et d'être en outre personnellement contraints au paiement des doubles droits.

(V : art. 38 de la loi du 28 avril 1816.)

Simplifié et complété.

V · art. 61.

Art. 38. — Les actes sous signature privée, et ceux passés en pays étrangers, dénommés dans l'art. 22, qui n'auront pas été enregistrés dans les délais déterminés, seront soumis au double droit d'enregistrement. — Il en sera de même pour les testaments non enregistrés dans le délai.

(V : art. 4 de la loi du 27 ventôse an IX, et art 2 de la loi du 23 août 1871.)

Modifié quant aux amendes.

V : art. 62 de la Ref.

Art. 39. — Les héritiers, donataires ou légataires qui n'auront pas fait, dans les délais prescrits, les déclarations des biens à eux transmis par décès, paieront, à titre d'amende, un demi-droit en sus du droit qui sera dû pour la mutation. La peine pour les omissions qui seront reconnues avoir été faites dans les déclarations, sera d'un

Modifié et complété.

V : Ref. art. 65, 66 et 67.

droit en sus de celui qui se trouvera dû pour les
objets omis. Il en sera de même pour les insuffisances constatées dans les estimations des biens
déclarés. — Si l'insuffisance est établie par un rapport d'experts, les contrevenants paieront en outre
les frais de l'expertise. — Les tuteurs et curateurs
supporteront personnellement les peines ci-dessus,
lorsqu'ils auront négligé de passer les déclarations
dans les délais, ou qu'ils auront fait des omissions
ou des estimations insuffisantes.

ART. 40. — Toute contre-lettre faite sous signature privée, qui aurait pour objet une augmentation du prix stipulé dans un acte public ou dans
un acte sous signature privée précédemment enregistré, *est déclarée nulle et de nul effet*. — Néanmoins, lorsque l'existence en sera constatée, il y
aura lieu d'exiger, à titre d'amende, une somme
triple du droit qui aurait eu lieu sur les sommes et
valeurs ainsi stipulées.

Modifié et com-
plété.

V : Ref. art. 68 et
69.

(V : art. 13 de la loi du 23 août 1871.)

TITRE VII. — *Des obligations des notaires, huissiers, greffiers, secrétaires, juges, arbitres, administrateurs et autres officiers ou fonctionnaires
publics, des parties et des receveurs, indépendamment de celles imposées sous les titres précédents.*

ART. 41. — Les notaires, huissiers, greffiers et
les secrétaires des administrations centrales et
municipales ne pourront délivrer en brevet, copie
ou expédition, aucun acte soumis à l'enregistrement sur la minute ou l'original, ni faire aucun
autre acte en conséquence, avant qu'il ait été enregistré, quand même le délai pour l'enregistrement ne serait pas encore expiré, à peine de cinquante francs d'amende, outre le paiement du
droit. — Sont exceptés les exploits et autres actes
de cette nature qui se signifient à partie, ou par
affiches et proclamations, et les effets négociables
compris sous l'art. 69, paragraphe 2, nombre 6 de
la présente. — A l'égard des jugements qui ne
sont assujettis à l'enregistrement que sur les expéditions, il est défendu aux greffiers, sous les mêmes
peines, d'en délivrer aucune, même par simple
note ou extrait, aux parties ou aux autres intéressés, sans l'avoir fait enregistrer.

Modifié.

V : art. 72.

(V : art. 11 de la loi du 16 juin 1824, et
art. 56 de la loi du 28 avril 1816.)

ART. 42. — Aucun notaire, huissier, greffier, secrétaire ou autre officier public, ne pourra faire ou rédiger un acte en vertu d'un acte sous signature privée, ou passé en pays étranger, l'annexer à ses minutes, ni le recevoir en dépôt, ni en délivrer extrait, copie ou expédition, s'il n'a été préalablement enregistré, à peine de cinquante francs d'amende, et de répondre personnellement du droit, sauf l'exception mentionnée dans l'article précédent.

(Voir, comme exceptions, les articles 69, § 2 nos 6, et 70, § 3, no 15, ci-après, pour les effets négociables et lettres de change. — Voir de plus, la modification apportée par l'art. 13 de la loi du 16 juin 1824.)

Comparez : art. 73.

ART. 43. — Il est également défendu, sous la même peine de cinquante francs d'amende, à tout notaire ou greffier, de recevoir aucun acte en dépôt sans dresser acte du dépôt. — Sont exceptés les testaments déposés chez les notaires par les testateurs.

Modifié.
V : Réf. art. 70.

ART. 44. — Il sera fait mention, dans toutes les expéditions des actes publics, civils ou judiciaires qui doivent être enregistrés sur les minutes, de la quittance des droits, par une transcription littérale et entière de cette quittance.— Pareille mention sera faite dans les minutes des actes publics, civils, judiciaires ou extrajudiciaires, qui se font en vertu d'actes sous signature privée, ou passés en pays étranger, et qui sont soumis à l'enregistrement par la présente. — Chaque contravention sera punie par une amende de dix francs.

Comparez: art. 71 de la Réf.

ART. 45. — Les greffiers qui délivreront des secondes et subséquentes expéditions des actes et jugements assujettis au droit proportionnel, mais qui ne sont pas dans le cas d'être enregistrés sur les minutes, seront tenus de faire mention, dans chacune de ces expéditions, de la quittance du droit payé pour la première expédition, par une transcription littérale de cette quittance. — Ils feront également mention sur la minute de chaque expédition délivrée, de la date de l'enregistrement et du droit payé. — Toute contravention à ces dispositions sera punie par une amende de dix francs.

Sans objet depuis la loi du 28 avril 1816, art. 38.

ART. 46. — Dans le cas de fausse mention d'enregistrement, soit dans une minute soit dans une expédition, le délinquant sera poursuivi par la partie publique sur la dénonciation du préposé de la régie, et condamné aux peines prononcées pour le faux.

Maintenu.
V : Réf art 71.

3

ART. 47. — Il est défendu aux juges et arbitres de rendre aucun jugement et aux administrations centrales et municipales de prendre aucun arrêté, en faveur de particuliers, sur des actes non enregistrés, à peine d'être personnellement responsables des droits.

Reproduit partiellement, art. 80, et modifié, art. 79 § 3.

ART. 48. — Toutes les fois qu'une condamnation sera rendue ou qu'un arrêté sera pris sur un acte enregistré, le jugement, la sentence arbitrale ou l'arrêté en fera mention, et énoncera le montant du droit payé, la date du paiement et le nom du bureau où il aura été acquitté : en cas d'omission, le receveur exigera le droit, si l'acte n'a pas été enregistré dans son bureau ; sauf restitution, dans le délai prescrit, s'il est ensuite justifié de l'enregistrement de l'acte sur lequel le jugement aura été prononcé ou l'arrêté pris.

Disposition trop sévère et peu pratique.

Comparez : art. 72 et 79 § 3.

ART. 49. — Les notaires, huissiers, greffiers et les secrétaires des administrations centrales et municipales tiendront des répertoires à colonnes sur lesquels ils inscriront jour par jour, sans blanc ni interligne, et par ordre de numéros, savoir :

Complété.
V : art. 81.

(V : art. 11 de la loi du 16 juin 1824.)

1° Les notaires, tous les actes et contrats qu'ils recevront, même ceux qui seront passés en brevet, à peine de dix francs d'amende pour chaque omission.

2° Les huissiers, tous les actes et exploits de leur ministère, sous peine d'une amende de cinq francs pour chaque omission.

3° Les greffiers, tous les actes et jugements qui, aux termes de la présente, doivent être enregistrés sur les minutes, à peine d'une amende de dix francs pour chaque omission.

Complété.
V : art. 81 n° 3.

4° Et les secrétaires, tous les actes des administrations qui doivent aussi être enregistrés sur les minutes, à peine d'une amende de dix francs pour chaque omission.

Comparez : art. 81 n° 4 de la Réf.

(V : art. 82 de la loi du 15 mai 1818.)

ART. 50. — Chaque article du répertoire contiendra : 1° son numéro ; 2° la date de l'acte ; 3° sa nature ; 4° les noms et prénoms des parties et leur domicile ; 5° l'indication des biens, leur situation et le prix, lorsqu'il s'agira d'actes qui auront pour objet la propriété, l'usufruit ou la jouissance de biens fonds ; 6° la relation de l'enregistrement.

Reproduit et complété.

V : art. 82 et 83.

Art. 51. — Les notaires, huissiers, greffiers, et les secrétaires des administrations centrales et municipales, présenteront, tous les trois mois, leurs répertoires aux receveurs de l'enregistrement de leur résidence, qui les viseront, et qui énonceront dans leur visa le nombre d'actes inscrits. Cette présentation aura lieu chaque année dans la première décade (dix premiers jours) de chacun des mois de nivose, germinal, messidor, et vendémiaire (janvier, avril, juillet et octobre), à peine d'une amende de dix francs pour chaque décade de retard.

Modifié.
V : art. 84.

Art. 52. — Indépendamment de la représentation ordonnée par l'article précédent, les notaires, huissiers, greffiers et secrétaires seront tenus de communiquer leurs répertoires, à toute réquisition, aux préposés de l'enregistrement qui se présenteront chez eux pour les vérifier, à peine d'une amende de cinquante francs en cas de refus. — Le préposé, dans ce cas, requerra l'assistance d'un officier municipal, ou de l'agent (du maire) ou de l'adjoint de la commune du lieu, pour dresser, en sa présence, procès-verbal du refus qui lui aura été fait.

Modifié.
V : art. 85.

Art 53. — Les répertoires seront cotés et paraphés, savoir : ceux des notaires, huissiers et greffiers de la justice de paix, par le juge de paix de leur domicile ; ceux des greffiers des tribunaux, par le président ; et ceux des secrétaires des administrations, par le président de l'administration (le préfet) ou le sous-préfet.

(Modifié par la loi du 27 ventôse an X., et par l'art. 46 du décret du 14 juin 1813.)

Modifié.
V : art. 86.

Art. 54. — Les dépositaires des registres de l'état civil, ceux des rôles des contributions, et tous autres chargés des archives et dépôts de titres publics, seront tenus de les communiquer, sans déplacer, aux préposés de l'enregistrement, à toute réquisition, et de leur laisser prendre, sans frais, les renseignements, extraits et copies qui leur seront nécessaires pour les intérêts de la République, à peine de cinquante francs d'amende pour refus constaté par procès-verbal du préposé, qui se fera accompagner, ainsi qu'il est prescrit par l'article 52 ci-dessus, chez les détenteurs et dépositaires qui auront fait refus. — Ces dispositions s'appliquent aussi aux notaires, huissiers, greffiers et secrétaires d'administrations centrales et muni-

Comparez : art. 87.

cipales, pour les actes dont ils sont dépositaires.—
Sont exceptés les testaments et autres actes de
libéralité à cause de mort, du vivant des testateurs.
— Les communications ci-dessus ne pourront être
exigées les jours de repos ; et les séances, dans
chaque autre jour, ne pourront durer plus de
quatre heures, de la part des préposés, dans les
dépôts où ils feront leurs recherches.

(V : art. 82 de la loi du 15 mai 1818.)

ART. 85. — Les notices des actes de décès, qui,
aux termes de l'article 5 de la loi du 13 fructidor
an VI, relative à la célébration des décadis,
doivent être remises, pour chaque décade, au chef-
lieu de canton, par les officiers publics ou les agents
de communes faisant fonctions d'officiers publics,
seront transcrites sur un registre particulier tenu
par les secrétaires des administrations municipales.

Ces secrétaires fourniront par quartier (trimestre), aux receveurs de l'enregistrement de
l'arrondissement, les relevés par eux certifiés des
dits actes de décès. Ils seront délivrés sur papier
non timbré et remis dans les mois de nivose, germinal, messidor et vendémiaire (janvier, etc.), à
peine d'une amende de trente francs pour chaque
mois de retard. Ils en retireront récépissé aussi sur
papier non timbré.

*Disposition abro-
gée.*

*Circ. de la régie
du 2 vend. an X.*

*Modifié dans quel-
ques détails.*

V : art. 89.

ART. 86. — Les receveurs de l'enregistrement
ne pourront, sous aucun prétexte, lors même qu'il
y aurait lieu à l'expertise, différer l'enregistrement
des actes et mutations dont les droits auront été
payés aux taux réglés par la présente. — Ils ne
pourront non plus suspendre ou arrêter le cours
des procédures, en retenant des actes ou exploits :
cependant si un acte dont il n'y a point de minute, ou un exploit, contient des renseignements
dont la trace puisse être utile pour la découverte
des droits dus, le receveur aura la faculté d'en
tirer copie, et de la faire certifier conforme à l'original par l'officier qui l'aura présenté. En cas de
refus, il pourra réserver l'acte pendant vingt-quatre
heures seulement, pour s'en procurer une collation en forme, à ses frais, sauf répétition, s'il y a
lieu. — Cette disposition est applicable aux actes
sous signature privée qui seront présentés à l'enregistrement.

*Reproduit en par-
tie.*

V : art. 90.

ART. 57. — La quittance de l'enregistrement
sera mise sur l'acte enregistré, ou sur l'extrait de

*Complété en ce
qui concerne les*

la déclaration du nouveau possesseur. — Le receveur y exprimera en toutes lettres la date de l'enregistrement, le folio du registre, le numéro et la
somme des droits perçus. — Lorsque l'acte renfermera plusieurs dispositions opérant chacune un
droit particulier, le receveur les indiquera sommairement dans sa quittance, et y énoncera distinctement la quotité de chaque droit perçu, à
peine d'une amende de dix francs pour chaque
omission.

*déclarations ver-
bales.*
V : art. 91.

ART. 58. — Les receveurs de l'enregistrement
ne pourront délivrer d'extraits de leurs registres
que sur une ordonnance du juge de paix, lorsque
ces extraits ne seront pas demandés par quelqu'une des parties contractantes ou leurs ayant-
cause. — Il leur sera payé un franc pour recherche
de chaque année indiquée, et cinquante centimes
par chaque extrait, outre le papier timbré : ils ne
pourront rien exiger au-delà.

Modifié.
V : art. 92.

ART. 59. — Aucune autorité publique, ni la régie, ni ses préposés, ne peuvent accorder de
remise ou modération des droits établis par la
présente et des peines encourues, ni en suspendre
ou faire suspendre le recouvrement, sans en devenir personnellement responsables.

*Maintenu et com-
plété.*
V : art. 93.

TITRE VIII. — *Des droits acquis et des
prescriptions.*

ART. 60. — Tout droit d'enregistrement perçu
régulièrement en conformité de la présente, ne
pourra être restitué, quels que soient les événements ultérieurs, sauf les cas prévus par la présente.

Rigueur atténuée.
V : art. 94.

ART. 61. — Il y a prescription pour la demande
des droits, savoir : 1° Après deux années, à compter du jour de l'enregistrement, s'il s'agit d'un
droit non perçu sur une disposition particulière
dans un acte, ou d'un supplément de perception
insuffisamment faite, ou d'une fausse évaluation
dans une déclaration, et pour la constater par voie
d'expertise.

Les parties seront également non recevables
après le même délai pour toute demande en restitution de droits perçus.

(V : art. 14 de la loi du 16 juin 1824, et
art. 40 de la loi du 28 avril 1816.)

Maintenu.
V : art. 23 et art.
95 § 1.

2° Après trois années, aussi à compter du jour de l'enregistrement, s'il s'agit d'une omission de biens dans une déclaration faite après décès.

(V : loi du 18 mai 1850, art. 11.)

Maintenu le délai de la loi de 1850.

V : art. 95 § 3.

3° Après cinq années, à compter du jour du décès, pour les successions non déclarées.

(V : loi du 18 mai 1850, art 11)

Complété.

V : art. 95 § 4.

Les prescriptions ci-dessus seront suspendues par des demandes signifiées et enregistrées avant l'expiration des délais; mais elles seront acquises irrévocablement, si les poursuites commencées sont interrompues pendant une année, sans qu'il y ait d'instance devant les juges compétents, quand même le premier délai pour la prescription ne serait pas expiré.

Maintenu.

V : art. 95 in fine.

ART. 62. — La date des actes sous signature privée ne pourra cependant être opposée à la République pour prescription des droits et peines encourues, à moins que ces actes n'aient acquis une date certaine par le décès de l'une des parties ou autrement.

Maintenu et expliqué.

V : art. 96.

TITRE IX. — Des poursuites et instances.

ART. 63. — La solution des difficultés qui pourront s'élever, relativement à la perception des droits d'enregistrement, avant l'introduction des instances, appartient à la régie.

Maintenu.

V : art. 97.

ART. 64. — Le premier acte de poursuite pour le recouvrement des droits d'enregistrement et le paiement des peines et amendes prononcées par la présente, sera une contrainte : elle sera décernée par le receveur ou préposé de la régie ; elle sera visée et déclarée exécutoire par le juge de paix du canton où le bureau est établi, et elle sera signifiée. — L'exécution de la contrainte ne pourra être interrompue que par une opposition formée par le redevable et motivée, avec assignation à jour fixe devant le tribunal civil du département. Dans ce cas, l'opposant sera tenu d'élire domicile dans la commune où siège le tribunal.

Complété.

V : art. 98.

ART. 65. — L'introduction et l'instruction des instances auront lieu devant les tribunaux civils de département (d'arrondissement); la connaissance et la décision en sont interdites à toutes

Modifié.

V : art. 99.

autres autorités constituées et administratives. L'instruction se fera par simples mémoires respectivement signifiés. — Il n'y aura d'autres frais à supporter pour la partie qui succombera, que ceux du papier timbré, des significations et du droit d'enregistrement des jugements. — Les tribunaux accorderont, soit aux parties, soit aux préposés de la règle qui suivront les instances, le délai qu'ils leur demanderont pour produire leurs défenses : il ne pourra néanmoins être de plus de trois décades (un mois). — Les jugements seront rendus dans les trois mois au plus tard, à compter de l'introduction des instances, sur le rapport d'un juge, fait en audience publique, et sur les conclusions du commissaire du directoire exécutif (ministère public) : ils seront sans appel, et ne pourront être attaqués que par voie de cassation.

(V : art. 17 de la loi du 27 ventôse an IX.)

Art. 66. — Les frais de poursuite payés par les préposés de l'enregistrement, pour des articles tombés en non-valeur pour cause d'insolvabilité reconnue des parties condamnées, leur seront remboursés sur l'état qu'ils en rapporteront à l'appui de leurs comptes. L'état sera taxé sans frais par le tribunal civil du département (de l'arrondissement), et appuyé de pièces justificatives.

Maintenu.
V : art. 100.

TITRE X. — De la fixation des droits.

Art. 67. — Les droits à percevoir pour l'enregistrement des actes et mutations sont et demeurent fixés aux taux et quotités tarifés par les articles 68 et 69 suivants.

(V : art. 1 et 2 de la loi du 6 prairial an VII, et art. 1 de la loi du 23 août 1871.)

DROITS FIXES.

Art. 68. — Les actes compris sous cet article sont enregistrés et les droits payés ainsi qu'il va savoir :

§ 1er. — Actes sujets à un droit fixe d'un franc.

1° Les abstentions, répudiations et renonciations à successions, legs ou communautés, lorsqu'elles seront pures et simples, si elles ne sont pas faites en justice. — Il est dû un droit par chaque renonçant et pour chaque succession à laquelle on renonce.

(2 fr., loi du 18 mai 1850, art. 8.)

5 fr., mais pluralité réduite.
Réf. 100-3.

2° Les acceptations de successions, legs ou communautés, aussi lorsqu'elles sont pures et simples. — *Il est dû un droit par chaque acceptant et pour chaque succession.*

(2 fr , loi du 18 mai 1850, art. 8.)

5 fr., mais pluralité réduite.
Ref. 106-3.

3° Les acceptations de transports ou délégations de créances à terme, faites par actes séparés, lorsque le droit proportionnel a été acquitté pour le transport ou la délégation; et celles qui se font *dans les actes mêmes de délégation* de créances aussi à terme.

(2 fr , loi du 18 mai 1850, art. 8)

2 fr.
Ref. art. 101 n° 11.

4° Les acquiescements purs et simples quand ils ne sont pas faits en justice.

(2 fr., art. 43 n° 1 de la loi du 28 avril 1816)

5 fr.
Ref. art. 100 n° 2.

5° Les actes de notoriété.

(2 fr., art. 43 n° 2 de la loi du 28 avril 1816.)

3 fr.
Ref. art. 105 n° 2.

6° Les actes qui ne contiennent que l'exécution, le complément et la consommation d'actes antérieurs enregistrés.

(2 fr., loi du 18 mai 1850, art. 8.)

3 fr.
Ref. art. 105 n° 7.

7° Les actes refaits pour cause de nullité ou autre motif, sans aucun changement qui ajoute aux objets des conventions ou à leur valeur.

(2 fr., art. 43 n° 3 de la loi du 28 avril 1816.)

3 fr.
Ref. art. 105 n° 3.

8° Les adjudications à la folle enchère, lorsque le prix n'est pas supérieur à celui de la précédente adjudication, si elle a été enregistrée.

(5 fr., art. 11 n° 1 de la loi du 28 avril 1816.)

5 fr.
Ref. 106-7.

9° Les adoptions.

(Le droit est toujours de 1 fr. — Garnier, R. G. 1272. — Mais voir art. 48 n° 2 et art. 49 loi du 28 avril 1816, pour les jugements et arrêts d'admission et de confirmation.)

10 fr.
Ref. art. 107 n° 2.

10° Les attestations pures et simples.

(2 fr , art 8 de la loi du 18 mai 1850.)

2 fr.
Ref. art. 101 n° 1.

11° Les avis de parents, autres que ceux contenant nomination de tuteurs et curateurs.

(1 fr., art. 3 de la loi du 1er juillet 1815)

5 fr.
Ref. art. 100 n° 20.

12° Les autorisations pures et simples.   3 fr.
    (2 fr., art. 43 n° 5 de la loi du 28 avril 1816.)   Ref. art. 105 n° 1.

13° Les bilans.   2 fr.
    (2 fr., art. 8 de la loi du 18 mai 1850.)   Ref. art. 104 n° 6.

14° Les brevets d'apprentissage qui ne con-   1 fr.
tiennent ni obligation de sommes et valeurs mo-   Ref. art. 103 n° 5.
bilières, ni quittance.
    (Maintenu à 1 fr., loi du 22 février 1851, art. 2.)

15° Les cautionnements de personnes à repré-   2 fr. 50 0/0.
senter en justice.   Ref. art. 118 n° 6.
    (0,50 0/0 de la loi, du 28 avril 1816, art. 50.)

16° Les certificats de cautions et de cautionne-   2 fr.
ments.   Ref. art. 104 n° 3.
    (2 fr., art. 43 n° 6, loi du 28 avril 1816.)

17° Les certificats purs et simples, ceux de vie   1 fr. et 2 fr.
par chaque individu, et ceux de résidence.   V : Ref. art 103
    (2 fr., art 8 de la loi du 18 mai 1850.)   n° 9, et art. 104 n° 1.

18° Les collations d'actes et pièces ou des ex-   2 fr.
traits d'iceux, par quelque officier public qu'elles   Ref. art. 104 n° 12.
soient faites. — *Le droit sera payé par chaque*
acte, pièce ou extrait collationné.
    (2 fr., loi du 18 avril 1850, art. 8.)

19° Les compromis qui ne contiennent aucune   3 fr.
obligation de sommes et valeurs donnant lieu au   Ref. art. 105-12.
droit proportionnel.
    (3 fr., art. 44 n° 2 de la loi du 28 mai 1816.)

20° Les connaissements ou reconnaissances de   5 fr. et 2 fr.
chargement par mer, et lettres de voitures. — *Il*   Ref. art. 100 n° 21,
est dû un droit par chaque personne à qui les en-   et art. 102.
vois sont faits.
    (3 fr., art. 44 n° 6 de la loi du 28 avril 1816.)

21° Les consentements purs et simples.   3 fr.
    (2 fr., art. 43 n° 7 de la loi du 28 avril 1816.)   Ref. art. 105-4.

22° Les décharges également pures et simples,   3 fr.
et les récépissés de pièces.   Ref. art. 105 n° 10.
    (2 fr., art. 43 n° 8 de la loi du 28 avril 1816.)

23· Les déclarations, aussi pures et simples, en matière civile.

(2 fr., art. 43 n° 9 de la loi du 28 avril 1816.)

2 fr.
Ref. art. 101 n° 17.

24° Les déclarations ou élections de command ou d'ami, lorsque la faculté d'élire un command a été réservée dans l'acte d'adjudication ou le contrat de vente, et que la déclaration est faite par acte public, et notifiée dans les vingt-quatre heures de l'adjudication ou du contrat.

(3 fr., art. 44 n° 3 de la loi du 28 avril 1816.)

5 fr.
Ref. art. 100 n° 19.

25° Les délivrances de legs pures et simples.

(2 fr., art. 8 de la loi du 18 mai 1830.)

3 fr.
Ref. art. 105 n° 7.

26° Les dépôts d'actes et pièces chez les officiers publics.

(2 fr., art 43 n° 10 de la loi du 28 avril 1816.)

1 fr. et 3 fr.
Ref. art. 103 n° 3 et 12, et art. 105 n° 9.

27° Les dépôts et consignations de sommes et effets mobiliers chez des officiers publics, lorsqu'ils n'opèrent pas la libération des déposants; et les décharges qu'en donnent les déposants ou leurs héritiers, lorsque la remise des objets déposés leur est faite.

(2 fr., art. 43 n° 11 de la loi du 28 avril 1816.)

3 fr.
Ref. 105 n° 9.

28° Les désistements purs et simples.

(3 fr., art. 43 n° 12 de la loi du 28 avril 1816.)

3 fr.
Ref. 105 n° 11.

29° Les devis d'ouvrages et entreprises qui ne contiennent aucune obligation de somme et valeur, ni quittance.

(2 fr, art. 8 de la loi du 18 mai 1830.)

3 fr.
Ref. 105 n° 11.

30° Les exploits, les significations, celles des cédules des juges de paix, les commandements, demandes, notifications, citations, offres ne faisant pas titre au créancier et non acceptées, oppositions, sommations, procès-verbaux, assignations, protêts, interventions à protêts, protestations, publications et affiches, saisies, saisies-arrêts, séquestres, mains-levées, et généralement tous actes extrajudiciaires des huissiers ou de leur ministère qui ne peuvent donner lieu au droit proportionnel, sauf les exceptions mentionnées dans la présente.

(Les droits de ces actes sont actuellement, suivant les cas, de 0,50, de 1 fr, de 1 fr. 50, de 2 fr., de 3 fr., de 5 fr. et de 25 fr. — V : loi du 28 avril 1816, art. 41 n° 1 et 2; art. 42, art. 43 n° 13, art. 44 n° 7, art. 45 n° 1, art. 47 n° 1; et loi du 19 juillet 1845, art. 5.)

1 fr. en justice de paix.
Ref. art. 103 n° 10.

2 fr. en matière civile et de commerce.
Ref. art. 101 n° 23.

3 fr. en cour d'appel.
Ref. 103-18.

Et aussi les exploits, significations et tous autres actes extrajudiciaires faits par le recouvrement des contributions directes et indirectes, et de toutes autres sommes dues à la nation, même des contributions locales, mais seulement lorsque la somme principale excède vingt-cinq francs. — *Il sera dû un droit pour chaque demandeur ou défendeur, en quelque nombre qu'ils soient dans le même acte, excepté les co-propriétaires et co-héritiers, les parents réunis, les co-intéressés, les débiteurs ou créanciers associés ou solidaires, les séquestres, les experts et les témoins, qui ne seront comptés que pour une seule et même personne, soit en demandant, soit en défendant, dans le même original d'acte, lorsque leurs qualités y seront exprimées.*

1 fr. (somme excédant 80 fr.).

Ref. art. 103 n° 2.

31° Les lettres missives qui ne contiennent ni obligation, ni quittance, ni aucune autre convention donnant lieu au droit proportionnel.

(2 fr., art. 43 n° 14 de la loi du 28 avril 1816.)

3 fr.

Ref. 103 n° 6.

32° Les nominations d'experts ou arbitres.

(2 et 3 fr., art. 43 n° 15 et 44 n° 2, loi du 28 avril 1816.)

1 fr. en justice de paix.

3 fr. par acte civil.

Ref. 103-11 et 103-12.

33° Les prises de possession en vertu d'actes enregistrés.

(2 fr., art. 8 de la loi du 18 mai 1850.)

3 fr.

Ref. 103-7.

34° Les prisées de meubles.

(2 fr., art. 8 de la loi du 18 mai 1850.)

2 fr.

Ref. 104-13.

35° Les procès-verbaux et rapports d'employés, gardes, commissaires, séquestres, experts, arpenteurs, et agents forestiers ou ruraux.

(2 fr., art. 43 n° 16 de la loi du 28 avril 1816.)

3 fr.

Ref. 103-14.

36° Les procurations et pouvoirs pour agir, ne contenant aucune stipulation ni clause donnant lieu au droit proportionnel.

(2 fr., art. 43 n° 17 de la loi du 28 avril 1816.)

3 fr.

Ref. 103-8.

37° Les promesses d'indemnités indéterminées et non susceptibles d'estimation.

(2 fr., art. 43 n° 18 de la loi du 28 avril 1816.)

2, 3 et 5 fr.

Ref. art. 102, art. 105-12 et art. 106-25.

Mais non tarifées nominativement.

38° Les ratifications pures et simples d'actes en forme.

(2 fr., loi du 18 mai 1850, art. 8.)

3 fr.

Ref. art. 105 n° 7.

39° Les reconnaissances aussi pures et simples ne contenant aucune obligation ni quittance.

(2 fr., loi du 28 avril 1816, art. 43 n° 19.)

Non tarifées nominativement.

40° Les résiliements purs et simples faits par actes authentiques dans les vingt-quatre heures des actes résiliés.

(2 fr., art. 43 n° 20 de la loi du 28 avril 1816.)

5 fr.

Ref. art. 106 n° 20.

41° Les rétractations et révocations.

(2 fr., art. 43 n° 21 de la loi du 28 avril 1816.)

3 fr.

Ref. art. 105 n° 8.

42° Les réunions de l'usufruit à la propriété, lorsque la réunion s'opère par acte de cession, et qu'elle n'est pas faite pour un prix supérieur à celui sur lequel le droit a été perçu lors de l'aliénation de la propriété.

(3 fr., art. 44 n° 4 de la loi du 28 avril 1816.)

Droit proportionnel au minimum de 3 fr.

Ref. art. 105 n° 7.

43° Les soumissions et enchères, hors celles faites en justice, sur des objets mis ou à mettre en adjudication ou en vente, ou sur des marchés à passer, lorsqu'elles seront faites par actes séparés de l'adjudication.

(2 fr., art. 8 de la loi du 18 mai 1850.)

2 fr., tarif des actes innommés.

Ref. art. 102.

44° Les titres nouvels ou reconnaissances de rentes dont les contrats sont justifiés en forme.

(3 fr., art. 44 n° 5 de la loi du 28 avril 1816.)

5 fr.

Ref. art. 106 n° 25.

45° Les transactions, en quelque matière que ce soit, qui ne contiennent aucune stipulation de somme et valeur, ni dispositions soumises par la présente à un plus fort droit d'enregistrement.

(3 fr., art. 44 n° 8 de la loi du 28 avril 1816.)

5 fr.

Ref. 106 n° 27.

46° Les actes (*les cédules exceptées*) et jugements préparatoires, interlocutoires ou d'instruction des juges de paix, certificats d'individualité, procès-verbaux d'avis de parents, *visa* de pièces et poursuites préalables à l'exercice de la contrainte par corps ; les oppositions à levée des scellés, par comparence personnelle dans le procès-verbal ; les ordonnances et mandements d'assigner les opposants à scellés ; tous autres actes des juges de paix non classés dans les paragraphes et articles suivants, et leurs jugements définitifs portant condamnation de sommes dont le droit proportionnel ne s'élèverait pas à un franc.

(Tarif actuel)

1 fr. fixe.
Ref. art. 103 n° 12.

47° Tous les procès-verbaux des bureaux de paix desquels il ne résulte aucune disposition donnant lieu au droit proportionnel, ou dont le droit ne s'élèverait pas à un franc.

(Tarif actuel.)

1 fr.
Ref. art. 103 n° 12.

48° Les actes et jugements de la police ordinaire et des tribunaux de police correctionnelle et criminels, soit entre parties, soit sur la poursuite du ministère public, avec partie civile, lorsqu'il n'y a pas condamnation de sommes et valeurs, ou dont *le droit proportionnel ne s'élèverait pas à un franc*; et les dépôts et décharges aux greffes des dits tribunaux, dans les mêmes cas où il y a une partie civile.

(Tarif actuel.)

1 fr.
Ref. art. 103 n° 3.

49° Les jugements qui seront rendus en matière de contributions, soit directes, soit indirectes, ou pour autres sommes dues à la nation, ou pour contributions locales, quel que soit le montant des condamnations, et de quelque autorité ou tribunal qu'émanent les jugements.

(Abrogé.— Voir art. 59 de la loi du 28 août 1816.)

Tarifés comme les autres jugements sans distinction.

50° Les procès-verbaux de délits et contraventions aux règlements généraux de police ou d'impositions.

(2 fr., art. 8 de la loi du 18 mai 1850.)

3 fr.
Ref. art. 105 n° 16.

51° Et généralement tous actes civils, judiciaires, ou extrajudiciaires qui ne se trouvent dénommés dans aucun des paragraphes suivants, ni dans aucun autre article de la présente, et qui ne peuvent donner lieu au droit proportionnel.

(Tarif porté à 2 fr, pour les *actes civils et administratifs*; loi du 18 mai 1850, art. 8.)

2 fr.
Ref. art. 102.

§ 2. — *Actes sujets à un droit fixe de deux francs.*

1° Les inventaires de meubles, objets mobiliers, titres et papiers. — *Il est dû un droit pour chaque vacation.*

(Voir, pour exception, art. 11 de la loi du 21 mai 1851.)

2 fr. en matière de faillite.
2 fr. par vacation dans les autres cas.
Ref. 101 n°s 8 et 13.

2° Les clôtures d'inventaires.

Disposition inutile.

3° Les procès-verbaux d'apposition, de reconnaissance et de levée de scellés. — *Il est dû un droit pour chaque vacation.*

(1 fr., loi du 19 juillet 1815 art. 5. — L'exception inscrite dans la loi du 21 mai 1851, art. 11, subsiste.)

5 fr. par *séance*, sauf en matière de faillite.
Ref. art. 101 n° 6, et 106 n° 22.

4° Les procès-verbaux de nomination de tuteurs et curateurs.

(1 fr., art. 5 de la loi du 19 juillet 1815.)

5 fr.
Ref. art. 106-20.

5° Les jugements des juges de paix portant renvoi ou décharge de demande, débouté d'opposition, validité de congé, expulsion, condamnation à réparation d'injures personnelles, et généralement tous ceux qui, contenant des dispositions définitives, ne donnent pas ouverture au droit proportionnel

(Tarif actuel. — Voir pour les jugements sur prorogation de compétence, art. 11 n° 9 de la loi du 26 avril 1816.)

1 fr.
Ref. art. 103 n° 12.

6° Les ordonnances des juges des tribunaux civils, rendues sur requêtes ou mémoires, celles de référé, de compulsoire et d'injonction; celles portant permission de saisir-gager, revendiquer ou vendre; et celles des commissaires du Directoire exécutif (procureurs du roi, procureurs généraux et leurs substituts), dans le cas où la loi les autorise à en rendre; — les actes et jugements préparatoires ou d'instruction de ces tribunaux et des arbitres; — et les actes faits ou passés aux greffes des mêmes tribunaux, portant acquiescement, dépôt, décharge, désaveu, exclusion de tribunaux, affirmation de voyage, opposition à remise de pièces, enchères, surenchères, renonciation à communauté, succession ou legs (*il est dû un droit par chaque renon-*

3 et 5 fr.
Ref. art. 105-16, et 106 n° 3.

çant), reprise d'instance, communication de pièces sans déplacement, affirmation et vérification de créance, opposition à délivrance de jugement.

(3 et 5 fr., loi du 28 avril 1816, art. 11 no 10, et 13 no 6.)

7° Les ordonnances sur requêtes ou mémoires, celles de réassigné, et tous actes et jugements préparatoires ou d'instruction des tribunaux de commerce; — et les actes passés aux greffes des mêmes tribunaux, portant dépôt de bilan et registres, opposition à la publication de séparation, dépôt de sommes et pièces, et tous autres actes conservatoires ou de formalité.

3 et 5 fr.
Ref. art. 105-18, et art. 106-3.

(5 fr., art. 11 no 10 de la loi du 28 avril 1816.)

8° Les expéditions des ordonnances et procès-verbaux des officiers publics de l'état civil contenant indication du jour ou prorogation de délai pour la tenue des assemblées préliminaires au mariage ou à divorce.

Sans objet.

§ 3 — *Actes sujets à un droit fixe de trois francs.*

1° Les contrats de mariage qui ne contiennent d'autres dispositions que des déclarations de la part des futurs, de ce qu'ils apportent eux-mêmes en mariage et se constituent, sans aucune stipulation avantageuse entre eux. — La reconnaissance y énoncée, de la part du futur, d'avoir reçu la dot apportée par la future, ne donne pas lieu à un droit particulier. — Si les futurs sont dotés par leurs ascendants, ou s'il leur est fait des donations par des collatéraux ou autres personnes non parentes, par leur contrat de mariage, les droits, dans ce cas, sont perçus suivant la nature des biens, ainsi qu'ils sont réglés dans les paragraphes 4, 6 et 8 de l'article suivant.

5 fr.
Ref. art. 106 n° 8.

(5 fr., art. 13 no 2 de la loi du 28 avril 1816.)

2° Les partages de biens meubles et immeubles entre co-propriétaires, à quelque titre que ce soit, pourvu qu'il en soit justifié. — S'il y a retour, le *droit sur ce qui en sera l'objet sera perçu aux taux réglés pour les ventes.*

5 fr.
Ref. art. 106 n° 13.

(5 fr., art 13 no 5 de la loi du 28 avril 1816.)

3° Les prestations de serment des greffiers et huissiers, des juges de paix, des gardes des douanes, gardes-forestiers et gardes-champêtres, pour entrer en fonctions.

Droit gradué, au minimum de 5 fr.
Ref. art. 106 n° 9.

(Tarif actuel.)

4° Les actes de société qui ne portent ni obligation ni libération, ni transmission de biens meubles ou immeubles entre les associés ou autres personnes ; — et les actes de dissolution de société qui sont dans le même cas.

(5 fr., loi du 28 avril 1816, art. 45, n° 2.)

5 fr. comme minimum de droit proportionnel.

Ref. art. 106 n° 10 et 112 n° 2.

5° Les testaments et tous autres actes de libéralité qui ne contiennent que des dispositions soumises à l'événement du décès, et les dispositions de même nature qui sont faites par contrat de mariage entre les futurs ou par d'autres personnes. — *Le droit pour ces dispositions par acte de mariage sera perçu indépendamment de celui du contrat.*

(5 fr., art. 45 n° 4 de la loi du 28 avril 1816.)

5 fr.

Ref art. 106 n° 17.

6° Les unions et directions de créanciers. — *Si elles portent obligation de sommes déterminées par les co-intéressés envers un ou plusieurs d'entre eux, ou autres personnes chargées d'agir pour l'union, il sera perçu un droit particulier comme pour obligation.*

(Tarif actuel, sauf la modification apportée par la loi du 21 avril 1834, art. 14.)

5 fr.

Ref. art. 108 n° 11.

7° Les expéditions des jugements des tribunaux civils, rendus en première instance ou sur appel, portant acquiescement, acte d'affirmation, d'appel, de conversion, d'opposition en saisie, débouté d'opposition, décharge et renvoi de demande, déchéance d'appel, péremption d'instance, déclinatoire, entérinement de procès-verbaux et rapports, homologation d'actes d'union et atermoiements ; injonction de procéder à inventaire, licitation, partage ou vente ; main-levée d'opposition ou de saisie, nullité de procédure, maintenue en possession, résolution de contrat ou de clause de contrat pour cause de nullité radicale, reconnaissance d'écriture, nomination de commissaires, directeurs et séquestres ; publication judiciaire de donation, bénéfice d'inventaire ; rescision, — soumission et exécution de jugement. — Et généralement tous jugements de ces tribunaux, ceux de commerce et d'arbitrage, contenant des dispositions définitives qui ne peuvent donner lieu au droit proportionnel, ou dont le droit proportionnel ne s'élèverait pas à trois francs, et qui ne sont pas classés dans les autres paragraphes du présent article.

(5 et 10 fr., loi du 28 avril 1816, art. 45 n° 5, et art. 46 n° 2.)

3, 5 et 10 fr.

Ref. art. 105 n° 16, art. 106 n° 6 et 7, et art. 107 n° 3.

§ 4. — *Actes sujets à un droit fixe de cinq francs.*

1° Les abandonnements de biens, soit volontaires, soit forcés, pour être vendus en direction.   5 fr.
Ref. art. 106 n° 12.
(Droit actuel.)

2° Les actes d'émancipation. — *Le droit est dû par chaque émancipé.*   10 fr.
Ref. art. 107 n° 1.
(10 fr., loi du 19 juillet 1845, art. 5.)

3° Les déclarations et significations d'appel des jugements des juges de paix aux tribunaux civils.   5 fr.
Ref. art. 106 n° 5.
(Droit actuel, — avec application du principe de la pluralité ; art. 15 de la loi du 27 ventôse an IX.)

§ 5. — *Actes sujets à un droit fixe de dix francs.*

Les déclarations et significations d'appel des jugements des tribunaux civils, de commerce et d'arbitrage.   10 fr.
Ref. art. 107 n° 3.
(Tarif actuel, — et pluralité : art. 15 de la loi du 27 ventôse an IX.)

§ 6. — *Actes sujets à un droit fixe de quinze francs.*

1° Les actes de divorce.   Sans objet.

2° Les jugements des tribunaux civils portant interdiction, et *ceux de séparation de biens* entre mari et femme, lorsqu'ils ne portent point condamnation de sommes et valeurs, ou lorsque le droit proportionnel ne s'élèvera pas à quinze francs.   15 fr., comme minimum.
Ref. art. 108 n° 1.
(Tarif actuel.)

3° Le premier acte de recours au tribunal (à *la* cour) de cassation, soit par requête, mémoire ou déclaration, en matière civile, de police ou correctionnelle.   25 fr.
Ref. 109-1.
(25 fr., loi du 28 avril 1816, art. 47 n° 1.)

4° Les prestations de serment des notaires, des greffiers et huissiers des tribunaux civils, criminels, correctionnels et de commerce, et de tous employés salariés par la République, autres que ceux compris sous le § 3 ci-dessus, nombre 3 pour entrer en fonctions.   Droit gradué.
Ref. art. 106 n° 9.
(Voir pour les *avoués*, art. 14 de la loi du 27 ventôse an IX.)

§ 7. — *Actes sujets à un droit de vingt-cinq francs.*

Chaque expédition de jugement du tribunal
(*d'arrêt de la cour*) de cassation, délivrée à partie,

25 fr. (minimum).
Ref. art. 109 n° 3.

(Même droit. Voir art. 67 n° 5 de la loi du 28 avril 1816.)

DROITS PROPORTIONNELS.

ART. 69. — Les actes et mutations compris sous
cet article seront enregistrés et les droits payés
suivant les quotités ci-après, savoir :

V : Ref. art. 5.

(Voir pour complément, art. 2 de la loi du 27 ventôse an IX.)

§ 1er. — *Vingt-cinq centimes par cent francs.*

1° Les baux de pâturage et nourriture d'animaux. — *Le droit sera perçu sur le prix cumulé
des années du bail, savoir : à raison de vingt-cinq
centimes par cent francs sur les deux premières
années, et du demi-droit sur les années suivantes.*

0,50 et 1 0/0.
V : Ref. art. 113
n° 2.

(Tarif actuel, 0,20 0/0, loi du 16 juin 1824, art. 1er.)

2° Les baux à cheptel et reconnaissance de bestiaux. — *Le droit sera perçu sur le prix exprimé
dans l'acte, ou, à défaut, d'après l'évaluation qui
sera faite du bétail.*

Id.

(Même observation.)

3° Les mutations qui s'effectueront par décès
en propriété ou usufruit de biens meubles, en
ligne directe.

1.50 0/0.
Ref. art. 116 n° 3.

(1 0/0, loi du 18 mai 1850, art. 10.)

§ 2. — *Cinquante centimes par cent francs.*

1° Les abandonnements pour faits d'assurance
ou grosse aventure. — *Le droit est perçu sur la
valeur des objets abandonnés. — En temps de
guerre, il n'est dû qu'un demi-droit.*

1.50 0/0.
Ref. art. 106 n° 1.

(1 0/0, art. 51 de la loi du 28 avril 1816, — et 0,50 0/0
en temps de guerre.)

2° Les actes ou contrats d'assurance. — *Le droit est dû sur la valeur de la prime* — *En temps de guerre, il n'y a lieu qu'au demi-droit.*

(1 0/0, loi du 23 avril 1816, art. 51 n° 2, — pour les *assurances en général*.)

Les assurances *maritimes* et celles contre *l'incendie* sont actuellement régies par la loi du 25 août 1871, art. 6 et suivants.

0,60 0/0 pour les assurances maritimes.

3 0/0 pour les autres assurances, excepté celles sur l'incendie.

6 0/0 pour ces dernières.

Ref. art. 114 n° 5 et 119.

3° Les adjudications au rabais et marchés pour constructions, réparations, entretien, approvisionnements et fournitures dont le prix doit être payé par le *trésor national* ou par les administrations centrales et municipales, ou par des établissements publics. — *Le droit est dû sur la totalité du prix.*

(2 fr., fixe et 1 0/0 ; loi du 15 mai 1818, art. 75 et loi du 28 avril 1816, art. 51 n° 3.)

1 00.

Ref. art. 115 n° 1.

Et celles au rabais de la levée des contributions directes. — *Le droit est assis sur la somme à laquelle s'élève la remise du percepteur d'après le montant du rôle.*

Sans objet, d'après le mode actuel de recouvrement des contributions directes.

4° Les atermoiements entre débiteur et créancier. — *Le droit est perçu sur les sommes que le débiteur s'oblige de payer.*

(3 fr. en matière de *faillite*, art. 11 de la loi du 21 mai 1831.)

Ref. art. 106 n° 12.

5 fr. et droit de titre.

5° Les baux ou conventions pour nourriture de personnes, lorsque les années sont limitées. — *Le droit est dû sur le prix cumulé des années du bail ou de la convention ; mais si la durée est illimitée, l'acte sera assujetti au droit réglé par le paragraphe 5, nombre 2 ci-après.*
S'il s'agit de baux de nourriture des mineurs, il ne sera perçu qu'un demi-droit ou vingt-cinq centimes par cent francs, sur le montant des années réunies.

(0,20 0/0, loi du 10 juin 1831, art. 1er.)

1 0/0.

Ref. art. 115 n° 2.

6° Les billets à ordre, les cessions d'actions et coupons d'actions mobilières des compagnies et sociétés d'actionnaires, et tous autres effets négociables de particuliers ou de compagnies, à l'exception des *lettres de change* tirées de place en

0,50, 1 et 3 0/0.

Ref. art. 103-4, 115 n° 2 et 118 n° 1.

place. — *Les effets négociables de cette nature pourront n'être présentés à l'enregistrement qu'avec les
protêts qui en auront été faits.*

(Tarif actuel. Pour les lettres de change, voir art. 50 de
la loi du 28 avril 1816.)

7° Les brevets d'apprentissage, lorsqu'ils contiendront stipulation de sommes ou valeurs mobilières payées ou non.

(1 fr. fixe ; loi du 22 février 1831, art. 2.)

1 fr. fixe.
Ref. art. 103 n° 5.

8° Les cautionnements de sommes et objets mobiliers, les garanties mobilières et les indemnités
de même nature. — *Le droit sera perçu indépendamment de celui de la disposition que le cautionnement, la garantie ou l'indemnité aura pour objet,
mais sans pouvoir l'excéder.* — *Il ne sera perçu
qu'un demi-droit pour les cautionnements des
comptables envers la République.*

(Tarif actuel. Pour le cautionnement des baux, voir
art. 1er de la loi du 16 juin 1824.)

2 fr. fixe.
Ref. art. 104 n° 3.

9° Les expéditions des jugements contradictoires ou par défaut des juges de paix, des tribunaux civils, de commerce et d'arbitrage, de la police ordinaire, de police correctionnelle et des
tribunaux criminels, portant condamnation, collocation ou liquidation de sommes et valeurs mobilières, intérêts et dépens entre particuliers,
excepté les dommages-intérêts, dont le droit proportionnel est fixé à deux pour cent, sous le paragraphe 5, nombre 8, ci-après. — *Dans aucun cas,
et pour aucun de ces jugements, le droit proportionnel ne pourra être au-dessous du droit fixe tel
qu'il est réglé dans l'article précédent pour les jugements des divers tribunaux.* Lorsque le droit proportionnel aura été acquitté sur un jugement rendu
par défaut, la perception sur le jugement contradictoire qui pourra intervenir, n'aura lieu que sur
le supplément des condamnations ; il en sera de
même des jugements rendus sur appel et des
exécutoires. — *S'il n'y a pas de supplément de
condamnation, l'expédition sera enregistrée pour
le droit fixe, qui sera toujours le moindre droit à
percevoir.* — *Lorsqu'une condamnation sera rendue sur une demande non établie par un titre enregistré et susceptible de l'être, le droit auquel
l'objet de la demande aurait donné lieu s'il
avait été convenu par acte public, sera perçu
indépendamment du droit dû pour l'acte ou le
jugement qui aura prononcé la condamnation.*

(Tarif actuel, mais voir la modification apportée
par la loi du 28 avril 1816, art. 53.)

Droit fixe.
Ref. art. 3, art. 106
n° 6 et art. 107 n° 6.

10° Les obligations à la grosse aventure ou pour retour de voyage.

(Tarif actuel.)

0,50 0/0,
Ref. art. 113 n° 8.

11° Les quittances, remboursements ou rachats de rentes et redevances de toute nature ; les retraits exercés en vertu de réméré, par actes publics, dans les délais stipulés, ou faits sous signature privée et présentés à l'enregistrement avant l'expiration de ces délais, et tous autres actes et écrits portant libération de sommes et valeurs mobilières.

(Tarif actuel, sauf l'exception apportée par la loi du 21 mai 1854, art. 15.)

0,60 0/0,
Ref. art. 111 n° 1.

§ 3. — *Un franc par cent franc.*

1° Les adjudications au rabais et marchés autres que ceux compris dans le paragraphe précédent, pour constructions, réparations et entretien, et tous autres objets mobiliers susceptibles d'estimation, faits entre particuliers, qui ne contiendront ni vente, ni promesse de livrer des marchandises, denrées ou autres mobiliers.

(Tarif actuel.)

1 0/0,
Ref. art. 113 n° 1.

2° Les baux à ferme ou à loyer, d'une seule année. — Ceux faits pour deux années. — *Le droit sera perçu sur le prix cumulé des deux années. Ceux d'un plus long temps, pourvu que la durée soit limitée. — Le droit sera également perçu sur le prix cumulé, savoir : pour les deux premières années, à raison de un franc par cent francs ; et, pour les autres années, sur le pied de vingt-cinq centimes par cent francs.*
Et les sous-baux, subrogations, cessions et rétrocessions de baux. — *Le droit sera liquidé et perçu sur les années à courir, comme il est établi pour les baux, savoir : à raison de un pour cent sur les deux premières années restant à courir, et de vingt-cinq centimes par cent francs pour les autres années.*

(0,20 0/0 sur les années cumulées, loi du 16 juin 1824, art. 1er.)

0,50 et 1 0/0.
Ref. art. 103 n° 2.

Seront considérés, pour la liquidation et le paiement du droit, comme baux de neuf années, ceux faits pour trois, six ou neuf ans. — Les baux de biens nationaux sont assujettis aux mêmes droits.

(Modifié, loi du 23 août 1871, art. 11.)

Maintenu, mais atténué.
Ref. art. 14 n° 6.

3° Les contrats, transactions, promesses de payer, arrêtés de comptes, billets, mandats ; les transports, cessions et délégations de créances à terme ; les délégations de prix stipulées dans un contrat, pour acquitter des créances à terme envers un tiers, sans énonciation de titre enregistré, sauf, pour ce cas, la restitution dans le délai prescrit, s'il est justifié d'un titre précédemment enregistré ; les reconnaissances, celles de dépôts de sommes chez des particuliers, et tous autres actes ou écrits qui contiendront obligations de sommes, sans libéralité et sans que l'obligation soit le prix d'une transmission de meubles ou immeubles non enregistrée.

1 0/0 sur le principal et les intérêts. Ref. art. 118 n° 3.

(Tarif actuel, — sauf l'exception apportée par la loi du 8 septembre 1850, et par les décrets du 25 mars et du 26 juillet 1848.)

4° Les mutations de biens immeubles en propriété ou usufruit, qui auront lieu par décès en ligne directe.

1.50 0/0. Ref. art. 116 n° 3.

(Tarif actuel.)

§ 4. — *Un franc vingt-cinq centimes par cent francs.*

1° Les donations entre-vifs, en propriété ou usufruit, de biens meubles, en ligne directe.— *Il ne sera perçu que moitié droit, si elles sont faites par contrat de mariage aux futurs.*

2, 4 et 6 0/0. Ref. 106 n° 3, 120 n° 2, et 121.

(2.50 et 1.25 ; art. 10 de la loi du 18 mai 1850.)

2° Les mutations en propriété ou usufruit de *biens meubles,* qui s'effectuent par décès, entre collatéraux et autres personnes non parentes, soit par succession, soit par testament ou autre acte de libéralité à cause de mort. — *Il ne sera dû que moitié droit pour celles qui auront lieu entre époux.*

8, 9 et 10 0/0. Ref. art 121 § 1, 2 et 3.

(Paient comme immeubles, art. 10 de la loi du 18 mai 1850. Voir, pour le tarif actuel, art. 51 de la loi du 28 avril 1816, et art. 33 de la loi du 21 avril 1832.)

§ 5. — *Deux francs par cent francs.*

1° Les adjudications, ventes, reventes, cessions, rétrocessions, marchés, traités, et tous autres actes, soit civils, soit judiciaires, translatifs de propriété à titre onéreux, de meubles, récoltes de l'année sur pied, coupe de bois taillis, et de hautes-futaies, et autres objets mobiliers généralement quel-

2.50 Ref. art. 118 n° 1.

conques, même les ventes de biens de cette nature faites par la nation, — Les adjudications à la
folle enchère de biens meubles sont assujettis au
même droit, mais seulement sur ce qui excède le
prix de la précédente adjudication, si le droit en a
été acquitté.

(Tarif actuel; mais voir les modifications apportées par la
loi du 13 mai 1818, art. 74, par la loi du 24 mai 1834, art. 12,
et par celles du 22 mai 1858, du 3 juillet 1851, du 23 mai
1863, et du 31 août 1870, sur les ventes publiques de marchandises en gros.)

2° Les constitutions de rentes, soit perpétuelles,   2.50
soit viagères et de pensions à titre onéreux; les   Ref. art. 118 n° 2.
cessions, transports et délégations qui en sont
faits au même titre, et les baux de biens meubles
faits pour un temps illimité.

(Tarif actuel.)

3° Les échanges de biens immeubles. — Le   6.60
droit sera perçu sur la valeur d'une des parts   Ref. art. 123 n° 2.
lorsqu'il n'y aura aucun retour. S'il y a retour, le
droit sera payé à raison de deux francs par cent
francs sur la moindre portion, et comme pour vente
sur le retour ou la plus-value.

(Le droit aujourd'hui est de 2.50 0/0, loi du 16 juin 1821,
art. 2, et loi du 28 avril 1816, art. 54. — Il y a exception
pour les immeubles contigus, loi du 27 juillet 1870, art 4.)

4° Les élections ou déclarations de command   Article inutile.
ou d'ami, sur adjudication ou contrat de vente de
biens meubles, lorsque l'élection est faite après les
vingt-quatre heures, ou sans que la faculté d'élire
un command ait été réservée dans l'acte d'adjudication ou le contrat de vente.

(Tarif actuel.)

5° Les engagements de biens immeubles.   2.50 0/0.
(Tarif actuel.)   Ref. art. 118 n° 4.

6° Les parts et portions acquises par licitation   2.50.
de biens meubles indivis.   Ref. art. 118 n° 3.
(Tarif actuel)

7° Les retours de partages de biens meubles.   2.50.
(Tarif actuel.)   Ref. art. 118 n° 3.

8° Les dommages-intérêts prononcés par les   2.50 0/0 et com-
tribunaux criminels, correctionnels et de police.   plété.

(Tarif actuel. Voir addition faite par l'art. 11 de la loi du   Ref. 118 n° 5.
27 ventôse an IX.)

§ 6. — *Deux francs cinquante centimes par cent francs.*

1° Les donations entre-vifs en propriété ou usufruit de *biens meubles,* par des collatéraux et autres personnes non parentes. — *Il ne sera perçu que moitié droit si elles sont faites par contrat de mariage aux futurs.*

(Paient comme les immeubles, art. 10 de la loi du 13 mai 1850. Voir, pour le tarif actuel, loi du 21 avril 1852, art. 53)

6, 7, 8, 9 et 10 0,0.
Ref. 122 § 1 à 3,
121 § 1 à 3.

2° Les donations entre-vifs en propriété ou usufruit, de biens immeubles en ligne directe. — *Il ne sera perçu que moitié droit si elles sont faites par contrat de mariage aux futurs.*

(Tarif actuel, sauf addition du droit de transcription, art. 54 de la loi du 28 avril 1816.)

2, 4 et 6 0,0.
Ref. 106-3, 120-2
et 121.

3° Les transmissions de propriété ou d'usufruit de biens immeubles qui s'effectuent, par décès, entre époux.

(5 0,0, loi du 28 avril 1816, art. 55.)

4 0,0.
Ref. 120-1.

§ 7. — *Quatre francs par cent francs.*

1° Les adjudications, ventes, reventes, cessions, rétrocessions et tous autres actes civils et judiciaires translatifs de propriété ou d'usufruit de biens immeubles, à titre onéreux. — Les adjudications à la folle enchère de biens de même nature sont assujetties au même droit, mais seulement sur ce qui excède le prix de la précédente adjudication, si le droit en a été acquitté. — La quotité du droit d'enregistrement des adjudications de domaines nationaux sera réglée par des lois particulières.

(5 1/2, loi du 23 avril 1816, art. 52.)

6,60 0,0.
Ref. art. 123-1.

2° Les baux à rentes perpétuelles de biens immeubles, ceux à vie, et ceux dont la durée est illimitée.

(Tarif actuel, plus le droit de transcription, art. 54 de la loi du 28 avril 1816.)

6,60.
Ref. 123-3.

3° Les déclarations ou élections de command ou d'ami, par suite d'adjudications ou contrats de vente de biens immeubles, autres que celles des domaines nationaux, si la déclaration est faite après les vingt-quatre heures de l'adjudication ou du contrat, ou lorsque la faculté d'élire un command n'y a pas été réservée.

(Même observation.)

6,60,
Ref. 123-4.

4° Les parts et portions indivises de biens immeubles acquises par licitation.

6.60.
Ref. 123-5.

(Même observation. — Le droit de transcription n'est dû que si l'acte est de *nature à être transcrit*.)

5° Les retours d'échanges et de partages de biens immeubles.

6.60.
Ref. 123-6.

(Même observation. — Le droit de transcription ne frappe que les soultes d'échange.)

6° Les retraits exercés après l'expiration des délais convenus par les contrats de vente sous faculté de réméré.

6.60.
Ref. 123-7.

(Tarif actuel, plus le droit de transcription, art. 54 de la loi du 23 avril 1816 !

§ 8. — *Cinq francs par cent francs.*

1° Les donations entre-vifs de biens immeubles, en propriété ou usufruit, par des collatéraux et autres personnes non parentes. — *Il ne sera perçu que moitié droit, si elles sont faites par contrat de mariage aux futurs.*

6, 7, 8, 9 et 10 0/0.
Ref. 122 § 1 à 3,
et 124 § 1 à 3.

(Voir pour le tarif actuel, loi du 21 avril 1832, art. 53.)

2° Les mutations de biens immeubles en propriété ou usufruit, qui s'effectuent par décès, entre collatéraux et personnes non parentes, soit par succession, soit par testament ou autre acte de libéralité à cause de mort.

8, 9 et 10 0/0.
Ref. 124 § 1 à 3.

(Même observation.)

TITRE XI. — *Des actes qui doivent être enregistrés en débet ou gratis, et de ceux qui sont exempts de cette formalité.*

ART. 70. — Seront soumis à la formalité de l'enregistrement, et enregistrés en débet ou gratis, ou exempts de cette formalité, les actes ci-après, savoir :

Comparez : Ref. titre XIII, art. 125, à 127.

§ 1er. — *A enregistrer en débet.*

1° Les actes et procès-verbaux des juges de paix, pour faits de police.
2° Ceux faits à la requête des commissaires du directoire exécutif (*procureurs de la République*) près les tribunaux.
3° Ceux des commissaires de police.

4° Ceux des gardes établis par l'autorité publique, pour délits ruraux et forestiers.

5° Les actes et jugements qui interviennent sur ces actes et procès-verbaux. — *Il y aura lieu de suivre la rentrée des droits d'enregistrement de ces actes, procès-verbaux et jugements, contre les parties condamnées, d'après les extraits des jugements qui seront fournis aux préposés de la régie par les greffiers.*

Ref. art. 125 n° 5.

§ 2. — *A enregistrer gratis.*

1° Les acquisitions et échanges faits par la République ; les partages de biens entre elle et des particuliers, et tous autres actes faits à ce sujet.

2° Les exploits, commandements, significations, sommations, établissements de garnison, saisies, saisies-arrêts, et autres actes, tant en action qu'en défense, ayant pour objet le recouvrement des contributions directes et indirectes, et de toutes autres sommes dues à la République, à quelque titre et pour quelque objet que ce soit, même des contributions locales, lorsqu'il s'agira de cotes de vingt-cinq francs et au-dessous, ou de droits et créances non excédant en total la somme de vingt-cinq francs.

3° Les actes des huissiers et gendarmes, dans les cas spécifiés par le paragraphe suivant, nombre 0.

Comparez :
Ref. art. 126 n° 1
à 13.

§ 3. — *Exempts de la formalité de l'enregistrement.*

1° Les actes du corps législatif et ceux du directoire exécutif (*Gouvernement*).

2° Les actes d'administration publique non compris dans les articles précédents.

3° Les inscriptions sur le grand-livre de la dette publique, leurs transferts et mutations, les quittances des intérêts qui en sont payés, et tous les effets de la dette publique inscrits ou à inscrire définitivement.

(Modifié, loi du 18 mai 1850, art. 7.)

4° Les rescriptions, mandats et ordonnances de paiement sur les caisses nationales ; leurs endossements et acquits.

5° Les quittances de contributions, droits, créances, et revenus payés à la nation ; celles pour charges locales, et celles des fonctionnaires et employés salariés par la République, pour leurs traitements et émoluments.

6° Les ordonnances de décharge ou de réduc-

Comparez :
Ref art. 127 n° 1
à 22.

tion, remise ou modération d'imposition, les quittances y relatives, les rôles et extraits d'iceux.

7° Les récépissés délivrés aux collecteurs, aux receveurs de deniers publics et de contributions locales, et les comptes de recettes ou gestions publiques.

8· Les actes de naissances, sépulture (décès) et mariages, reçus par les officiers de l'état civil, et les extraits qui en sont délivrés.

9° Tous les actes et procès-verbaux (excepté ceux des huissiers et gendarmes, qui doivent être enregistrés, ainsi qu'il est dit au paragraphe précédent, nombre 3), et jugements concernant la police générale et de sûreté, et la vindicte publique.

10° Les cédules pour appeler au bureau de conciliation, sauf le droit de la signification.

11° Les légalisations de signature d'officiers publics.

12° Les affirmations de procès-verbaux des employés, gardes et agents salariés par la République, faits dans l'exercice de leurs fonctions.

13° Les engagements, enrôlements, congés, certificats, cartouches, passe-ports, quittances de prêt et fourniture, billets d'étape, de subsistance et de logement, tant pour le service de terre que pour le service de mer et tous autres actes de l'une et de l'autre administration non compris dans les articles précédents. — Sont aussi exceptés de la formalité de l'enregistrement les rôles d'équipages et les engagements de matelots et gens de mer de la marine marchande et des armements en course.

14° Les passeports délivrés par l'administration publique.

15° Les lettres de change tirées de place en place ; celles venant de l'étranger ou des colonies françaises ; les endossements et acquits de ces effets, et les endossements et acquits de billets à ordre et autres effets négociables.

(Modifié, art. 50 de la loi du 28 avril 1816.)

16° Les actes passés en forme authentique avant l'établissement de l'enregistrement dans l'ancien territoire de France, et ceux passés également en forme authentique, ou sous signature privée, dans les pays réunis, et qui ont acquis une date certaine suivant les lois de ces pays, ainsi que les mutations qui se sont opérées par décès avant la réunion desdits pays.

Voir pour les endossements,
Ref. art. 103 n° 8.

Et pour les lettres de change,
Ref. art. 113 n° ,

TITRE XII. — *Des lois précédentes sur l'enregistrement et de l'exécution de la présente.*

ART. 71. — Il sera établi de nouvelles bases pour l'administration de l'enregistrement par une loi particulière. — En attendant, les lois qui existent sur son organisation, sa manutention et ses frais de régie, continueront d'être exécutées.

ART. 72. — La formalité de l'*insinuation des donations entre-vifs* continuera d'être donnée dans les bureaux de recette de l'enregistrement, dans les formes et sous les peines portées par les lois subsistantes, jusqu'à ce qu'il en ait été autrement ordonné.

ART. 73. — Toutes lois rendues sur les droits d'enregistrement, et toutes dispositions d'autres lois y relatives, sont et demeurent abrogées pour l'avenir. — *Elles continueront d'être exécutées, à l'égard des actes faits et des mutations par décès effectuées avant la publication de la présente.* — Les affaires actuellement en instance seront suivies d'après les lois en vertu desquelles elles ont été intentées. — La présente sera exécutée à compter du jour de sa publication.

V : Ref. art. 1er.

Loi du 6 Prairial an VII. — *Décime par franc. (Circ. 1574.)*

1. A compter du jour de la publication de la présente loi, il sera perçu, à titre de subvention extraordinaire de guerre, pour l'an VII, un décime par franc en sus des droits d'enregistrement, de timbre, hypothèque, droits de greffe, droits de voitures publiques, de garantie sur les matières d'or et d'argent, amendes et condamnations pécuniaires, ainsi que sur les droits de douane à l'importation, l'exportation et la navigation.

Ref. n° 1.

2. La subvention établie par la présente loi sera perçue en même temps que le principal et par les mêmes préposés, sans donner lieu à *aucune retenue* pour ceux-ci ; il en sera compté par un article séparé.

Ref. n° 1.

Loi du 27 Ventôse an IX. — ENREGISTRE-
MENT. *(Circ. 1992.)*

1. *A compter du jour de la publication de la présente,* les droits d'enregistrement seront liquidés et perçus suivant les fixations établies par la loi du 22 frimaire an VII et celles postérieures, *quelle que soit la date ou l'époque des actes et mutations à enregistrer,* sauf les modifications et changements ci-après.

(V : loi du 28 avril 1816, art. 50 ; loi du 18 mai 1850, art. 9.)

Ref., art. 1.

2. La perception du droit proportionnel suivra les sommes et valeurs de *vingt francs en vingt francs* inclusivement et sans fraction.

Ref. art. 5.

3. Il ne pourra être perçu moins de *vingt-cinq centimes* pour l'enregistrement des actes et mutations dont les sommes et valeurs ne produiraient pas *vingt-cinq centimes* de droit proportionnel.

Ref. art. 6.

4. Sont soumises aux dispositions des art. 22 et 38 de la loi du 22 frimaire, les mutations entre-vifs de propriété ou d'usufruit de biens immeubles, lors même que les nouveaux possesseurs prétendraient qu'il n'existe pas de conventions écrites entre eux et les précédents propriétaires ou usufruitiers. — A défaut d'actes, il sera suppléé par des déclarations détaillées et estimatives, dans les trois mois de l'entrée en possession, à peine d'un droit en sus.

(V : loi du 23 août 1871, art. 11.)

Ref. art. 13.

5. Dans tous les cas où les frais de l'expertise autorisée par les art. 17 et 19 de la loi du 22 frimaire tomberont à la charge du redevable, il y aura lieu au double droit d'enregistrement sur le supplément de l'estimation.

Ref. art. 29, 32, 37 et 39.

6. Les dispositions de la loi du 22 frimaire relatives aux administrations civiles et aux tribunaux alors existants sont applicables aux fonctionnaires civils et aux tribunaux qui les remplacent.

(Ordre.)

7. Les actes et procès-verbaux de ventes de prises et de navires, ou bris de navires, faits par les officiers de l'administration de la marine seront soumis à l'enregistrement dans les vingt jours de leur date, sous la peine portée aux art. 35 et 36

Ref. art. 44 n° 6.

de ladite loi du 23 frimaire. — L'art. 37 leur est
applicable pour le cas qui y est prévu.

(V : loi du 21 avril 1818, art. 61.)

8. Le droit d'enregistrement des baux à ferme   Ref. art. 113 n° 2.
ou à loyer, et des sous-baux, subrogations, cessions
et rétrocessions de baux, réglé par l'art. 69 de la
loi du 22 frimaire, § 3, n° 2, à *un franc* par *cent
francs* sur le montant des deux premières années,
et à *vingt-cinq centimes* par *cent francs* sur celui
des autres années, est réduit à *soixante-quinze
centimes* par *cent francs* sur les deux premières
années, et à *vingt centimes* par *cent francs* sur le
montant des années suivantes. — S'il est stipulé,
pour une ou plusieurs années, un prix différent
de celui des autres années du bail ou de la location, il sera formé un total du prix de toutes les
années, et il sera divisé également, suivant leur
nombre, pour la liquidation du droit.

(Réduit à 20 c. p. 100 fr., loi du 16 juin 1824, art. 1er.)

9. Le droit d'enregistrement des cautionnements   Ref. art. 104 n° 3.
de baux à ferme ou à loyer sera de moitié de celui
fixé par l'article précédent.

(V : loi du 16 juin 1824, art. 1er.)

10. L'art. 69 de la loi du 22 frimaire, § 4, n° 1,   Ref. art. 117 n° 2.
et § 6, n° 2, est applicable aux démissions de biens
en ligne directe.

(V : idem, art 3)

11. Le droit proportionnel est porté à deux pour   Ref. 118 n° 8.
cent sur le montant des dommages-intérêts en ma-
tière civile, ainsi qu'il est réglé par l'art. 69 de
ladite loi, § 5, n° 8, pour les dommages-intérêts
en matière criminelle, correctionnelle et de
police.

12. Les jugements portant résolution de contrat   Ref. 106 n° 7.
de vente pour défaut de paiement quelconque sur
le prix de l'acquisition, lorsque l'acquéreur ne
sera point entré en jouissance, ne seront assujettis
qu'au droit *fixe* d'enregistrement, tel qu'il est réglé par l'art. 68, de la loi du 22 frimaire, § 3, n° 7,
pour les jugements portant résolution de contrats
pour cause de nullité radicale.

13. La dernière disposition du n° 30 du § 1er de   Ref. 106-8.
l'art. 68 de la loi du 22 frimaire est applicable aux
actes d'appel compris sous les §§ 4 et 5 du même
article.

14. Les actes de prestation de serment sont soumis à l'enregistrement sur les minutes, dans les
vingt jours de leur date, sous les obligations et
peines portées aux art. 35 et 37 de ladite loi du
22 frimaire. — Ceux des avoués sont classés parmi
les actes de cette nature compris sous le n° 4, § 6,
de l'art. 68. — Ceux des gardes des barrières le
sont sous le n° 3 du § 3 du même article.

Ref. 108 n° 2.

15. Le droit d'enregistrement des significations
d'avoué à avoué dans le cours, des instructions des
procédures devant les tribunaux est fixé à *vingt-
cinq centimes*. Ces actes seront enregistrés dans
les quatre jours de leur date, à peine de *cinq francs*
d'amende pour chaque contravention, outre le paiement du droit.

(50 c. et 1 fr.; loi du 28 avril 1816, art. 11, n° 1, et art. 12.)

Ref. 107 n° 4.

16. Les présentations et les défauts et congés
faute de comparoir, défendre ou conclure, qui
doivent se prendre au greffe, sont soumis à un
droit *fixe d'un franc*. — Ils s'enregistrent sur les
minutes ou originaux. — Le délai pour l'enregistrement est le même que celui fixé par l'art. 20 de la
loi du 22 frimaire pour les actes judiciaires, et les
art. 35 et 37 de ladite loi leur sont applicables.

Sans objet.

17. L'instruction des instances que la régie aura
à suivre pour toutes les perceptions qui lui sont
confiées se fera par simples mémoires respectivement signifiés, sans plaidoirie. Les parties ne seront point obligées d'employer le ministère des
avoués.

Ref. art. 99.

Décret du 4 Messidor an XIII. — ENRE-
GISTREMENT. *Registres des communes et des
établissements publics. Communication aux
préposés. (Inst. 203.)*

Les receveurs des droits et revenus des communes et de tous autres établissements publics,
les dépositaires des registres et minutes d'actes
concernant l'administration des biens des hospices,
fabriques des églises, chapitres, et de tous autres
établissements publics, sont tenus de communiquer, sans déplacer, à toute réquisition, aux préposés de l'enregistrement, leurs registres et minutes d'actes, à l'effet, par lesdits préposés, de
s'assurer de l'exécution des lois sur le timbre et
l'enregistrement.

Ref. art. 88.

Décret du 26 Avril 1808. — ENREGISTRE-
MENT. *Mercuriales* (1).

Les décisions de notre ministre des finances des 10 mess. an X et 3 vend. an XIII, portant que, pour les rentes perpétuelles et viagères et pour les baux à loyer ou à ferme, lorsque ces rentes ou baux sont stipulés payables en nature, ainsi que pour les transmissions par décès des biens dont les baux sont également stipulés payables en nature, l'évaluation soit du montant des rentes, soit du prix des baux, sera faite d'après le taux commun résultant des mercuriales des trois dernières années, sont approuvées et maintenues.

Ref. art. 15 n° 6, § 2.

Loi du 15 Novembre 1808. — ENREGIS-
TREMENT. *Expertise en matière d'enregistre-
ment. (Inst. 411.)*

Lorsque, dans les cas prévus par les art. 17, 18 et 19 de la loi du 22 frimaire an VII, il y aura lieu à expertise de biens immeubles situés dans le ressort de plusieurs tribunaux, la demande en sera portée au tribunal de première instance dans le ressort duquel se trouve le chef-lieu de l'exploitation, où, à défaut de chef-lieu, la partie des biens qui présente le plus grand revenu d'après la matrice du rôle. — Ce même tribunal ordonnera l'expertise partout où elle sera jugée nécessaire, à la charge néanmoins de nommer pour experts des individus domiciliés dans le ressort des tribunaux de la situation des biens, et il prononcera sur leur rapport. — Les experts seront renvoyés, pour la prestation du serment, devant le juge de paix du canton où les biens sont situés.

Ref. art. 41.

Loi du 28 Avril 1816. — ENREGISTREMENT.
DES DROITS D'ENREGISTREMENT.

· 37. À compter de la promulgation de la présente loi, et jusqu'à ce que l'acquittement des charges extraordinaires soit terminé, les droits d'enregistrement, de timbre et d'hypothèques seront perçus

Ref. art. 1.

(1) L'art. 75 de la loi du 18 mai 1818 n'a abrogé ce décret qu'en ce qui concerne les baux payables en *quantité fixe de grains*. (Inst. 1200, § 4, et 1537, sect. 2, n° 205.)

avec les augmentations énoncées aux articles suivants.

38. Tous actes judiciaires en matière civile, tous jugements en matière criminelle, correctionnelle ou de police, seront, sans exception, soumis à l'enregistrement sur les minutes ou originaux. — Les greffiers ne seront personnellement tenus de l'acquittement des droits que dans les cas prévus par les art. 7 et 35 de la loi du 22 frimaire an VII. Ils continueront de jouir de la faculté accordée par l'art. 37, pour les jugements et actes y énoncés. — Il sera délivré aux greffiers, par le receveur de l'enregistrement, des récépissés, sur papier non timbré, des extraits de jugements qu'ils doivent fournir en exécution dudit art. 37. Ces récépissés seront inscrits sur leurs répertoires.

(V : ord. 22 mai 1816; Inst 720.)

Ref. art. 61.

39. Les jugements des tribunaux en matière de contributions publiques ou locales et autres sommes dues à l'état et aux établissements locaux seront assujettis aux mêmes droits d'enregistrement que ceux rendus entre particuliers.

Maintenu implicitement.

40. Les héritiers, légataires et tous autres appelés à exercer des droits subordonnés au décès d'un individu dont l'absence est déclarée sont tenus de faire, dans les six mois du jour de l'envoi en possession provisoire, la déclaration à laquelle ils seraient tenus s'ils étaient appelés par effet de la mort, et d'acquitter les droits sur la valeur entière des biens ou droits qu'ils recueillent. — En cas de retour de l'absent, les droits payés seront restitués, sous la seule déduction de celui auquel aura donné lieu la jouissance des héritiers. Ceux qui ont obtenu cet envoi jusqu'à ce jour, sans avoir acquitté les droits de succession, jouiront d'un délai de six mois, à compter de la publication de la présente, pour faire leur déclaration et payer les droits, sans être assujettis à l'amende.

Ref. art. 80 et 95.

41. Seront assujettis au droit fixe de *cinquante centimes :* 1° les significations d'avoué à avoué pour l'instruction des procédures devant les tribunaux de première instance ; 2° les assignations et tous autres exploits devant les prud'hommes.

1 fr.
Ref. 103 1 et 4.

42. Seront sujettes au droit fixe de un *franc* les significations d'avoué à avoué devant les Cours royales.

2 fr.
Ref. 104-24.

8

43. Seront sujets au droit fixe de *deux francs :*

1° Les acquiescements purs et simples ;

5 fr.
Ref. 106 n° 2.

2° Les actes de notoriété ;

3 fr.
Ref. 105 n° 2.

3° Les actes refaits pour nullité ou autre motif, sans aucun changement qui ajoute aux objets des conventions ou à leur valeur ;

3 fr.
Ref. 105 n° 3.

4° Les avis de parents ;
(4 fr., loi du 19 juillet 1845, art. 5.)

5 fr.
Ref. 100 n° 21.

5° Les autorisations pures et simples ;

5 fr.
Ref. 105 n° 1.

6° Les certificats de cautions et cautionnements ;

2 fr.
Ref. 104 n° 3.

7° Les consentements purs et simples ;

3 fr.
Ref. 105 n° 1.

8° Les décharges également pures et simples, et les récépissés de pièces ;

3 fr.
Ref. 105 n° 10.

9° Les déclarations aussi pures et simples en matière civile et de commerce ;

2 fr.
Ref. 104 n° 17.

10° Les dépôts d'actes et pièces chez les officiers publics ;

3 fr.
Ref. 105 n° 9.

11° Les dépôts et consignations de sommes et effets mobiliers chez des officiers publics, lorsqu'ils n'opèrent pas la libération des déposants, et les décharges qu'en donnent les déposants ou leurs héritiers, lorsque la remise des objets déposés leur est faite ;

3 fr.
Ref. 105 n° 9.

12° Les désistements purs et simples ;

3 fr.
Ref. 105 n° 11.

13° Les exploits et autres actes du ministère des huissiers qui ne peuvent donner lieu au droit proportionnel ; sont exceptés les exploits relatifs aux procédures devant les juges de paix, les prud'hommes, les Cours royales, la Cour de cassation, et les conseils de Sa Majesté, jusques et y

2 fr.
Ref. 104 n° 23.

compris les significations des jugements et arrêts
définitifs; les déclarations d'appel ou de recours
en cassation; les significations d'avoué à avoué,
et les exploits ayant pour objet le recouvrement
des contributions directes et indirectes, publiques
ou locales;

14° Les lettres missives qui ne contiennent ni
obligation, ni quittance, ni aucune autre convention donnant lieu au droit proportionnel;

3 fr.
Ref. 105 n° 6.

15° Les nominations d'experts hors jugement;

3 fr.
Ref. 105 n° 12.

16° Les procès-verbaux et rapports d'employés,
gardes, commissaires, séquestres, experts et arpenteurs;

3 fr.
Ref. 105 n° 14.

17° Les procurations et pouvoirs pour agir ne
contenant aucune stipulation ni clause donnant
lieu au droit proportionnel;

3 fr.
Ref. 105 n° 8.

18° Les promesses d'indemnité indéterminées
et non susceptibles d'estimation;

Non tarifés no-
minativement.

19° Les reconnaissances pures et simples ne
contenant aucune obligation ni quittance;

Non tarifés no-
minativement.

20° Les résiliements purs et simples faits par
acte authentique dans les vingt-quatre heures des
actes résiliés;

5 fr.
Ref. 106 n° 19.

21° Les rétractations et révocations;

3 fr.
Ref. 105 n° 8.

22° Les reconnaissances d'enfants naturels par
acte de célébration de mariage.

5 fr.
Ref. 106 n° 18.

44. Seront sujets au droit fixe de *trois francs :*

1° Les adjudications à la folle enchère, lorsque
le prix n'est pas supérieur à celui de la précédente adjudication;

5 fr.
Ref. 106 n° 7.

2° Les compromis ou nominations d'arbitres qui
ne contiennent aucune obligation de sommes et
valeurs donnant lieu au droit proportionnel;

3 fr.
Ref. 105 n° 12.

3° Les déclarations ou élections de command et d'ami, lorsque la faculté d'élire un command a été réservée dans l'acte d'adjudication ou le contrat de vente, et que la déclaration est faite par acte public et notifiée dans les vingt-quatre heures de l'adjudication ou du contrat ;

5 fr.
Ref. 106-19.

4° Les réunions de l'usufruit à la propriété, lorsque la réunion s'opère par acte de cession, et qu'elle n'est pas faite pour un prix supérieur à celui sur lequel le droit a été perçu lors de l'aliénation de la propriété ;

3 fr.
Ref. 103-7.

5° Les titres nouvels et reconnaissances de rentes dont les contrats sont justifiés en forme ;

5 fr.
Ref. 106 n° 20.

6° Les connaissements ou reconnaissances de chargements par mer ;

5 fr.
Ref. 106 n° 24.

7° Les exploits et autres actes du ministère des huissiers relatifs aux procédures devant les Cours royales, jusques et compris la signification des arrêts définitifs: sont exceptées les déclarations d'appel et les significations d'avoué à avoué;

3 fr.
Ref. 115-15.

8° Les transactions, en quelque matière que ce soit, qui ne contiennent aucune stipulation de sommes et valeurs, ni dispositions soumises à un plus fort droit d'enregistrement.

5 fr.
Ref. 106-17.

9° Les jugements définitifs des juges de paix rendus en dernier ressort, d'après la volonté expresse des parties, au delà des limites de la compétence ordinaire, lorsqu'ils ne contiennent pas de dispositions donnant ouverture à un droit proportionnel supérieur ;

1 fr.
Ref. 103-12.

10° Les jugements interlocutoires ou préparatoires, ordonnances et autres actes énoncés dans les n° 6 et 7 du deuxième paragraphe de l'art. 68 de la loi du 22 frim. an VII, lorsqu'ils auront lieu dans les tribunaux de première instance, de commerce ou d'arbitrage, et ne seront pas de l'espèce de ceux dont il sera parlé dans l'article suivant ;

3 fr. par vacation.
Ref. 103-10.

11° Les significations d'avocat à avocat dans les instances à la Cour de cassation et aux conseils de Sa Majesté.

5 fr.
Ref. 106-4.

45. Seront sujets au droit fixe de *cinq francs :*

1° Les exploits et autres actes du ministère des huissiers relatifs aux procédures devant la Cour de Cassation et les conseils de Sa Majesté, jusques et y compris les significations des arrêts définitifs ; le premier acte de recours est excepté;

8 fr.
Ref. 100-28.

2° Les contrats de mariage et actes de formation ou de dissolution de société, actuellement soumis au droit fixe de *trois francs ;*

5 fr. et 0,20 0/0.
Ref. 100-8, et 112-2.

3° Les partages de biens meubles et immeubles entre co-propriétaires, à quelque titre que ce soit, pourvu qu'il en soit justifié;

8 fr.
Ref. 100-13.

4° Les testaments et tous autres actes de libéralité qui ne contiennent que des dispositions soumises à l'événement du décès, et les dispositions de même nature qui sont faites par contrat de mariage entre les futurs ou par d'autres personnes;

8 fr. et 1 0/0.
Ref. 100-17, et 121 § vi et vii.

5° Les jugements des tribunaux civils prononçant sur l'appel des juges de paix ; ceux desdits tribunaux et des tribunaux de commerce ou d'arbitres rendus en premier ressort, contenant des dispositions définitives qui ne donneraient pas lieu à un droit plus élevé;

5 fr. par vacation.
Ref. 100-6.

6° Les arrêts interlocutoires ou préparatoires rendus par les Cours royales, lorsqu'ils ne seront pas susceptibles d'un droit plus élevé, et les ordonnances et actes désignés dans les n°s 6 et 7, deuxième paragraphe, de l'art. 68 de la loi du 22 frim. an VII, devant les mêmes Cours;

8 fr. par vacation.
Ref. 100-23.

7° Les reconnaissances d'enfants naturels autrement que par acte de mariage.
(V : loi du 15 mai 1818, art. 77.)

5 fr.
Ref. 100-8.

8° Les actes et jugements interlocutoires ou préparatoires des divorces ;

Saus objet.

46. Seront assujettis au droit fixe de *dix francs :*

1° Les jugements rendus en dernier ressort par les tribunaux de première instance ou les arbitres, d'après le consentement des parties, lorsque la matière ne comportait pas ce dernier ressort, sauf

5 fr. par vacation.
Ref. 100-6.

la perception du droit proportionnel, s'il s'élève au delà de *dix francs* ;

2° Les arrêts définitifs des Cours royales, dont le droit proportionnel ne s'élèverait pas à *dix francs* ;

> 10 fr. par vacation.
> Ref. 107-4.

3° Les arrêts interlocutoires ou préparatoires de la Cour de cassation et des conseils de Sa Majesté.

> id.

47. Seront sujets au droit fixe de *vingt-cinq francs* :

1° Le premier acte de recours en cassation ou devant les conseils de Sa Majesté, soit par requête, mémoire ou déclaration, en matière civile, de police simple ou de police correctionnelle ;

> 25 fr.
> Ref. 109-1.

2° Les arrêts des Cours royales portant interdiction ou prononçant séparation de corps entre mari et femme ;

> 25 fr. (minimum).
> Ref. 109-2.

3° Les arrêts définitifs de la Cour de cassation et des conseils de Sa Majesté.

> 25 fr. (minimum).
> Ref. 109 n° 3.

48. Seront sujets au droit fixe de *cinquante francs* :

1° Les actes de tutelle officieuse ;

> 50 fr.
> Ref. 100-1.

2° Les jugements de première instance admettant une adoption, ou prononçant un divorce.

> 50 fr.
> Ref. 110-2.

49. Seront sujets au droit fixe de *cent francs* :

1° Les arrêts de Cours d'appel confirmant une adoption ;

> 100 fr.
> Ref. 111.

2° Ceux qui prononceront définitivement sur une demande en divorce : s'il n'y a pas d'appel, ce droit sera perçu sur l'acte de l'officier de l'état civil ;

> Sans objet.

50. Seront soumis au droit de *vingt-cinq centimes* par *cent francs* les lettres de change tirées de place en place, et celles venant de l'étranger ou des colonies françaises, lorsqu'elles seront pro-

> Ref. 113 n° 4.
> 0,25 et 0,50 0/0.

testées faute de palement. — Elles pourront n'être présentées à l'enregistrement qu'avec l'assigna- tion. — Dans le cas de protêt faute d'acceptation, les lettres de change devront être enregistrées seulement avant que la demande en rembourse- ment ou en cautionnement puisse être formée contre les endosseurs ou le tireur.

(V : loi du 1er mai 1822, art. 6.)

Seront sujets au droit de *cinquante centimes* par *cent francs* les cautionnements de se représenter ou de représenter un tiers en cas de mise en liberté provisoire, soit en vertu d'un sauf-conduit dans les cas prévus par le Code de procédure et par le Code de commerce, soit en matière civile, soit en matière correctionnelle ou criminelle.

2.50 0/0.
Ref. 118 - 6.

51. Seront sujets au droit d'un *franc* par *cent francs :*

1° Les abandonnements pour fait d'assurance ou grosse aventure : le droit sera perçu sur la valeur des objets abandonnés ; en temps de guerre, il ne sera dû qu'un demi-droit ;

1.50 0/0.
Ref. 116-1.

2° Les actes et contrats d'assurance : le droit sera perçu sur la valeur de la prime ; en temps de guerre, il n'y aura lieu qu'au demi-droit ;

(Modifié quant aux assurances maritimes, et à celles contre l'incendie, loi du 25 août 1871.)

0,60, 3 et 6 0/0.
Ref. 114-8 et 119.

3° Les adjudications au rabais, et marchés pour constructions, réparations, entretien, approvision- nements et fournitures, dont le prix doit être payé par le trésor public, ou par les administrations locales, ou par des établissements publics.

(V : loi du 15 mai 1818, art. 75.)

1 0/0.
Ref. 118-1.

52. Le droit d'enregistrement des ventes d'im- meubles est fixé à 5 1/2 0/0 ; mais la formalité de la transcription au bureau de la conservation des hypothèques ne donnera plus lieu à aucun droit proportionnel.

6.60
Ref. 123.

53. Les droits des donations entre-vifs et des mutations qui s'effectuent par décès, soit par suc- cession, soit par testament, ou autres actes de libéralité à cause de mort, de propriété ou d'usu- fruit de biens meubles et immeubles entre époux, en ligne collatérale et entre personnes non pa- rentes, seront perçus selon les quotités ci-après :

4, 6, 7, 8, 9 et 10.
Ref. 120, 122 et 121.

— Pour les biens *immeubles :* — d'un époux à un autre époux, par donation ou testament, *trois francs par cent francs* ; — des frères et sœurs à des frères et sœurs ou descendants d'iceux, successions de neveux et nièces, petits-neveux et petites-nièces, dévolues à des oncles et tantes, grands-oncles et grand'tantes et autres parents au degré successible, *cinq francs par cent francs* ; — entre toutes autres personnes, *sept francs par cent francs* ; — Pour les biens *meubles :* entre époux, *un et demi pour cent* ; — entre frères, sœurs, oncles, tantes, neveux et nièces, et autres parents au degré successible, *deux et demi pour cent* ; — entre toutes autres personnes, *trois et demi pour cent.* — Lorsque l'époux survivant ou les enfants naturels seront appelés à la succession, à défaut de parents au degré successible, ils seront considérés, quant à la quotité des droits, comme personnes non parentes. — Lorsque les donations entre-vifs auront été faites par contrats de mariage aux futurs, il ne sera perçu que moitié du droit.

(V : loi du 21 avril 1832, art. 33 ; loi du 18 mai 1850, art. 10.)

84. Dans tous les cas où les actes seront de nature à être transcrits au bureau des hypothèques, le droit sera augmenté d'*un et demi pour cent,* et la transcription ne donnera plus lieu à aucun droit proportionnel.

(V : loi du 16 juin 1824, art. 3.)

Supprimé.
V : Ref. art. 117, 123-5 et 132.

86. L'art. 41 de la loi du 22 frim. an VII continuera d'être exécuté ; néanmoins, à l'égard des actes que le même officier aurait reçus, et dont le délai d'enregistrement ne serait pas encore expiré, il pourra en énoncer la date, avec la mention que ledit acte sera présenté à l'enregistrement en même temps que celui qui contient ladite mention ; mais dans aucun cas l'enregistrement du second acte ne pourra être requis avant celui du premier, sous les peines de droit.

(V : loi du 16 juin 1824, art. 13.)

Modifié.
Ref. art. 72.

87. Lorsque après une sommation extrajudiciaire ou une demande tendant à obtenir un paiement, une livraison, ou l'exécution de toute autre convention dont le titre n'aurait point été indiqué dans lesdits exploits, ou qu'on aura simplement énoncé comme verbal, on produira au cours d'instance, des écrits, billets, marchés, factures acceptées, lettres ou tout autre titre émané du défendeur, qui n'auraient pas été enregistrés avant

Maintenu et complété.
Ref. art. 78.

ladite demande ou sommation, le double droit sera
dû, et pourra être exigé ou perçu lors de l'enregistrement du jugement intervenu.

58. Il ne pourra être fait usage en justice d'aucun acte passé en pays étranger ou dans les colonies qu'il n'ait acquitté les mêmes droits que s'il
avait été souscrit en France *et pour des biens situés dans le royaume* ; il en sera de même pour
les mentions desdits actes dans des actes publics.
(V : loi du 16 juin 1824, art. 4.)

V : Ref. art. 4 et 73.

59. *Les droits de mutation* établis par la présente loi ne seront perçus que sur les *mutations*
qui surviendront après sa publication ; les lois
antérieures s'appliqueront aux mutations effectuées jusqu'à ladite publication. — *Quant aux
actes*, l'art. 1er de la loi du 27 ventôse an IX continuera d'être exécuté.
(V : loi du 18 mai 1850, art. 9)

V : Ref art 1.

Loi du 25 Mars 1817. — ENREGISTREMENT.
(Inst. 768 et 1872.)

74. Les actes et procès-verbaux des huissiers,
gendarmes, préposés, gardes champêtres ou forestiers (autres que ceux des particuliers), et généralement tous actes et procès-verbaux concernant
la police ordinaire, et qui ont pour objet la
poursuite et la répression des délits et contraventions aux règlements généraux de police et
d'impositions, seront visés pour timbre et enregistrés en débet, lorsqu'il n'y aura pas de partie
civile poursuivante, sauf à suivre le recouvrement
des droits contre les condamnés. — Seront également visées pour timbre et enregistrées en débet
les déclarations d'appel de tous jugements rendus
en matière de police correctionnelle, lorsque l'appelant sera emprisonné.

Ref. art. 125-2, 126-3 et 127-0.

Ref. art. 125-3.

75. Seront visés pour timbre et enregistrés
gratis les actes de procédure et les jugements à la
requête du ministère public, ayant pour objet :
1° de réparer les omissions et faire les rectifications, sur les registres de l'état civil, d'actes
qui intéressent les individus notoirement indigents ; 2° de remplacer les registres de l'état civil
perdus ou incendiés par les évènements de la
guerre, et de suppléer aux registres qui n'auraient
pas été tenus.
(V : loi du 3 juillet 1846, art. 8 ; art. 76 C. Nap., modifié
par la loi du 10 juillet 1850.)

Ref. art. 126 n° 13.

Loi du 21 Avril 1818. — ENREGISTREMENT.
Douanes. Procès-verbaux de vente ou de destruction. Vente de navire. Serment.
(Inst. 830.)

56. Les procès-verbaux de vente, de destruction, dressés en vertu de la présente, ne seront assujettis qu'au droit fixe d'*un franc* pour leur enregistrement.

2 fr.
Ref. 101-10.

64. Les actes ou procès-verbaux constatant les ventes de navires, soit totales ou partielles, ne seront passibles, à l'enregistrement, que du droit fixe d'*un franc*.

2 fr.
Ref. 101-13.

Loi du 15 Mai 1818. — ENREGISTREMENT.
(Inst. 831.)

73. Ne seront sujets qu'au droit fixe d'*un franc* d'enregistrement : 1° les adjudications au rabais et marchés pour constructions, réparations, entretien, approvisionnements et fournitures dont le prix doit être payé directement ou indirectement par le trésor public ; — 2° les cautionnements relatifs à ces adjudications et marchés.

Supprimé.
Art. 115 n° 1.

74. Le droit d'enregistrement de vente des objets mobiliers, fixé à *deux pour cent* par l'art. 69 de la loi du 22 frim. an VII, est réduit à *cinquante centimes* par cent francs pour les ventes publiques de marchandises qui, conformément au décret du 17 avril 1812, seront faites à la bourse et aux enchères, par le ministère des courtiers de commerce, d'après l'autorisation du tribunal de commerce.

0,60 0/0.
Ref. art. 115 n° 3.

75. Pour les rentes et les baux stipulés payables en quantité fixe de grains et denrées dont la valeur est déterminée par des mercuriales, et pour les donations entre-vifs et les transmissions par décès de biens dont les baux sont également stipulés payables en *quantité fixe de grains* et denrées dont la valeur est également déterminée par des mercuriales, la liquidation du droit proportionnel d'enregistrement sera faite d'après l'évaluation du montant des rentes ou du prix des baux résultant d'une année commune de la valeur des grains ou autres denrées, selon les mercu-

V : Ref. art. 11 n° 6 § 2.

riales du marché le plus voisin. — On formera
l'année commune d'après les quatorze dernières
années antérieures à celle de l'ouverture du droit;
on retranchera les deux plus fortes et les deux
plus faibles; l'année commune sera établie sur
les dix années restantes.

(V : décr. du 20 avril 1808.)

77. Seront exemptes du droit proportionnel éta- V : Ref. art. 126-9.
bli par l'art. 53 de la loi du 28 avril 1816 les lettres
patentes de dispense d'âge pour mariage délivrées aux personnes reconnues indigentes. Dans
ce cas, la formalité de l'enregistrement sera donnée
gratis. — Seront également enregistrés gratis les
actes de reconnaissance d'enfants naturels appartenant à des individus notoirement indigents.

(V : loi du 10 déc. 1850, art. 4.)

78. Demeurent assujettis au timbre et à l'enre- Ref. art. 43 n° 6.
gistrement sur la minute, dans le délai de vingt
jours, conformément aux lois existantes : 1° les
actes des autorités administratives et des établissements publics portant transmission de propriété,
d'usufruit et de jouissance, les adjudications ou
marchés de toute nature, aux enchères, au rabais
ou sur soumissions; — 2° les cautionnements relatifs à ces actes.

79. La disposition de l'art. 37 de la loi du 12 Ref. art. 61.
décembre 1798 (22 frimaire an VII), qui autorise,
pour les adjudications en séance publique seulement, la remise d'un extrait au receveur de l'enregistrement pour la décharge du secrétaire, lorsque
les parties n'ont pas consigné les droits en ses
mains, est étendue aux autres actes ci-dessus
énoncés.

80. Tous les actes, arrêtés et décisions des au- Ref. art. 127 n° 2.
torités administratives, non dénommés dans l'art.
78, sont exempts du timbre sur la minute et de
l'enregistrement tant sur la minute que sur l'expédition. Toutefois, aucune expédition ne pourra être
délivrée aux parties que sur papier timbré, si ce
n'est à des individus indigents, et à la charge d'en
faire mention dans l'expédition.

82. Les seuls actes dont il devra être tenu ré- Ref. art. 87.
pertoire sur papier timbré dans les préfectures,
sous-préfectures et mairies, et dont les préposés
pourront demander communication, sont ceux désignés dans l'art. 78 de la présente loi.

Loi du 16 Juin 1824. — ENREGISTREMENT.
(Inst. 1136.)

1. Les baux à ferme ou à loyer des biens meubles ou immeubles, les baux de paturage et nourriture d'animaux, les baux à cheptel ou reconnaissance de bestiaux, et les baux ou conventions pour nourriture de personnes, lorsque la durée sera limitée, ne seront désormais soumis qu'au droit de vingt centimes par cent francs, sur le prix cumulé de toutes les années.

0,50 et 1 0/0.
V : Ref. art. 113 n° 2.

Le droit de cautionnement de ces baux sera de moitié de celui fixé par le présent article.

(Réduction des droits fixés par l'art. 69 § 1er, nos 1 et 2, § 2, n° 3, et § 3, n° 2, de la loi du 22 frim. an VII, et par l'art. 8 de la loi du 27 vent. an IX.)

2. Les droits sur les échanges de biens immeubles sont modérés ainsi qu'il suit :

Les échanges d'immeubles ruraux ne paieront qu'un franc fixe pour tout droit d'enregistrement et de transcription, lorsque l'un des immeubles échangés sera *contigu* aux propriétés de celui des échangistes qui le recevra.

V : Ref. art. 123 n° 2.

(Abrogé, V : loi du 21 mai 1834, art 16; puis rétabli en partie, V : loi du 27 juillet 1870, art. 4.)

A l'égard de tous les autres échanges de biens immeubles, quelle que soit leur nature, le droit de deux pour cent, fixé par l'art. 69 de la loi du 12 déc. 1798 (22 frim. an VII), est réduit à un pour cent; il sera perçu, comme par le passé, sur la valeur d'une des parts seulement, et celui d'un et demi pour cent, fixé par l'art. 51 de la loi du 28 avril 1816, n'aura lieu également que sur la valeur d'une des parts.

V : Ref. art. 123 n° 2.

0,60 0/0.

Dans tous les cas, le droit réglé par l'art. 52 de la même loi continuera d'être perçu sur le montant de la soulte ou de la plus-value.

3. Le droit d'enregistrement fixé par les §§ 4 et 6 de l'art. 69 de la loi du 12 déc. 1798 (22 frim. an VII), pour les donations entre-vifs en ligne directe à un franc vingt-cinq centimes pour cent francs sur les biens meubles, et à deux francs cinquante centimes sur les immeubles, est réduit en ce qui concerne les donations portant partage faites par actes entre-vifs, conformément aux art. 1075 et 1076 C. civ., par les pères et mères ou autres ascendants, entre leurs enfants et descendants, au droit de vingt-cinq centimes par cent francs sur les biens meubles, et d'un franc par

2 0/0.
V : Ref. art. 117 n° 2.

cent francs sur les immeubles ainsi qu'il est réglé pour les successions en ligne directe.

(V : loi du 18 mai 1850, art. 5 et 10.)

Le droit d'un et demi pour cent, ajouté au droit d'enregistrement par l'art. 54 de la loi du 28 avril 1816 ne sera perçu pour lesdites donations que lorsque la transcription en sera requise au bureau des hypothèques.

4. Les actes translatifs de propriété, d'usufruit ou de jouissance de biens immeubles, situés *soit en pays étranger*, soit dans les colonies françaises où le droit d'enregistrement n'est pas établi, ne seront soumis, à raison de cette transmission, qu'au droit fixe de dix francs, sans que, dans aucun cas, le droit fixe puisse excéder le droit proportionnel qui serait dû s'il s'agissait de biens situés en France.

V : Ref. art. 9, et art. 101 n° 22.

5. Les polices d'assurances maritimes ne seront assujetties qu'au droit fixe d'un franc pour enregistrement. Le paiement du droit proportionnel fixé par l'art. 51 de la loi du 28 avril 1816 sera perçu seulement lorsqu'il sera fait usage de ces actes en justice.

0,60 0/0.
Ref. 114 n° 5.

(V : 50 0/0, loi du 23 août 1871.)

6. Seront enregistrés *gratis* les actes de poursuite et tous autres actes, tant en action qu'en défense, ayant pour objet soit le recouvrement des contributions publiques et de toutes autres sommes dues à l'état, ainsi que des contributions locales, soit le recouvrement des sommes dues pour mois de nourrice ; le tout lorsqu'il s'agira de cotes, droits et créances non excédant en total la somme de cent francs.

V : Ref. art. 103 n° 2, et 126 n° 1.

7. Les départements, arrondissements, communes, hospices, séminaires, fabriques, congrégations religieuses, consistoires, et généralement tous établissements publics légalement autorisés, paieront dix francs pour droit fixe d'enregistrement et de transcription hypothécaire sur les actes d'acquisition qu'ils feront, et sur les donations ou legs qu'ils recueilleront, lorsque les immeubles acquis ou donnés devront recevoir une destination d'utilité publique et ne pas produire de revenus, sans préjudice des exceptions déjà existantes en faveur de quelques-uns de ces établissements.

Abrogé!

Le droit de dix francs fixé par le présent article sera réduit à un franc toutes les fois que la valeur des immeubles acquis ou donnés n'excédera pas cinq cents francs en principal.

(Abrogé par la loi du 18 avril 1831, art. 17.)

10. Les amendes progressives prononcées, dans certains cas, contre les fonctionnaires publics et les officiers ministériels, par les lois sur l'enregistrement et le dépôt des répertoires, sont réduites à une seule amende de dix francs, quelle que soit la durée du retard.

Abrogé implicitement.

Toutes les amendes fixes prononcées par les lois sur l'enregistrement, le timbre, les ventes publiques de meubles et le notariat, ainsi que celles résultant du défaut de mention des patentes dans les actes et du défaut de consignation des amendes d'appel, sont réduites, savoir : celles de 300 fr. à 50 fr. ; celles de 100 fr. à 20 fr. ; celles de 50 fr., à 10 fr., et toutes celles au dessous de 50 fr., à 5 fr.

11. Les dispositions des lois relatives à la tenue et au dépôt des répertoires sont applicables aux commissaires-priseurs et aux courtiers de commerce, mais seulement pour les procès-verbaux de ventes de meubles et de marchandises, et pour les actes faits en conséquence de ces ventes.

V : Ref. art. 81 nos 2 et 5.

Les art. 41 et 42 de la loi du 12 décembre 1798 (22 frimaire an VII) sur l'enregistrement sont applicables aux avoués, le tout sauf la réduction aux sommes fixées par l'article précédent des amendes prononcées par lesdites lois.

V : Ref. art. 72.

13. Les notaires pourront faire des actes en vertu et par suite d'actes sous seing privé non enregistrés, et les énoncer dans leurs actes, mais sous la condition que chacun de ces actes sous seing privé demeurera annexé à celui dans lequel il se trouvera mentionné, qu'il sera soumis avant lui à la formalité de l'enregistrement, et que les notaires seront personnellement responsables non seulement des droits d'enregistrement et de timbre, mais encore des amendes auxquelles les actes sous seing privé se trouveront assujettis.

V : Ref. art. 73.

Il est dérogé, à cet égard seulement, aux art. 41 et 42 de la loi du 12 décembre 1798 (22 frimaire an VII).

(V. loi du 21 mai 1834, art. 25.)

14. La prescription de deux ans établie par le nombre 1er de l'art. 61 de la loi du 12 décembre 1798 (22 frim. an VII) s'appliquera tant aux amendes de contravention aux dispositions de ladite loi, qu'aux amendes pour contraventions aux lois sur le timbre et sur les ventes de meubles. Elle courra du jour où les préposés auront été mis à portée de constater les contraventions, au vu de chaque acte soumis à l'enregistrement, ou du jour de la présentation des répertoires à leur *visa*.

V : Ref. art. 95 § 2.

Dans tous les cas, la prescription pour le recouvrement des droits simples d'enregistrement et des droits de timbre qui auraient été dus indépendamment des amendes restera réglée par les lois existantes.

L'action pour faire condamner aux amendes sera prescrite après deux ans, à compter du jour où les contraventions auront été commises dans les cas déterminés :

1° Par l'art. 1er de la loi du 5 mai 1796 (16 floréal an IV), concernant le dépôt des répertoires ;

2° Par l'art. 37 de la loi du 22 octobre 1798 (1er brum. an VII), pour la mention à faire des patentes ;

3° Par la loi du 16 mars 1803 (25 vent. an XI), contenant organisation du notariat ;

4° Par l'art. 68 C. comm., pour la publication des contrats de mariage des commerçants.

16. Toutes les dispositions qui précèdent seront applicables aux perceptions à faire et aux amendes encore dues au moment de la publication de la présente.

Ref. art. 1er n° 2.

Loi du 8 Septembre 1830. — ENREGISTREMENT. *Prêts sur dépôt. (Inst. 1332.)*

ARTICLE UNIQUE. Les actes de prêt sur dépôt ou consignation de marchandises, fonds publics français et actions des compagnies d'industrie et de finances, dans le cas prévu par l'art. 95 C. comm., seront admis à l'enregistrement moyennant le droit fixe de 2 francs.

8 fr.
Ref. 100 n° 18.

Loi du 18 Avril 1831. — ENREGISTREMENT. *Établissements publics. Acquisitions, donations et legs. (Inst. 1362.)*

17. Sont et demeurent abrogés l'art. 7 de la loi du 16 juin 1824 et les dispositions des lois, décrets et arrêtés du gouvernement qui n'ont assujetti qu'au droit fixe pour l'enregistrement et la transcription hypothécaire les actes d'acquisition et les donations et legs faits au profit des départements, arrondissements, communes, hospices, séminaires, fabriques, congrégations, consistoires et autres établissements publics. — En conséquence, ces acquisitions, donations et legs seront soumis au droit proportionnel d'enregistrement et de transcription établi par les lois existantes.

Disposition maintenue.
Ref. art. 130 n° 2.

Loi du 21 Avril 1832. — ENREGISTREMENT.

(Inst. 1399.)

33. Les droits d'enregistrement des donations entre-vifs et des mutations par décès, soit par succession, soit par testament ou autres actes de libéralité à cause de mort, qui auront lieu à compter de la promulgation de la présente loi, de biens meubles ou immeubles en ligne collatérale et entre personnes non parentes, seront perçus selon les quotités établies ci-après :

6, 7, 8, 9 et 10 0/0. Ref. art. 122 § 1, 2 et 3, et 124 § 1, 2 et 3.

Entre frères et sœurs, oncles et tantes, neveux et nièces : — Pour les donations entre-vifs par contrat de mariage, sur les meubles, 2 fr. pour 100 fr.; sur les immeubles, 4 fr. 50 c. pour 100 fr.; — pour les donations entre-vifs hors contrat de mariage et les mutations par décès, — sur les meubles, 3 fr. pour 100 fr.; sur les immeubles, 6 fr. 50 c. pour 100 fr.

Entre grands-oncles et grand'tantes, petits-neveux et petites-nièces, cousins-germains : — Pour les donations entre-vifs par contrat de mariage, sur les meubles, 2 fr. 50 c. pour 100 fr. ; sur les immeubles, 5 fr. pour 100 fr. ; — pour les donations entre vifs hors contrat de mariage et les mutations par décès, — sur les meubles, 4 fr. pour 100 fr. ; sur les immeubles, 7 fr. pour 100 fr.

Entre parents au-delà du quatrième degré et jusqu'au douzième : — Pour les donations entre vifs par contrat de mariage, sur les meubles, 3 fr. pour 100 fr. ; sur les immeubles, 5 fr. 50 c. pour 100 fr. ; — pour les donations entre vifs hors contrat de mariage et les mutations par décès, sur les meubles, 5 fr. pour 100 fr. ; sur les immeubles, 8 fr. pour 100 fr.

Entre personnes non parentes : — Pour les donations entre vifs par contrat de mariage, sur les meubles, 4 fr. pour 100 fr. ; sur les immeubles, 6 fr. pour 100 fr. ; — pour les donations entre vifs hors contrat de mariage et les mutations par décès, sur les meubles, 6 fr. pour 100 fr. ; sur les immeubles, 9 fr. pour 100 fr. Le droit de transcription n'est pas ajouté à ces droits.

(Le droit est le même pour les meubles que pour les immeubles; loi du 18 mai 1850, art. 10.)

Loi du 24 Mai 1834. — Enregistrement.
(Inst. 1474.)

11. Les procès-verbaux d'apposition, de reconnaissance et de levée de scellés, et les inventaires
dressés après faillite dans les cas prévus par les
art. 419, 43) et 486 du Code de commerce, ne
seront assujettis chacun qu'à un seul droit fixe
d'enregistrement de deux francs, quel que soit le
nombre des vacations.

Ref. art. 104 n° 6.

12. Les ventes de meubles et marchandises qui
seront faites conformément à l'art. 470 du Code
de commerce ne seront assujetties qu'au droit
proportionnel de cinquante centimes par cent fr.

0,60 0/0.
Ref. art. 114 n° 4.

13. Les procès-verbaux d'affirmation de créances
faits en exécution de l'art. 507 C comm. ne seront
assujettis qu'à un seul droit fixe de trois francs,
quel que soit le nombre des déclarations affirmatives.

Ref. art. 106 n° 3.

14. Les concordats ou atermoiments consentis
conformément aux art. 507 et suivants Code commercial ne seront assujettis qu'au droit fixe de trois
francs, quelle que soit la somme que le failli
s'oblige de payer.

Ref. art. 106 n° 12.

15. Les quittances de répartition données par
les créanciers aux syndics ou au caissier de la faillite, en exécution de l'art. 569 C comm. ne seront
sujettes qu'au droit fixe de deux francs, quel que
soit le nombre d'émargements sur chaque état de
répartition.

Ref. art. 104 n° 20.

16. La disposition de l'art. de la loi du 16 Juin
1824, qui réduit à un franc fixe le droit d'enregistrement des échanges dans lesquels l'une des
parties reçoit des biens qui lui sont contigus, est
et demeure abrogée. — Ces échanges jouiront toutefois de la modération de droits introduite pour
les échanges en général dans la seconde disposition du même article.

Ref. art. 123 n° 2.

(V : loi du 27 juillet 1870, art. 4)

23. *A compter du jour de la publication de la
présente loi,* les actes de protêt faits par les notaires devront être enregistrés dans le même délai,
et seront assujettis au même droit d'enregistrement que ceux faits par les huissiers.

Ref. art. 43 n° 3.

6

Loi du 21 Mai 1836. — ENREGISTREMENT.
Chemins vicinaux. (Inst. 1627.)

20. Les plans, procès-verbaux, certificats, significations, jugements, contrats, marchés, adjudications de travaux, quittances et autres actes ayant
pour objet exclusif la construction, l'entretien et la
réparation des chemins vicinaux, seront enregistrés
moyennant le droit fixe d'*un franc.*

Ref. 103-7.

Loi du 18 Juillet 1836. — ENREGISTREMENT.
*Donations entre vifs de rentes sur l'État.
(Inst. 1625.)*

6. A compter du 1er janv. 1837, *les donations
entre vifs* de rentes sur l'État *ne seront exemptes*
du droit proportionnel d'enregistrement, en vertu
du § 3, n° 3, de l'art. 70 de la loi du 22 frimaire
an VII, *qu'autant que* l'inscription de la rente
donnée existera, sous le nom du donateur ou de
celui auquel il a succédé, depuis plus d'un an, et
que l'acte de donation en indiquera le numéro, la
date et le montant. — Le droit proportionnel sera
perçu si, lors de la donation, la rente donnée est
déjà inscrite sous le nom du donataire, à moins
qu'il ne soit énoncé dans l'acte et dûment justifié
qu'elle était précédemment inscrite depuis plus
d'un an sous celui de donateur. — Ce droit sera
liquidé sur la valeur réelle de la rente d'après le
cours moyen de la Bourse de Paris au jour de la
donation.
                          (V. loi du 18 mai 1850, art. 7.)

Ref. art. 4.

Loi du 20 Juillet 1837. — ENREGISTREMENT.
Droits de sceau. (Inst. 1644.)

12. Les lettres patentes portant réintégration
dans la qualité de Français sont assimilées, en ce
qui concerne les droits de sceau et l'enregistrement à percevoir, aux lettres de naturalité. — Il
sera exigé, pour les autorisations relatives aux
changements et additions de nom, un droit de
sceau fixé à *six cents francs.* — Néanmoins, les
droits ci-dessus établis pourront être remis en tout
ou en partie, conformément aux dispositions de
la loi du 21 avril 1832. Ces dispositions sont également étendues aux autorisations de service militaire ou d'acceptation de fonctions publiques à
l'étranger.

Ref. art. 130 n° 1.

Loi du 3 Mai 1841. — ENREGISTREMENT. *Expropriation pour cause d'utilité publique. (Inst. 1660.)*

58. Les plans, procès-verbaux, certificats, significations, jugements, contrats, quittances et autres actes faits en vertu de la présente loi, seront visés pour timbre et enregistrés gratis, lorsqu'il y aura lieu à la formalité de l'enregistrement — Il ne sera perçu aucun droit pour la transcription des actes au bureau des hypothèques. — Les droits perçus sur les acquisitions amiables faites antérieurement aux arrêtés du préfet seront restitués lorsque, dans le délai de deux ans à partir de la perception, il sera justifié que les immeubles acquis sont compris dans ces arrêtés. La restitution des droits ne pourra s'appliquer qu'à la portion des immeubles qui aura été reconnue nécessaire à l'exécution des travaux.

Ref. art. 130 n° 3.

Loi du 19 Juillet 1845. — ENREGISTREMENT. *Exploits. Actes de parents. Scellés. Émancipation. (Inst. 1736)*

3. A partir du 1er janvier 1846, le droit d'enregistrement de 1 fr. établi par l'art. 68, § 1er, n° 30, de la loi du 22 frim. an VII, pour les *exploits* relatifs aux procédures en matière civile devant les juges de paix, jusques et y compris les significations des jugements définitifs, sera porté à 1 fr. 50 cent en principal. — Le droit de 2 fr., établi par l'art. 68, § 2, n°s 3 et 4, de la loi du 22 frim. an VII, et par l'art. 43, n° 4, de la loi du 28 avril 1816, pour les avis de parents, les procès-verbaux de nomination de tuteurs et de curateurs, et les procès verbaux d'apposition, de reconnaissance et de levée de scellés, sera porté à 4 fr. en principal. — Le droit de 5 fr. établi par l'art. 68, § 4, n° 2, de la loi du 22 frim. an VII, pour les actes d'émancipation, sera porté à 10 fr. en principal.

1 fr.
Ref. n° 10.

5 fr.
Ref. 106 n°s 21 et 22.

10 fr.
Ref. 107-1.

Décret du 21 Mars 1848. — ENREGISTREMENT. *Magasins généraux. — Récépissés de marchandises déposées. (Inst. 1802, § 1).*

1. Il sera établi à Paris et dans les autres villes où le besoin s'en fera sentir des *magasins géné-*

raux où les négociants et les industriels pourront déposer les matières premières, les marchandises, les objets fabriqués, dont ils seront propriétaires.

2. Ces magasins pourront être établis d'urgence, par les commissaires du gouvernement, sur la demande des chambres de commerce ou des conseils municipaux.

3. Il sera délivré aux déposants des récépissés revêtus 1° du timbre de la République, 2° du timbre des magasins où les marchandises auront été déposées. — *Ces récépissés*, extraits de registres à souche, transférant la propriété des objets déposés, seront *transmissibles par voie d'endossement.* — Ils seront passibles d'un droit fixe, qui ne pourra dépasser *un franc.*

Ref. art. 101-9.

(V : loi du 28 mai 1858)

Décret du 23 Mars 1848. — *Protêts.*
(Inst. 1802, § 1.)

Le droit d'enregistrement des protêts porté à **2 fr.** par l'art. 41 n° 13 de la loi du 28 avril 1816, est réduit *provisoirement à un franc,* soit qu'il s'agisse d'un protêt simple, d'un protêt à deux domiciles avec besoin, d'un protêt de deux effets, d'un protêt de perquisition, d'un protêt de parquet, ou d'une intervention et d'une dénonciation de protêt. *Le bénéfice de cette réduction est applicable à tous les exploits non enregistrés le 25 mars 1848.*

Ref. art. 103-6.

V : ref. art. 1, n° 4.

Décret du 24 Mars 1848. — Enregistrement. *Sous-comptoirs d'escompte. (Inst.* 1802, § 2.)

1. Dans les villes où un comptoir d'escompte existera, il pourra être établi, soit par localité, soit par agrégations d'industries, des sous-comptoirs de garantie destinés à servir d'intermédiaires entre l'industrie, le commerce et l'agriculture d'une part, et les comptoirs nationaux d'escompte de l'autre.

4. Les opérations des sous-comptoirs consisteront à procurer aux commerçants, industriels et agriculteurs, soit par engagement direct, soit par

aval, soit par endossement, l'escompte de leurs
titres et effets de commerce auprès du comptoir
principal, moyennant des sûretés données aux
sous-comptoirs par voie de nantissement sur marchandises, récépissés des magasins de dépôts,
titres et autres valeurs.

10. Tous actes qui auront pour objet de constituer les nantissements au profit des sous-comptoirs
par voie de transport ou autrement, et d'établir
leurs droits comme créanciers, seront enregistrés
au droit fixe de 2 fr.

Ref. art. 106 n° 18.

11. Les actes de société contenant les statuts
des sous-comptoirs seront dispensés de l'avis du
Conseil d'état et de toute formalité autre que
l'inscription au bulletin des lois.

Ref. art. 126 n° 14.

Ils seront passés en présence du directeur (de
ces sous-comptoirs) nommé par le ministre, et enregistrés gratuitement.

Loi du 18 Mai 1850. — ENREGISTREMENT.
(Inst. 1852 et 1856.)

5. Conformément à l'art. 3 de la loi du 16 juin
1824, les donations portant partage faites par actes
entre vifs par les père et mère ou autres ascendants ne donneront ouverture qu'aux droits établis pour les successions en ligne directe ; mais les
règles de perception concernant les soultes de partage leur seront applicables, ainsi qu'aux partages
testamentaires également autorisés par les art. 1075
et 1076 C. civ.

Ref. art. 117 n° 2,
et 106 n° 17.

6. Les actes renfermant soit la déclaration par
le donataire ou ses représentants, soit la reconnaissance judiciaire, d'un don manuel, seront sujets aux droits de donation.

Ref. art. 18 n° 12.

7. Les mutations par décès et transmissions
entre vifs à titre gratuit d'inscriptions sur le grand-
livre de la dette publique seront soumises aux
droits établis pour les successions ou donations. —
Il en sera de même des mutations par décès de
fonds publics et d'actions des compagnies ou sociétés d'industrie et de finances étrangers, dépendant d'une société régie par la loi française, et
des transmissions entre vifs à titre gratuit de ces
mêmes valeurs au profit d'un Français. — Le
capital servant à la liquidation du droit d'enregis-

Ref. art. 2 et 4.

trement sera déterminé par le cours moyen de la Bourse au jour de la transmission. — S'il s'agit de valeurs non cotées à la Bourse, le capital sera déterminé par la déclaration estimative des parties, conformément à l'art. 16 de la loi du 22 frim. an VII, sauf l'application de l'art. 39 de la même loi, si l'estimation est reconnue insuffisante.

Ref. art. 15-2.

8. Le moindre droit fixe d'enregistrement pour les actes civils et administratifs est porté à 2 fr., à l'exception du droit sur les certificats de vie et de résidence, qui est maintenu au taux actuel.

Ref. art. 102.

9. Les actes et mutations qui auront acquis date certaine avant la promulgation de la présente loi, seront régis par les lois antérieures.

Ref. art. 1er.

10. Les transmissions de biens meubles à titre gratuit entre vifs et celles qui s'effectuent par décès seront assujetties aux diverses quotités de droits établis pour les transmissions d'immeubles de la même espèce.

Ref. art. 116-3, 117, 120, 122 et 124.

11. Les prescriptions de trois et de cinq années établies par les § 2 et 3 de l'art. 61 de la loi du 22 frim. an VII pour la demande des droits concernant les omissions de biens dans les déclarations après décès et les successions non déclarées, sont étendues à cinq années pour la première prescription et à dix années pour la seconde.

Ref. art. 95 § 3 et 4.

Loi du 18 Juin 1850. — Enregistrement.
Caisse des retraites. Vieillesse. (Inst. 1880.)

11. Les certificats, actes de notoriété et autres pièces exclusivement relatives à l'exécution de la présente loi, seront délivrés gratuitement et dispensés des droits de timbre et d'enregistrement.

Modifié.
Ref. art. 127 n° 17.

Loi du 7 Août 1850. — Enregistrement.
Prud'hommes (Conseil des). (Inst. 1861.)

1. Dans les contestations entre patrons et ouvriers devant les conseils de prud'hommes, les actes de procédure, ainsi que les jugements et les

Ref. art. 126 n° 6.

actes nécessaires à leur exécution, seront rédigés
sur papier visé pour timbre, conformément à l'art.
70 de la loi du 22 frim an VII.— L'enregistrement
aura lieu en débet.

2. Les dispositions de l'art. 1er sont applicables
aux causes du conseil des prud'hommes portées en
appel ou devant la Cour de cassation.

3. Le visa pour timbre sera donné sur l'original
au moment de son enregistrement.

4. La partie qui succombera sera condamnée
aux dépens envers le trésor; le recouvrement aura
lieu suivant les règles ordinaires contre les parties
condamnées.

Ref, art. 126 n° 6.

Loi du 10 Décembre 1850. — ENREGIS-
TREMENT. — *Indigents.* — *Mariage.* — *Légitimation.* — *Retrait.* — *Hospices.* (Inst.
1876.) (1).

4. Les extraits des registres de l'état civil, les
actes de notoriété, de consentement, de publications; les délibérations de conseil de famille; les
certificats de libération du service militaire, les
dispenses pour cause de parenté, d'alliance ou
d'âge; les actes de reconnaissance des enfants
naturels; les actes de procédure, les jugements et
arrêts dont la production sera nécessaire dans les
cas prévus par l'art. 1er, seront visés pour timbre,
et *enregistrés gratis*, lorsqu'il y aura lieu à enregistrement. Il ne sera perçu aucun droit de greffe
ni *aucun droit de sceau* au profit du trésor sur les
minutes et originaux, ainsi que sur les copies ou
expéditions qui en seraient passibles.

Ref, art. 130 n° 5.

6° Seront admises au bénéfice de la loi les personnes qui justifieront d'un certificat d'indigence,
à elles délivré par le commissaire de police, ou par
le maire dans les communes où il n'existe pas de
commissaire de police, sur le vu d'un extrait du
rôle des contributions constatant que les parties
intéressées paient moins de dix francs, ou d'un

(1) Un décret du 19 mars 1852 applique à l'Algérie la loi
du 10 déc. 1850, sauf quelques modifications relatives aux
formalités nécessaires et aux pièces dont il faut justifier,
mais ces modifications ne concernent ni le timbre ni l'enregistrement.

certificat du percepteur de leur commune portant
qu'elles ne sont pas imposées.— Le certificat d'indigence sera visé et approuvé par le juge de paix
du canton. Il sera fait mention dans le visa de
l'extrait des rôles ou du certificat négatif du percepteur.

Loi du 22 Janvier 1851.— Enregistrement.
*Assistance Judiciaire. (Inst. 1*79.)*

1. L'assistance judiciaire est accordée   indi-
gents dans les cas prévus par la présente l   Ref. art. 130 n° 6.

TITRE PREMIER.

DE L'ASSISTANCE JUDICIAIRE EN MATIÈRE CIV(

11. L'assisté est dispensé provisoirement du
payement des sommes dues au trésor pour droits
de timbre, d'enregistrement et de greffe, ainsi que
de toute consignation d'amende.

Il est aussi dispensé provisoirement du paiement
des sommes dues aux greffiers, aux officiers ministériels et aux avocats, pour droits, émoluments
et honoraires.

Les actes de la procédure faits à la requête de
l'assisté sont visés pour timbre et *enregistrés en
débet*.

Le visa pour timbre est donné sur l'original au
moment de son enregistrement.

Les actes et titres produits par l'assisté pour
justifier de ses droits et qualité sont pareillement
visés pour timbre et *enregistrés en débet*.

Si ces actes et titres sont du nombre de ceux
dont les lois ordonnent l'enregistrement dans un
délai déterminé, les droits deviennent exigibles
immédiatement après le jugement définitif; il en
est de même des sommes dues pour contravention
aux lois sur le timbre.

Si ces actes et titres ne sont pas du nombre de
ceux dont les lois ordonnent l'enregistrement dans
un délai déterminé, les droits d'enregistrement de
ces actes et titres sont assimilés à ceux des actes
de la procédure.

Le visa pour timbre et l'enregistrement en débet doivent mentionner la date de la décision qui
admet au bénéfice de l'assistance ; ils n'ont d'effet,
quant aux actes et titres produits par l'assisté, que
pour le procès dans lequel la production a eu lieu.

27. Les dispositions de la loi du 27 août 1830 sont applicables à toutes les causes qui sont de la compétence des conseils de prud'hommes, et dont les juges de paix sont saisis dans les lieux où ces conseils ne sont pas établis.

Ref. art. 125 n° 6.

Loi du 22 Février 1851. — ENREGISTRE-
MENT. *Apprentissage. (Inst. 1878.)*

1. Le contrat d'apprentissage est celui par lequel un fabricant, un chef d'atelier ou un ouvrier s'oblige à enseigner la pratique de sa profession à une autre personne, qui s'oblige, en retour, à travailler pour lui, le tout à des conditions et pendant un temps convenu.

2. Le contrat d'apprentissage est fait par acte public ou par acte sous seing privé. — Il peut aussi être fait verbalement ; mais la preuve testimoniale n'en est reçue que conformément au titre du Code civil *Des contrats ou des obligations convention-nelles en général.* — Les notaires, les secrétaires des conseils de prud'hommes et les greffiers de justice de paix peuvent recevoir l'acte d'appren-tissage. — Cet acte est soumis pour l'enregistre-ment au droit fixe de 1 fr., lors même qu'il con-tiendrait des obligations de sommes ou valeurs mobilières, ou des quittances. — Les honoraires dus aux officiers publics sont fixés à 2 fr.

Ref. art. 103 n° 8.

Loi du 30 Mai 1851. — ENREGISTREMENT.
Police du roulage. — *Contravention.* —
Procès-verbal. (Inst. 1896.)

10. Les procès-verbaux doivent être enregistrés en débet dans les trois jours de leur date ou de leur affirmation, à peine de nullité.

Ref. art. 43 n° 1.

Loi du 24 Juin 1851. — ENREGISTREMENT.
Monts-de-Piété. (Inst. 1887)

8. Les obligations, reconnaissances et tous actes concernant l'administration des monts-de-piété, sont *exempts* du timbre et d'enregistrement.

Ref. art. 127 n° 12.

Décret du 28 Février 1852. — ENRE-
GISTREMENT. — *Crédit foncier.*

TITRE III. — DES OBLIGATIONS ÉMISES PAR LES
SOCIÉTÉS DE CRÉDIT FONCIER.

13. Les obligations ou lettres de gage des sociétés de crédit foncier sont nominatives ou au
porteur.

Les obligations nominatives sont transmissibles
par voie d'endossement, sans autre garantie que
celle qui résulte de l'art. 1093 du Code civil.

14. La valeur des lettres de gage ne peut dépasser le montant des prêts.

Elles ne sont émises qu'après avoir été visées
par un notaire et enregistrées.

Le visa est donné gratuitement par le notaire
dépositaire de la minute de l'acte de prêt.

Il est fait mention sur la minute du nombre et
du montant des lettres de gage visées.

Les lettres de change doivent être enregistrées
en même temps que l'acte de prêt (1).

L'enregistrement des lettres de gage a lieu au   Ref. 103-13.
droit fixe de 10 centimes.

15. Il ne peut être créé des lettres de gage inférieure à 100 francs.

16. Les lettres de gage portent intérêt.

Dans le courant de chaque année il est procédé
à leur remboursement au prorata de la rentrée des
sommes affectées à l'amortissement.

17. Les porteurs de lettres de gage n'ont d'autre
action, pour le recouvrement des capitaux et intérêts exigibles, que celles qu'ils peuvent exercer
directement contre la société.

18. Il n'est admis aucune opposition au paiement du capital et des intérêts, si ce n'est en cas
de perte de la lettre de gage.

---

(1) Elles doivent être enregistrées avant leur émission.
Décr. du 31 déc. 1852.

Décret du 26 Mars 1852. — ENREGISTRE-
MENT. — *Sociétés de secours mutuels.*

11. Tous les actes intéressant les sociétés de
secours mutuels approuvées sont exempts des
droits de timbre et d'enregistrement.

Ref. art. 127 n° 10.

Décret du 23 Avril 1852. —. ENREGISTRE-
MENT. — *Actes de notoriété.*

1. A l'avenir les actes de notoriété destinés à
constater les ressources pécuniaires des demandeurs en concessions de terre seront, tant en
France qu'en Algérie, passés devant le juge de
paix.
Dans les localités où il n'existe pas de juge de
paix, les actes seront délivrés soit par les commissaires civils, soit par les commandants de place,
suivant le territoire.

2. Il sera alloué à tous greffiers de justice de
paix, par vacation, pour chaque acte, 2 fr.
Ces actes, délivrés en Algérie par les fonctionnaires désignés au deuxième paragraphe de l'article
précédent, ne donnent ouverture à aucune rétribution.
- Les actes de notoriété seront délivrés en papier
timbré et enregistrés au droit fixe de 1 fr.

Ref. art. 103 n° 9.

Loi du 8 Juillet 1852. — *Succession. Prescription. Rentes sur l'état. (Inst.* 1933.)

25 Le transfert ou la mutation au grand-livre
de la dette publique d'une inscription de rente
provenant de titulaires décédés ou déclarés absents ne pourra être effectué que sur la présentation d'un certificat délivré *sans frais* par le receveur de l'enregistrement, et visé par le directeur
du département, constatant l'acquittement du droit
de mutation par décès établi par l'art. 7 de la loi
du 18 mai 1850. — Dans les départements autres
que celui de la Seine, la signature du directeur
devra être légalisée par le préfet.

Ref. art. 130 n° 9.

26. Les droits de mutation par décès des inscriptions de rentes sur l'état, et les peines encourues en cas de retard ou d'omission de ces valeurs

Ref. art. 95 § 5.

dans la déclaration des héritiers, légataires ou donataires, ne seront soumis qu'à la prescription de trente ans.

Loi du 6 Juin 1857. — *Travail dans les prisons. (Inst. 2099.)*

ARTICLE UNIQUE. — Sont soumis au droit fixe de *deux francs* établi par l'art. 8 de la loi du 18 mai 1850, les adjudications et marchés de toute nature ayant pour objet le travail dans les prisons.

Ref. art. 113 n° 1 et 128 n° 17.

Loi du 23 Juin 1857. — *Droit de* transmission *sur les* actions *et* obligations *des sociétés. (Inst. 2101.)*

ART. 6. — *Indépendamment des droits établis par le titre II de la loi du 5 juin 1850, toute cession de titres ou promesse d'actions, et d'obligations dans une société, compagnie ou entreprise quelconque, financière, industrielle, commerciale ou civile, quelle que soit la date de sa création, est assujettie, à partir du 1er juillet 1857, à un droit de transmission de vingt centimes par cent francs de la valeur négociée.*

Ce droit, pour les titres au porteur et pour ceux dont la transmission peut s'opérer sans un transfert sur les registres de la société, est converti en une taxe annuelle et obligatoire de douze centimes par cent francs du capital desdites actions et obligations évaluées par leur cours moyen pendant l'année précédente, et, à défaut de cours dans cette année, conformément aux règles établies par les lois sur l'enregistrement.

(V : loi du 16 septembre 1871.)

ART. 7. — *Le droit pour les titres nominatifs, dont la transmission ne peut s'opérer que par un transfert sur les registres de la société, est perçu au moment du transfert pour le compte du trésor par les sociétés, compagnies et entreprises, qui en sont constituées débitrices par le fait du transfert.*

Le droit sur les titres mentionnés au paragraphe 2 de l'article précédent est payable par trimestre et avancé par les sociétés, compagnies et entreprises, sauf recours contre les porteurs desdits titres.

A la fin de chaque trimestre, lesdites sociétés sont tenues de remettre au receveur de l'enregistrement du siége social le relevé des transferts et des conversions, ainsi que l'état des actions et obligations soumises à la taxe annuelle.

Ref. art. 113 n° 1.

ART. 8. — Dans les sociétés qui admettent le titre au porteur, tout propriétaire d'actions et d'obligations a toujours la faculté de convertir *ses titres au porteur en titres nominatifs, et réci-proquement.*

Dans l'un et l'autre cas, *la conversion donne lieu à la perception du droit de transmission.*

ART. 9. — *Les actions et obligations émises par les sociétés, compagnies ou entreprises* ÉTRANGÈRES sont soumises à des droits équivalents à ceux qui sont établis par la présente loi et par celle du 5 juin 1850 sur les valeurs françaises ; elles ne *pourront être cotées et négociées en France qu'en se soumettant à l'acquittement de ces droits.*

Un règlement d'administration publique fixera le mode d'établissement et de perception de ces droits, dont l'assiette pourra reposer *sur une quotité déterminée du capital social.*

Le même règlement déterminera toutes les mesures nécessaires pour l'exécution de la présente loi.

(V : décret du 11 décembre 1861.)

Ref. art. 113 n° 1.

Loi du 28 Mai 1858. — *Magasins généraux.* [Inst. 2119.]

ART. 1er. — *Des récépissés délivrés aux déposants énoncent leurs nom, profession et domicile,* ainsi que la nature de la marchandise déposée, et les indications propres à en établir l'identité et à en déterminer la valeur.

Ref. art. 130 n° 9.
Ref. art. 101 n° 9.

ART. 2. — A chaque récépissé de marchandises est annexé, sous la dénomination de *warrant, un bulletin de gage* contenant les mêmes mentions que le récépissé.

ART. 3. — *Les récépissés et les warrants peuvent être transférés par voie d'endossement, ensemble ou séparément.*

Ref. art. 127 n° 15.

ART. 4. — *L'endossement du warrant séparé du récépissé vaut nantissement au profit du cessionnaire du warrant.*

L'endossement du récépissé transmet au cessionnaire le droit de disposer de la marchandise, à la charge par lui, lorsque le warrant n'est pas transféré avec le récépissé, *de payer la créance garantie par le warrant,* ou d'en laisser payer le montant sur le prix de la vente de la marchandise.

Art. 13. — *Les récépissés* sont timbrés ; ils ne donnent lieu pour l'enregistrement qu'à un droit fixe de un franc.

Ref. art. 101 n° 9.

Sont applicables aux *warrants endossés séparément des récépissés*, les dispositions du titre Ier de la loi du 5 juin 1850 et de *l'article* 69, § 2, n° 6 de *la loi du* 22 frimaire an VII.

Ref. art. 113 n° 4.

L'endossement d'un warrant séparé du récépissé, non timbré ou non visé pour timbre conformément à la loi, ne peut être transcrit ou mentioné sur les registres du magasin, sous peine, contre l'administration du magasin, d'une amende égale au montant du droit auquel le warrant est soumis.

Les dépositaires des registres des magasins généraux sont tenus de les communiquer aux préposés de l'enregistrement, selon le mode prescrit par l'art. 54 de la loi du 22 frimaire an VII, et sous les peines y énoncées.

Ref. art. 88.

Loi du 28 Mai 1858. — *Ventes publiques de marchandises en gros.* (Inst. 2149.)

Art. 2. — Les courtiers établis dans une ville où siège un tribunal de commerce ont qualité pour procéder aux ventes régies par la présente loi, dans toute localité dépendant du ressort de ce tribunal où il n'existe pas de courtiers.

Ref. art. 43 n° 3 et art. 81.

Art. 4. — Le droit d'enregistrement des ventes publiques en gros est fixé à *dix centimes* par cent francs.

Ref. art. 112 n° 1.

Loi du 11 Juin 1859. — *Traités et marchés réputés actes de commerce.*

Art. 22. — *Les marchés et traités réputés actes de commerce par les* art. 632, 633 et 634, n° 1, du Code de commerce, *faits ou passés sous signature privée,* et donnant lieu au droit proportionnel suivant l'art. 69, § 3, n° 1 et § 5, n° 1, de la loi du 22 frimaire an VII, seront enregistrés provisoirement moyennant un droit fixe de 2 francs, et les autres droits fixes auxquels leurs dispositions peuvent donner ouverture d'après les lois en vigueur. Les droits proportionnels édictés par ledit article seront perçus lorsqu'un jugement portant condamnation, liquidation, collocation ou recon-

Ref. art. 106 n° 25.

naissance, interviendra sur ces marchés et traités, ou qu'un acte public sera fait ou rédigé en conséquence, mais seulement sur la partie du prix ou des sommes faisant l'objet, soit de la condamnation, liquidation, collocation ou reconnaissance, soit des dispositions de l'acte public.

ART. 23. — Dans le cas prévu par l'art. 57 de la loi du 28 avril 1816, le double droit dû en vertu de cet article sera réglé conformément aux dispositions de l'art. 22 de la présente loi, et pourra être perçu lors de l'enregistrement du jugement.

Ref. art. 106 n° 25 § 4.

Loi du 28 Juin 1861. — Ventes publiques faites par les courtiers. (2197 § 2.)

ART. 17. — Le délai pour faire enregistrer les procès-verbaux des ventes publiques de marchandises faites par les courtiers, est fixé à dix jours.

Ref. art. 43 n° 3.

Loi du 13 Mai 1863. — Obligations des compagnies étrangères. (Inst. 2245.)

ART. 11. — Les dispositions de l'art. 7 de la loi du 15 (18) mai 1850, sont applicables aux obligations des compagnies ou sociétés d'industrie et de finances étrangères.

Ref. art. 2.

Décret du 11 Décembre 1864. — Droit de transmission sur les actions et obligations étrangères.

ART. 1er. — A partir du 1er janvier 1865, le droit de transmission établi par l'art. 9 de la loi du 23 juin 1857 et par l'art. 10 de notre décret du 17 juillet suivant, sur les titres des sociétés, compagnies et entreprises étrangères, sera perçu sur la moitié du capital représenté par les actions et sur la totalité des obligations.

Ref. art. 113 n° 1.

Loi du 27 Juillet 1870. — *Échange d'immeubles contigus.* (*Inst.* 2401)

ART. 4.— A partir de la promulgation de la présente loi, il ne sera perçu sur les échanges d'*immeubles ruraux* non bâtis que 20 *centimes par 100 francs*, pour tout droit proportionnel d'enregistrement et de transcription, *lorsqu'il sera justifié*, conformément aux énonciations de l'acte: 1° que l'un des immeubles échangés est contigu aux propriétés de celui des échangistes qui le reçoit ; 2° que les immeubles échangés ont été acquis par les contractants par acte enregistré depuis plus de deux ans, ou recueillis par eux à titre héréditaire ; 3° que les immeubles échangés sont situés dans le même canton ou dans les cantons limitrophes ; 4° que la contenance de la parcelle contiguë aux propriétés de l'un des échangistes ne dépasse pas 50 ares.

Ref. art. 123 n° 2 et art. 130 n° 11.

Est en outre réduit à *un franc* par 100 francs, le droit perçu sur le montant de la soulte ou de la plus-value des échanges opérés conformément aux dispositions qui précèdent, lorsque ces soulte ou plus-value n'excèdent pas un quart de la valeur de la moindre part.

Dans le cas où les énonciations relatives à l'une des conditions spécifiées au paragraphe premier seraient inexactes, les droits seront dus *au taux ordinaire*, indépendamment d'un droit en sus.

Ref. art. 106 n° 25 § 4.

La réduction du droit de la soulte ou de la plus-value *cessera* également d'être applicable *en cas d'insuffisance de ces soultes ou plus-value*. Il sera, en outre, perçu, à titre d'amende, un droit en sus.

La demande des droits devra être formée dans le délai fixé par l'art. 61 n° 1er, *de la loi du 22 frim. an VII.*

Ref. art. 23.

Loi du 23 Août 1871. — *(Inst.* 2113.)

ART. 1er. — Les dispositions de l'art. 14 de la loi du 2 juillet 1862, relatives à la perception d'un *second décime* sur les droits et produits dont le recouvrement est confié à l'administration de l'enregistrement, sont remises en vigueur (1).

Ref. art. 1 n° 2.

ART. 2. — Il est ajouté deux décimes au principal des droits de timbre de toute nature.

Ne sont pas soumis à ces deux décimes :

1° Les effets de commerce spécifiés en l'art. 1er de la loi du 5 juin 1850, dont le tarif fixé par ledit article et par l'art. 2 de la même loi est porté au double, ainsi que les effets tirés de l'étranger sur l'étranger négociés, endossés, acceptés ou acquittés en France, qui sont soumis aux mêmes droits ;

V : loi du 30 mars 1872, art. 3.

2° Les récépissés des chemins de fer, les quittances de produits et revenus délivrées par les comptables de deniers publics, conformément à l'art. 4 de la loi du 8 juillet 1865, les reconnaissances de valeurs cotées, ainsi que les quittances de sommes envoyées par la poste, lesquels seront à l'avenir assujettis à un droit de timbre de 25 centimes ;

Voir, pour les récépissés des chemins de fer, loi du 28 février 1872, art. 11.

3° Les permis de chasse dont le droit perçu au profit du trésor, est élevé de 15 francs à 30 francs.

ART. 4. — Les dispositions de l'art. 7 de la loi du 18 mai 1850 concernant les valeurs mobilières étrangères dépendant des successions régies par

Ref. art. 5.

---

(1) Un premier *double décime* a été créé à l'époque de la guerre de Crimée, et a été perçu jusqu'au 1er janvier 1858. (Loi du 11 juillet 1855, art. 3, inst. 2057.)

Ce décime a été rétabli en 1862 (loi du 2 juillet, inst. 2121) et continué par la loi du 13 mai 1863, inst. 2265.

Il a été réduit à un *demi-décime* à partir du 1er juillet 1864 (loi du 8 juin 1864, inst. 2281).

Ce demi-décime, prorogé par la loi du 8 juillet 1865, inst. 2317, s'est perçu jusqu'au 1er janvier 1867.

Une loi du 18 juillet 1866, inst. 2345, a décidé la continuation du demi-décime sur tous les droits d'enregistrement, à l'exception de ceux relatifs aux baux et aliénations d'immeubles, ainsi qu'aux obligations hypothécaires.

Cette disposition a été renouvelée par les lois du 31 juillet 1867, 2 août 1868, 8 mai 1869, et 27 juillet 1870 (inst. 2360, 2371, 2587 et 2110).

Les lois ci-contre, étant applicables aux mutations qui se sont accomplies sous leur empire (inst. 2112 et 2165 § 5), sont, en réalité, des *lois en vigueur;* ce n'est qu'à l'échéance de la prescription trentenaire que chacune d'elles disparaîtra !

7

la loi française, et les transmissions entre-vifs à titre gratuit de ces mêmes valeurs *au profit d'un Français*, sont étendues aux créances, parts d'intérêts, obligations des villes, établissements publics et généralement à toutes les valeurs mobilières étrangères de quelque nature qu'elles soient.

Anт. 4. — *Sont assujettis aux droits de mutation par décès*, les fonds publics, actions, obligations, parts d'intérêts, créances, et généralement toutes les valeurs mobilières étrangères de quelque nature qu'elles soient, dépendant de la succession d'un étranger domicilié en France, avec ou sans autorisation.

Il en sera de même des transmissions entre-vifs à titre gratuit ou à titre onéreux de ces mêmes valeurs, lorsqu'elles s'opéreront en France.

Ref. art. 4.

V : loi du 30 mars 1872, art. 1.

Anт. 5. — Les actes d'ouverture de crédit sont soumis à un droit proportionnel d'enregistrement de 50 centimes par 100 francs.

La réalisation ultérieure du crédit sera assujettie aux droits fixés par les lois en vigueur, mais il sera tenu compte dans la liquidation du montant du droit payé en exécution du paragraphe 1er du présent article.

Le droit d'hypothèque, fixé à un pour mille par l'article 60 de la loi du 28 avril 1816, sera perçu lors de l'inscription des hypothèques garantissant les ouvertures de crédit (1).

Ref. art. 106 n° 16.

Anт. 6. — Tout contrat d'assurance *maritime* ou *contre l'incendie*, ainsi que toute convention postérieure contenant prolongation de l'assurance, augmentation dans la prime ou le capital assuré, désignation d'une somme en risque ou d'une prime à payer, est soumis à une taxe obligatoire, moyennant le paiement de laquelle la formalité de l'enregistrement sera donnée *gratis* toutes les fois qu'elle sera requise.

La taxe est fixée ainsi qu'il suit, savoir :

1° Pour les assurances maritimes et par chaque contrat, à raison de 50 centimes par 100 francs, *décimes compris*, du montant des primes et accessoires de la prime.

La perception suivra les sommes de 20 francs en 20 francs sans fraction, et la moindre taxe pour chaque contrat sera de 25 centimes, *décimes compris*.

Ref. art. 47, art. 114 n° 5 et art. 119.

V : inst. 2425.

_____

(1) Cette disposition concernant *le droit d'inscription hypothécaire* est aussi juste que prudente.

2° Pour les assurances contre l'incendie et annuellement, à raison de 8 pour 100 du montant des primes, ou, en cas d'assurance mutuelle, de 8 pour 100 des cotisations ou des contributions.

La taxe sera perçue d'après les mêmes bases sur les contrats en cours, mais seulement pour le temps restant à courir et sauf recours par les assureurs contre les assurés.

Les contrats de réassurance ne sont pas assujettis à la taxe, à moins que l'assurance primitive, souscrite à l'étranger, n'ait pas été soumise au droit.

ART. 7. — La taxe fixée par l'article précédent sera perçue, pour le compte du Trésor, par les compagnies, sociétés et tous autres assureurs, courtiers ou notaires qui auraient rédigé les contrats.

Les répertoires et livres dont la tenue est prescrite par les art. 35, 41, 43 et 47 de la loi du 5 juin 1850, feront mention expresse, pour chaque contrat, du montant des primes ou cotisations exigibles, ainsi que de la taxe payée par les assurés, en exécution de l'art. 6 de la présente loi.   Ref. art. 81.

Chaque contravention à cette disposition sera passible d'une amende de 10 francs.

Ces dispositions, celles de l'art. 6 et celles des lois des 5 juin 1850 et 2 juillet 1862 sont applicables aux sociétés et assureurs étrangers qui auraient un établissement ou une succursale en France.

ART. 8. — Les contrats d'assurances passés à l'étranger pour des immeubles situés en France ou pour des objets ou valeurs appartenant à des Français, doivent être enregistrés avant toute publicité ou usage en France, à peine d'un droit en sus qui ne peut être inférieur à 50 francs.   Ref. art. 73.

Le droit est fixé ainsi qu'il suit:

Pour les assurances contre l'incendie, à raison de 8 francs par 100 francs du montant des primes multiplié par le nombre d'années pour lequel l'assurance a été contractée;

Pour les assurances maritimes, au taux fixé par l'art. 6 ci-dessus.

ART. 9. — Les contrats d'assurances contre l'incendie passés en France pour des immeubles ou objets mobiliers situés à l'étranger ne sont pas assujettis au paiement de la taxe; mais il ne pourra en être fait aucun usage en France, soit par acte   Ref. art. 73.

public, soit en justice ou devant toute autre autorité constituée, sans qu'ils aient été préalablement
enregistrés. Le droit sera perçu au taux fixé par
l'art. précédent, mais seulement pour les années
restant à courir.

ART. 10. — Un règlement d'administration publique déterminera le mode de perception et les
époques de paiement de la taxe établie par l'art. 6
ci-dessus, ainsi que toutes les mesures nécessaires
pour assurer l'exécution des art. 6 et 7 de la présente loi. Chaque contravention aux dispositions
de ce règlement sera passible d'une amende de
50 francs.

Ce décret a été
rendu le 25 novem-
bre 1871 (inst. 2425).

ART. 11. — § 1. Lorsqu'il n'existe pas de convention écrite constatant une mutation de jouissance des biens immeubles, il y est suppléé par des
déclarations détaillées et estimatives, dans les
trois mois de l'entrée en jouissance.

Ref. art. 2 n° 4.
Ref. art. 13 §§ 1 à
11, et observations à
la suite n°° 1 à 34.
Ref. page 166.

§ 2. Si la location est faite suivant l'usage des
lieux, la déclaration en contiendra la mention. Les
droits d'enregistrement deviendront exigibles dans
les vingt jours qui suivront l'échéance de chaque
terme, et la perception en sera continuée jusqu'à
ce qu'il ait été déclaré que le bail a cessé ou qu'il
a été résilié.

V : inst. 2118.
Ref. page 168.

§ 3. En cas de *déclaration insuffisante*, il sera
fait application des dispositions des art. 19 et 39
de la loi du 22 frimaire an VII.

Ref. page 169.

§ 4. La déclaration doit être faite par le preneur, ou à son défaut par le bailleur, ainsi qu'il
est dit à l'art. 14 ci-après.

Ref. page 170.

Voir loi du 28 février 1872, art. 6

§ 5. Ne sont pas assujetties à la déclaration, les
locations verbales ne dépassant pas trois ans, et dont
le prix *annuel* n'excède pas 100 francs. Toutefois,
si le même bailleur a consenti plusieurs locations
verbales de cette catégorie, mais dont le prix cumulé excède 100 francs annuellement, il sera tenu
d'en faire la déclaration et d'acquitter personnellement et sans recours les droits d'enregistrement.

Ref. pages 170 et
171.

§ 6. Si le prix de la location verbale est supérieur à 100 francs, sans excéder 300 francs annuellement, le bailleur sera également tenu d'en faire
la déclaration et d'acquitter les droits exigibles,
sauf son recours contre le preneur, qui sera dispensé dans ce cas de la *formalité* de la déclaration.

Ref. page 171.

§ 7. Le droit sera exigible lors de l'enregistrement ou de la déclaration. Toutefois, si le bail est de plus de trois ans et si les parties le requièrent, le montant du droit pourra être fractionné en autant de paiements égaux qu'il y aura de périodes triennales dans la durée du bail. Le paiement des droits afférents à la première période sera seul acquitté lors de l'enregistrement ou de la déclaration, et celui des périodes subséquentes aura lieu dans le premier mois de l'année qui commencera chaque période.

Réf. pages 172, 173 et 174.

§ 8. La dernière disposition du numéro 2 du paragraphe 3 de l'article 69 de la loi du 22 frimaire an VII, relative aux baux de 3, 6 ou 9 années, est abrogée.

Réf. pages 175 et 176.

§ 9. Les dispositions du présent article ne seront exécutoires qu'à partir du 1er octobre prochain.

ART. 12. — Toute dissimulation dans le prix d'une vente et dans la soulte d'un échange ou d'un partage sera punie d'une amende égale au quart de la somme dissimulée, et payée solidairement par les parties, sauf à la répartir entre elles *par égale part.*

Réf. art. 23 et 68.

ART. 13. — La dissimulation peut être établie par tous les genres de preuves admises par le droit commun. Toutefois, l'administration ne peut déférer le serment décisoire, et elle ne peut user de la preuve testimoniale que pendant dix ans à partir de l'enregistrement de l'acte.

L'exploit d'ajournement est donné, soit devant le juge du domicile de l'un des défendeurs, soit devant celui de la situation des biens, au choix de l'administration. La cause est portée, suivant l'importance de la réclamation, devant la *justice de paix* ou *devant le tribunal civil.* Elle est instruite et jugée comme en matière sommaire ; elle est sujette à appel, s'il y a lieu. Le ministère des avoués n'est pas obligatoire ; mais les parties qui n'auraient pas constitué avoué ou qui ne seraient pas domiciliées dans le lieu où siége la justice de paix ou le tribunal seront tenues de faire élection de domicile, à défaut de quoi, toutes significations seront valablement faites au greffe.

Réf. art. 25.

Le notaire qui reçoit un acte de vente, d'échange ou de partage est tenu de donner lecture aux parties des dispositions du présent article et de celles de l'art. 12 ci-dessus. Mention expresse de cette lecture sera faite dans l'acte, à peine d'une amende de 10 francs.

Réf. art. 69.

ART. 14. — A défaut d'enregistrement ou de déclaration dans les délais fixés par les lois des 22 frimaire an VII, 27 ventôse an IX et par l'art. 11 de la présente loi, l'ancien et le nouveau possesseur, le bailleur et le preneur, sont tenus personnellement et sans recours, nonobstant toute stipulation contraire, d'un droit en sus, lequel ne peut être inférieur à 50 francs.

Ref. pages 177, 178 et 179.

V : inst 2448.

L'ancien possesseur et le bailleur peuvent s'affranchir du droit en sus qui leur est personnellement imposé, ainsi que du versement immédiat des droits simples, en déposant dans un bureau d'enregistrement l'acte constatant la mutation, ou, à défaut d'acte, en faisant les déclarations prescrites par l'art. 4 de la loi du 27 ventôse an IX et par l'art. 11 de la présente loi.

Ref. art. 63.

Outre les délais fixés pour l'enregistrement des actes ou déclarations, un délai d'un mois est accordé à l'ancien possesseur et au bailleur pour faire le dépôt ou les déclarations autorisées par le paragraphe qui précède.

Les dispositions du présent article ne sont pas applicables au preneur dans les cas prévus par les paragraphes 5 et 6 de l'art. 11 ci-dessus.

ART. 15. — Lorsque dans les cas prévus par la loi du 22 frimaire an VII et par l'art. 11 de la présente loi, il y a lieu à expertise, et que le prix exprimé ou la valeur déclarée n'excède pas 2,000 francs, cette expertise est faite par un seul expert nommé par toutes les parties, ou, en cas de désaccord, par le président du tribunal et sur simple requête.

Ref. art. 27.

ART. 16. — Les tribunaux devant lesquels sont produits des actes non enregistrés doivent, soit sur les réquisitions du ministère public, soit même d'office, ordonner le dépôt au greffe de ces actes, pour être immédiatement soumis à la formalité de l'enregistrement.

Ref. art. 79.

Il est donné acte au ministère public de ses réquisitions.

ART. 17. — Il est accordé un délai de trois mois à compter de la promulgation de la présente loi pour faire enregistrer, sans droits en sus ni amendes, tous les actes sous signatures privées qui, en contravention aux lois sur l'enregistrement, n'auraient pas été soumis à cette formalité.

Comparez : Ref. art. 135 et 136.

Le droit ne sera perçu pour les baux ainsi présentés à l'enregistrement que pour le temps restant à courir au jour de la promulgation de la présente loi.

Le même délai de faveur est accordé pour faire la déclaration des biens transmis soit par décès, soit entre-vifs, lorsqu'il n'existera pas de conventions écrites.

Les nouveaux possesseurs qui auraient fait des omissions ou des estimations insuffisantes dans leurs actes ou. déclarations, sont admis à les réparer sans être soumis à aucune peine, pourvu qu'ils acquittent les droits simples et les frais dans le délai de trois mois.

Les dispositions du paragraphe 1er du présent article sont également applicables aux contraventions aux lois sur le timbre de dimension encourues à raison des actes sous signatures privées qui n'auraient pas été régulièrement timbrés.

Le bénéfice résultant du présent article *ne peut être réclamé que pour les contraventions existant au jour de la promulgation de la présente loi.*

ART. 18. — A partir du 1er décembre 1871, sont soumis à un droit de timbre de 10 centimes :

1° Les quittances ou acquits donnés au pied des factures et mémoires, les quittances pures et simples, reçus ou décharges de sommes, titres, valeurs ou objets et généralement tous les titres de quelque nature qu'ils soient, signés ou non signés, qui emporteraient libération, reçu ou décharge (1);

V : inst. 2424.

V : loi du 30 mars 1872, art. 4.

2° Les chèques, tels qu'ils sont définis par la loi du 14 juin 1865, dont l'art. 7 est et demeure abrogé.

Ref. page 420.

Le droit est dû pour chaque acte, reçu, décharge ou quittance; il peut être acquitté par l'apposition d'un timbre mobile, à l'exception toutefois du droit sur les chèques, lesquels ne peuvent être remis à celui qui doit en faire usage sans qu'ils aient été préalablement revêtus de l'empreinte du timbre à l'extraordinaire.

Le droit de timbre de 10 centimes n'est applicable qu'aux actes faits sous signatures privées et ne contenant pas de dispositions autres que celles spécifiées au présent article.

ART. 19. — Une remise de deux pour cent sur le timbre est accordée, à titre de déchet, à ceux qui feront timbrer préalablement leurs formules de quittances, reçus ou décharges.

ART. 20. — Sont seuls *exceptés* du droit de timbre de 10 centimes :

(1) Cette disposition présentée dans le projet de loi portant fixation du budget général de l'exercice 1865, avait été rejetée (voir inst. 2375, page 22); elle est cependant appelée à produire les meilleurs résultats.

1° Les acquits inscrits sur les chèques, ainsi que sur les lettres de change, billets à ordre et autres effets de commerce assujettis au droit proportionnel ;

2° Les quittances de 10 francs et au-dessous, quand il ne s'agit pas d'un à-compte ou d'une quittance finale sur une plus forte somme;

3° Les quittances énumérées en l'art. 16 de la loi du 13 brumaire an VII, *à l'exception* de celles relatives aux traitements et émoluments des fonctionnaires, officiers des armées de terre et de mer, et employés salariés par l'Etat, les départements, les communes et tous les établissements publics ;

4° Les quittances délivrées par les comptables de deniers publics, celles des douanes, des contributions indirectes et des postes qui restent soumises à la législation qui leur est spéciale.

Toutes autres dispositions contraires sont abrogées.

Art. 21. — Les avertissements donnés aux termes de la loi du 2 mai 1855, avant toute citation, devront être rédigés par le greffier du juge de paix sur papier au timbre de dimension de 50 centimes.

id.
V : inst. 2431 § 2.

Art. 22. — Les sociétés, compagnies, assureurs, entrepreneurs de transports *et tous autres assujettis aux vérifications des agents de l'enregistrement par les lois en vigueur* (1), sont tenus de représenter auxdits agents leurs livres, registres, titres, pièces de recette, de dépense et de comptabilité, afin qu'ils s'assurent de l'exécution des lois sur le timbre.

Tout refus de communication sera constaté par procès-verbal, et puni d'une amende de 100 à 1,000 francs.

Réf. art. 88.

Art 23. — Toute contravention aux dispositions de l'art. 18 sera punie d'une amende de 50 francs. L'amende sera due par chaque acte, écrit, quittance, reçu ou décharge, pour lequel le droit de timbre n'aurait pas été acquitté.

Le droit de timbre est à la charge du débiteur; néanmoins, le créancier qui a donné quittance, reçu ou décharge en contravention aux disposi-

Concerne la loi du timbre.

---

(1) Cette disposition s'applique-t-elle aux notaires ? — Nous ne le pensons pas. Les notaires sont astreints par les art. 52 et 54 de la loi du 22 frim. an VII à la communication de leurs actes et répertoires, c'est-à-dire des titres qu'ils détiennent *en qualité d'hommes publics*. — Quant aux livres, registres, titres et pièces qui sont en leur possession comme *confidents des parties* ou à tout autre titre, ce sont des *documents privés* qui échappent nécessairement à toute investigation.

tions de l'art. 18, est tenu personnellement et sans recours, nonobstant toute stipulation contraire, du montant des droits, frais et amendes.

La contravention sera suffisamment établie par la représentation des pièces non timbrées et annexées aux procès-verbaux que les employés de l'enregistrement, les officiers de police judiciaire, les agents de la force publique, les préposés des douanes, des contributions indirectes et ceux des octrois, sont autorisés à dresser, conformément aux art. 31 et 32 de la loi du 13 brumaire an VII. Il leur est attribué un quart des amendes recouvrées.

Les instances seront instruites et jugées selon les formes prescrites par l'art. 76 de la loi du 28 avril 1816.

ART. 24. — Un règlement d'administration publique déterminera la forme et les conditions d'emploi des timbres mobiles créés en exécution de la présente loi. Toute infraction aux dispositions de ce règlement sera punie d'une amende de 20 francs.

Concerne la loi du timbre.

Sont applicables à ces timbres les dispositions de l'art. 21 de la loi du 11 juin 1859.

Sont considérés comme non timbrés :

1° Les actes, pièces ou écrits sur lesquels le timbre mobile aurait été apposé sans l'accomplissement des conditions prescrites par le règlement d'administration publique, ou sur lesquels aurait été apposé un timbre ayant déjà servi ;

2° Les actes, pièces ou écrits sur lesquels un timbre mobile aurait été apposé en dehors des cas prévus par l'art. 18.

Loi du 16 Septembre 1871. — Droit de transmission. (Inst. 2122.)

ART. 11. — A dater du 15 octobre 1871, les droits de 20 centimes pour 100 francs de la *valeur négociée*, sur les titres nominatifs, *et de 12 centimes sur les titres au porteur*, établis par l'art. 6 de la loi du 23 juin 1857, sont respectivement élevés à 50 centimes et 15 centimes.

Ref. art. 113 n° 1.
V : loi du 30 mars 1872, art. 1.

Ces droits seront applicables à la transmission des OBLIGATIONS des *départements, des communes, des établissements publics et de la Société du Crédit foncier.*

Ref. page 434.

Loi du 28 Février 1872. *(Inst.* 2133.)

ART. 1er. — La *quotité du droit fixe* d'enregistrement auquel sont assujettis par la loi du
22 frimaire an VII et par les lois subséquentes
les actes ci-après, sera déterminée ainsi qu'il suit,
savoir :

Ref. art. 3 n° 1.

1° Les actes de formation et de prorogation de
société, qui ne contiennent ni obligation, ni libération, ni transmission de biens, meubles ou
immeubles, entre les associés ou autres personnes,
par le montant total des apports mobiliers et
immobiliers, déduction faite du passif ;

Ref. 106-10 et
112-2.

2° Les actes translatifs de propriété, d'usufruit
ou de jouissance de biens immeubles situés en
pays étranger ou dans les colonies françaises, dans
lesquels le droit d'enregistrement n'est pas établi,
par le prix exprimé en y ajoutant toutes les
charges en capital ;
L'art. 4 de la loi du 16 juin 1824 est abrogé.

Ref. art. 4 n° 4 et
104-22.

3° Les actes ou procès-verbaux de vente de
marchandises avariées par suite d'événements de
mer et de débris de navires naufragés, par le prix
exprimé en y ajoutant toutes les charges en capital ;

Ref. art. 118 n° 1.

4° Les contrats de mariage soumis actuellement
au droit fixe de 5 francs, par le montant net des
apports personnels des futurs époux ;

Ref. art. 106 n° 8.

5° Les partages de biens meubles et immeubles
entre co-propriétaires, co-héritiers et co-associés
à quelque titre que ce soit, par le montant de l'actif net partagé ;

Ref. art. 106 n° 13.

6° Les délivrances de legs, par le montant des
sommes ou par la valeur des objets légués ;

Ref. art. 105 n° 7.

7° Les consentements à mainlevées totales ou
partielles d'hypothèques, par le montant des
sommes faisant l'objet de la mainlevée ;
S'il y a seulement réduction de l'inscription, il
ne sera perçu qu'un droit de cinq francs *par
chaque acte* ;

Ref. art. 105-11
et 114-1.

8° Les prorogations de délai pures et simples, par le montant de la créance dont le terme d'exigibilité est prorogé ;

Ref. art. 115-4.

9° Les adjudications et marchés pour constructions, réparations, entretien, approvisionnements et fournitures dont le prix doit être payé *directement* par le Trésor public, et les cautionnements relatifs à ces adjudications et marchés, par le prix exprimé ou par l'évaluation des objets ;
L'art. 73 de la loi du 15 mai 1818 est abrogé.

Ref. art. 115-1 et 104 n° 3.

Ref. page 403 (note).

10° Les titres nouvels et reconnaissances de rentes dont les actes constitutifs ont été enregistrés, par le capital des rentes.

Ref. art. 106 n° 26.

ART. 2. — Le taux du droit établi par l'article précédent est fixé ainsi qu'il suit :

Ref art. 5 et art. 6 n° 4.

A 5 francs pour les sommes ou valeurs de 5,000 francs *et au-dessous,* et pour les actes ne contenant aucune énonciation de sommes et valeurs ni dispositions susceptibles d'évaluation ;

A 10 francs pour les sommes ou valeurs supérieures à 5,000 francs, mais n'excédant pas 10,000 francs ;

A 20 francs pour les sommes ou valeurs supérieures à 10,000 francs, mais n'excédant pas 20,000 francs ;

Et ensuite à raison de 20 francs par chaque somme ou valeur de 20,000 francs ou fraction de 20,000 francs.

Si les sommes ou valeurs ne sont pas déterminées dans l'acte, il y sera suppléé conformément à l'art. 16 de la loi du 22 frimaire an VII.

ART. 3. — Si, dans le délai de deux années à partir de l'enregistrement des actes spécifiés en l'art. 1er ci-dessus, la dissimulation des sommes ou valeurs ayant servi de base à la perception du droit est établie par des actes ou écrits émanés des parties ou par des jugements, il sera perçu, indépendamment des droits simples supplémentaires, un droit en sus, lequel ne peut être inférieur à 50 francs.

Ref. art. 106 n° 8 et 13.

ART. 4. — Les divers droits fixes auxquels sont assujettis par les lois en vigueur les actes civils, administratifs ou judiciaires, autres que ceux dénommés en l'art. 1er, sont augmentés de moitié.

Ref. art. 102 n° 1.

Les actes de prestation de serment des gardes des particuliers et des agents salariés par l'Etat, les départements et les communes, dont le traitement et ses accessoires n'excèdent pas 1,500 fr., ne seront soumis qu'à un droit de 3 fr.

Ref. art. 106 n° 9.

ART. 5. — Sont soumis au droit proportionnel, d'après les tarifs en vigueur :

1° Les ordres, collocations et distributions de sommes, quelle que soit leur forme, et qui ne contiennent ni obligation ni transport par le débiteur ;

Ref. art. 105 n° 16.

2° Les mutations de propriétés de navires, soit totales, soit partielles. Le droit est perçu soit sur l'acte ou le procès-verbal de vente, soit sur la déclaration faite pour obtenir la francisation ou l'immatricule au nom du nouveau possesseur.

Ref. 101-15.

Les art. 56 et 64 de loi du 21 avril 1818 sont abrogés.

ART. 6. — Les obligations imposées au preneur, dans le cas de location verbale, par l'art. 11 de la loi du 23 août 1871, seront accomplies, à l'avenir, par le bailleur qui sera tenu du paiement des droits, sauf son recours contre le preneur.

Ref., observations sur l'art. 13, n°s 21 et 29.

Néanmoins, les parties restent solidaires pour le recouvrement du droit simple.

ART. 7. — Les mutations de propriété à titre onéreux de fonds de commerce ou de clientèles sont soumises à un droit d'enregistrement de 2 fr. par 100 fr. Ce droit est perçu sur le prix de la vente de l'achalandage, de la cession du droit au bail, et des objets mobiliers ou autres, servant à l'exploitation du fonds, à la seule exception des marchandises neuves garnissant le fonds. Ces marchandises ne seront assujetties qu'à un droit de 50 centimes par 100 francs, à condition qu'il sera stipulé pour elles un prix particulier, et qu'elles seront désignées et estimées, article par article, dans le contrat ou dans la déclaration.

Ref. 105-28 et 118 n° 1.

Ref. art. 114 n° 3.

ART. 8. — Les actes sous signatures privées contenant mutation de propriété de fonds de commerce ou de clientèle sont enregistrés dans les trois mois de leur date.

Ref. art. 43 n° 1.

A défaut d'acte constatant la mutation, il y est suppléé par des déclarations détaillées et estimatives faites au bureau de l'enregistrement de la situation du fonds de commerce ou de la clientèle, dans les trois mois de l'entrée en possession.

Ref. art. 13.

A défaut d'enregistrement ou de déclaration dans les délais fixés ci-dessus, il sera fait application des dispositions du § 1er de l'art. 11 de la loi du 23 août 1871. Sont également applicables aux mutations de propriété des fonds de commerce ou de clientèles, les dispositions des paragraphes 2 et 3 dudit article relatives à l'ancien possesseur, et celles des articles 12 et 13 de la même loi concernant les dissimulations dans les prix de vente.

Ref., observations sur l'art. 13, nos 29, 30 et art. 68 no 2.

L'insuffisance du prix de vente du fonds de commerce ou des clientèles peut également être constatée par expertise, dans les trois mois de l'enregistrement de l'acte ou de la déclaration de la mutation.

Ref. art. 23.

Il sera perçu un droit en sus sur le montant de l'insuffisance outre les frais d'expertise, s'il y a lieu, et si l'insuffisance excède un huitième.

ART. 9. — La mutation de propriété des fonds de commerce ou des clientèles est suffisamment établie pour la demande et la poursuite des droits d'enregistrement et des amendes, par les actes ou écrits qui relèvent l'existence de la mutation *ou qui sont destinés à la rendre publique*, ainsi que par l'inscription aux rôles des contributions du nom du nouveau possesseur, et des paiements faits en vertu de ces rôles, sauf preuve contraire.

Ref art. 11.

ART. 10. — Sont soumis au droit proportionnel de 50 centimes par 100 francs les lettres de change et tous autres effets négociables, lesquels pourront n'être présentés à l'enregistrement qu'avec les protêts qui en auraient été faits.

Ref. art. 113 no 4.

Les dispositions de l'art. 50 de la loi du 28 avril 1816, concernant les lettres de change, sont abrogées.

Il n'est rien innové en ce qui concerne les warrants.

ART. 11. — Le droit de décharge de 0,10 centimes, créé par l'art. 18 de la loi du 23 août 1871, pour constater la remise des objets, sera réuni à la taxe due pour les récépissés et lettres de voiture, qui est fixée ainsi qu'il suit :

Concerne uniquement le timbre.

Récépissé délivré par les compagnies de chemins de fer (droit de décharge compris) 0,35 centimes (1).

Lettre de voiture (droit de décharge compris) 0,70 centimes.

_____

(1) La taxe pour les transports effectués *autrement qu'en grande vitesse* est actuellement de 0,70 centimes. (Loi du 30 mars 1872. Inst. 2111.)

Loi NON PROMULGUÉE du 30 Mars 1872.

ART. 1er. — A dater du 1er avril 1872, le droit de transmission de 15 c., sur les titres au porteur de toute nature établi par la loi du 23 juin 1857 et par l'article 11 de la loi du 16 septembre 1871 est fixé à 25 c. annuellement. Ce droit, ainsi que celui de 50 c. sur la transmission des titres nominatifs, établi par l'article 11 de la loi du 16 septembre 1871, seront perçus à l'avenir *sur la valeur négociée, déduction faite des versements restant à faire sur les titres non entièrement libérés.* Le taux d'abonnement au timbre des lettres de gage et obligations du Crédit foncier fixé par l'article 29 de la loi du 8 juillet 1852 est élevé à 05 centimes par 1,000 fr. Les titres émis par les *villes, provinces et corporations étrangères,* quelle que soit leur dénomination et par tout *autre établissement public étranger* seront soumis à des droits équivalents à ceux qui sont établis par la présente loi, et par celle du 5 juin 1850 sur le timbre. Ils ne pourront être cotés ou négociés en France qu'en se soumettant à l'acquittement de ces droits. Un règlement d'administration publique fixera pour ces titres le mode d'établissement et de perception de l'impôt, dont l'assiette pourra reposer sur une quotité déterminée du capital.

V : Ref. art. 115 n° 1.

ART. 2. — (Cet article relatif au timbre des fonds publics étrangers doit être rapporté.)

ART. 3. — Les 2 décimes ajoutés au principal des droits de timbre de toute nature par l'article 2 de la loi du 23 août 1871, sont applicables aux taxes d'abonnement exigibles depuis la mise à exécution de cette loi, quelle que soit d'ailleurs l'époque à laquelle l'abonnement ait été contracté.

ART. 4. — *Sont exempts du droit de timbre, les quittances, reçus ou décharges de toute nature* (1), les reconnaissances et reçus donnés, soit par lettres, soit autrement pour constater la remise d'effets de commerce à négocier, à accepter ou à encaisser.

ART. 5. — A partir du 1er janvier 1873, la taxe annuelle représentative des droits de transmission entre-vifs et par décès, fixée par l'art. 1er de la loi du 20 février 1849, est élevée à 70 c. par franc du principal de la contribution foncière. — Cette taxe sera en outre, soumise à l'avenir aux décimes auxquels sont assujettis les droits d'enregistrement.

V : Ref. pages 278 et 279, v° biens de main morte.

_____

(1) Cette rédaction est vicieuse. Les mots soulignés ont été évidemment insérés par erreur dans le texte de l'article 1, et ce serait à tort qu'on y verrait une abrogation pure et simple de l'article 18 de la loi du 23 août 1871.

DEUXIÈME PARTIE.

REFONTE ET MODIFICATIONS.

SOMMAIRE.

8

TITRE Ier.

De l'Enregistrement, des Droits et de leur application.

Article premier.

L'*impôt* connu sous le nom de *Droits d'enregistrement* sera perçu à l'avenir, d'après les bases et suivant les règles déterminées par la présente loi, *sans aucune addition de décimes.*

Tous les *actes et mutations ayant date certaine* au moment où elle sera rendue exécutoire, ne pourront être assujettis à des droits plus élevés que ceux fixés par les précédents tarifs, *pourvu qu'ils soient soumis à l'enregistrement dans les délais prescrits.* — Mais les tarifs nouveaux *qui opéreraient une réduction* de droits, seront immédiatement appliqués, quelle que soit la date des actes et mutations.

1. *Impôt... Droits d'enregistrement.* — Etabli à l'origine comme une véritable fonction de magistrature, l'enregistrement n'est plus guère aujourd'hui qu'un impôt. Mais c'est un impôt d'ordre intellectuel, qui porte sur les conventions et non sur les choses, et qui les taxe d'après les effets légaux qu'elles produisent entre les parties. Or, les conventions sont variables comme l'esprit humain, et leur infinie variété se complique encore par les artifices de rédaction, sans cesse renaissants, inventés pour déjouer les lois fiscales. Il faut

donc que les employés de l'enregistrement, avant d'asseoir les droits, résument les conventions arrêtées dans les actes, et se livrent sur elles à un travail d'interprétation qui exige le discernement du *juge* et la science du *jurisconsulte !*

Ces réflexions sur le rôle des employés ne sont pas hors de propos. Nous avons entrepris de formuler les bases d'une loi nouvelle, appropriée à la situation, et nous sommes de ceux qui pensent que, dans toute loi d'impôt bien faite, il y a trois choses à considérer : l'intérêt de l'État, celui du contribuable, et l'intérêt trop souvent méconnu des fonctionnaires chargés d'assurer la rentrée de l'impôt.

L'État a le droit d'établir des taxes qui correspondent aux charges publiques.

Le contribuable peut exiger que la loi qui établit ces taxes soit claire dans ses termes, juste dans son principe, et d'une application facile.

L'employé, lui, à proprement parler, n'a pas de droits. Mais l'État a des devoirs envers lui ; et le devoir de l'État, c'est de proportionner la récompense de ceux qui le servent aux aptitudes qu'il exige d'eux et aux services qu'ils rendent.

Or, à ce titre, les employés de l'enregistrement arrivent en première ligne ! Il n'en est pas de plus méritants. Il n'en est pas de plus laborieux, car ils fournissent en moyenne douze à quatorze heures de travail effectif par jour, et ils font incontestablement plus en un mois que bien d'autres en une année !

Qui ne sait, pourtant, qu'on ne les paye pas ?

Et non-seulement on ne leur accorde pas le salaire matériel de leur travail, mais la récompense qui consiste dans l'octroi des distinctions méritées, est chose inconnue pour eux. Leurs rangs sont peuplés d'hommes à cheveux blancs, modèles d'honneur et de loyauté, qui depuis trente et quarante ans, sans trêve ni repos, défendent les intérêts de l'État avec une conscience et une fermeté toujours égales. Or, les noms de ces hommes dévoués et austères n'ont jamais paru dans ces longues listes de décorations du dernier règne, où figurent, en revanche, tant de mérites douteux et si peu de services rendus !

On semble croire que la loi du 23 août 1871, en augmentant les produits, aura pour effet d'améliorer la position des receveurs au point de vue pécuniaire. Cela est vrai pour les petits bureaux. Mais il s'en faut qu'il en soit de même pour les bureaux importants qui exigent le concours d'un ou de plusieurs commis. On sait, en effet, que les remises des receveurs sont progressivement décroissantes, et qu'arrivées à un certain chiffre, elles sont insuffisantes pour faire face aux frais de bureaux auxquels elles correspondent.

Or, les employés qui souffrent dans l'administration de l'enregistrement, ce ne sont pas ceux qui débutent ; ce sont les receveurs qui ont vingt, trente et quarante ans de service, qui ont des charges de famille, et qui ont vu, d'avancement en avancement, leur travail personnel doubler et tripler, sans que l'émolument *net* attaché à leurs fonctions ait varié d'une manière sensible.

Pour ceux-là, la loi du 23 août 1871 qui crée, comme nous le verrons, d'énormes complications dans un service déjà chargé outre mesure, est une aggravation certaine. Tous l'ont compris ainsi, et il faut vivre au milieu d'eux, être témoin de leurs efforts, apprécier leur fatigue et entendre les plaintes amères qui leur échappent, pour juger de l'étendue du mal !

Il y a là une situation qui appelle la sollicitude des gouvernants, et que nous ne pouvions pas ne pas signaler au début de ce livre.

2. Sans addition de décimes.

— Les décimes, — ou *deux sols par livre*, — sont d'ancien établissement : ils correspondaient dans l'origine aux frais généraux de régie et se percevaient sur les droits d'*amortissement*, *francs fiefs* et *nouveaux acquels* (déclaration du 19 avril 1639). Mais on les étendit et on leur donna plus tard un autre caractère. Par déclarations des 3 mars, 7 juillet, 26 décembre 1705, et 29 mai 1706, les deux sols par livre furent établis sur tous les droits des *fermes* ou revenus du roi, nommément sur les droits et émoluments des greffes, sur les droits de contrôle, d'insinuation, de petit-scel, et en général sur tous les droits autres que les *revenus seigneuriaux*. — Ils furent affectés au remboursement des *billets de monnoie*. — Créés d'abord pour un an, il a été établi, le 18 septembre 1706, que la perception en serait prorogée jusqu'à ce qu'il en fût autrement ordonné. Mais les revers des dernières années du règne de Louis XIV les firent doubler ! Une déclaration du 17 mai 1715 établit les *quatre sols par livre*, qui furent affectés au paiement des promesses de la *caisse des emprunts*. — L'édit de 1722, intervenu à une époque où les plaies de la France n'étaient pas encore guéries, a ordonné de continuer la perception des *quatre sols par livre* au profit du trésor royal ; et, depuis lors, tantôt réduits à deux ou même à un sou par livre, tantôt portés à trois, ils ont été acquittés jusqu'à la loi de 1790.

Les lois de 1790 et de frimaire, procédant à nouveau et fondant une loi unique, demandèrent les ressources du budget au droit principal et non aux accessoires. Elles ne créèrent donc pas de décimes.

Mais la loi de frimaire n'était pas rendue de six mois que les nécessités du trésor dictaient la loi du 6 prairial an VII et faisaient établir, à titre provisoire, et comme subvention extraordinaire de guerre, un premier *décime* qui subsiste encore !

Les guerres ruineuses de l'empire ont voulu que nous connussions, comme nos pères, les *quatre sols par livre*: — la loi du 11 juillet 1855 nous a dotés d'un premier *double décime*, qui a duré jusqu'au 1ᵉʳ janvier 1858 ; rétabli en 1862, au moment de la guerre du Mexique, puis supprimé en partie, ce double décime a été rétabli de nouveau par la loi du 23 août 1871.

On a pu accepter comme juste le décime de prairial, parce qu'il est venu pour ainsi dire au lendemain de la loi de frimaire, quand cette loi avait à peine fonctionné, et qu'on n'entrevoyait encore aucun de ses défauts. Mais, depuis lors, l'expérience s'est faite. On sait maintenant que les bases de l'impôt ne sont pas toujours équitables, et que les uns paient trop, là où d'autres ne paient pas assez. Or, les additions de décimes aggravent nécessairement les injustices de la loi : on ne doit donc y voir que des expédients nécessités par les circonstances, mais destinés à disparaître, et rendant plus urgente l'étude d'une loi meilleure.

« Le second décime, dit M. Aulanier, dans l'excellent ouvrage que
» nous avons déjà cité, a le tort de supposer sans fondement que tout
» est pour le mieux dans les lois actuelles. Il faut des modifications
» qui perfectionnent la loi, au lieu d'aggraver ce qu'elle a de défec-
» tueux ! »

3. *Actes et mutations ayant date certaine...* — Les agents de l'ancien fisc avaient établi en règle générale de perception qu'*un tarif fait loi du jour de sa promulgation*, à moins de dispositions contraires.

L'administration actuelle, en dérogeant à ce principe, l'a visé et par là même reconnu, dans l'instruction du 18 juillet 1855, n° 2037, qui s'appuie sur l'art. 1ᵉʳ de la loi du 27 ventôse an IX, et qui aurait pu s'appuyer également sur une disposition non moins formelle contenue en l'art. 15 de la loi du 16 juin 1824.

En règle générale, toutes les lois rendues depuis soixante ans, ont eu soin de déclarer que les actes et mutations ayant une date certaine antérieure, seraient régis par la loi de leur date.

Cela est très-juste, quand il s'agit d'une aggravation d'impôts, et c'est le cas le plus ordinaire ; mais c'est un embarras considérable pour les employés, obligés d'appliquer différents tarifs aux mêmes mutations, et cela quelquefois pendant trente ans !

Il y a un milieu à tenir entre la rigueur du principe consacré par la loi de ventôse, et les nécessités de la pratique. Or, ce moyen terme se trouve précisément dans la loi des 5 et 19 décembre 1790, art. 22, dont nous avons reproduit les dispositions.

D'après ces dispositions, les actes faits et non encore enregistrés, les successions ouvertes et non déclarées ne doivent que les droits anciens, si les droits sont payés dans les délais fixés ; mais si le paiement a lieu tardivement, qu'il y ait simple retard ou omission, le tarif nouveau sera applicable.

De cette façon la loi n'a d'effet rétroactif que comme clause pénale, et les complications de perception disparaissent.

Disons, du reste, que l'administration a déjà fait un pas dans cette voie : ainsi elle a décidé que les seuls actes *présentés à l'enregistrement dans le délai légal* bénéficieraient de l'interprétation de faveur dont la loi du 15 mai 1855 a été l'objet. (V : Inst. 2030.)

4. *Qui opéreraient une réduction.* — Cette disposition est également dans la loi des 5 et 19 décembre 1790 (art. 22). — Elle est l'application des règles anciennes prises dans leur côté libéral. Ce principe « *que les lois de dégrèvement opèrent du jour de leur date* » est rarement invoqué, attendu que les réductions d'impôt ne sont pas communes ; il n'en existe pas moins, et l'administration l'a visé implicitement dans l'instruction 2030. Elle vient encore d'en faire une application toute récente dans l'instruction 2423 § 1 n° 1, en décidant que l'abrogation de l'art. 69 § 3 n° 2 de la loi de frimaire profiterait aux baux antérieurs à la loi du 23 août 1871. — Le décret du 23 mars 1848 (inst. 1802 § 4) a statué dans le même sens que le *bénéfice de la réduction de droits* qu'il a apportée en faveur des protêts *serait applicable à tous les exploits non enregistrés le 25 mars 1848.*

ARTICLE 2.

Les droits d'enregistrement se divisent en *droits de mutation* et en *droits d'actes*.

Les droits de mutation sont établis : 1° *sur toute transmission entre-vifs, verbale ou écrite*, de propriété, d'usufruit *ou de jouissance* de biens immeubles ; 2° et sur toute transmission par décès, — de *biens meubles* et immeubles situés en France, *même quand ils dépendraient de la succession d'un étranger*, — et de *biens meubles et immeubles situés hors du territoire*, mais dépendant d'une succession régie par la loi française.

Les droits d'actes sont établis sur tout écrit présenté ou assujetti à l'enregistrement, et contenant des dispositions autres qu'une transmission d'immeubles en propriété, usufruit ou jouissance.

1. *Droits de mutation. Droits d'actes.* — Cette distinction établit clairement l'objet de l'impôt de l'enregistrement : elle est dans l'esprit de la loi du 22 frimaire, quoiqu'elle n'y soit pas formellement établie ; et on est obligé de la suppléer, chaque fois qu'on recherche les véritables assises du droit. C'est ce qu'a fait le rapporteur de la loi du 23 août 1871, pour justifier l'établissement d'un impôt sur les mutations verbales de jouissance. (Garnier, R P. page 292, art. 3301.)

2. *Sur toute transmission.* — Ainsi le *droit de mutation* frappe le passage de la propriété d'une main dans une autre, par le seul fait de la transmission, et indépendamment des actes qui la constatent.

En ce qui concerne le *droit d'acte*, au contraire, c'est l'acte lui-même qui *est la cause du droit*, et la convention ne sert qu'à déterminer le chiffre de l'impôt établi comme *salaire de la formalité*.

« De là, dit Dalloz, cette conséquence notable : à l'égard des droits « d'actes, il faut, pour la perception, prendre l'écrit tel qu'il est, et

« n'admettre aucune preuve, de quelque nature qu'elle soit, contre et
« outre le contenu, ni sur ce qui serait allégué avoir été dit, fait ou
« convenu, avant, lors ou depuis la rédaction (C. civil, 1311). — Au
« contraire, à l'égard du droit de mutation, la perception s'établit
« par ce qui a été dit et fait réellement, sur la mutation elle-même,
« quels que soient les termes de l'acte soumis à la formalité. »

3. *Verbale ou écrite.* — Le droit de mutation frappant les
transmissions et non les actes, il est presque surabondant de dire que
les mutations sont sujettes au droit, qu'elles soient *verbales* ou *écrites*.

Cependant l'interprétation donnée par la jurisprudence à l'art. 13 de
la loi du 22 frimaire an VII, dont il va être parlé, fait bien voir qu'on
ne saurait jamais être trop précis.

4. *Ou de jouissance.* — L'esprit de la loi du 22 frimaire était
d'atteindre aussi bien les mutations verbales que les mutations écrites :
la rédaction de l'art. 13, relatif aux mutations de jouissance, le prouve
d'une manière évidente, et l'on en est aujourd'hui à se demander
comment cela a pu faire doute !

Quoiqu'il en soit, le législateur de frimaire n'ayant pas établi en
termes formels la distinction caractéristique et fondamentale des
droits d'actes et des *droits de mutation*, on a prétendu que les seules
mutations entre-vifs assujetties au droit d'enregistrement étaient
celles constatées par écrit.

Il a fallu une loi pour combattre la jurisprudence désastreuse qui
menaçait de s'établir en ce sens, et qui aurait eu pour résultat, au
grand détriment du trésor, de faire présenter comme verbales toutes
les mutations écrites.

Cette loi, rendue le 27 ventôse an IX, soumet à l'enregistrement
dans un délai déterminé les mutations entre-vifs de *propriété et d'usufruit* de biens immeubles, lors même que les nouveaux possesseurs
prétendraient qu'il n'existe pas de conventions écrites entre eux
et les précédents propriétaires ou usufruitiers.

Mais la loi de ventôse, à son tour, n'a parlé que des mutations de
propriété et d'*usufruit*. On en a tiré cette conséquence qu'elle n'atteignait pas les *mutations de jouissance*.

La Cour de cassation s'est prononcée dans ce sens par trois arrêts,
en date des 12, 17 et 24 juin 1811, qui ont fait règle pendant
soixante ans.

La loi du 23 août 1871, art. 11, est enfin venue combler la lacune de la loi de ventôse an IX, et frapper les *baux verbaux*, comme les autres mutations.

Il est même à remarquer que le législateur de 1871 a procédé comme si le principe de l'exigibilité des droits sur les mutations verbales était formellement rénfermé dans les lois antérieures, et qu'il a dédaigné d'établir cette exigibilité, se bornant à dire, pour astreindre les baux verbaux à l'impôt, que *lorsqu'il n'existera pas de conventions écrites constatant une mutation de jouissance de biens immeubles, il y sera suppléé par une déclaration.*

Nous applaudissons à cette réforme, et nous ne pouvons que répéter ce que nous disions dans notre première édition, que la portée de l'assujettissement des baux verbaux à l'enregistrement est immense, et qu'aucun moyen ne sera plus efficace pour prévenir la fraude et pour faire rendre à l'impôt des mutations par décès tout ce qu'il doit légitimement produire.

Mais si la réforme introduite par la loi du 23 août est excellente en elle-même, il s'en faut qu'elle soit complète en application. Nous le démontrerons plus loin, après avoir exposé le système que nous avons formulé l'année dernière, et dans lequel nous persistons. Ce système a reçu, du reste, une approbation à laquelle nous attachons d'autant plus de prix qu'elle émane d'un journal qui jouit d'une incontestable autorité. (Voir *Journal de l'Enregistrement*, n° 18969).

5. *De biens meubles...* — Sans distinction : cela comprend les rentes sur l'Etat que la loi du 22 frimaire an VII avait exemptées de la *formalité de l'enregistrement*, mais que la loi du 18 mai 1850, art. 7, a frappées, — reproduisant en cela le décret-loi du 18 fructidor an II (4 septembre 1794).

6. *De la succession d'un étranger.* — La chose n'a jamais fait difficulté pour les *immeubles*, puisque l'art. 3 du Code civil dit que les immeubles situés en France, même ceux possédés par les étrangers, sont régis par la loi française.

Quant aux meubles, il est généralement reçu en doctrine, dit Demante, n° 785 et suivants, qu'ils sont régis par la loi du domicile de leur possesseur. « *Mobilia ossibus personæ inhærent.* »

Mais, la loi du 22 frimaire, art. 27, a dérogé expressément à cette règle, *quant au mobilier corporel trouvé en France.*

Et la jurisprudence est allée plus loin, en ce qui concerne les biens *sans assiette déterminée*, c'est-à-dire les biens incorporels, actions, rentes, créances: — elle a décidé que puisque les héritiers étrangers jouissent, aussi bien que les français, des protections de nos lois pour le recouvrement de leurs créances, il est juste qu'ils en subissent les charges. — Cass. 29 août 1839, Garnier, 6059. Cass. 13 juillet 1869. J. E. 18822.

C'est dans ce sens qu'ont été rendues les lois du 18 mai 1850 et du 13 mai 1863, qui atteignent toutes les *mutations par décès* de rentes sur l'Etat français, qu'il s'agisse ou non de la succession d'un Français.

7. *Biens meubles situés hors du territoire.* — Il était autrefois admis comme principe, que les lois constitutives de l'enregistrement appartenaient au *statut réel*, et qu'elles ne régissaient que les choses situées sur le territoire Français.

Mais, peu à peu, on s'est départi de cette règle.

On a commencé par décider que les marchandises déposées à l'étranger, et dépendant d'une succession ouverte en France, devaient être déclarées au bureau du domicile. Garnier, 6062.

Puis sont venues les lois du 18 mai 1850 et du 13 mai 1863, qui ont soumis au droit de mutation par décès et au droit de transmission entre-vifs, les fonds publics *étrangers*, ainsi que les actions et obligations dans les sociétés étrangères, c'est-à-dire la généralité des valeurs que les français possèdent à l'étranger.

Une fois entré dans cette voie, il était impossible de s'arrêter. Comment comprendre, en effet, qu'une obligation de charbonnage belge, dépendant de la succession d'un Français, dût le droit de succession, quand une créance *hypothécaire* sur un *particulier belge, ou sur une ville étrangère quelconque*, ne supportait aucun droit !

Evidemment, un tel résultat ne pouvait être qu'un *oubli de la loi*, oubli regrettable.

Heureusement, la loi du 23 août 1871 y a mis un terme : l'art. 3 de cette loi, après avoir énuméré les valeurs omises par la loi du 18 mai 1850, dispose, d'une manière générale, que toutes les *valeurs mobilières étrangères*, de quelque nature qu'elles soient, sont soumises, en France, au droit de mutation par décès, *quand elles dépendent d'une succession régie par la loi française*.

Ainsi se trouvent complétées les lois du 18 mai 1850 et du 13 mai 1863.

8. *Dépendant d'une succession régie par la loi française.*
-- Le législateur de 1871 est allé plus loin : il soumet, dans son art. 4, au droit de mutation par décès toutes les *valeurs mobilières étrangères,* quelles qu'elles soient, qui dépendraient de la succession *d'un étranger domicilié en France,* avec ou sans autorisation.

Cela nous paraît exagéré.

Que l'étranger fixé en France, sans être naturalisé français, paie sur les biens qu'il délaisse en France, rien de mieux. Mais, à sa mort, le lien temporaire qui l'attachait à la France est rompu. Sa succession est régie par la loi étrangère quant à la dévolution des biens, et les valeurs qui n'ont pas cessé d'être étrangères ne doivent avoir rien à payer en France, puisqu'elles ne jouissent à aucun titre de la protection des lois françaises.

Nous sommes d'ailleurs convaincus que ce nouvel impôt produira infiniment peu de chose, mais suscitera en revanche de grandes difficultés : il y avait donc toute raison de ne pas l'établir, et nous ne comprenons pas qu'il ait été voté sans discussion !

9. *Biens immeubles hors du territoire, dépendant d'une succession régie par la loi française.* -- Ainsi, nous proposons de soumettre au droit de mutation par décès les immeubles que nos nationaux possèdent à l'étranger.

Cette disposition est un emprunt *à la loi belge* (art. 1er de la loi du 27 décembre 1817, et art. 17, 2e alinéa, de la loi du 17 décembre 1851).

Toute exagérée qu'elle paraisse au premier coup d'œil, elle est juste au fond, et n'est que l'application des principes nouveaux qui s'affermissent tous les jours et qui finiront par prévaloir.

En effet, si la loi française impose au droit de *succession* les valeurs mobilières étrangères, négociables ou non, dépendant de la succession d'un Français, c'est parce que ces valeurs sont transmises suivant un *ordre d'hérédité* qui est réglé par la loi française, et que, par conséquent, elles jouissent, dans une certaine mesure, de la protection des lois françaises.

Or, il en est complètement de même des immeubles, et il n'y a pas de raison de les exempter quand les valeurs mobilières sont atteintes.

Que les immeubles situés à l'étranger ne soient pas considérés aux yeux de la loi française comme *immeubles réels,* cela se comprend ; mais *ce sont des valeurs dépendant de la succession, et des valeurs de*

premier ordre. A ce titre, elles doivent être soumises à l'impôt, comme
serait une créance hypothécaire assise sur des immeubles étrangers.
Par conséquent, si l'ancienne distinction entre les meubles et les immeubles existait encore dans le tarif, il serait juste de ne leur appliquer que le droit afférent aux *meubles*.

Il y a, du reste, une raison majeure qui porte à atteindre les
immeubles que les Français possèdent à l'étranger : c'est que les
charges du pays doivent être supportées par les citoyens dans la proportion de leur fortune, et que la fortune se suppute abstraction faite
de la situation des biens !

ARTICLE 3.

Les droits d'enregistrement sont *fixes* ou *proportionnels*.
— Les droits de mutation sont essentiellement proportionnels. — Les droits d'actes sont fixes ou proportionnels
suivant les cas. — *Le droit fixe s'applique aux actes, soit
civils, soit judiciaires, soit extrajudiciaires, qui ne contiennent ni obligation, ni libération* de sommes et valeurs,
ni transmission de propriété, d'usufruit ou de jouissance,
— ou qui sont purement déclaratifs de droits antérieurs.

Comparez : art. 3 de la loi du 22 frim. an VII.

1. *Fixes ou proportionnels.* — La loi du 28 février 1872 a
créé une troisième sorte de droits, — *le droit gradué.* — D'après les
auteurs de cette loi, le *droit gradué est un* DROIT FIXE *dont la quotité
varie en raison des sommes ou valeurs exprimées dans les actes.*
(Exposé des motifs. *Journal officiel* du 28 février 1872, page 1425.)

Quoique l'on ait pu dire, un droit qui varie en raison des sommes
et valeurs est évidemment un *droit proportionnel.* Nous sommes à ce
sujet complètement de l'avis de M. Sebert, dont les efforts persévérants
méritaient un meilleur accueil et plus de succès. On ne s'explique pas,
du reste, l'obstination mise par le rapporteur de la loi à repousser la
qualification de droit proportionnel. Pourquoi ne pas avouer franchement la dérogation faite à la loi fondamentale ? Si l'on avait proposé
les modifications aujourd'hui admises, en disant que des raisons
d'équité et l'intérêt du Trésor faisaient un devoir de soumettre au droit
proportionnel certains contrats qui, par leur nature, rentraient dans la

catégorie des actes passibles du droit fixe, l'entente se serait facilement établie. On aurait su d'une manière claire et précise ce que voulait la loi : c'eût été une exception, comme il en a été fait tant d'autres, sans porter pour cela atteinte à l'économie générale de la loi du 22 frimaire !

N'a-t-on pas maintes fois réduit au droit fixe des actes qui par leur nature étaient passibles du droit proportionnel ? La loi du 6 juin 1857, *qui est encore existante*, soumet au droit fixe les adjudications et marchés de toute nature ayant pour objet le travail dans les prisons (inst. 2099) : la division fondamentale des *droits fixes* et des *droits proportionnels* en subsiste-t-elle moins ?

Nous estimons donc que le débat qui s'est élevé à la Chambre sur la qualification des droits nouveaux, n'est qu'une querelle de mots, et qu'au fond, les droits prétendus *gradués* ne sont que des droits proportionnels, se percevant d'après un fractionnement nouveau dont nous parlerons ci-après, art. 5.

2. *Droits proportionnels.* — C'est la loi des 15-19 décembre 1790 qui a établi la proportionnalité dans les droits d'enregistrement. L'édit de 1722 avait adopté une sorte de *droit gradué*, et progressivement décroissant, produisant tout à la fois une rémunération pour la formalité matérielle et un impôt déterminé, soit par les sommes et valeurs mises en mouvement, soit par la position des contractants.

Ainsi, cet édit dispose que, pour les acquisitions de biens, meubles ou immeubles, sans distinction, il sera perçu :

Cinq sols pour les ventes *au-dessous de* 50 *livres* ;
Dix sols pour celles de 50 à 100 livres ;

Et que, pour les ventes plus importantes, le droit sera calculé :

A raison de *dix sols par cent livres*, sur les dix premiers mille livres, — ce qui donne 50 livres ;
Et à raison seulement de *vingt sols par chaque mille livres* (soit deux sols par 100 livres), pour le surplus quel qu'il soit.

Les mêmes bases étaient admises, avec des droits différents, pour les baux, les quittances et obligations, les *assurances*, etc.

Elles s'appliquaient également à certains actes, appelés *déclaratifs* ou *attributifs*, que la loi de frimaire soumet au droit fixe, (et dont quelques-uns supportent maintenant le droit gradué), tels que les contrats de mariage, les dons entre époux, les testaments et inventaires, etc.

« Les contrats de mariage dans lesquels *les apports des deux époux*
« *étaient évalués*, étaient tarifés sur le pied des acquisitions de biens,
« meubles et immeubles, en y joignant les meubles et autres effets
« mobiliers constitués ou donnés. »

« Lorsque le contrat de mariage ne contenait évaluation que pour
« l'apport d'un seul des futurs, l'apport était doublé pour déterminer la
« perception. »

« Enfin, *s'il n'y avait évaluation ni de part ni d'autre*, ou si les
« époux se prenaient réciproquement avec leurs droits, c'était alors la
« *qualité* des personnes qui déterminait l'impôt à percevoir, depuis
« 1 livre 10 sols jusqu'à 50 livres. (Bosquet, édit du 29 septembre 1722,
« art. 35.) »

La loi de 1790, tout en établissant un *droit proportionnel* sur les
actes portant transmission, obligation ou libération, a admis les principes de l'édit de 1722, en ce qui concerne les *actes déclaratifs ou
attributifs*, c'est-à-dire les contrats de mariage, les testaments, les
inventaires, etc.; mais avec cette différence que le droit, au lieu d'être
réglé d'après la *qualité* des personnes, fut établi *d'après le revenu
présumé des contractants, indiqué par la cote d'habitation dans la
contribution personnelle.* (Art. 3 de la loi des 5 et 19 décembre 1790.)

L'expérience n'ayant pas tardé à démontrer que cette base produisait
de choquantes injustices, la loi du 14 thermidor an IV, art. II, la supprima et établit que la perception des droits serait réglée d'après le
revenu déclaré des parties.

Cet art. II de la loi de thermidor, qu'il est bon de rappeler dans les
circonstances actuelles, où il est tant question de *l'impôt sur le revenu*,
est ainsi conçu :

« ART. II. — La perception des droits des actes et dispositions
« de la deuxième classe du tarif (testaments, contrats de mariage, etc.),
« sera réglée sur la déclaration du *revenu* que les parties seront te-
« nues de passer.

« — Les traitements, pensions, et autres revenus viagers ne seront
« compris que pour moitié de leur revenu annuel. — *Toute déclaration
« de revenu contiendra la désignation des biens et objets qui le pro-
« duisent.* »

On ne peut nier qu'il y ait quelque chose d'équitable dans cette manière d'asseoir les droits; mais les impôts qui ont des bases aussi fra-
giles suscitent des fraudes qu'il est impossible d'atteindre, et un
homme pratique comme M. Duchâtel n'en pouvait vouloir à aucun prix!

3. *Le droit fixe.* — M. Duchâtel, dans son rapport au conseil des Cinq-Cents (séance du 6 fructidor an VI), s'est exprimé en ces termes qui sont la meilleure définition qu'on puisse donner du droit fixe : « *tout ce qui n'oblige, ne libère ni ne transmet, ne peut donner ouverture au droit proportionnel.* »

Ce principe domine la loi du 22 frimaire et doit dominer la loi actuelle : si cependant, comme on le verra, nous tarifons au droit proportionnel certains actes que la loi de frimaire n'a frappés que du droit fixe, et réciproquement, c'est qu'il est des actes d'une nature mixte, pour ainsi dire, qu'on peut apprécier différemment suivant le point de vue auquel on se place : dans ces circonstances, très-rares du reste, les motifs de notre option ont toujours été des motifs d'équité.

4. Ou qui sont purement déclaratifs de droits antérieurs.
— Tels sont les jugements. C'est donc à dessein que nous avons supprimé les mots *ni condamnation, ni collocation, ni liquidation,* qui sont dans l'art. 3 de la loi du 22 frimaire an VII. — Les jugements sont des actes *déclaratifs* au même titre que les partages et liquidations, et on ne peut sans anomalie les soumettre au droit proportionnel. — Voir Demante, nᵒ 22.

On comprend d'autant moins que M. Duchâtel ait commis cette contradiction que, dans le nᵒ 5 de son rapport, il n'a pas assez de mépris contre la fiscalité qui avait assujetti au droit proportionnel les actes *déclaratifs* et *attributifs!*

Les meilleures lois sont celles qui respectent le plus les principes sur lesquels elles reposent: or, il arrive tous les jours que des procès roulent sur des sommes considérables, alors que les tribunaux n'ont en définitive, qu'à juger une *question de fait,* ou à *interpréter l'une des clauses d'un contrat.* Les décisions judiciaires ainsi rendues n'ont certainement rien, en elles-mêmes, de proportionnel aux valeurs en litige. On ne peut pas dire qu'elles *obligent, libèrent* ou *transmettent.* Tel n'est pas leur caractère: elles sont, comme tous les jugements, *déclaratives de droits antérieurs*; et, à ce titre, elles échappent forcément au droit proportionnel, — si d'ailleurs elles reposent sur des actes enregistrés. (V. art. 106, nᵒ 6).

Il est donc juste, — et nous croyons qu'il serait d'une bonne politique de la part du gouvernement, — de renoncer, *dans une loi de finance qui a pour but une répartition plus équitable des charges publiques, en même temps qu'une amélioration de produits,* à des droits qui ne reposent sur aucun principe, et qui frappent le plus souvent les transactions commerciales, précisément celles que l'état doit protéger avec le plus de sollicitude.

Disons, d'un autre côté, que les droits dont il s'agit, quoique très-lourds en certaines circonstances, rapportent peu en somme ; qu'ils ont donné lieu à des d'fficultés inextricables, diversement résolues et sans cesse renaissantes ; et que, leur application n'ayant jamais été nettement précisée, ni par l'administration ni par les tribunaux, *ils sont loin de se percevoir d'une manière uniforme* et prêtent à l'arbitraire.

Ces dernières raisons seules doivent être plus que suffisantes pour les con lamner.

4. *Quant à la rémunération du service judiciaire,* elle se trouvera dans les droits fixes, qui seront établis suivant les différents degrés de juridiction, et proportionnés à la longueur des affaires.

Cette base est parfaitement légitime. Voici ce que dit à ce sujet M. Thiers, dans son ouvrage sur LA PROPRIÉTÉ (livre IV) :

* Bien que la justice doive être gratuite dans tout pays libéralement
* constitué, cependant il est naturel d'exiger de ceux qui s'adressent à
* elle certaines redevances sur les actes judiciaires ; car, d'une part,
* ayant recours à elle plus que d'autres, ils doivent quelque chose de
* plus à un service dont ils aggravent les charges ; et, d'autre part, au
* milieu des dépenses que des contendants obstinés font pour disputer
* une propriété, ils sont peu sensibles, comme celui qui vend ou achète,
* à une petite fraction de dépense ajoutée à celle qu'ils supportent pour
* acquérir ou conserver le capital lui-même. *

On voit que, dans la pensée de M. Thiers, la rémunération du service judiciaire est indépendante de la valeur des biens en litige ; mais qu'elle doit se déterminer au contraire, par *le nombre et l'importance* des charges imposées par les plaideurs aux magistrats.— N'est-ce pas indiquer que les jugements doivent être semblables aux actes à vacations, c'est-à-dire passibles de droits multiples suivant le temps qu'ils prennent.

Or, c'est la base que nous avons admise, et nous croyons que c'est la vraie. (Voir art. 105, n° 15 et 106 n° 6.)

ARTICLE 4.

Le *droit proportionnel* est établi pour toute *transmission* de propriété, d'usufruit ou de jouissance mobilière ou immobilière, assujettie par sa nature à l'enregistrement ou constatée par acte présenté à la formalité, — et, en général pour tous les actes qui contiennent la *naissance* et *l'extinction des obligations*.

Il n'est fait *exception*, — et dans la mesure indiquée ci-après, art. 104, n°⁵ 21 et 22, — qu'en ce qui concerne les *transmissions* A TITRE ONÉREUX *de fonds d'états* français ou étrangers, — et *d'immeubles situés hors du territoire*, — quand même la mutation en serait constatée devant un notaire français.

Quant aux valeurs mobilières sises à l'étranger, actions, obligations, dettes des villes et créances sur particuliers payables ou non à l'étranger, et *transmises ou non à un français,* elles sont assujetties au droit établi sur les valeurs françaises, si elles sont cotées à la Bourse, ou si les transmissions en sont constatées par actes soumis à l'enregistrement dans un bureau français.

V : art. 4 de la loi du 22 frimaire.

1. *Droit proportionnel, transmission, naissance et extinction des obligations.* — C'est la traduction du principe formulé par M. Duchâtel : « tout ce qui n'oblige, ne libère, ni ne transmet, ne saurait donner ouverture au droit proportionnel ! »

2. *Exception, transmissions* A TITRE ONÉREUX *de fonds d'états.* — La loi du 22 fim., an VII, art. 70, § 3 n° 3 exempte de la formalité de l'enregistrement les inscriptions sur le grand livre de la dette publique, et leurs *transferts* et *mutations*.

Cette exemption a été étendue, soit par réciprocité, soit par voie d'analogie, aux fonds d'états étrangers.

Mais, depuis la loi du 18 mai 1850, l'exemption, qui était générale, ne subsiste plus que pour les transmissions *à titre onéreux*.

L'immunité dont jouissent les cessions à titre onéreux des rentes sur l'état est un fait regrettable, mais nécessaire. S'il n'y avait que des *rentes nominatives,* il serait tout naturel, à chaque transfert, d'exiger une rémunération au profit du Trésor ; et cela pourrait se faire sans danger. Mais il y a une masse considérable de *titres au porteur,* et on ne peut imposer les rentes nominatives sans imposer également les autres. Or, l'impôt sur les rentes au porteur ne peut guère se percevoir qu'au moyen d'une retenue sur le montant des coupons, comme cela se fait pour les obligations et actions des compagnies : et que serait une pareille retenue, si l'on considère que l'état au profit de qui elle serait faite est en même temps le débiteur des rentes ? ce serait purement et simplement une *faillite partielle !*

Il faut donc, si l'on ne veut tuer *le crédit* de la France, que les transferts des rentes soient exempts d'impôt.

A moins cependant qu'on ne revienne aux procédés anciens. — Lors de la première Révolution, les besoins du trésor, d'une part, et le senti- ment de la justice, de l'autre, ont poussé les législateurs à décréter que les *rentes au porteur* seraient frappées, comme les autres titres, d'un droit de mutation à titre onéreux, fixé d'abord à 15 sous par cent livres, puis porté à 1 °/. du capital nominal. — Mais, pour que cet impôt n'ait pas le caractère de faillite dont nous venons de parler, on a évité soigneusement de le convertir en une *retenue* à échéance fixe et pério- dique : on a décidé, au contraire, que le droit serait exigible à *chaque mutation de propriété,* et payable au bureau de l'enregistrement.

(Décret des 27-31 août 1792 ; loi du 9 vend. an VI, titre 2, art. 27.)

L'art. 2 du décret du 31 août a enjoint, dans ce but, aux propriétaires ou porteurs de titres, de les faire revêtir dans le délai d'un mois, à peine de nullité, d'un visa du receveur de l'enregistrement constatant leur propriété.

Et il a établi par les art. 4 et 5 :

1° Que la propriété des titres ne pourrait se transférer que par un *endossement* contenant la date du transfert, les nom, prénoms, profes- sion et domicile du cessionnaire et le prix convenu.

2° *Et que chaque endossement* ou *transfert serait enregistré* dans les 20 jours de sa date, et avant tout transport subséquent.

On a donc, en réalité, transformé les titres au porteur en *valeurs nominatives,* pour le transfert desquelles la formalité de l'enregistre- ment remplaçait la garantie de l'agent de change.

Il serait possible aujourd'hui d'agir de même, et l'on atteindrait d'une manière certaine tous les fonds d'état, quels qu'ils soient, sans que l'état pût être accusé de ne pas payer intégralement ses dettes : les

coupons seraient, en effet, payés à leur échéance ; et si, plus tard, il
était perçu un droit pour la cession du titre, tout le monde comprendrait qu'il s'agit d'un impôt spécial et facultatif, dû à raison de la convention intervenue entre le cédant et le cessionnaire.

Mais, de ce qu'il est possible d'atteindre sûrement les transferts de rentes, même des rentes au porteur, est-il bon de le faire ?

Nous répétons que ce serait juste, — car il est de toute équité que les citoyens contribuent en proportion de leur fortune aux charges de l'Etat ; et du moment où il existe un impôt sur les mutations, l'équité est rompue si la loi reconnaît et excepte des valeurs privilégiées.

Mais à côté du *Summum Jus*, il y a la question pratique, c'est-à-dire l'appréciation du moment ou les conditions dans lesquelles la loi se produit.

Or, à ce point de vue, la question change : Il n'est pas besoin de dire que la France est dans une situation difficile ; qu'elle a besoin non-seulement de maintenir son *crédit*, mais de l'agrandir, et d'appeler à elle tous les fonds actuellement disponibles et ceux que l'épargne pourra reconstituer.

Serait-il sage, en pareil moment, de supprimer les privilèges dont jouit la rente ? ne serait-ce pas détourner les capitaux et nous condamner à des emprunts onéreux ?

Ajoutons que le crédit se soutient surtout par la facilité avec laquelle s'accomplissent les négociations, et que si l'on ressuscitait l'enregistrement des transferts imaginé par la loi de 1792, avec tout son cortège de lois répressives, il en résulterait une véritable perturbation dans les affaires et un immense avilissement des fonds publics.

Nous croyons donc, en résumé, que les règles de l'équité absolue doivent fléchir devant la raison politique, et que, dans la situation où nous sommes, c'est-à-dire, tant que l'Etat sera réduit à emprunter, *il faut se garder de toucher à la rente !*

4. *Transmissions à titre onéreux d'immeubles situés hors du territoire.* — La loi du 16 juin 1824, art. 4, avait tarifé au droit *maximum* de dix francs, les *actes translatifs* de propriété, d'usufruit ou de jouissance de biens immeubles situés à l'étranger. — La loi du 28 février 1872, art. 1 n° 2, abrogeant cette disposition, soumet les actes dont il s'agit au droit gradué, avec *minimum de cinq francs :* ainsi un bail dont l'enregistrement coûterait 40 centimes, s'il s'agissait de biens français, paiera cinq francs, plus les deux décimes, soit *six francs*, s'il s'agit de biens étrangers. C'est anormal.

Quant à nous, nous avons compris parmi les valeurs sujettes *au droit de mutation*, les immeubles situés à l'étranger, lorsque la transmission a lieu *par décès* (voir art. 2, n° 9); et nous croyons qu'il y a même raison de décider pour les mutations entre vifs *à titre gratuit*.

Nous verrons, art. 101, n° 22, dans quelle mesure les transmissions dont il s'agit doivent supporter le droit proportionnel, *lorsqu'elles s'accomplissent à titre onéreux*.

5. *Quant aux valeurs mobilières sises à l'étranger.*—

Ce paragraphe, qui est renfermé virtuellement dans le précédent, peut paraître surabondant. — Cependant, il suffit, pour le légitimer, de faire connaître qu'elle a été jusqu'à ce jour la jurisprudence en ce qui concerne les valeurs étrangères :

L'art. 58 de la loi du 28 avril 1810 porte : « *Il ne pourra être fait usage en justice d'aucun acte passé en pays étranger qu'il n'ait acquitté les mêmes droits que s'il avait été souscrit en France, et* POUR LES BIENS SITUÉS DANS LE ROYAUME. »

Cet article a été modifié par l'art. 4 de la loi du 16 juin 1824, ainsi conçu :

« *Les actes translatifs de propriété d'usufruit ou de jouissance de*
« *biens immeubles situés à l'étranger ne seront soumis, à raison de*
« *cette transmission, qu'au droit fixe de 10 fr., sans que ce droit puisse*
« *excéder le droit proportionnel qui serait dû s'il s'agissait de biens*
« *situés en France.* »

La loi de 1824 n'ayant parlé que des *immeubles*, dit Garnier, art. 888, on devait en tirer la conséquence que, d'après la disposition illimitée de la loi de 1810, *le droit proportionnel continuait d'être applicable aux actes enregistrés en France, contenant transmission de propriétés mobilières situées dans les pays étrangers.*

L'administration avait consacré ce principe. 1er 1150, § 2.

Mais la cour de cassation n'a point admis cette distinction, et elle a jugé que, si l'art. 4 de la loi du 16 juin 1824 ne parle expressément que des biens immeubles, sa disposition s'étend, *par une analogie naturelle*, à tous les biens meubles. — Arrêt du 21 avril 1828. Garnier 889.

Cet arrêt, qui est visé implicitement dans l'arrêt de la chambre des requêtes du 25 nov. 1868 (inst. 2383 § 1er), a fait règle jusqu'aujourd'hui, malgré les critiques dont il a été l'objet de la part de MM. Dalloz (n° 3238) et Ch. et Rig. (n° 3791 et 3792), qui invoquent ce principe, qu'en matière d'impôt, l'exemption pas plus que l'exigibilité, ne doivent s'établir par voie d'analogie naturelle.

On voit donc qu'il est prudent, au risque de se répéter, de bien préciser la portée de la loi (1).

6. *Dettes des villes... et créances des particuliers...* — Nous avons dit, art. 2, que ces valeurs, omises par la loi du 18 mai 1850, et omises de nouveau par celle du 13 mai 1863, avaient été, jusqu'à la loi du 23 août 1871, exemptes du droit de succession. — Elles étaient, de la même manière, exemptes des droits de transmission *entre-vifs* à *titre gratuit* et à *titre onéreux*. — Demante, n° 787. J. E. 18825.

La loi du 23 août 1871, art. 3 et 4, et celle du 16 septembre 1871, art. 11, deuxième alinéa, ont fait cesser cette double immunité.

7. *Transmises ou non à un français...* Croirait-on que, d'après la loi du 18 mai 1850, art. 7, les transmissions entre-vifs à titre gratuit de fonds publics étrangers ou d'actions étrangères, — constatées par actes passés en France, — ne donnaient ouverture au droit proportionnel d'enregistrement, que quand elles s'opéraient au profit d'*un français?*

C'est dans le texte de la loi !

Pourtant, l'effet du contrat est le même, que la donation soit faite à *un étranger* ou à *un français*, le lien qu'il crée entre les parties est identique, et on cherche en vain la raison de l'immunité accordée aux étrangers !

Nous avons entendu des gens compétents soutenir que la loi du 23 août 1871 n'a pas remédié à cette situation. Son article 3 reproduit, en effet, les mots « *au profit d'un français* », et n'apporte d'autre modification à l'art. 7 de la loi du 18 mai 1850 que de la rendre applicable à des valeurs qui avaient été omises par cette loi.

Mais le 2° alinéa de l'art. 4, en assujettissant au droit d'enregistrement les transmissions entre-vifs à titre gratuit et à titre onéreux des

----

(1) L'art. 4 de la loi du 16 juin 1824 étant abrogé par la loi du 28 février 1872, art. 1 n° 2, quel sera le droit applicable aux actes contenant cession de biens meubles situés à l'étranger?

Dira-t-on encore que, par analogie, ils doivent être assujettis au droit gradué?

Nous ne le pensons pas. L'abrogation de l'art. 4 de la loi du 16 juin 1824 doit ramener, en ce qui concerne les meubles, à l'application de l'art. 58 de la loi du 28 avril 1816.

valeurs étrangères, *lorsqu'elles s'opèrent en France*, s'exprime d'une manière générale, et l'on doit en déduire, selon nous, malgré la rédaction de l'art. 3, que toute distinction entre français et étranger a disparu.

Ceux qui sont d'un avis opposé objectent que le 2° alinéa de l'art. 4 est le complément du premier : les deux s'expliquent l'un par l'autre, disent-ils, et ont la même portée.

Or, le premier alinéa a pour objet de soumettre au droit de mutation par décès, en France, les valeurs étrangères dépendant de la succession d'un étranger domicilié en France; et le deuxième alinéa, en disant qu'*il en sera de même* des transmissions entre-vifs, n'a entendu soumettre au droit proportionnel que les transmissions entre-vifs de valeurs étrangères s'opérant *en France*, au profit d'un étranger domicilié en France, avec ou sans autorisation.

On ne trouve rien qui combatte cette interprétation dans l'exposé des motifs de la loi et dans le rapport fait au nom de la commission du budget, et, à première vue, elle a pour elle le sens grammatical.

Mais la situation change si l'on fait attention aux mots « ou à titre onéreux » qui se trouvent dans l'alinéa dont il s'agit.

Les transmissions à titre onéreux ne se rapportant évidemment pas aux seuls étrangers domiciliés en France avec ou sans autorisation, il faut en conclure que, si le premier alinéa de l'art. 4 a une portée restreinte, le second dispose d'une manière générale.

C'est ainsi, selon nous, qu'incidemment et sans l'avoir voulu, la loi du 23 août 1871 a réparé l'erreur de la loi du 18 mai 1850, en faisant cesser l'immunité que celle-ci avait créée au profit des étrangers contractant en France !

8. Faisons observer, à propos de la loi du 23 août, que par ces mots « *lorsqu'elles s'opéreront en France,* » qui terminent le deuxième alinéa de l'art. 4, il faut entendre non-seulement les transmissions constatées par actes passés en France, mais encore celles qui, passées à l'étranger, seraient soumises à l'enregistrement en France, par application de l'art. 58 de la loi du 28 avril 1816.

9. Disons également que la rédaction de ce même alinéa semblerait indiquer, par cette expression « *il en sera de même,* » que les transmissions entre-vifs à *titre gratuit* ou à *titre onéreux* des valeurs étrangères sont *frappées du droit de mutation par décès*. Le sens littéral des

mots dit cela, et le rapport fait à l'Assemblée au nom de la commission du budget ferait croire que c'est ce qu'on a voulu dire. Voici, en effet, les termes de ce rapport (§ VII, *in fine*) : « D'après l'art 4 de la loi du » 16 juin 1824, les actes translatifs de propriété, d'usufruit ou de jouis- » sance de biens immeubles situés en pays étrangers, ne sont soumis, » en raison de cette transmission, qu'à un droit fixe.

« La jurisprudence a étendu aux valeurs mobilières étrangères les » dispositions de cet article, qui pourtant ne parle que des immeubles. » *Ces valeurs paient le droit de* MUTATION PAR DÉCÈS *dans les cas pré-* » *vus par les art.* 3 *et* 4. *Il est logique qu'elles* Y SOIENT ASSUJETTIES » *dans les cas de transmissions à titre gratuit ou à titre onéreux opé-* » *rées en France.* »

Ces mots « qu'*elles y soient assujetties* » se réfèrent évidemment au droit de mutation par décès, — absolument comme l'expression « il en sera de même. »

Quelque grave que soit cette similitude du rapport et du texte de la loi, l'erreur s'explique par les circonstances douloureuses au milieu desquelles la loi a été préparée ; et si l'on recherche l'idée au lieu de s'arrêter à la lettre de la loi, on arrivera à cette interprétation de l'art. 4, qui est la vraie : « que les étrangers domiciliés en France » avec ou sans autorisation, sont considérés comme français, aussi » bien pour le paiement des droits de succession que pour les » transmissions à titre gratuit faites à leur profit, qu'il s'agisse de » valeurs françaises ou de *valeurs étrangères* ;

« Et que les valeurs mobilières étrangères dont la transmission à » *titre onéreux* s'opérerait en France, seront sujettes aux mêmes » droits que les valeurs françaises. »

ARTICLE 5.

La perception *du droit proportionnel* suivra les sommes et valeurs de 10 fr. en 10 fr. inclusivement et sans fraction.

V. art. 5 de la loi du 22 frim., art. de la loi du 27 ventôse an IX, et art. 2 de la loi du 28 février 1872.

Nous admettons le système établi par l'art. 2 de la loi du 27 ventôse an IX. Toutefois nous proposons une modification, peu importante comme résultat, mais qui se base sur une raison d'équité qu'on ne saurait méconnaître : cette modification consiste à calculer les droits de 10 en 10, au lieu de les calculer comme aujourd'hui de 20 en 20.

Le législateur, en voulant faciliter l'établissement de l'impôt, n'a certes pas eu l'intention de le rendre parfois inique et presque odieux. — Cependant, il est des cas où le chiffre des droits perçus est supérieur aux sommes qui y donnent ouverture; par exemple : une pièce de terre qui paie annuellement 2 fr. 40 d'impôt foncier, est vendue 1,000 fr., le 1er février, à charge par l'acquéreur d'acquitter les impôts depuis le 1er janvier. C'est donc 1/12 de 2 fr. 40, ou 20 centimes, que l'acquéreur paiera à la décharge du vendeur, en sus de son prix. — Les droits étant dus sur le prix exprimé avec addition des charges, la perception sera établie sur 1,020 fr. — Une charge ou fraction de prix de 20 centimes et quelquefois moins, entraînera donc le paiement d'un droit s'élevant aujourd'hui à 1 fr. 32 centimes !

La rédaction proposée ne coupe certainement pas le mal dans sa racine, mais elle le diminue de plus de moitié, et cela en vaut la peine. — Il est, du reste, impossible en application d'opérer autrement que sur des sommes rondes.

Du droit proportionnel. — L'injustice que nous signalons en ce qui concerne le fractionnement de 20 fr. en 20 fr. est bien autre sous l'empire de la loi du 28 février 1872, qui, arrivée au chiffre de 20,000 fr., gradue les droits de 20,000 en 20,000 ! Le rapporteur de cette loi a dit, pour la faire voter, que si l'on adoptait le fractionnement de 1,000 en 1,000, demandé par M Sebert, et la suppression du minimum de 5 fr. l'impôt proposé ne rapporterait que 3 millions 400,000 fr. tandis qu'avec le système qui a prévalu, il doit produire 7,500,000. C'est avouer carrément que l'impôt portera pour plus de 50 % sur des valeurs qui n'existent pas! L'opinion publique se prononcera là-dessus, et nous doutons qu'elle soit favorable au nouvel ordre de choses. Nous savons bien qu'il faut des impôts; mais, étant admis le principe, pourquoi n'avoir pas adopté les bases proposées par M. Sebert, si elles sont équitables, sauf à doubler la quotité du droit pour arriver à un résultat égal ?

ARTICLE 6.

Le *moindre droit* à percevoir sur un acte donnant ouverture au droit proportionnel, et sur toute déclaration de mutation verbale ou par décès, ne pourra être inférieur à *un franc*.

V: loi du 22 frim. art. 6 et loi du 27 ventôse. art. 3.

1. *Moindre droit.* — Le système établi par la loi du 22 frimaire nous a toujours paru préférable à celui qui l'a remplacé.

L'art. 3 de la loi du 37 ventôse an IX, en établissant un minimum de 25 c., loin de donner quelque chose à l'impôt, ne produit pas même le *salaire matériel de la formalité,* — surtout si l'on tient compte des diverses opérations accessoires à accomplir dans les bureaux, (répertoire, renvois, etc.) — Il est, du reste, tout naturel que la somme à percevoir comme minimum, sur un acte donnant ouverture au droit proportionnel, ne puisse être inférieure au moindre des droits fixes : — Le droit fixe s'applique à la manifestation isolée d'une volonté, à un acte imparfait, à un consentement, une ratification, un pouvoir de faire. — N'est-il pas juste que l'acte qui, réunissant deux consentements sur un même objet, forme une convention définitive et complète, paie tout au moins un droit égal à celui dont sont passibles les conventions inachevées ?

On trouve, d'ailleurs, dans la loi du 22 frimaire, des dispositions complètement analogues à celle que nous proposons. (Voir art. 68, § 1, n° 46, § 3, n° 7 et art. 69, § 9),

2. *Déclaration de mutation verbale.* — Il n'y a pas de raison pour traiter les mutations verbales plus favorablement que celles qui sont constatées par écrit.

3. *De droit de mutation.* — Si l'on considère les mutations par décès au point de vue du travail qu'elles imposent et du service que leur conservation rend aux familles, on reconnaîtra que le minimum de 25 centimes, établi par la loi de ventôse, est une *rémunération dérisoire.*

Les petites déclarations sont rédigées dans la même forme et avec le même soin que les grandes. — Elles indiquent les nom, profession, domicile, non pas seulement du défunt, mais encore de sa femme, et de tous les héritiers, avec leur degré de parenté, qu'ils viennent directement à la succession ou qu'ils y viennent par représentation. — Elles relatent la date et l'analyse du contrat de mariage, mentionnent les successions recueillies, les biens vendus, les immeubles achetés, en un mot, tous les événements accomplis durant la communauté. Et cela, pour arriver souvent à ce résultat que, la communauté étant insuffisante, toutes les valeurs communes sont absorbées par l'épouse survivante, si bien que la succession se réduit aux habits et linges du défunt !

Les déclarations de mutation par décès contiennent, comme on le voit, *l'histoire des familles,* et l'héritier qui passe ces déclarations, assure aux siens un *bénéfice moral,* qui est tout entier indépendant du chiffre des valeurs de la succession.

Il est donc juste que la formalité qui procure ce bénéfice acquitte un salaire suffisant pour indemniser le trésor.

4. *Un franc.* — La loi du 28 février 1872. art. 2, établit un minimum de *cinq francs* pour les actes qu'elle soumet au *droit gradué.* Nous verrons plus loin combien ce minimum est onéreux aux petits contrats.

ARTICLE 7.

§ 1. — Tous les actes civils, judiciaires et extra-judiciaires sont enregistrés sur les minutes. — Les copies, extraits ou expéditions qui en sont délivrés sont exempts de l'enregistrement. — Les actes de l'état-civil qui sont assujettis à cette formalité par la présente loi, ne seront enregistrés que sur les expéditions.

§ 2. — *Les notaires garderont,* en forme de minute, une *copie* par eux certifiée des actes délivrés en brevet : cette copie sera présentée à l'enregistrement en même temps que l'original, et recevra une mention par duplicata et pour ordre.

§ 3. — *Les huissiers conserveront* en leur étude, comme *minutes,* les originaux de tous leurs exploits *et une copie certifiée* de tous les actes qu'ils signifieront.

§ 4. — *Les actes sous signature privée,* contenant des conventions synallagmatiques, et les actes semblables passés devant notaire *soit à l'étranger, soit dans les colonies,* seront transcrits en entier sur le registre des receveurs, à moins qu'un double de ces actes ne soit remis au bureau pour y être déposé. — Si la transcription a lieu, il sera dû, pour cette formalité, en dehors des droits ordinaires d'enregistrement, un droit de copie, qui sera calculé à raison de 2 fr. par rôle de 40 lignes à la page et de 25 syllabes à la ligne, et qui ne pourra être inférieur à 1 fr. — Ce droit spécial sera perçu, moitié pour le receveur, moitié pour le trésor.

Voir art. 7 de la loi du 22 frimaire an VII, articles 38 de la loi du 28 avril 1816, et 78 de la loi du 15 mai 1818,

1. *Les notaires garderont copie...* — Les actes délivrés en brevet contiennent souvent des indications utiles, qui, prises isolément, semblent insignifiantes, mais qui se complètent et s'expliquent par les énonciations d'autres actes, quelquefois eux-mêmes délivrés en brevet. Plus d'une mutation secrète et maintes obligations et quittances ont échappé ainsi à l'attention des receveurs et n'ont pu être relevées par les employés supérieurs, qui n'ont connaissance des brevets que par les mentions succinctes de l'enregistrement et du répertoire.

L'obligation par les notaires de garder copie ne saurait entraîner pour eux qu'un travail insignifiant, et n'augmentera le coût des actes en brevet que d'un droit de timbre, qui sera généralement de 0 fr. 60 c., c'est-à-dire à peu près égal *aux décimes* actuellement perçus *et que nous supprimons*. (Voir art. 1er). — Il n'y a donc pas d'objections sérieuses à craindre, au point de vue de l'importance des droits.

2. *Les huissiers conserveront minute...* — S'il est important pour le trésor de ne pas laisser échapper les renseignements contenus dans les actes notariés délivrés en brevet, il est bien mille fois plus utile de pouvoir recourir aux indications des exploits, et d'avoir en mains, chaque fois qu'il en est besoin, les différentes pièces et conclusions qui se signifient dans le cours des procédures.

Tout le monde sait que les juges, malgré la défense formelle qui leur en est faite, (défense que la loi du 23 août 1871, art. 16, a réitérée, mais sans chance de succès), autorisent la production en justice d'actes non enregistrés, ou écrits en contravention aux lois sur le timbre. Les avoués, dans leurs requêtes et conclusions, analysent et discutent ces actes avec d'autant plus de sécurité que les bureaux des actes judiciaires sont partout très-chargés et qu'il est impossible aux receveurs de lire attentivement tous les actes qui sont soumis à la formalité. Il n'est pas de procès où il n'y ait ainsi des droits qui échappent à la perception.

La mesure que nous proposons obligera tout le monde, avoués et juges, à observer la loi.

Elle fera disparaître, d'un autre côté, les dernières traces de cette fraude désolante, à laquelle les avoués les plus honorables se sont livrés longtemps, au su et connu des magistrats, et qui consiste à ne rédiger que le commencement et la fin des requêtes, sauf à faire entrer en taxe un nombre de rôles proportionné à l'importance de l'affaire, (voir Garnier, nº 1770.) Le Ministre de la justice a eu beau taxer cette fraude de prévarication et de concussion (circ. du 21 nov. 1831), il ne l'a point détruite, et elle ne cessera complètement que quand les employés de l'enregistrement seront mis à même de la réprimer.

3. *Et une copie certifiée.* — On nous objectera qu'en prescrivant aux huissiers de tenir minute des exploits et de garder copie des actes qu'ils signifient, nous augmentons nécessairement, et d'une manière considérable, les frais de chaque procédure.

Nous y avons pensé, et nous avons pris des mesures destinées à faire compensation. Ainsi, en dehors de ce que nous supprimons le droit proportionnel de condamnation sur les jugements, nous diminuons le droit d'enregistrement des exploits dans la proportion suivante (1) :

_____

(1) Cette diminution a pour but de maintenir le *statu quo* en ce qui concerne la part de l'enregistrement dans les frais judiciaires, et nous procédons ainsi pour éviter de traiter une question qui ne rentre pas dans notre sujet, mais sur laquelle nous partageons les idées de M. Vraye, notaire à Compiègne, dans un excellent ouvrage auquel nous ferons de nombreux emprunts et qui a pour titre « *l'Agriculture et la propriété foncière en face des lois fiscales, des lois de procédure et de la vénalité des offices.* » — « Pour améliorer la procédure, dit M. Vraye, « page 305, pour diminuer les frais, il ne suffit pas de réduire quelques « droits fixes d'enregistrement, quelques émoluments sans importance. « C'est aux formalités elles-mêmes qu'il faut s'attaquer, pour n'en « conserver que celles strictement nécessaires, et en élaguer résolûment « les inutiles. Tant que celles-ci subsisteront, c'est en vain qu'on atté- « nuera certaines perceptions fiscales, qu'on supprimera certaines vaca- « tions; on ne remédiera à rien par une telle besogne. L'esprit formaliste « saura bien en triompher et replacer les frais à leur ancien niveau. » « Ce raisonnement n'a-t-il pas sa preuve indirecte et officielle dans la « différence entre le chiffre des frais d'un nombre de ventes réalisées

ceux de 1 fr. 80, nous les réduisons à 1 fr., ceux de 2 fr. 40 à 2 fr., ceux de 3 fr. 60 à 3 fr., et ceux de 6 à 5 fr.

Nous irions même plus loin si nous n'étions enfermé dans le cadre d'une loi d'enregistrement: — Nous supprimerions la portion *des droits d'expédition* perçue pour le trésor, de sorte que les expéditions des greffiers seraient *exemptes d'enregistrement.*

Il n'y a pas de raison, en effet, *d'enregistrer ces expéditions,* plutôt *que celles délivrées par les notaires et les greffiers de justices de paix.* C'est une formalité matérielle inutile, — qui ne s'explique même pas au point de vue fiscal, attendu qu'il est facile de la remplacer par une élévation correspondante du droit du timbre!

On voit donc que la garantie que nous demandons pour le trésor, dans l'intérêt d'une juste répartition de l'impôt, peut être accordée sans exciter de plaintes légitimes.

» dans le ressort d'une Cour d'appel, et le chiffre des frais d'un même
» nombre de ventes dans le ressort d'une autre Cour? Voici quelques
» exemples tirés du *Compte général de l'administration de la justice*
» *civile en* 1867, de cette différence, inexplicable devant ce fait que les
» mêmes lois et les mêmes formalités régissent les mêmes ventes :

Ventes de 500 fr. et moins.

Agen	— 20 ventes.	Prix:	6,015 fr.	— Frais taxés	7,375 fr.
Colmar . . .	22	—	— 10,480 fr.	—	4,287 fr.
Chambéry . . .	26	—	— 4,904 fr.	—	10,053 fr.

Ventes de 501 fr. à 1000 fr.

Aix.	— 41	—	— 33,083 fr.	—	18,289 fr.
Bordeaux . . .	— 43	—	— 32,331 fr.	—	22,378 fr.

Ventes de 1,001 à 2,000 fr.

Riom.	— 93	—	— 110,517 fr.	—	38,207 fr.
Rouen.	— 93	—	— 139,145 fr.	—	41,018 fr.

Ventes de 2,001 à 5,000 fr.

Bordeaux . . .	— 190	—	— 649,994 fr.	—	107,768 fr.
Dijon	— 191	—	— 625,548 fr.	—	76,269 fr.

Ventes de 5,001 à 10.000 fr.

Grenoble . . .	— 111	—	— 772,316 fr.	—	51,595 fr.
Metz.	— 116	—	— 808,517 fr.	—	11,208 fr.

Ventes au-dessus de 10,000 fr.

Nancy	— 118	—	— 2,785,471 fr.	—	62,400 fr.
Pau	— 119	—	— 3,683,666 fr.	—	109,888 fr.

» Pourquoi 20 ventes faites dans le ressort de la Cour d'Agen, au
» prix de 6,015 fr., coûtent-elles par leur procédure, au jour de l'adju-
» dication, beaucoup plus que 22 ventes faites dans le ressort de la Cour
» de Colmar, au prix de 10,180 fr. ? etc..... »

Les avoués eux-mêmes et les huissiers n'auront rien à dire, puisqu'ils y gagneront des copies de pièces.

3. Nous devons ajouter, au point de vue pratique, que la conservation des exploits en minute permettrait d'adopter un autre mode d'enregistrement qui allégerait sensiblement le travail des receveurs.

Voici un système que nous trouvons exposé dans le 22 *frimaire*, art. 56 et 93, et qui, tout *prussien* qu'il est, n'en est pas moins excellent :

« On établirait des formules mobiles d'enregistrement pour toutes les quotités de droit, et pour les actes en débet. Ces formules *collées par les* huissiers seraient oblitérées par les receveurs, lors de la présentation des actes au bureau dans les quatre jours de leur date, au moyen d'une griffe pointillée aux extrémités, dépassant de droite et de gauche la longueur de la formule, et portant le nom du bureau et la date de l'oblitération. »

Nous ne voyons aucune objection raisonnable à ce système qui se fait remarquer par sa simplicité, et dont les résultats seraient d'enlever aux receveurs une partie notable de leur travail le plus fastidieux.

4. *Les actes sous signatures privées...* — L'addition que nous avons faite, en ce qui concerne les actes sous signature privée, est de toute justice : la transcription des actes contenant des conventions synallagmatiques, prescrite pour ceux de ces actes qui ne sont ni déposés ni annexés (Inst. 1585), constitue un travail bien autrement important que la simple analyse qui est faite des actes notariés. D'un autre côté, elle procure aux parties un avantage tout particulier, en assurant la date et le texte de leurs conventions. Il est donc naturel que la rémunération soit égale au travail accompli et corresponde au service rendu.

5. *Soit à l'étranger.* — Ces actes doivent déjà être transcrits quand ils contiennent des conventions synallagmatiques (inst. 2077 et 2090).

ARTICLE 8.

Lorsqu'un acte translatif de propriété ou d'usufruit comprend des meubles et immeubles, le droit d'enregistrement est perçu sur la totalité du prix au taux réglé pour les immeubles, à moins que les objets mobiliers ne soient

désignés et estimés, article par article, dans le contrat. —
Dans ce cas, s'il n'est pas stipulé un prix particulier pour
chaque nature de biens, *il y sera suppléé* par une déclaration faite en conformité de l'article 16 ci-après.

V. art. 9 de la loi du 22 frimaire.

Cet article diffère de l'article 9 de la loi du 22 frimaire en ce sens
qu'il n'exige pas qu'il soit stipulé, *dans le contrat*, un prix particulier
pour les objets mobiliers, — quand ils sont désignés et estimés, article
par article.

Assez souvent, on pourrait dire généralement, ce prix n'existe pas
dans les conventions des parties, ce qui n'empêche qu'il y ait, en
réalité, deux natures de transmissions parfaitement distinctes. Il en résulte que bien des gens de bonne foi, ne soupçonnant pas les exigences
de la loi fiscale, paient un droit excessif que d'autres, mieux avisés,
eussent certainement évité.

Tout impôt est mauvais, quand il s'établit ainsi par surprise et au
détriment des contribuables assez confiants pour livrer leurs conventions telles qu'ils les ont réellement formées.

La modification que nous proposons est, du reste, conforme à l'esprit
de la loi du 22 frimaire. (Voir Demante, art. 267.) Elle n'a peut-être
même pour objet que de réparer une erreur de rédaction, car la loi
du 14 thermidor an IV, art. 3, qui a servi de base en cette matière à
la loi du 22 frimaire, n'exige qu'une évaluation particulière du mobilier,
article par article, et nullement un prix spécial.

ARTICLE 9.

Dans le cas de transmission, *à titre onéreux ou à titre gratuit*, de biens meubles ou immeubles en propriété, usufruit
ou jouissance, les stipulations faites par le même acte,
entre les parties contractantes, telles que la quittance ou
obligation de tout ou partie du prix, la délégation par le
nouveau propriétaire au profit de l'ancien, ou la délégation
par ce dernier au profit d'un ou de plusieurs de ses créanciers, *ayant un titre enregistré*, ne peuvent être frappées

d'un droit particulier, *si la disposition principale est assujettie, sur l'acte même, à un droit proportionnel d'enregistrement.*

Si le tiers délégué ou délégataire, dont la dette ou la créance résulte d'un titre enregistré, intervient au contrat pour accepter la délégation qui l'intéresse, cette acceptation sera passible du droit fixe, comme disposition indépendante.

Sauf une addition que nous expliquerons, la rédaction proposée n'est que la reproduction de l'art. 10 de la loi du 22 frimaire an VII, avec l'extension légitime que lui ont donnée la jurisprudence et les auteurs.

Quelques observations cependant paraissent utiles, pour qu'aucune confusion ne reste dans l'esprit.

1. D'abord, on remarquera ces mots « *entre les parties contractantes* » : — *L'intervention de personnes tierces pour payer, s'obliger recevoir*, etc., est réservée et sera prévue dans les articles suivants.

Mais notre article s'applique au cas où les *tiers* interviennent *à titre complémentaire*, et pour ainsi dire passivement, afin d'accepter la délégation qui les concerne. Cette acceptation, quoiqu'on en ait dit dans ces dernières années, constitue évidemment une disposition indépendante, tombant sous l'application de l'art. 10, ci-après, et la dernière partie de notre article était en réalité inutile ; mais elle coupe court à toute difficulté, et c'est pourquoi nous l'avons formulée.

2. On remarquera aussi les mots *à titre onéreux* ou *à titre gratuit.* — Nous avons voulu indiquer par là, que l'exemption de tout droit doit s'étendre aux *charges* et aux *délégations* envers des tiers, *imposées aux donataires*, dans les donations onéreuses, aussi bien qu'aux *délégations* proprement dites de *prix de vente*, stipulées dans les contrats. — C'est du reste ce que la jurisprudence a admis depuis longtemps.   Voir Garnier R. G., n° 1118.

3. *Ayant un titre enregistré...* — Nous verrons, art. 10, que si le tiers, au profit de qui la délégation est faite, n'avait pas de titre enregistré, le droit de titre serait exigible.

10

4. Si la disposition principale est assujettie sur l'acte même à un droit proportionnel d'enregistrement... —
Nous avons réservé ainsi la question de savoir quel droit sera dû :
1° sur la *donation* d'un immeuble *situé en Belgique*, à charge d'une rente viagère payable *en France ;* 2° sur *la vente* du même immeuble, moyennant un *prix* payable *comptant* ou *à terme ;* 3° sur les cessions dans les mêmes conditions, soit de *fonds publics*, soit d'*actions* ou d'*obligations* assujetties au droit de transmission par la loi du 23 juin 1857.

Dans notre pensée, ces sortes d'actes, qui sont actuellement enregistrés au droit fixe, ou qu'on n'assujettit dans certains cas au droit proportionnel qu'en forçant le sens de l'art. 10 de la loi du 22 frimaire an VII, — ces sortes d'actes, disons-nous, s'il est juste qu'ils ne supportent aucun droit proportionnel à raison de la convention principale, doivent, en revanche, être taxés *à raison de l'obligation corrélative qu'ils contiennent.*

Ainsi, la vente, devant un notaire français, d'*immeubles situés à l'étranger*, moyennant un prix payable à des époques déterminées, équivaut, *en France*, à une *obligation* dont la contre valeur, au lieu d'être fournie en argent, a été fournie en biens qui, par leur nature ou leur situation, sont exempts du *droit de mutation.*

Quand nous établirons le tarif, nous taxerons donc les ventes pareilles, comme *obligations de sommes ou valeurs.*

Voir art. 101, n°° 21 et 22.

ARTICLE 10.

Lorsque dans un acte quelconque soit civil, soit judiciaire ou extra-judiciaire, il y a plusieurs dispositions indépendantes ou ne dérivant pas nécessairement les unes des autres, il est dû, pour chacune d'elles, et suivant son espèce, un droit particulier. — Seront considérées comme dispositions indépendantes, les stipulations qui, accessoirement à un contrat principal, ou même comme condition du contrat principal, auraient pour effet de constituer, au profit d'un tiers, *un titre*, ou des droits qu'il n'avait pas.

Seront également considérés comme renfermant des dispositions indépendantes, et par conséquent assujettis à la pluralité des droits, les actes, jugements et exploits concernant des individus ayant des intérêts distincts, ou une situation isolée telle, qu'ils auraient pu agir, ou qu'on aurait pu agir contre eux, par actes séparés.

L'art. 11 de la loi du 22 frimaire n'est pas modifiée par la rédaction qui précède ; il est complété dans son esprit, et dans le sens actuel de la jurisprudence.

1. Nous avons jugé utile de trancher, par un texte précis, une difficulté qui s'est représentée souvent, et qui a fait l'objet de nombreux arrêts contradictoires, celle des *dispositions secondaires,* dont nous donnerons un exemple : « Pierre vend à Paul, sa maison, moyennant la charge de fournir une rente viagère à André, — qui n'y avait précédemment aucun droit. »

D'après la jurisprudence qui a très-longtemps prévalu devant les tribunaux, il n'y a dans les stipulations qui précèdent, qu'une seule disposition, qui est la vente entre Pierre et Paul, et il n'est dû qu'un droit, celui de vente.

D'après la doctrine qu'à défendue énergiquement l'administration, et qu'elle a fini par faire triompher devant les chambres réunies, — arrêt du 23 décembre 1862, inst. 2241 § 4, — il y a, au contraire, deux conventions parfaitement distinctes, un contrat à titre onéreux, entre Pierre et Paul, — et une transmission à *titre gratuit,* de Pierre à André, pour le montant de la rente dont ce dernier est institué bénéficiaire.— Il est donc juste, et conforme aux principes généraux établis dans l art. 4 ci-dessus, de soumettre à un droit particulier chacune de ces transmissions, qui *s'opèrent à un titre différent,* et qui n'ont, au fond, de relation en.tr'elles que parce qu'elles sont juxta-posées.

2. Nous venons de souligner ces mots : « *qui s'opèrent à un titre différent.* » — Le principe est identique quand les transmissions s'effectuent au *même titre,* ce qui arrive dans les *donations onéreuses.* Mais il y a, dans ce cas, pour l'application de la perception, une différence qui résulte de la nature même du contrat : Une *donation onéreuse, au profit d'un tiers,* qui se trouve en même temps gratifié, n'est autre chose qu'une *donation principale réduite par une donation secondaire.* — D'après l'article que nous analysons, chaque donation paiera le droit qui lui est propre. Mais, en toute justice, la perception ne devra atteindre la donation principale, que déduction faite de la donation secondaire. — C'est ce que nous établirons, quand nous traiterons de l'assiette des droits.   Voir art. 15, n° 9.

3. Un titre... — Voir pour le droit de titre dans les jugements, art. 106 n° 6.

4. Seront également... — Nous avons complété l'art. 10, en y introduisant le principe de la *pluralité des droits fixes*, que le législateur de frimaire n'a formulé nulle part, et qu'il s'est borné à faire ressortir des diverses applications qui en sont faites dans le tarif. — Notre définition sera, du reste, complétée de la même manière.

ARTICLE 11.

La mutation d'un immeuble, en propriété ou usufruit, sera suffisamment établie, pour la demande du droit proportionnel d'enregistrement et la poursuite du paiement contre le nouveau possesseur, soit par l'inscription de son nom au rôle de la contribution foncière, et des paiements par lui faits d'après ce rôle, soit par des baux par lui passés, ou enfin par des transactions ou autres actes constatant sa propriété ou son usufruit.

Cet article est la reproduction littérale de l'art. 12 de la loi de frimaire. — Ses dispositions sont sages, et il n'a pas besoin de commentaire.

La mutation d'un immeuble. — La loi du 28 février 1872, qui soumet à l'enregistrement dans un délai déterminé les cessions de *fonds de commerce ou de clientèles*, a pris, dans son art. 9, des dispositions semblables à celles ci-dessus, pour atteindre les mutations secrètes qui viendraient à se produire. Il est à craindre que l'application de cette loi ne suscite bien des difficultés.

ARTICLE 12.

La jouissance, à titre de ferme ou d'engagement d'un immeuble, sera suffisamment établie, pour la poursuite et le paiement des droits non acquittés à l'enregistrement, par les actes qui la feront connaître. L'aveu ou la déclaration de l'une des parties relative au fait de la jouissance, l'énonciation de fermages dus ou quittancés, *suffira* pour demander la production du bail secret, ou pour provoquer la déclaration prévue par l'art. 13 § 1ᵉʳ ci-après. Cette déclaration, dans ce cas, ne pourra être exigée que de la partie qui aura fait l'aveu.

Le fait de la jouissance du bien d'autrui, attesté par les répartiteurs ainsi qu'il sera dit ci-après, art. 13, sera, d'autre part, une présomption de mutation suffisante pour exiger le paiement des droits, s'il n'y a preuve contraire.

Nous avons cru devoir développer, dans le texte de l'article ci-dessus, les dispositions trop vagues de l'art. 13 de la loi du 22 frimaire, — dont le sens, du reste, n'a jamais été bien défini, car cet article est devenu une lettre morte depuis l'arrêt de 1811, dont il est question dans nos observations sur l'art. 2.

Comme il importe qu'aucun bail ne reste secret, nous avons étendu, aussi loin que possible, l'action de l'administration pour la demande des droits non payés. — Ces dispositions seront complétées, tant par la manière dont les droits et amendes seront établis, que par les mesures prises plus loin pour empêcher les officiers ministériels de se prêter à la dissimulation des mutations verbales.

Le fait de la jouissance. — Cette disposition est la base du système que nous allons développer, art. 13.

ARTICLE 13.

§ 1ᵉʳ. Les *mutations verbales* ou prétendues telles, d'un immeuble en propriété, usufruit *ou jouissance* à titre de ferme ou d'engagement, acquitteront le droit de mutation sur des déclarations détaillées et estimatives, qui seront faites *au bureau de la situation des biens,* par le vendeur ou l'acquéreur, le propriétaire ou le fermier.

V : loi du 27 ventôse an IX, art. 4, loi du 23 août 1871, art. 11, et loi du 28 février 1872, art. 6.

1. *Les mutations verbales* étaient assujetties à la déclaration dans le délai de six mois par la loi des 5 et 19 décembre 1790, art. 2 et 12. — Nous avons vu, art. 2 n° 4, qu'elle a été la jurisprudence à ce sujet, sous l'empire des lois du 22 frimaire an VII et et du 27 ventôse an IX, art. 4, et de quelle manière ces lois ont été complétées par l'art. 11 de la loi du 23 août 1871. Le principe est aujourd'hui établi d'une manière indiscutable : les moyens d'action seuls laissent à désirer. C'est ce que nous établirons plus loin.

2. *Ou jouissance.* — Ainsi, d'après notre système, *le principe est* que les mutations verbales de jouissance doivent payer *le droit de bail* à l'enregistrement. — Mais nous verrons que ce paiement est pour ainsi dire facultatif, et que, si les parties ne l'effectuent pas, elles peuvent s'en faire quittes en payant *annuellement le droit de location.*

Voir § 6, ci-après, et art. 62 § 2.

3. *Au bureau de la situation des biens.* — Il en est ainsi pour les déclarations de successions, et la simplification du travail des receveurs exige que la même règle soit établie pour les mutations verbales entre vifs. — La loi du 23 août 1871 contient, à ce sujet, une omission qui était peut être nécessaire pour atteindre sûrement le but qu'elle s'est proposé, mais qui pèse bien lourdement sur les malheureux employés. Aujourd'hui que le but est atteint, il serait fâcheux de laisser subsister une mesure que rien ne légitime, — pas même le texte de la loi, — et qui occasionne, en pure perte, un travail fastidieux, souvent très-mal fait, et par là même préjudiciable au trésor.

Voir art. 53 § 4 et art. 13, ch. IV, n° 18, lettre C.

§ 2. Ces déclarations seront rédigées en double, sur des formules imprimées sujettes au timbre de dimension. L'un des doubles sera conservé au bureau ; l'autre sera

remis à la partie, après avoir été revêtu d'une mention
d'enregistrement contenant la quittance des droits payés.

Comparez : inst. 2118.

1. *Rédigées en double sur des formules imprimées.* —
L'instruction 2118, relative aux déclarations de locations verbales de
biens immeubles, se contente d'*une feuille de déclaration* : — le receveur liquide, sur cette feuille, le chiffre des droits exigibles et en perçoit le montant. Il inscrit ensuite la recette sur un *registre à souche*
spécial, et il remet à la partie une quittance motivée, détachée de ce
registre.

Le système que nous présentons est à la fois *plus simple*, *plus productif* pour le trésor, et *plus utile* pour le contribuable.

2. *Plus simple :* — Car il rend inutile le *registre à souche*. La
recette peut être portée, au fur et à mesure des déclarations, sur le
registres des actes sous seing privé, et il suffirait pour cela d'une mention correspondant au n° de la déclaration.

3. *Plus productif :* — Cela n'a pas besoin de démonstration,
puisque nous soumettons *au timbre les formules de déclarations.*
Cette mesure est essentiellement juste, et il est regrettable que les
auteurs de la loi du 23 août 1871 n'aient pas songé à l'édicter. Il en
serait résulté un produit considérable pour le trésor, et plus de sincérité dans le paiement des droits. Car un grand nombre de contribuables, porteurs de baux sous seing privé rédigés sur papier libre,
au lieu de faire enregistrer ces baux, ont fait des déclarations verbales, pour éviter le droit de timbre, souvent supérieur au droit de
bail.

D'autres, plus rusés encore, se sont assuré le bénéfice d'un bail
écrit, en se dispensant également des droits de timbre : — les bailleurs
et les preneurs n'ont eu pour cela qu'à user d'une faculté qui ne leur
était pas interdite, celle de signer tous les deux la déclaration de mutation verbale et de la déclarer sincère !

Une loi bien faite doit prévenir les petites fraudes comme les
grandes ; d'autant plus que les petites fraudes, répétées, produisent des
sommes importantes, enlevées au trésor.

Ajoutons, question de fraude à part, que, du moment où il s'agit
d'un droit de *mutation*, le droit ne doit pas être plus onéreux au

citoyen prudent et honnête, qui arrête ses conventions par écrit, et qui les présente à l'enregistrement telles qu'il les a rédigées, qu'au contribuable insouciant qui n'a pas eu soin de fixer par écrit l'étendue de ses droits et obligations, et qui fait une déclaration dont rien n'assure l'exactitude. Ce serait donner une prime à la négligence !

Il importe donc, à tous les points de vue, que les mutations verbales déclarées à l'enregistrement, — qu'il s'agisse de propriété ou de jouissance, — soient mises sur le même pied que les *actes écrits*, et assujetties comme eux au droit de timbre. (Voir le § 6 ci-après.)

4. *Plus utile pour le contribuable :* — L'instruction 2118 dit bien qu'il sera remis au contribuable une quittance motivée. Mais est-il possible, malgré le soin et l'intelligence avec lesquels le registre spécial a été dressé, que la quittance détachée de ce registre, indique, dans son cadre restreint, chacun des immeubles auquel le paiement se rapporte, la période de location qui a été déclarée, et le prix de la location ? Toutes ces indications sont cependant nécessaires au propriétaire et au fermier qui veulent faire un acte public en vertu de la déclaration de location verbale, ou qui ont besoin de se rappeler les termes de cette déclaration, pour éviter les amendes qui les menacent et acquitter dans les délais prescrits les droits laissés en suspens.

Il faut donc au contribuable plus qu'une quittance motivée, — telle surtout qu'elle est délivrée dans la pratique. Il lui faut un double de sa déclaration !

§ 3. Le droit de timbre des déclarations pourra être acquitté au moyen d'un timbre mobile.

Il n'y a à cela aucune difficulté ; les timbres mobiles sont une heureuse innovation qu'on ne saurait trop étendre.

§ 4. Si le déclarant est illettré, la déclaration en fera mention, et sera signée et certifiée véritable par le receveur sur chacun des doubles.

Cela est déjà prescrit par l'instruction 2118.

§ 5. Le droit payé directement entre les mains de l'administration de l'enregistrement pour les mutations verbales de jouissance est un *droit de bail*. Ce droit se calcule sur le prix cumulé de toutes les années pour lesquelles la convention de bail est stipulée. Il sera acquitté au comptant pour toute la durée du bail, ainsi qu'il sera dit en l'article 14 nº 6.

Droit de bail. — Nous avons déjà indiqué, sous le nº 3 § 2 du présent article, la différence que nous faisons entre le *droit de Bail* et le *droit de Location* : tous deux correspondent à la mutation ; mais le premier s'applique également à la formalité, tandis que le second se rapporte plutôt au fait de la jouissance.

§ 6. Les mutations de jouissance qui n'auraient pas acquitté le droit de bail dans les délais fixés par la présente loi supporteront *le droit de location*, qui est un *droit annuel*, mais *double du droit de bail*.

Ce droit sera recouvré *par les percepteurs* pour le compte de l'administration de l'enregistrement, d'après un *rôle spécial*, rendu exécutoire dans la forme ordinaire, et dressé sur un état de rôle établi, dans chaque commune, par le contrôleur des contributions directes ou le percepteur, assisté du maire et des répartiteurs.

1. *Droit de location, droit annuel,* DOUBLE DU DROIT DE BAIL. — Il doit en être ainsi, pour exciter les contribuables à soumettre leurs conventions à l'enregistrement; mais il y a une autre raison, c'est que les locations de fait pour lesquelles il n'est passé aucune déclaration, échappent au droit de timbre dont il est question au § 2 du présent article : il est juste, d'un autre côté, que l'état rentre dans les frais de confection de rôle que nécessite l'établissement de l'impôt.

2. *Par les percepteurs.* — De la même manière que l'administration recouvre pour eux les amendes attribuées aux communes. Disons, toutefois, qu'il sera nécessaire d'établir un mode de comptabilité moins compliqué que celui qui est organisé par l'instruction 2418. Cela sera

d'autant plus facile que, d'après notre système, les percepteurs n'auront de recouvrements à faire que pour les biens situés dans l'étendue de leur perception.

3. *Un rôle spécial.* — Est-il possible d'établir ce rôle ? en d'autres termes, peut-on asseoir l'impôt des *locations,* tel que nous l'indiquons, et le faire fonctionner avec exactitude et régularité ?

Nous n'en avons jamais douté quant à nous. Mais nous n'avons pas voulu donner une affirmation à ce sujet, sans avoir pris l'avis d'un homme du métier. Nous nous sommes donc adressé à un inspecteur des contributions directes qui jouit, à juste titre, d'une grande réputation de capacité. — Sa réponse a été péremptoire. — « On peut, nous a-t-il dit, établir » l'impôt des locations tel que vous l'indiquez, tout aussi facilement » que l'impôt des portes et fenêtres, — et plus facilement que celui des » patentes. — Ce serait, pour les contrôleurs, un surcroît de travail qui » ne devrait pas être sans rémunération, (cette administration n'est pas » payée non plus!); mais avec l'aide des percepteurs, ils peuvent en » venir à bout. — Quant au trésor, il y trouvera des ressources » immenses. »

Tel est l'avis d'un homme compétent.

Cet entretien est de longtemps antérieur à la loi du 23 août 1871 : mais nous démontrerons que cette loi n'a rien fait perdre de son utilité à l'établissement des droits distincts de bail et de location.

§ 7. L'inscription au rôle des locations *doit être requise* par les propriétaires ou leurs fermiers et locataires. A défaut de réquisition, l'inscription aura lieu *d'office,* sur le seul fait de la jouissance du bien d'autrui attesté par la majorité des répartiteurs, ou établi au moyen des preuves de droit, *lors même* que l'occupeur prétendrait ne pas jouir à titre précaire, mais exploiter en qualité d'associé, gérant, concierge ou régisseur.

Les évaluations, dans ce cas, seront également faites d'office.

En cas de contestation, l'affaire sera instruite *comme en matière de contributions* directes.

1. *Doit être requise.* — Si cette réquisition n'a pas lieu et si les répartiteurs n'y suppléent pas, dans l'année qui suivra l'entrée en jouissance, une amende sera encourue, conformément à l'art. 62 ci-après.

2. *D'office... lors même...* — C'est l'application de l'art. 12; le fait de la jouissance existant, la preuve contraire incombe à la partie : c'est à elle d'établir par pièces probantes que *la convention de bail n'existe pas.*

3. *Comme en matière de contributions.* — S'agissant d'une constatation de fait, il est bon qu'elle soit faite par un tribunal : — c'est une excellente occasion d'occuper les loisirs de MM. les Conseillers de préfecture !

§ 8. L'état de rôle des locations comprendra toutes les propriétés louées, autres que celles portées sur les extraits ou *relevés dressés par les contrôleurs* sur les registres des bureaux de l'enregistrement.

Cet état, dûment certifié, sera *transmis* avec les pièces à l'appui *au receveur* de l'enregistrement de la *situation des biens,* aussitôt la confection du rôle de recouvrement.

1. *Relevé des contrôleurs.* — Les contrôleurs, ne relevant pas les baux au-dessous d'un certain chiffre, il pourrait être décidé que l'état de rôle serait soumis à la vérification des receveurs de l'enregistrement afin de prévenir les doubles emplois.

2. *Transmis au receveur de la situation des biens.* — Pour que le receveur en utilise les renseignements au point de vue des découvertes.

§ 9. Il sera fait autant d'articles au rôle qu'il y aura de *locations distinctes :* ces articles mentionneront les noms, prénoms, des fermiers et locataires, ceux du propriétaire, l'indication sommaire des biens loués, et le revenu réel ou approximatif, charges comprises, — *mais sans addition d'impôts*.

Les feuilles de contributions contiendront les mêmes indications, et seront *rédigées en double*, l'une remise aux fermiers ou locataires, — qui sont les débiteurs de l'impôt, — et l'autre adressée aux propriétaires, — qui sont garants responsables du paiement.

Voir art. 58, n° 4.

1. *Sans addition d'impôts.* — Voir, à ce sujet, art. 11 n° 6.

2. *Rédigées en double.* — Le propriétaire, étant garant du droit, doit être informé qu'il existe, pour surveiller le paiement à faire par le fermier, ou pour se pourvoir en réclamation, si l'inscription a eu lieu par erreur, et si le prétendu locataire néglige de se faire dégréver. (Voir § 10 ci-après.)

§ 10. Le droit de location sera exigible en deux termes égaux, au 1er Mars et au 1er Septembre. Les fermiers et locataires, et *à leur défaut les propriétaires*, pourront être contraints au paiement par toutes les voies autorisées pour le paiement des contributions directes.

1. *En deux termes égaux.* — Le peu d'importance de ces droits ne permet pas de les diviser par douzièmes comme les autres contributions.

2. *A leur défaut, les propriétaires.* — Cette disposition ne saurait être contestée. S'il y a réellement mutation de jouissance, il est tout naturel que le propriétaire soit tenu au paiement du droit comme responsable. Si la mutation n'existe pas, le propriétaire contraint d'acquitter un impôt établi par erreur, devra s'imputer la faute de ne pas avoir réclamé dans le délai, car il aura été mis à même de le faire en recevant l'avertissement prescrit par le § 9.

§ 11. A défaut de paiement *dans l'année de la mise en recouvrement* du rôle, les peines portées en l'art. 62 de la présente loi seront encourues et recouvrées en même temps que les droits, dans les formes ordinaires, par les receveurs de l'enregistrement.

A cet effet, les percepteurs remettront aux receveurs de leur canton, dans le mois de janvier de chaque année, les rôles de l'année précédente dûment annotés.

1. *Dans l'année de la mise en recouvrement.* — Nous avons dit que les droits étaient exigibles en deux termes, le 1er mars et le 1er septembre; mais nous n'avons pas entendu priver le percepteur de la faculté d'accorder les délais de paiement qu'il juge utiles dans sa prudence; toutefois ces délais ne doivent pas excéder le courant de l'année.

2. *Les peines.* — L'année de recouvrement expirée, l'intervention du percepteur cesse. Si, par suite d'un concours de circonstances *tout à fait extraordinaires,* les droits n'ont été ni payés par les intéressés, ni exigés d'eux, l'administration rentre dans ses attributions : — il y a une mutation venue à sa connaissance par les moyens légaux, *mutation hors délai,* et il lui incombe d'en recouvrer les droits ou de les admettre en *surséance,* comme cela se pratique pour les sommes *momentanément irrécouvrables.*

Observations sur l'ensemble de l'art. 13, et examen de la législation actuelle sur les baux et mutations de jouissance.

. I.

1. Nous avons formulé dans les onze paragraphes de l'art. 13, avec tous les détails propres à en assurer l'exécution, le système d'impôt sur les baux et locations verbales que nous avions présenté d'une manière plus sommaire dans notre première édition.

Ce système assure l'exacte rentrée des droits sur toutes les mutations verbales sans exception; il est, de plus, d'un fonctionnement facile, et ne créerait ni soucis ni embarras aux contribuables, parce que son mécanisme est connu, et que ses dispositions sont tellement simples, qu'à la première lecture de la loi, chacun se rendrait compte d'une manière précise des obligations qu'elle impose.

Avons-nous besoin de dire qu'il est loin d'en être ainsi sous l'empire de la loi actuelle que nous allons examiner?

II.

2. Nous avons vu, art. 2 n° 4, que jusqu'à la loi du 23 août 1871, les seuls baux écrits avaient été reconnus passibles du droit d'enregistrement.

Il était cependant dans l'esprit de la loi du 22 frim. an VII d'atteindre les mutations de jouissance, comme les autres mutations relatives aux immeubles, par le seul fait de leur existence, et indépendamment des actes destinés à les constater : les dispositions de l'article 13 de cette loi en font foi. — La loi du 23 août 1871 est donc un retour pur et simple aux principes de la loi fondamentale, et un démenti législatif donné à la jurisprudence de la cour de cassation.

3. C'est ce qui explique pourquoi le législateur de 1871 s'est borné à régler le mode suivant lequel les locations verbales paieraient le droit de mutation : — le principe de l'exigibilité de ce droit existant dans la loi de frimaire, il n'y avait pas besoin de l'établir à nouveau !

Pour faire une interprétation exacte de la loi du 23 août 1871, il ne faut donc pas la considérer isolément, mais au contraire la réunir aux dispositions de la loi du 22 frimaire, dont elle forme le complément.

III.

4. — Il suffit de lire la loi du 23 août 1871 pour voir qu'elle n'ajoute rien aux dispositions de la loi du 22 frimaire an VII, en ce qui concerne les mutations *secrètes* de jouissance. Il résulte bien de cette loi, combinée avec la loi de frimaire, qu'en principe toute mutation de jouissance est sujette au droit, mais il n'est pas organisé de moyens nouveaux pour assurer le paiement de ce droit.

La loi reste, quant à cela, dans les conditions premières, telles qu'elles sont établies par la loi du 22 frimaire, art. 13.

5. Cet article 13 porte que la *jouissance* d'un immeuble *à titre de ferme ou de location, sera suffisamment établie,* pour la demande et la poursuite des droits de bail, *par les actes qui la feront connaître,* ou par des paiements de contributions *imposées* aux fermiers et aux locataires.

Ce sont là les armes mises entre les mains de la loi, et rien de plus.

Chaque fois donc qu'une mutation de jouissance existera, verbale ou écrite, sans qu'elle soit révélée par un acte ou par un paiement de contributions, elle pourra échapper à l'impôt, et l'Etat sera sans aucune action pour l'atteindre.

6. Ainsi, un paysan exploite 100 hectares de terre appartenant à un propriétaire complétement étranger à la commune : il est constant, et la matrice cadastrale en fait foi, qu'il exploite le bien d'autrui. Malgré cela, on ne peut lui réclamer aucun droit, car rien ne constate d'une manière légale le fait de sa jouissance.

Il en serait ainsi, même lorsqu'il paieroit directement et en l'acquit du propriétaire, les contributions imposées à ce dernier, car la loi du 22 frim. an VII, ne parle que des contributions *imposées aux locataires et fermiers.*

7. Ce n'est que tout-à-fait exceptionnellement que l'administration pourra trouver dans les *impositions* une arme contre les baux secrets.

Pour les biens ruraux, la loi prévoit un seul cas où les impôts sont mis directement à la charge des fermiers. C'est lorsqu'un propriétaire d'immeubles loués en détail demande qu'il soit dressé un *rôle auxiliaire* par application de l'art. 6 de la loi du 4 août 1844.

Ce rôle étant établi sur une déclaration signée du propriétaire et des fermiers, il en résulte nécessairement une preuve de mutation opposable aux parties et suffisante pour exiger les droits.

8. Pour les baux de propriétés bâties et surtout d'usines, la question est plus compliquée.

On paraît s'accorder à croire que, quand le locataire est inscrit *au rôle des patentes* comme exploitant une usine appartenant à un tiers, il y a, dans le fait de cette imposition, une preuve suffisante de mutation, lorsque d'ailleurs elle est appuyée du paiement des contributions.

Cet avis serait le nôtre si les rôles et feuilles d'impôt faisaient connaître la consistance de l'usine et le nom du propriétaire ; mais, en l'absence de ces indications, on ne peut établir la mutation qu'en recou rant à des *investigations de fait* que la loi n'autorise pas.

9. Il en est de même pour la contribution mobilière. — Le fait d'être imposé pour une cote mobilière quelconque et d'habiter une maison dont on n'est pas le propriétaire, ne suffit pas, selon nous, pour établir la mutation à titre de bail et pour en faire payer les droits.

Nous avons quelque raison de croire cependant que l'administration se prononcera en sens contraire, et il est possible que les tribunaux lui donnent raison.

10. S'est-on demandé quelle sera, dans ce cas, la position des malheureux employés? A-t-on réfléchi au travail qui leur incombera? Il leur faudra se rendre dans chaque mairie, rapprocher les rôles des percepteurs avec la matrice cadastrale, et établir ainsi la liste des personnes qui demeurent dans une maison qui ne leur appartient pas !

11. Ce travail est possible dans les villes où, le rôle des contributions indique la rue et le n° des contribuables. Mais comment fera-t-on dans les villages où les rôles des contributions ne donnent aucun renseignement à cet égard? Au moyen des documents qu'ils ont le droit de consulter, les employés pourront établir une seule chose, c'est que M. *un tel*, qui paie une cote mobilière plus ou moins importante, n'est propriétaire d'aucune maison dans le village, conséquemment qu'il est en loyer. Mais où? dans la maison de qui ?

12. Certes on trouverait la réponse; mais sur des déclarations que la loi n'a pas rangées au nombre des preuves permises, et que conséquemment les employés ne demanderaient pas !

« En matière civile, — dit à ce sujet M. Homo (1), dans une étude pleine de lucidité et de justesse, que les journaux ont reproduite, — » les preuves légales sont : la preuve littérale, la preuve testimoniale, » les présomptions, l'aveu et le serment. Il ne saurait en être de même » ici. Les *investigations de fait* auxquelles s'attacherait l'odieux de pro- » cédés inquisitoriaux ont toujours été, à juste titre, refusées au per- » cepteur de la taxe de l'enregistrement. Le receveur, à quelques

_____

(1) Ancien vérificateur de l'enregistrement, avocat à Lisieux.

» exceptions déterminées d'une façon précise par le législateur, doit se
» renfermer dans son bureau. Tel est l'esprit de la loi organique,
» reconnu d'ailleurs par la jurisprudence la plus solidement établie, et
» si nous avions besoin d'une nouvelle confirmation de ce principe, nous
» la trouverions dans l'article 13 de la loi du 23 août, qui autorise, sous
» certaines restrictions toutefois, les preuves de droit commun en
» matière de dissimulation de prix dans les ventes d'immeubles : *qui de*
» *uno dicit, de altero negat.* »

13. Reste la contribution des portes et fenêtres. Bien que cette
contribution doive être, d'après la loi, supportée par les locataires, elle
est de droit *imposée* aux propriétaires. — On ne saurait donc, en
aucun cas, y trouver une preuve contre les locataires.

14. Ainsi, aucune extension n'a été donnée par la loi du 23 août
aux moyens de preuve déterminés par la loi du 22 frimaire an VII, et ces
moyens, en ce qui concerne les impôts, sont généralement inefficaces.
· Les baux secrets restent donc, en réalité, dans les conditions
anciennes, — avec cette immense différence cependant, qu'il ne sera
plus possible d'en faire usage sous le voile de conventions verbales, et
qu'en cas de contravention, l'amende, portée à un chiffre élevé,
atteindra également le propriétaire et le fermier.

15. Mais le nombre est grand des baux qui s'exécutent de bonne
foi, et dont aucun acte extérieur ne révèle l'existence! Les baux importants sont surtout dans ces conditions, et il n'arrive pas une fois sur
mille qu'on soit obligé de les produire en justice.
Il est vrai que les énonciations des inventaires et autres actes déclaratifs, pourraient les trahir ; mais on connaît l'habileté des notaires à
protéger leurs clients contre les recherches dont ils pourraient être
l'objet !
Il est donc certain que, le plus souvent, les mutations verbales ou
écrites de jouissance pourront, comme par le passé, être soustraites
sans danger à l'impôt.

16. Cette démonstration était nécessaire pour établir la supériorité
du système que nous avons présenté.
Faut-il ajouter que si nous avons également recours aux recherches
et investigations dans les communes, nous enlevons à ce procédé tout

11

l'odieux de son caractère, en l'établissant comme moyen légal, remis aux mains d'une administration prudente, qui l'utilise tous les jours déjà, dans l'intérêt des taxes qu'elle est chargée de répartir.

17. Nous allons voir, dans le chapitre suivant, que le principal mérite de notre système n'est peut-être pas de sauvegarder d'une manière plus complète les intérêts du trésor, mais qu'il consiste surtout à éviter les complications de service que crée la loi du 23 août.

IV.

Analyse des dispositions de la loi du 23 août 1871, en ce qui concerne les baux et locations verbales.

18. Le premier alinéa de l'art. 11 est ainsi conçu : « *lorsqu'il* » *n'existe pas de convention écrite constatant une mutation de jouissance* « *de biens immeubles, il y est suppléé par des déclarations détaillées et* » *estimatives, dans les trois mois de l'entrée en jouissance.* »

a. **De convention.** — Ce mot indique que la loi n'a pour objet que d'atteindre les *mutations entre vifs,* celles qui reposent sur une convention. Conséquemment, les transmissions de baux et locations par décès ne sont pas atteintes par la loi du 23 août. Le fils du fermier succède aux droits et obligations de son père à l'égard des biens tenus à bail, sans que cette mutation, opérée par décès, soit passible d'aucun droit.

b. **De convention écrite.** — que décider s'il y a une convention écrite, et qu'au lieu de la présenter à l'enregistrement, les parties fassent une déclaration de location verbale ?

Il y a déjà de nombreux exemples de cette pratique frauduleuse, dont nous avons parlé à un autre point de vue (Voir art. 13, n° 3). Nous pensons que l'administration est en droit d'appliquer les art. 22 et 38 de la loi du 22 frim. an VII, qui soumettent *les actes sous seings privés translatifs de propriété ou de jouissance* à l'enregistrement dans un délai déterminé, *à peine d'un droit en sus,* et qu'il y a seulement à tenir compte du droit simple payé au moment de la déclaration verbale.

c. Une mutation de jouissance. — Cela ne doit pas seulement s'entendre des locations, mais encore des *cessions, résiliations et tacites reconductions,* toutes ces conventions emportant mutation de jouissance.

Il est à remarquer que ce sont des mutations nouvelles et distinctes, et que chacune d'elles doit être appréciée par les effets qu'elle produit pour déterminer ses obligations à l'égard de l'impôt : ainsi, la résiliation au bout de deux ans d'existence, d'un bail fait pour quatre ans et moyennant 80 francs par an, constitue une mutation de moins de trois ans et d'un prix inférieur à cent francs. Elle est donc dispensée de tout droit, *si elle est verbale.* Voir § 5.

Ainsi encore, en matière de résiliation, c'est au fermier *devenu bailleur* par le fait de la rétrocession, qu'incombe l'obligation de faire la déclaration : le propriétaire en est dispensé. (Voir § 6.)

Il va de soi que, la résiliation constituant une mutation de jouissance, elle doit être déclarée, à peine d'amende, dans le délai fixé par le § 1er de l'art. II.

Une mutation..... des déclarations. — Ce singulier d'un côté, et le pluriel de l'autre, sembleraient indiquer que lorsque la mutation *verbale* a pour objet plusieurs immeubles situés dans l'arrondissement de divers bureaux, il doit être fait une déclaration dans chacun de ces bureaux. Nous avons dit, art. 13, § 1, n° 3, que la loi serait meilleure s'il en était ainsi; mais les facilités qu'on a du accorder au public pour assurer l'exécution des nouvelles mesures, ont conduit à une interprétation différente.

d. Des déclarations estimatives. — Voir ce que nous avons dit à ce sujet, art. 13 § 2, n° 1 à 4. Nous n'y reviendrons pas.

e. Ajoutons que, d'après l'instruction de l'administration du 27 août 1871, n° 2113, page 22, l'obligation de déclarer, expressément limitée aux mutations de jouissance de biens immeubles, ne s'étend ni au bail d'un appartement meublé, *ni au bail à colonage ou à moitié fruits.*

Le *Journal de l'enregistrement,* art. 18050 — 1, a relevé au sujet des baux à portion de fruits, une erreur manifeste qui s'est glissée dans l'exposé de motifs de la loi du 23 août, et qu'a reproduite le rapporteur. « Mentionnons, a dit M. Mathieu-Bodel, que la disposition qui « fait l'objet de l'art. II ne s'applique pas au *bail à colonage,* dit bail

« à moitié fruits. Ce bail est considéré, au regard de la loi fiscale,
« comme une association, et il n'est passible que du *droit fixe.* »

Cette déclaration est en contradiction avec l'art. 13 n° 1 de la loi du
22 frimaire an VII, *et ne saurait le modifier.*

Les baux à colonage restent donc passibles du *droit proportionnel,*
quand ils sont rédigés par écrit.

Mais il n'en est pas de même des *locations verbales* : les déclarations
faites à la tribune par le rapporteur de la loi, et admises sans contestation, déterminent le sens de la loi nouvelle. — Il faut donc en conclure,
ainsi que l'a fait l'Instruction 2113, que *les mutations verbales,* à titre
de bail à colonage, sont exemptes de tout droit.

d. Cette exemption est peu importante, en elle-même, comme chiffre
de droits. Mais elle est regrettable en ce sens qu'elle rend l'action de
l'administration plus difficile. Ainsi, quand l'administration aura établi,
par les moyens de preuve dont elle dispose, qu'une convention de bail
existe, il faudra encore qu'elle établisse, s'il s'agit d'une *mutation verbale,* que le preneur n'est pas un *colon partiaire !*

19. Le 2e alinéa de l'art. 11 de la loi du 23 août est relatif aux
locations faites suivant l'usage des lieux, en voici le texte :

« *Si la location est faite suivant* l'usage des lieux, *la déclaration en
« contiendra la mention. Les droits d'enregistrement* deviendront
« *exigibles dans les* vingt jours *qui suivront l'échéance* de chaque terme,
« et la perception *en sera continuée* jusqu'à ce qu'il ait été déclaré que
« le bail *a cessé* ou qu'il a été résilié. »

a. Location suivant l'usage des lieux. — En général, on entend
par cette expression, une location faite pour une durée indéfinie, mais
qui n'est certaine que pour un laps de temps déterminé, lequel varie,
suivant les natures de biens et les localités, de trois mois à trois ans.

b. Deviendront exigibles. — Il semblerait, d'après cela, que
la déclaration, pour ces sortes de locations, dût être faite en débet,
sauf à réclamer les droits à l'expiration de chaque terme. Mais ce
mode d'opérer serait contraire à tous les principes. D'un autre côté,
le § 7 dit formellement que le droit sera exigible lors de l'enregistrement ou de la déclaration. Il faut donc interpréter la disposition

qui nous occupe en ce sens que les droits seront acquittés par anticipation comme en toute autre matière.

c. Dans les vingt jours. — Qu'elle est la sanction de cet article? Quelle peine sera infligée au locataire qui négligera de payer
dans le délai ? — La loi n'en a pas édicté, donc il n'y en a pas. —
L'art. 14 ne punit, en effet, que le défaut d'enregistrement ou de déclaration, et ne parle aucunement des retards de paiement : ce serait
suppléer à la loi que de les frapper d'une peine quelconque.

d. De chaque terme. — Ces mots ne veulent pas dire *terme*
de paiement. Le législateur les a employés dans un sens de durée : ils
signifient donc le laps de temps ordinaire et minimum pour lequel
sont faites les locations subordonnées à l'usage des lieux.

e. La perception en sera continuée. — C'est-à-dire qu'à chaque
renouvellement de terme, *le receveur réclamera* le droit aux parties,
et que celles-ci pourront être contraintes au paiement jusqu'à ce
qu'elles aient fourni une déclaration de cessation ou de résiliation de
bail. Les frais qui seraient faits jusqu'à la production de cette déclaration seraient nécessairement à la charge des contribuables, quand
même il serait établi que la location a cessé de fait, fût-ce par la mort
du locataire, ou par la destruction de la chose louée.

20. Le troisième alinéa dispose « qu'*en cas de déclaration insuf-
*fisante, il sera fait application des articles 29 et 39 de la loi du
22 frimaire an VII. »

C'est-à-dire que l'administration aura le droit de requérir une *expertise,* et que si l'insuffisance est démontrée, les parties seront passibles
d'*un droit en sus* et du paiement des frais. — Dans le cas prévu
par l'art. 15, cette expertise sera faite par un seul expert.

a. Déclaration insuffisante. — Cette disposition, qu'on n'a pas
le droit d'étendre par voie d'analogie, n'établit l'expertise que pour les
insuffisances présumées dans les *déclarations* de locations verbales.
L'expertise n'est donc pas admise pour les *fraudes* et *dissimulations*
que les baux écrits peuvent comporter, — dissimulations qui sont plus

fréquentes qu'on ne le pense, et dont nous parlerons sous l'art. 23, v° *jouissance*. C'est une lacune fâcheuse, que ne comblent pas les art. 12 et 13 de la loi du 23 août, relatifs aux seules dissimulations contenues dans les actes de *vente, d'échange* et de *partage*.

21. — Le quatrième alinéa portait que « la déclaration serait faite « par le preneur, ou à son défaut par le bailleur, soit dans les délais « légaux (inst. 2123 § 1 n° 3), soit dans le délai supplémentaire ac-« cordé par l'art. 11. » — La loi du 28 février 1872, art. 6, a modifié avantageusement tout cela : à l'avenir, *les déclarations de mutations verbales de jouissance* seront accomplies par le bailleur, qui sera tenu du paiement des droits, sauf son recours contre le preneur. — Le preneur ne sera plus tenu *solidairement* qu'au paiement du droit simple.

22. — Le projet du Gouvernement se bornait aux dispositions ci-dessus, et si la loi du 23 août avait été votée ainsi, elle eut été parfaitement claire, et d'une application relativement facile. Mais nos législateurs ont trouvé qu'il y avait des atténuations à apporter en faveur de la petite propriété ; et dans un but excellent d'ailleurs, ils ont provoqué l'introduction des paragraphes ci-après, qui ne remédient pas à grand chose, mais qui, en revanche, sont d'une complication inouïe, et troublent profondément le service déjà si chargé des employés de l'enregistrement.

23. — Le premier de ces §, qui est le cinquième de l'article, est ainsi conçu :

« *Ne sont pas assujetties à la déclaration, les locations verbales ne* « *dépassant pas trois ans, et dont le prix annuel n'excède pas 100 francs.* « Toutefois, si le même bailleur a consenti plusieurs locations verbales « de cette catégorie, mais dont le prix cumulé n'excède pas 100 francs « annuellement, il sera tenu d'en faire la déclaration et d'acquitter « personnellement et sans recours les droits d'enregistrement. »

a. Ne sont pas assujetties. — C'est évidemment une bonne pensée que d'exonérer les petits locataires ; mais il faut voir où cette exonération conduit. D'abord, la loi n'exonère que les locations verbales : les baux écrits, quelle que soit la redevance ou leur durée, sont assujettis à l'enregistrement, à peine d'amende, et d'une amende quelquefois *centuple* des droits dus au trésor ! Cette différence de situation n'a pas de raison d'être, et on ne s'explique pas pourquoi les baux écrits, déjà assujettis à un droit de timbre qui est énorme pour les petits actes, se trouvent de nouveau plus maltraités que les locations verbales. — On a dit qu'il importait d'éviter un déplacement onéreux aux petits locataires ! — Mais on ne sait donc pas que pour porter un bail à l'enregistrement il faut perdre le même temps que pour faire une déclaration verbale, et souvent beaucoup plus, car la déclaration verbale peut se faire à la commune, entre les mains du percepteur, tandis que l'enregistrement ne se donne qu'au canton ?

b. D'un autre côté, du moment où il est admis que des mutations verbales peuvent exister sans déclaration, l'action de l'administration rencontre un nouvel obstacle : il ne lui suffit plus qu'il y ait paiement des impôts ou actes constatant la mutation *à un autre titre qu'à colonage ;* il lui faut encore démontrer qu'il s'agit, soit d'une location supérieure à 100 francs par an, soit d'une location de plus de trois ans!

c. ***Dont le prix.*** — Est-ce le prix brut, ou le prix net ? — La loi aurait dû le dire pour éviter toute contestation.

d. ***Le prix annuel.*** — Ainsi, une location de 60 francs pour trois mois est assujettie au droit, car c'est une location dont le prix *annuel* dépasse 100 francs.

e. ***Toutefois si le même bailleur.*** — La question s'est agitée à la Chambre de savoir si cette disposition se rapportait à un même immeuble rural divisé par une location en détail, ou à une même maison occupée par plusieurs locataires.

Le rapporteur a fait connaître que, dans la pensée de la commission, la disposition était générale et non limitée à telle ou telle situation ; que la loi ne pouvait, du reste, pas descendre aux détails d'interprétation, et que les tribunaux statueraient sur les difficultés qui viendraient à se produire ! La chose en est là, mais il y a des raisons de croire que l'administration ne tirera pas de cet article des conséquences extrêmes, et que chaque receveur ne sera autorisé à grouper, pour la demande des droits dont il s'agit, que les locations de détail faites dans son canton.

24. — Le sixième paragraphe de l'art. 11 dispose que : « *Si le prix*
» *de la location verbale est supérieur à 100 francs, sans excéder 300*
» *annuellement,* le bailleur sera également tenu *d'en faire la déclara-*
» *tion et d'acquitter les droits exigibles, sauf son recours contre le pre-*
» *neur, qui sera dispensé, dans ce cas, de la formalité de la décla-*
» *ration.* »

Cette disposition a été étendue par la loi du 28 février 1872 aux baux
de n'importe quel chiffre : le bailleur est maintenant seul chargé de
faire *les déclarations* de mutations verbales de jouissance.

  a. Est-ce à dire que si un acte émané du preneur, mais non appo-
sable au propriétaire, constate une *location verbale* supérieure à 100
francs, l'administration ne pourra exiger aucun droit ?
Nous ne le pensons pas.

Elle ne pourra rien demander au propriétaire, car l'aveu du fermier
ne le lie pas : c'est un témoignage contre lui, mais la preuve par témoins
n'est pas admise en pareille matière.
Quant au fermier il est débiteur du droit : si le propriétaire l'avait
avancé, il aurait été tenu du remboursement. Or, la fraude ou la négligence du propriétaire ne doit pas lui profiter. Conséquemment, l'administration a action contre lui. C'est ce qui résulte, d'ailleurs, de la
disposition finale de la disposition que nous analysons, où il est dit
que le preneur sera dispensé de la *formalité* de la déclaration. Il n'est
dispensé que de cela. Seulement, comme il ne lui est imposé d'autre
obligation légale que de rembourser le droit de location, et qu'aucun
délai ne lui est imposé, l'administration ne pourra jamais lui réclamer
que le *droit simple,* à quelle qu'époque que la réclamation ait lieu.
Cela n'est pas douteux en ce qui concerne les locations ne dépassant
pas 300 fr. : le dernier alinéa de l'art. 14 l'exprime formellement.
Nous croyons qu'il en est de même pour les autres ; car la loi du 28
février 1872, en imposant au bailleur l'obligation de faire les déclarations de locations verbales, a déchargé par là même le preneur de toute
responsabilité : la preuve en est qu'elle ne lui a pas accordé le délai
supplémentaire d'un mois établi en pareille matière par l'art. 17.

26. « *Le droit sera exigible,* dit le § 7, *lors de l'enregistrement ou de*
» *la déclaration. Toutefois, si le bail est de plus de trois ans, et si les*
» *parties requièrent, le montant du droit pourra être fractionné* en
» autant de paiements égaux qu'il y aura de périodes triennales dans la

· durée du bail. Le paiement des droits afférents à la première période
· sera seul acquitté lors de l'enregistrement ou de la déclaration, et
· celui des périodes subséquentes aura lieu dans le premier mois de
· l'année qui commencera chaque période.

a. Si le bail. — Remarquons ici un vice de rédaction fâcheux, qui
fait bien voir la précipitation avec laquelle cette loi a été votée. L'art. 11
de la loi du 23 août a pour objet les *locations verbales;* l'exposé des
motifs ne parle pas d'autre chose : or, voici venir, dans ce même
article 11, des dispositions qui mêlent les baux écrits et les mutations
verbales de jouissance !

b. De plus de trois ans. Faut-il que le bail soit à la fois de plus
de trois ans, et qu'il ait été stipulé entre les parties des périodes successives ? — Non, il suffit qu'un bail soit de plus de trois ans pour que
les parties aient le droit de fractionner le paiement. — Cela résulte
des paroles suivantes, consignées dans le rapport de la commission :
· il est bien entendu que si le nombre des années n'est pas exactement
· *divisible par trois,* le dernier paiement se composera des droits
· afférents aux années *qui ne formeraient pas une période triennale*
· *entière.* ·

c. Si les parties le requièrent. L'administration, dans une
instruction en date du 18 septembre 1871, n° 2118, a déterminé le mode
de réquisition : la réquisition doit être faite par écrit, et mentionnée
dans la quittance des droits lorsqu'il s'agit d'un acte sous seing privé.
Ces mesures sont sages, car il ne faut pas qu'il puisse y avoir contestation sur la position prise par les redevables.

d. Sera fractionné. Il en sera de même du droit de cautionnement, s'il en est stipulé *dans les actes.* Inst. 2123, § 1, n° 1.

Le droit au fractionnement réalise-t-il une amélioration sérieuse ?
Nous ne le pensons pas.

Dans l'état actuel surtout, où l'impôt établi sur les baux est minime,
il est douteux que le léger avantage que cette facilité de paiement
procure aux fermiers, compense les embarras donnés aux agents chargés du recouvrement des droits, et les déplacements successifs imposés
aux fermiers eux-mêmes.

Voici ce qu'en pense un notaire, M. Vraye, dans l'excellent ouvrage que nous avons déjà eu occasion de citer :

« Quant à la proposition, dit-il, de faciliter le paiement du droit d'en-
» registrement, en le divisant par annuités, on la trouvera *puérile*, par
» cet exemple, que sur un bail de 18 *années*, au fermage brut de 5,000 fr.
» le droit d'enregistrement, n'est que de 216 fr. décimes compris ! »

M. Vraye a raison, seulement le chiffre de 5,000 fr. qu'il cite ne peut pas être pris comme moyenne et servir de base au raisonnement. Tous ceux qui louent une ferme d'une redevance annuelle de 5,000 fr. sont à leur aise, et peuvent sans gêne acquitter un droit de 216 fr. au comptant.

Parlons donc, pour nous rapprocher le plus possible des conditions ordinaires, d'un fermier qui traite d'une location pour 9 ans, et moyennant un rendage brut de 500 fr. — c'est encore l'excessive minorité, et plus des 1/3 des baux sont inférieurs à ce chiffre.

Le droit d'enregistrement d'un bail passé dans ces conditions, étant de 10 fr. 80, décimes compris, le fermier aura la faculté de ne payer d'abord que 3 fr. 60 ; sauf à acquitter le surplus de trois ans en trois ans (1). — Il aura donc deux déplacements à faire pour payer 7 fr. 20 !

En vérité, nous ne croyons pas qu'il y ait beaucoup de locataires qui trouvent à cela un avantage.

e. La loi, en autorisant le fractionnement pour le paiement des droits, n'a donc créé de facilités réelles qu'en faveur de ceux qui ont de très-importantes locations, et qui sont loin d'avoir besoin que l'on vienne à leur aide.

f. Maintenant, si l'on considère la chose au point de vue du travail des employés, on est effrayé des complications qu'elle entraîne.

Chaque fois qu'une réquisition de fractionnement est faite, le receveur chargé d'assurer la rentrée des droits laissés en débet, doit relever ces droits sur un sommier spécial ; puis, au fur et à mesure des échéances,

---

(1) *Quid* si le bail est d'une durée continue de 9 années, et s'il y a résiliation au bout de la seconde année ? — les droits du bail primitif étant acquis au trésor, sauf délai de paiement, le fermier, malgré la résiliation, devra continuer de les acquitter aux époques voulues. — La résiliation ayant pour objet, d'un autre côté, une durée de plus de trois ans, on pourra également payer le droit de résiliation par fractions triennales !

adresser des avertissements aux débiteurs : et comme la loi n'impose aucune amende pour les retards de paiement, les débiteurs pourront faire la sourde oreille impunément ! Après avoir adressé des avertissements réitérés, après s'être fait délivrer des certificats par le percepteur et par le maire, le receveur n'aura d'autre ressource, pour mettre sa responsabilité à couvert, que de *soumettre à la direction* un projet de contrainte, *avec un rapport circonstancié*, et de faire signifier ensuite cette contrainte dont les frais seront souvent beaucoup plus élevés que le montant des droits à recouvrer !

Aussi, que de fois les malheureux employés paieront-ils de leur poche, — cela arrive souvent, — pour se soustraire à tous ces embarras !

g. Dans le premier mois. — Nous venons de le dire, le législateur n'a imposé aucune peine à celui qui négligera de payer dans le délai prescrit : — l'art. 11, qui renferme la sanction de l'art. 11, ne punit que les déclarations et enregistrements tardifs. Or, dans l'espèce, il ne s'agit, ni d'un enregistrement, ni d'une déclaration ; il n'y a donc pas de pénalité.

27. L'avant-dernier alinéa de l'art. 11 *abroge la loi du 22 frimaire, art. 69 § 3 n° 2, en ce qu'elle a trait aux baux faits pour trois, six ou neuf ans*, qui devaient être considérés, d'après cette loi, pour la liquidation et le paiement des droits, comme *baux de neuf années.*

a. Cette disposition a été justifiée ainsi par M. Mathieu-Bodet :

« D'après l'art. 69 § 3, de la loi du 22 frimaire an VII, les baux de
» trois, six ou neuf années donnent ouverture à la perception du droit
» proportionnel sur le montant des loyers des neuf années, bien que
» les deux parties soient libres réciproquement de *faire cesser* le bail à
» la fin des deux premières périodes, et qu'il n'y ait, en réalité, de lien
» obligatoire entr'elles que pour les trois premières années. Cette dis-
» position, contraire aux *principes* et à l'équité, est abrogée par la
» présente loi. »

Il n'y a donc pas de doute possible sur la portée de la disposition qui nous occupe. — La loi du 22 frimaire, d'accord avec les principes, (quoiqu'en ait dit le rapporteur de la loi du 23 août), avait vu dans les baux de trois, six ou neuf ans, des baux faits pour neuf ans avec faculté de *résolution* de trois ans en trois ans : la loi nouvelle, plus conforme à l'équité, ne les considère que comme baux de trois ans, avec faculté de *prorogation* pour d'autres périodes. — Voir page 185.

b. Nous avons dit que le *fractionnement opéré sur la réquisition des parties* était de nature à créer une complication regrettable dans le service des bureaux. Toutefois, comme dans notre pensée les réquisitions seront très-rares, le mal sera, en réalité, moins grand qu'on ne pourrait le craindre.

c. Mais il n'en est pas de même ici, *où le fractionnement est obligatoire,* et on ne tardera pas à voir que l'abrogation contenue dans le § 8, art. 11, de la loi du 23 août 1871 est une véritable calamité pour l'administration de l'enregistrement ! le nombre des baux faits pour trois, six ou neuf ans, est énorme : il y en a un tiers dans ces conditions, peut-être plus. — Il faudra donc, qu'en dehors de leurs travaux déjà si multipliés, les receveurs tiennent et surveillent un *sommier des baux,* où en peu d'années, les articles se compteront par centaines, et dans certains bureaux par milliers !

Les forces humaines ont une limite, et beaucoup d'employés, déjà épuisés, ne pourront pas subvenir à ce nouveau labeur.

Ils seront obligés d'avoir un commis de plus. — Le leur paiera-t-on ? Ce n'est pas probable. Ce serait, du reste, pour le Trésor une d'autant plus mauvaise spéculation que *les recouvrements opérés sur les droits admis en suspens ne suffiraient pas pour payer la moitié des frais que ces recouvrements nécessiteront !*

d. Nous venons de dire que pour les baux de trois, six ou neuf ans. le fractionnement est obligatoire : *du moment,* en effet, *où le droit n'est dû que pour trois ans,* les receveurs ne peuvent le percevoir, ni pour six, ni pour neuf ! — Ils ne le pourraient même pas, lors qu'il y aurait réquisition formelle des contribuables. — Tel est, du moins, l'avis exprimé par M. Mathieu-Bodet, rapporteur de la loi (séance du 17 août 1871). Cela se comprend. S'il n'y a bail, au regard du trésor, que pour la première période, les périodes suivantes constituent des *locations à venir,* qui seront passibles des droits existant au moment de leur réalisation ; elles seront donc augmentées si le droit de bail augmente, comme c'est probable ; par conséquent, elles ne peuvent se libérer par un paiement anticipé.

Chaque fois donc qu'un bail, *quelque minime qu'il soit*, sera fait pour trois, six ou neuf ans, la perception sera forcément syncopée, fut-elle inférieure à un franc ; et le paiement des quelques centimes qui resteront dus exigera la surveillance du receveur pendant plusieurs années, d'une part, et imposera, de l'autre, un double dérangement aux parties !

28. Après s'être occupé, dans les art. 12 et 13, des dissimulations dans les actes de vente, d'échange et de partage, la loi du 23 août revient, en l'art. 11, *aux baux et locations verbales*, dont elle cesse cependant de parler d'une manière particulière, mais qu'elle comprend dans les dispositions générales édictées pour assurer l'enregistrement des mutations de toute nature.

29. Le premier paragraphe de l'art. 11 est ainsi conçu :

« A défaut d'enregistrement ou de déclaration dans les délais fixés
« par les lois des 22 frimaire an VII, 27 ventôse an IX, et par l'art. 11
« de la présente loi, *l'ancien et le nouveau possesseur*, le bailleur et le
« *preneur*, sont tenus personnellement et sans recours, nonobstant
« toute stipulation contraire, d'un droit en sus, lequel ne pourra être
« inférieur à 50 francs (1). »

a. A défaut d'enregistrement ou de déclaration. —
Nous avons déjà dit plusieurs fois que l'amende prononcée par cet article ne s'étend pas aux *retards de paiement* dans le cas où la perception est fractionnée sur la réquisition des parties.

En est-il de même des baux à périodes successives que la loi nouvelle n'assujettit à l'impôt que sur la première période ?

La question est délicate, et nous sommes d'avis qu'il y a lieu de distinguer entre les baux faits sous *condition suspensive* et ceux faits sous *condition résolutoire*.

Les baux qui seront faits pour trois ans avec facilité de prorogation pour un nombre de périodes déterminées, n'étant, en réalité, qu'un bail *ferme* pour trois ans, avec *promesse de bail* pour le surplus, devront être considérés comme des *locations verbales* pour les périodes successives : ils devront donc faire l'objet, *à peine d'amende*, de la déclaration prescrite par le § 1er de l'art 11. Mais, — et ceci est essentiel à

_____

(1) La loi du 28 février 1872, art. 8, étend cette disposition aux cessions de fonds de commerce.

remarquer, — la déclaration dont il s'agit pourra être faite, comme toutes les déclarations de mutation nouvelle, dans le délai de *trois mois à partir de l'entrée en jouissance*, et non dans le *premier mois des périodes successives*, comme il est réglé au § 7 de l'art. II.

Quant aux baux faits sous *condition résolutoire*, c'est-à-dire aux baux de trois, six ou neuf ans, qui sont rédigés de telle façon qu'on doive y voir un bail de neuf ans avec faculté pour les deux parties, ou pour l'une d'elles, de le faire *cesser* à l'expiration de chacune des périodes triennales, ils rentrent dans la catégorie des *baux de plus de trois ans*, mais ils se distinguent des baux ordinaires par ce fait que, *pour eux, le fractionnement est de droit et n'a pas besoin d'être requis*.

Conséquemment, le droit de mutation est présumé dû au commencement de chaque période : il est réglé d'après le tarif en vigueur lors de l'enregistrement de l'acte, *et l'administration peut en poursuivre le paiement, s'il n'est pas effectué dans le délai d'un mois* : — les frais qui seraient ainsi faits incomberaient aux parties, — même lorsqu'elles prétendraient qu'elles sont encore dans le délai pour faire enregistrer la *résiliation*, ou pour justifier que le bail a pris fin de toute autre manière. Mais, en revanche, on ne saurait établir par voie d'induction ou d'analogie une pénalité que la loi n'a pas prononcée.

Il résulte, selon nous, de tout ce qui précède, que les *retards de paiement* ne sont, dans aucun cas, punis par la loi du 23 août 1871.

b. L'ancien possesseur et le bailleur. Cette disposition est excellente. Il n'y a pas de moyen plus efficace d'assurer le paiement des droits que d'y intéresser les bailleurs et vendeurs au même titre que les locataires et acquéreurs.

c. Le preneur. Cette situation est modifiée en ce qui concerne le *preneur*, quand il n'y a pas *d'acte écrit*. Loi du 28 février 1872, art. 6. Voir *Supra* n° 21.

d. D'un droit en sus. La loi ne dit pas de chacun un droit en sus, mais *d'un droit en sus*, lequel *ne peut être inférieur à 50 fr.*

M Homo, dans l'étude que nous avons déjà citée, en conclut qu'il n'y a pas lieu d'exiger *une amende du bailleur et une autre du preneur*, — comme le porte l'avis inséré au *Journal officiel* du 9 décembre 1871, page 4858.

Les tribunaux seront, sans doute, appelés à décider cette question, qui méritait d'être soulevée.

30. Le deuxième alinéa de l'art. 14 porte que : « l'ancien possesseur et le bailleur peuvent s'affranchir du droit en sus qui leur est
personnellement imposé, *ainsi que du versement immédial des droits
simples,* en déposant dans un bureau d'enregistrement l'acte constatant la mutation, ou, *à défaut d'acte, en faisant les déclarations*
prescrites par l'art. 4 de la loi du 27 ventôse an IX et *par l'art. 11 de
la présente loi.*

a. Cette disposition — que la loi du 28 février 1872, art. 8, étend
aux cessions de fonds de commerce, — ne nous parait pas heureuse.
Le premier alinéa suffisait pour atteindre le but que se proposait le
législateur, et c'est sans aucune utilité pour le Trésor que la loi porte
les bailleurs et vendeurs à se faire les dénonciateurs de ceux avec
qui ils ont traité de bonne foi !

b. Ainsi que du versement immédiat des droits. Cette disposition est modifiée par la loi du 28 février 1872, art. 6, en ce qui concerne les locations verbales.— Mais que doit-on entendre, pour les autres
cas, par le mot versement *immédiat* des droits ? autrement dit,à quelle
époque les bailleurs et vendeurs, qui sont de par la loi solidairement
tenus avec les preneurs et acquéreurs, seront-ils tenus de payer les
droits simples ? — La loi n'a stipulé à ce sujet aucun délai : c'est une
question de mesure que les employés sauront résoudre d'eux-mêmes. —
Il est évident que l'on ne recourra aux obligés solidaires qu'après s'être
adressé en vain aux débiteurs principaux ; et les lenteurs que les obligés solidaires mettraient à payer ne les exposeront pas plus à l'amende
que les retards de paiement dont il est parlé plus haut.

V.

Résumé.

31. Telle est l'économie de la loi du 23 août, en ce qui concerne
les baux.

Aucune loi ne s'est exécutée avec autant d'ensemble. Du nord au
midi, les populations se sont ruées dans les bureaux, et n'ont pas reculé devant de longues heures d'attente pour faire enregistrer les
baux les plus insignifiants !

Malheureusement, il est douteux que cet élan général ait été provoqué par un sentiment patriotique, et que la pensée à laquelle les populations ont obéi, ait été celle de remplir les caisses du trésor pour hâter la libération du territoire !

32. Nous croyons être beaucoup plus dans la vérité en disant que les contribuables ont payé, uniquement parce qu'ils ne croyaient pas pouvoir s'en dispenser.

Lorsqu'il a été question de rendre l'enregistrement des baux obligatoire, il a semblé tellement naturel à tout le monde que le fait de la jouissance du bien d'autrui fût une preuve de mutation suffisante pour exiger les droits, que les neuf dixièmes des contribuables sont encore convaincus que c'est là ce que porte la loi : « il faut bien que je paie, disait un paysan, on sait bien que ce n'est pas à moi, la pièce de terre dont je jouis ! »

L'histoire de ce paysan est celle de tous.

33. Erreur ou non, il ne faut pas moins s'applaudir des résultats obtenus. Mais il est permis aussi de prévoir, qu'une fois la loi mieux connue, l'esprit de fraude s'empressera de profiter des lacunes qu'elle renferme, pour reprendre son empire.

Il importe donc de combler ces lacunes.

34. Mais il importe surtout de revenir sur les innovations funestes qui rendent l'application de la loi pour ainsi dire impossible.

Les receveurs de l'enregistrement viennent de faire face à un travail dont l'énormité a dépassé toute prévision. Ils sont exténués. En temps ordinaire, ils ne suffisent aux exigences de leur service qu'au prix d'un labeur qui n'a de pareil dans aucune administration et que ne connaissent pas les ouvriers du travail manuel ! Est-il possible qu'après avoir accompli les opérations d'ordre intérieur (renvois et répertoire), qui sont la conséquence de l'enregistrement des baux, ils subviennent encore à la charge nouvelle qu'impose la tenue du sommier des droits restés en suspens ? Hélas ! il le faudra bien si l'on est pour eux sans pitié. — Pourtant on devrait savoir que plus on demande aux receveurs de travail matériel, moins ils peuvent consacrer de temps aux recherches, qui sont une partie essentielle de leurs attributions ; et si le trésor gagne quelque chose d'un côté, il le reperd au centuple de l'autre !

TITRE II.

ARTICLE 14.

La valeur de la propriété, de l'usufruit et de la jouissance des biens meubles et immeubles, *transmis à titre onéreux*, est déterminée, pour la liquidation et le paiement du droit proportionnel, ainsi qu'il suit, savoir :

Nous nous écartons ici à dessein de la manière de procéder du législateur de frimaire. — Au lieu de suivre la distinction qu'il a établie en biens meubles et biens immeubles, nous avons trouvé plus rationnel de nous attacher à la nature des transmissions en elles-mêmes, et d'adopter la division *en transmissions à titre onéreux*, et *transmissions à titre gratuit ou par décès.* — La distance qui séparait autrefois les diverses natures de biens n'existe plus aujourd'hui : le tarif a tout nivelé. Nous ne pouvons donc avoir de base certaine que dans les transactions elles-mêmes, appréciées dans leur caractère et leurs effets. — La marche que nous adoptons nous permettra, du reste, d'éviter plus d'une redite dans les observations que nous aurons à présenter sur différents paragraphes.

1° Pour les créances à terme, leurs cessions et transports, et autres actes obligatoires, par le capital exprimé dans l'acte, *augmenté des intérêts* qu'il doit produire.

Si l'obligation est à long terme, *le maximum* sur lequel le droit sera exigible ne pourra excéder une somme double du capital.

12

En cas de cession d'une *créance grévée d'usufruit,* ou de vente par adjudication de *créances douteuses,* le droit ne sera établi que sur le prix de la cession ;

Comparez : loi du 22 frim. art. 14, n° 2.

1. *Augmenté des intérêts...* — La loi du 22 frimaire an VII, art. 14 n° 2, n'admet, pour base de l'impôt, que le capital exprimé en l'acte. — Nous pensons, nous, que bien que les intérêts soient l'accessoire du capital, ils doivent entrer en ligne de compte pour la liquidation du droit d'*obligation,* et que c'est le seul moyen d'asseoir la perception sur des bases équitables.

Le prêt n'est autre chose qu'un louage d'argent. Or, vient-il à l'esprit qu'une location faite pour un an, doive payer autant d'impôt qu'une location consentie pour 10 ans ? — C'est cependant ce qui a lieu quand on tarife au même droit les obligations à courte échéance et celles qui sont faites à long terme.

C'est donc un esprit de justice, et non de fiscalité, qui nous fait demander que le droit d'*obligation* atteigne les intérêts que l'emprunteur *s'oblige* à payer; — de même que le droit de quittance ou de *libération,* frappe le total des sommes, en principal et *intérêts,* dont le débiteur est *libéré.*

Nous ne faisons, du reste, dans le présent article, qu'établir la base de l'impôt. Quand viendra la question de tarif, il sera naturel, pour maintenir le droit d'obligation dans une juste limite, de tenir compte des bases nouvelles données à la perception.

Voir art. 115, n° 2.

2. *Le maximum.* — Nous avons dû prévoir le cas où l'obligation étant à très-long terme, les intérêts cumulés doubleraient le capital, et nous avons établi une limite de perception, pour que, quoiqu'il arrive, le droit sur les obligations ne dépasse pas le droit exigible sur les constitutions de rentes perpétuelles, qui sont le prêt à long terme dans sa forme la plus absolue. Voir art. 118, n° 2.

3. *Créance grévée d'usufruit... Créances douteuses.* — Nous avons stipulé, par exception, que les cessions de créances grévées d'usufruit, de même que les ventes par adjudication notariée de créances plus ou moins irrécouvrables, ne supporteraient le droit que sur le prix de la cession.

Jusqu'à ce jour, une interprétation, à notre sens trop sévère, de la loi du 22 frimaire, avait fait décider que les cessions de l'espèce, autres que les adjudications de créances faites par autorité de justice, devaient acquitter le droit sur l'intégralité des créances cédées, sans tenir compte de l'usufruit, (Garnier. 2591), ou de l'insolvabilité des débiteurs, (Garnier, 2589. — 2).

La loi nouvelle ne saurait reproduire, en connaissance de cause, une pareille injustice.

2° Pour les quittances et tous autres actes de libération, par le total des sommes ou capitaux dont le débiteur se trouve libéré ; Loi du 22 frimaire, art. 11, n° 3.

3° Pour les marchés et traités, par le prix exprimé, ou l'évaluation qui sera faite des objets qui en seront susceptibles ; Loi du 22 frimaire, art. 11, n° 4.

4° Pour les créations de rentes, soit perpétuelles, soit viagères, ou de pensions, par le capital constitué ou aliéné ; Loi du 22 frimaire, art. 11, n° 6.

5° Pour les cessions ou transports desdites rentes ou pensions, et pour leur amortissement ou rachat, par le capital constitué, quelque soit le prix stipulé pour le transport ou l'amortissement. — Si la rente a été créée sans expression de capital, le capital sera formé ainsi qu'il sera réglé en l'article 15 ci-après, n° 4. Comparez : loi du 22 frimaire, art. 11, n° 7.

6° Pour les baux et locations, cessions, subrogations, résiliations et échanges de baux, par le prix annuel exprimé en l'acte, ou déclaré par les parties, en y ajoutant les charges imposées au preneur, *autres que l'impôt.* — Le droit sera dû sur le prix cumulé des années du bail, ou des années restant à courir pour les cessions et échanges. Dans ce dernier cas, il sera calculé sur le plus fort des lots échangés.

Seront considérés, pour la liquidation et le paiement du droit, *comme baux de neuf années*, ceux faits pour trois, six ou neuf ans. — Mais, en cas de résiliation avant le commencement de la dernière période, la résiliation ne donnera ouverture qu'au droit minimum établi par l'art. 6 qui précède.

Si le bail est stipulé payable en nature, ou s'il est fait à portion de fruits, la quotité revenant au bailleur sera évaluée d'après la moyenne des mercuriales du canton où les droits d'enregistrement seront payés, *complétées au besoin par celles du chef-lieu d'arrondissement ou de département.* — Cette moyenne sera formée sur les quatorze dernières années, distraction faite des deux plus fortes et des deux plus faibles. — S'il s'agit d'objets dont la valeur ne puisse être réglée par les mercuriales, les parties en feront une déclaration estimative.

Comparez: loi du 22 frim., art. 15 n° 1, et loi du 15 mai 1818, art. 75.

1. *Autres que l'impôt.* — En matière de baux, l'impôt payé par le fermier à la décharge du propriétaire constitue évidemment une augmentation de prix qu'il serait légitime d'ajouter pour la perception. — Mais cette addition des impôts, qui est obligatoire d'après la loi actuelle, astreint à tant de justifications, et se pratique, en réalité, d'une manière tellement abusive, qu'il est urgent d'y couper court, en revenant à cette vieille maxime, souvent méconnue, qu'on ne doit pas calculer *impôts sur impôts*.

2. *Comme baux de neuf années.* — Cette disposition est la reproduction du dernier alinéa de l'art. 69, § 3 n° 2 de la loi du 22 frimaire. — Quoiqu'en ait dit le rapporteur de la loi du 23 août (voir page 175), les baux de trois, six ou neuf ans, sont des baux de neuf ans avec faculté de *résolution* à l'expiration de chaque période. Il est

donc naturel que, comme tous les actes affectés d'une *condition réso-lutoire*, ils supportent le droit qui serait exigible si cette condition n'existait pas.

Nous avons vu, page 176, combien il importe pour la facilité des contribuables et des percepteurs de l'impôt que la question soit tran-chée en ce sens; et nous sommes convaincu que tel a été le but du prudent rédacteur de la loi de frimaire quand il a conçu le dernier alinéa de l'art. 69 § 3 n° 2, *malheureusement abrogé*.

Disons, au surplus, que si l'on admettait avec M. Mathieu-Bodet, que les baux de trois, six ou neuf ans, sont des baux de trois ans, avec condition suspensive ou faculté de renouvellement pour les pé-riodes suivantes, il faudrait percevoir, conformément à l'art. 11 de la loi du 22 frimaire, outre le droit proportionnel de bail sur les trois premières années, *un droit fixe*, pour promesse de bail, en ce qui concerne les autres périodes.

Or, dans la plupart des cas, ce droit fixe serait supérieur au droit proportionnel !

3. *Complétées au besoin.* — Tous les cantons n'ont pas de mar-chés où il soit tenu des mercuriales régulières et *complètes.* — Les parties en profitent souvent pour faire des évaluations frauduleuses, sachant bien que, dans l'état actuel de la loi et de la jurisprudence, l'administration n'a aucune action pour contrôler l'exactitude de ces déclarations. — Il importe de prévenir cette fraude comme les autres, en diminuant le plus possible le nombre des cas où les parties sont appelées à fournir elles-mêmes les bases de l'impôt. — Voilà pourquoi notre article, étendant les dispositions des lois actuelles, permet, au besoin, d'appliquer les mercuriales du chef-lieu d'arrondissement ou de département.

7° Pour les baux à rentes perpétuelles, et ceux dont la durée est illimitée, par un capital formé de 20 fois la rente ou le prix annuel, en y ajoutant le capital des charges, *autres que l'impôt*, et les deniers d'entrée, s'il en est sti-pulé. — Les objets en nature s'évaluent comme dessus.

1. *Baux à rentes perpétuelles.* — Ces baux, fréquents autre-fois, mais très-rares aujourd'hui, sont de véritables ventes, dont la rente forme le *prix.* La multiplication par 20 a donc pour objet de

déterminer, non la valeur vénale des immeubles transmis, mais simplement le capital de la *rente* constituée. D'où la conséquence que le chiffre 20 représente une idée de *durée*.

Il importe de remarquer qu'il n'y a aucune analogie entre cette situation *et la capitalisation du revenu* qui, dans le système de la loi du 22 frimaire, sert de base à la perception *sur les transmissions d'immeubles à titre gratuit.* — La capitalisation, dans ce dernier cas, établit un *rapport* entre le chiffre du *revenu* et la valeur de la propriété, et ce rapport, loin d'être fixe, comme celui qui représente une idée de durée, est, au contraire, variable suivant le taux d'intérêt que produisent les immeubles.

Nous ne commettons donc point une inconséquence, en maintenant dans le présent paragraphe, la multiplication par 20, tandis que nous nous en écarterons quand il s'agira des échanges ainsi que des donations et successions.   Voir art. 15, n° 6.

2. *Autres que l'impôt.* — L'impôt, en cette matière, doit d'autant moins être un élément de capitalisation que, s'agissant d'une véritable vente, l'impôt foncier est de droit à la charge de l'acquéreur.

8° Pour les baux à vie, sans distinction de ceux faits sur une ou plusieurs têtes, par un capital formé de 10 fois le prix annuel, charges comprises, si chacun des ayants-droit a moins de 70 ans. — *Au-dessus de 70 ans, le capital sera invariablement de 5 fois la rente.*

Les objets en nature s'évaluent pareillement comme il est prescrit ci-dessus.

(Art. 11, n° 3 de la loi du 22 frimaire.)

C'est aussi en raison de la durée présumée que le multiplicateur 10 a été adopté par la loi de frimaire. — Nous l'avons conservé comme une moyenne équitable dans la plupart des cas. Cependant il nous a semblé qu'une exception devait être faite, lorsqu'il s'agit de vieillards qui ont atteint l'âge de 70 ans, et pour lesquels la durée moyenne de 10 ans est certainement exagérée.

La nouvelle mesure que nous proposons est tellement équitable qu'il suffit de l'énoncer pour la justifier.

La loi belge a été plus radicale ; mais, à force de vouloir être juste, elle est tombée dans l'exagération, au détriment du trésor.

Au lieu d'un multiplicateur, elle en a dix, qui sont le nombre d'années de vie présumées d'après le tableau officiel ci-après :

Au-dessus de		75 ans. . . .	1 année de vie.
de 70 ans à . . .	75 —	. . . 2	—
de 65 —	. . . 70 —	. . . 3	—
de 60 —	. . . 65 —	. . . 4	—
de 55 —	. . . 60 —	. . . 5	—
de 50 —	. . . 55 —	. . . 6	—
de 40 —	. . . 50 —	. . . 7	—
de 30 —	. . . 40 —	. . . 8	—
de 20 —	. . . 30 —	. . . 7	—
Au-dessous de	20 —	. . . 10	—

Art. 8 de la loi du 21 déc. 1817.

9° Pour les ventes, adjudications, cessions, rétrocessions, licitations, et tous autres actes civils ou judiciaires, portant translation à titre onéreux, de propriété, d'usufruit, de servitudes, ou de droits d'usage et d'habitation, par le prix exprimé au contrat, en y ajoutant toutes les charges en capital.

S'il s'agit d'immeubles, et si l'usufruit est réservé *par le vendeur*, il sera évalué à *la moitié* de tout ce qui forme le prix du contrat, et le droit sera perçu sur le total ; mais il ne sera dû aucun droit proportionnel pour la réunion de l'usufruit à la nue-propriété, s'opérant à l'époque convenue.

Si la réunion d'usufruit a lieu avant cette époque, soit par vente, soit par donation ou renonciation, les droits payés au moment de la vente à raison de l'usufruit, seront imputés sur les droits proportionnels, quels qu'ils soient, auxquels la seconde transmission donnera ouverture.

Voir : art. 105, n° 7.

Les dispositions que contient cet article, en ce qui concerne la perception immédiate sur l'usufruit, ont été combinées par les auteurs de la loi du 22 frimaire, art. 11, n° 5, et 15 n° 6, pour prévenir les fraudes qui ne manqueraient pas de se produire, si le droit n'était perçu que sur la valeur de la nue-propriété transmise. Aussi croyons-nous sage de les conserver. — Il faut cependant reconnaître qu'en cette matière la position faite à l'acquéreur est bizarre : il paie sur la valeur de la propriété entière, *quand le vendeur réserve l'usufruit à son profit*. Mais si, au lieu de le garder pour lui-même, le vendeur le cède à un autre, dans le même contrat, — bien que les droits du nu-propriétaire soient absolument les mêmes, en fait, — il ne paie l'impôt de transmission, dans ce deuxième cas, que sur la nue-propriété !

La raison de cette différence, c'est la nécessité, ainsi que nous l'avons dit, de prévenir la fraude. Le législateur a pris des mesures pour que, quoiqu'il arrive, personne ne put *se dessaisir* d'un immeuble, sans qu'un droit de mutation ne fut acquitté sur la valeur entière de cet immeuble ; et s'il a été jusqu'à un certain point sévère en faisant payer le droit par anticipation, il n'a, du moins, rien exigé au delà du droit ordinaire.

Nous verrons, au contraire, qu'*en matière de donation et de succession*, le même législateur, s'attachant, cette fois, non au dessaisissement de l'ancien propriétaire, mais à la répartition entre les nouveaux, — s'est trouvé conduit à ce résultat entièrement opposé, et véritablement injuste, que la transmission de la nue-propriété à l'un, et de l'usufruit à un autre, paie le droit sur une fois et demie la valeur des biens !

— Le défaut d'uniformité est évident, et nous le ferons disparaître.

Voir art. 15, n° 8.

1. S'il s'agit d'immeubles... — D'accord, en cela, avec la loi de frimaire, nous n'ajoutons moitié du prix que pour les *ventes immobilières*. La raison en est que les transmissions de *meubles* entre-vifs, donnant ouverture au *droit d'acte*, et non au droit de mutation, il n'y a pas à s'occuper de la cession *cachée*, qui pourrait être faite postérieurement de l'usufruit, puisque cette cession, par elle-même, n'engendre aucun droit, et qu'elle n'est soumise à l'impôt que quand elle est constatée dans un écrit présenté à l'enregistrement.

2. La moitié. — Faisons observer que c'est la *moitié du prix de la nue-propriété* que l'art. 15 n° 6 de la loi du 22 frimaire an VII fait ajouter pour tenir lieu de l'usufruit. — L'usufruit représente donc le *tiers* de la toute propriété, *quand il s'agit de transmissions à titre*

onéreux. — Nous verrons qu'il n'en est pas ainsi, en matière de donations et de successions, où l'usufruit est, au contraire, évalué à la
moitié de la toute propriété. — C'est une contradiction plus apparente
que réelle, et qui peut s'expliquer par cette raison que le législateur,
en atténuant la valeur de l'usufruit transmis à titre onéreux, a voulu
*tenir compte à l'acquéreur du paiement fait par anticipation, à raison
de cet usufruit.*

3. *Si la réunion d'usufruit avait lieu avant cette époque...*
— Cette disposition est rédigée dans le même esprit, et tend au même
but que la disposition finale de l'art. 15, n° 6, de la loi du 22 frimaire
an VII, mais elle est plus complète. — Il arrive fréquemment que la
nue-propriété ayant été transmise à titre onéreux, l'usufruit soit abandonné plus tard au nu-propriétaire, à titre gratuit. — Il est de toute
justice, dans ce cas, que, tout en tenant compte des droits précédemment encaissés, le trésor soit autorisé à bénéficier des différences de
tarif qui peuvent exister entre les deux natures de transmission.

**10° Pour les dations en paiement *de biens meubles et im-
meubles,* sur les bases adoptées dans le n° précédent pour
les ventes. — *Si la dation* en paiement a lieu *dans l'acte
même* qui constate l'obligation, le droit seul de vente ou
de cession sera exigible, à moins qu'il ne soit inférieur au
droit dû pour l'obligation principale.**

— La dation en paiement est une véritable vente, et se trouve virtuellement comprise dans la disposition de l'art. 69 § 7, n° 1 de la loi
du 22 frimaire an VII. — (Garnier, n° 1231).

1. *Si la dation...* — Cette disposition est nouvelle comme principe écrit, mais elle n'est pas nouvelle comme application : ainsi, dans
l'acte même qui constate un bail à son profit, le fermier cède au propriétaire, à valoir sur les fermages, des objets mobiliers estimés 1,000 fr.
Dans la pratique on ne perçoit sur ces 1,000 fr. qu'un droit, celui de
2 %. Cependant il y a, en réalité, deux transmissions distinctes, et dans
la rigueur des principes, il serait dû un droit par transmission. Voir
Garnier, 5178. — On comprend donc que nous ayons formulé l'exception ci-dessus, qui est équitable, car l'une des transmissions est le
prix de l'autre. — Dans l'espèce proposée, s'il s'agit *d'un bail à durée*

limitée, il sera dû, en appliquant notre article, un droit de vente mobilière sur 1,000 fr.; et le droit de bail, qui est inférieur à celui de vente, ne sera calculé, sur le prix exprimé, que déduction faite de ces 1,000 fr.

S'il s'agit, au contraire, *d'un bail à vie*, tarifé à un droit plus élevé que ne le sont les ventes de meubles, il ne sera rien dû à raison de la dation en paiement fournie en objets mobiliers.

2. *De biens meubles ou immeubles...* — On remarquera que nous parlons des dations en paiement de biens meubles ou immeubles, et nullement des créances : c'est que la dation d'une créance en paiement, n'est autre chose qu'une délégation ou cession de créance. Si elle est stipulée accessoirement à un contrat principal, elle ne supporte aucun droit, d'après ce qui a été établi en l'art. 9 du présent projet. Dans tous les autres cas, elle est régie, comme cession de créance, par le n° 1 de l'art. 11.

11° Pour les engagements, par les prix et sommes pour lesquels ils sont faits.

Il n'y a en cela aucune modification à la loi actuelle. — Voir loi du 22 frimaire an VII, art. 15 n° 5.

12° Pour les échanges d'objets mobiliers par l'évaluation du plus fort des lots échangés.

Ces sortes d'échanges n'ayant pas été prévus par la loi du 22 frimaire, on a soutenu longtemps qu'on devait les frapper de deux droits proportionnels, attendu que tout échange contient deux transmissions ; et ce n'est que par une bienveillante analogie avec les échanges d'immeubles, qu'on a cessé de percevoir la pluralité des droits. (Garnier, R. G. 5178.) — Nous ne proposons donc, aujourd'hui, que de consacrer le fait en lui donnant une base légale.

13° Pour les échanges d'immeubles, en pleine propriété, nue-propriété ou usufruit, par la double évaluation qui sera faite, pour chacun des immeubles, en capital et en revenu, ainsi qu'il sera réglé ci-après, art. 15, n° 6, pour les transmissions d'immeubles à titre gratuit ou par décès.

Sous l'empire de la loi du 22 frimaire an VII, la perception pour les échanges a lieu sur les mêmes bases que pour les transmissions immobilières à titre gratuit. Nous avons conservé cette analogie, et nous développerons dans l'article suivant (art. 15, n° 6) les raisons qui nous ont déterminés à recourir à la double évaluation du revenu et du capital.

ARTICLE 15.

La valeur de la propriété, de l'usufruit ou de la jouissance des biens meubles et immeubles *transmis à titre gratuit ou par décès*, est déterminée pour la liquidation et le paiement du droit proportionnel, ainsi qu'il suit, savoir :

1° Pour les transmissions d'objets mobiliers en général, par la déclaration estimative des parties, sans distraction des *charges*. — *L'usufruit* s'évalue à la moitié de la valeur entière des biens, sauf le cas où il échet à un vieillard de plus de 70 ans. L'évaluation est alors du quart.

C'est la reproduction de l'art. 14, n° 8 et 11, de la loi du 22 frimaire an VII, avec une exception sur laquelle nous reviendrons et qui est conforme à ce qui a été réglé, art. 14 n° 8, ci-dessus.

V. ci-après, art. 54, § 4, et art. 65, § 4.

2° Pour les transmissions d'actions ou obligations françaises et étrangères, cotées, soit en bourse, soit en banque, — dépendant d'une succession régie par la loi française, — ou transmises suivant actes passés en France ; — par le cours moyen de la bourse, au jour de la transmission, *déduction faite* des sommes à payer sur les valeurs non libérées.

Si les valeurs dont il s'agit, n'ont pas été cotées au jour de la transmission, on prendra pour base la dernière cote connue, et, à son défaut, la déclaration des parties.

Déduction faite... — Nous avons précisé le sens de la loi du 18 mai 1850, art. 7, en disant que le cours de la bourse ne servirait de

base que déduction faite des sommes restant à payer sur les valeurs
non libérées. — Cette disposition, quoiqu'impliquant jusqu'à un certain
point, en ce qui concerne les actions, une *déduction du passif sur
l'actif*, est tellement juste qu'elle ne peut souffrir de contestation. —
Ajoutons, que même dans l'état actuel de la loi, la déduction se fait
toujours, au su et du consentement de l'administration.

3° Pour les transmissions opérées dans les mêmes conditions, de valeurs non cotées, et de créances de toute nature,
par le capital exprimé au titre constitutif, — sauf évaluation
provisoire, *s'il s'agit d'une créance litigieuse*, ou s'il est
justifié de *l'insolvabilité* des débiteurs, par certificats délivrés conformément à la loi du 10 décembre 1850, art. 6. —
La perception, dans ces deux cas, sera établie, *au minimum*,
sur le quart du chiffre nominal des créances : le surplus des
droits sera admis en surséance, et devra être acquitté, sous
les peines fixées plus loin, dans les trois mois qui suivront
soit la fixation judiciaire de la créance, soit le paiement ou
le retour à meilleure fortune des débiteurs, établi comme
ci-dessus. — Ils ne seront soumis qu'à la prescription de
10 ans.

S'il s'agit de créances complétement irrécouvrables, les
parties seront admises à y renoncer dans la déclaration : la
renonciation dispensera de tout droit, mais vaudra titre de
libération aux tiers-débiteurs.

Voir art. 95 n° 1, et art. 65.

S'il s'agit d'une créance litigieuse... — Nous avons érigé en
droit la jurisprudence gracieuse établie aujourd'hui en matière de
créances douteuses ou irrécouvrables. Toutefois, nous avons fait une
addition qui sauvegarde les intérêts du trésor. — Actuellement les
parties n'ont qu'à déclarer une créance irrécouvrable et y renoncer dans
la déclaration, pour s'exempter du paiement du droit. La renonciation
n'ayant lieu qu'à l'égard de l'administration, les débiteurs n'en profitent
aucunement, et, s'il arrive qu'ils se libèrent, les droits sont ordinaire-

ment perdus pour le trésor, soit que l'administration ne soit pas informée, soit qu'elle soit informée trop tard. — Avec la rédaction que nous proposons, la perception du droit ne pourra être suspendue que quand il y aura réellement lieu. D'un autre côté, le trésor aura chance de rentrer dans les droits admis en surséance, si le débiteur revient à meilleure fortune.

4° Pour les rentes et pensions créées sans expression de capital, à raison d'un capital formé de 20 fois la rente perpétuelle, et de 10 fois la rente viagère ou la pension, si l'ayant-droit a moins de 70 ans. Au dessus de *70 ans*, le capital sera invariablement de 5 fois la rente. — Il ne sera fait aucune distinction entre les rentes créées sur une tête et celles créées sur plusieurs, quant à l'évaluation ; mais *chaque transmission successive* paiera le droit qui lui est propre. — Les rentes et pensions stipulées payables en nature seront évaluées aux mêmes capitaux, estimation préalablement faite des objets, conformément à l'art. 14, n° 6. — S'il est question d'objets dont la valeur ne puisse être réglée par les mercuriales, les parties en feront une déclaration estimative.

Nous reproduisons, dans cet article, les dispositions de l'art. 14, § 9, de la loi du 22 frimaire an VII, moins celle qui est relative à l'extrait certifié des mercuriales, qui doit être rapporté à l'appui de l'acte ou de la déclaration.

Dans la pratique, cet extrait n'est jamais exigé : il n'est du reste pas nécessaire avec les mesures prises par l'administration qui oblige les receveurs à dresser chaque année, comme base de contrôle, la moyenne des mercuriales de leur canton, et à la tenir affichée dans leur bureau, pour que le public en puisse prendre connaissance. — Cette moyenne, au lieu de servir de contrôle, est généralement appliquée d'office pour la perception. Nous ne faisons donc que transformer le fait en règle.

Au dessus de 70 ans… — Cette disposition répare certainement une injustice. N'est-il pas inique, en effet, de faire payer sur la

même base, la pension constituée à un vieillard et la rente léguée
à une personne dans la force de l'âge? — De telles choses ne se discutent pas.

Chaque transmission… — On remarquera que la loi du 22
frimaire an VII, art. 14 n° 9, se borne à dire qu'il ne sera fait aucune
distinction, quant à l'évaluation, entre les rentes viagères créées sur
une seule tête et celles créées sur plusieurs, et que nous avons ajouté
ces mots : *chaque transmission successive paiera le droit qui lui est
propre.* — En cela, nous sommes d'accord avec nos principes, qui
frappent d'un droit particulier toute mutation distincte, et nous coupons
court à une difficulté, — celle des legs conjoints et de la reversibilité,
— qui est toujours pendante, bien qu'elle ait été habituellement tran-
chée dans le sens des dispositions ci-dessus.

5° Pour les transmissions de servitudes, de droits d'usage
et d'habitation, par un capital formé de 20, 10 ou 5 fois le
revenu annuel des biens, comme dans le n° précédent.

Il y a même raison de décider.

6° Pour les transmissions d'immeubles, en pleine propriété, nue-propriété, ou usufruit, — par une *moyenne* qui
sera établie, entre la *valeur vénale des biens déclarée par les
parties,* et *l'évaluation en capital* faite d'après le revenu ou
le prix des baux courants, sans distraction des charges,
autres que l'impôt.

Cette *évaluation* aura lieu en multipliant le produit des
biens par 20, s'il s'agit d'une transmission de propriété
entière, et par 10 s'il s'agit d'une nue-propriété ou d'un
usufruit. Toutefois, si l'usufruit concerne un vieillard de
plus de 70 ans, la capitalisation n'aura lieu que par 5.

La moyenne ci-dessus ne servira que pour établir la perception; mais pour les *opérations de liquidation,* ainsi que
pour l'imputation des reprises, la seule base admise sera
la *valeur vénale.*

Les dispositions toutes nouvelles de cet article forment le point essentiel des modifications dont la loi actuelle de l'enregistrement est susceptible, et sont d'une importance majeure pour le trésor : *leur application, en effet, aura pour résultat direct et immédiat d'augmenter* DE PLUS D'UN CINQUIÈME, — c'est-à-dire de 1: à 15 millions, — *le produit des transmissions d'immeubles à titre gratuit ou par décès,* ainsi que des échanges.

La charge est lourde, certes, mais inévitable ; elle vient avec les caractères d'une conséquence tellement en rapport avec les faits et les esprits y sont si bien préparés, que tout le monde l'acceptera sans murmure, comme une chose nécessaire et équitable.

La loi de frimaire, après avoir posé en principe que les droits étaient dus sur les valeurs, a adopté, *en ce qui concerne les immeubles,* une double base de perception. — Pour les transmissions à titre onéreux, elle a considéré les deux valeurs mises en mouvement, — la propriété, et la somme qui en forme le prix, — et le prix est devenu naturellement la base de l'impôt. — Pour les transmissions à titre gratuit, au contraire, aucune valeur corrélative n'étant stipulée, elle n'a vu, dans la mutation accomplie, que la propriété foncière en elle-même, et elle l'a appréciée par sa manifestation la plus directe, c'est-à-dire par son revenu. Il n'y avait là rien que de très-logique en apparence.

Étant donné le revenu, le législateur a cherché à en faire ressortir le capital. Pour cela, il s'est dit : « le revenu est aux immeubles ce que les intérêts sont aux capitaux. Or, l'intérêt, au taux de 5 %, est le *vingtième du capital.* » — Il doit donc en être de même du revenu. — Conséquemment, *il a décidé que le capital servant de base à l'impôt dans les transmissions à titre gratuit, serait déterminé en multipliant le revenu des immeubles par 20.*

Cela pouvait être juste, à une époque troublée, au moment où l'argent était rare, et où la terre avait d'autant moins de valeur que les anciens propriétaires du sol, réfugiés à l'étranger, n'avaient pas renoncé à l'espoir de rentrer dans leurs biens, et que, d'un autre côté, les nouveaux investis n'étaient pas sans crainte au sujet d'une dépossession possible dans un avenir plus ou moins éloigné.

Mais, depuis lors, la propriété s'est consolidée, et diverses causes qu'il est inutile d'étudier ici, n'ont pas tardé à produire un écart considérable entre le revenu de l'argent et celui des immeubles : aussi, tandis que l'intérêt de l'argent est de 5 %, et plus, le revenu *des propriétés non bâties* est-il à peine aujourd'hui de 2 1/2. — Il EN RÉSULTE que la capitalisation du revenu par 20 ne donne guère que moitié de la valeur

vénale des immeubles ruraux, et qu'à revenu égal, *les valeurs mobilières paient aujourd'hui, en droit de succession et de donation, deux
fois autant que les immeubles!* Ce résultat n'était certes pas dans les
prévisions du législateur de frimaire, dont les tarifs sont si différents
pour ces deux natures de biens; et il est en réalité injuste, — même
quand il serait vrai de dire que l'impôt établi sur les transmissions à
titre gratuit ou par décès, ne doit être, comme la contribution directe,
qu'un prélèvement sur le revenu.

Tout le monde sait, en effet, que si le propriétaire retire annuellement
moins de revenu de ses biens fonds que de ses capitaux, il trouve une
compensation réelle, non pas seulement dans la solidité du placement,
mais encore, et surtout, dans l'accroissement de valeur vénale que
prennent tous les jours les immeubles, tandis que le capital mobilier
reste tout au moins stationnaire, s'il ne va pas en se dépréciant : ce
n'est donc pas le revenu apparent des immeubles, mais le produit réel
ou la valeur vraie qu'il faut tâcher d'imposer.

Nous venons de voir que, *pour les propriétés non bâties,* la loi, avec
le mode de capitalisation actuel, n'atteint que *la moitié des valeurs
transmises.*

Il en est tout autrement en ce qui concerne les propriétés bâties
notamment *les usines et les maisons de ville.* Ces immeubles rapportant
jusqu'à 7, 8 et même 10 %, le capital par 20 se trouve représenter le
double, ou près du double de la valeur réelle, de sorte qu'il offre à
l'impôt une base exagérée.

C'est une iniquité qui atteint particulièrement l'industrie.

Pourtant, dira-t-on, si les maisons rapportent plus, n'est-il pas juste
qu'elles paient plus ?

Ce raisonnement, — vrai jusqu'à un certain point, — ne l'est pas
tout entier; car il faut tenir compte d'une foule de circonstances : les
maisons rapportent 7 et 8 % *quand elles sont louées,* mais le sont-elles
toujours ? — D'un autre côté, les maisons, les usines, nécessitent un
entretien continuel et des réparations qui, de loin en loin, absorbent
une année de loyer. Malgré ces réparations, elles vieillissent et perdent
tous les jours quelque chose de leur valeur; quelquefois elles sont
frappées d'alignement, et sans être immédiatement dépréciées au point
de vue de la location, elles sont profondément atteintes dans leur
valeur vénale !

La capitalisation uniforme par 20, — préjudiciable au trésor, chaque
fois qu'il s'agit d'une propriété non bâtie, — *est donc véritablement*

inique en ce qui concerne les maisons de ville et les usines, qui paient en moyenne sur moitié plus que leur valeur.

Cette situation a frappé tout le monde depuis longtemps, et, à diverses époques, on a proposé, pour y remédier, de déterminer d'après des bases différentes *le capital des immeubles bâtis, et celui des immeubles non bâtis*. On a proposé, notamment, de maintenir le chiffre de rehaussement actuel pour les maisons et usines, et de l'élever de moitié, c'est-à-dire de le porter à 30, pour les autres biens.

C'est un retour à la loi du 9 vendémiaire an VI, art. 21, qui fixait le capital d'assiette à 18 *fois le prix des baux* ou la valeur locative, *pour les maisons et bâtiments* autres que ceux servant à l'exploitation des biens ruraux, — et à 22 *fois le revenu pour tous les autres biens immeubles.*

Nous avons vainement cherché pourquoi le législateur de frimaire avait écarté des dispositions aussi sages, pour y substituer un moyen terme qui, à toute époque, a été une double injustice.

Les Belges, plus attentifs que nous dans la confection et la réforme de leurs lois, ont fait disparaître depuis longtemps cette injustice, en établissant — par la loi du 17 déc. 1851, art. 3 — que, *pour la détermination de la valeur imposable, le rapport du revenu cadastral au capital serait établi distinctement pour les propriétés bâties et pour celles non bâties.*

Nos voisins sont même allés plus loin : comme ils exigent, en vertu de l'art. 1er de la loi du 27 déc. 1817, un droit de *succession* (1), sur les immeubles que leurs nationaux possèdent à l'étranger, ils ont réglé (art. 20 de la loi du 17 déc. 1851) que *la valeur à déclarer pour ces immeubles ne pourrait être inférieure au capital de* VINGT FOIS *le produit annuel des biens, ou le prix des baux courants,* — POUR LES PROPRIÉTÉS BÂTIES, — ET DE TRENTE FOIS, — *pour les* PROPRIÉTÉS NON BÂTIES, — sans distraction des charges imposées aux locataires ou fermiers.

Certes, l'adoption de ces bases en France serait une amélioration sur ce qui existe aujourd'hui! Cependant il faut reconnaître qu'elles ne reposent sur aucune donnée précise, et qu'elles ne constituent, par conséquent, qu'une demi-mesure, un expédient plus ou moins heureux destiné à atténuer le mal sans le guérir.

---

(1) La loi Belge appelle *droit de succession* l'impôt dû sur les transmissions par décès, autres que les transmissions d'*immeubles Belges* : — elle entend par *droit de mutation* l'impôt dû pour toute transmission, entre vifs ou par décès, d'*immeubles Belges.*

13

Il est même des circonstances où les injustices en sont aggravées. — La valeur des biens est changeante : telle industrie qui est prospère en certains pays, devient tout-à-coup souffrante. Qu'une ville se déserte après une épidémie, la propriété foncière perd un tiers, moitié de sa valeur capitale : cependant les baux faits pour 9 ans subsistent, et la loi, avec son inexorable capitalisation, arrive à faire payer sur trois et quatre fois la valeur des biens, lors même que l'occupeur tombe en déconfiture !

Il nous a donc semblé qu'une réforme plus radicale était à accomplir; et, pour en mesurer la portée, nous sommes remontés au point de départ, c'est-à-dire aux principes de la loi.

Quand le législateur de frimaire n'a considéré les transmissions immobilières à titre gratuit ou par décès, qu'au point de vue des revenus passant d'une main dans une autre, a-t-il été dans le vrai ?

Telle est la question que nous nous sommes posée.

Or, s'il est évident que le revenu est la chose dont est le plus directement privé celui qui se dépouille gratuitement d'un immeuble, et si le revenu peut paraître ainsi la première chose transmise, il n'est pas moins vrai non plus que le nouveau propriétaire, placé à un autre point de vue, ne se borne pas à juger de la transmission faite à son profit par l'augmentation de revenu qu'elle lui procure; — mais il en juge aussi *par l'importance du capital qu'il en peut retirer.*

Cela est d'autant plus naturel qu'il est des propriétés dont le revenu est insignifiant et dont le capital cependant est considérable : une prairie tourbeuse, par exemple, une futaie, une carrière non ouverte. Ces sortes de biens ne rapportent presque rien en raison de leur valeur vénale. Il existe dans la vallée de la Somme des prairies qui se vendent sur le pied de 60,000 fr. l'hectare, et qui ne valent certainement pas 100 fr. de location. — Celui qui acquiert de tels biens, par donation ou succession, envisage-t-il le revenu qu'il recueille ou le capital dont il s'enrichit ?

Il est donc juste, en matière de transmission à titre gratuit, de tenir compte de la valeur vénale des immeubles transmis.

Est-ce à dire qu'il faille en faire la base unique de l'impôt, comme cela a lieu en Belgique (1) ?

_____

(1) La loi belge établit que la base du droit de mutation par décès sur les immeubles est la *valeur vénale* au jour du décès (art. 11, lettre A de de la loi du 27 déc. 1817). Mais cette disposition s'applique avec un certain tempérament *qui fait entrer le revenu dans l'appréciation du*

Nous sommes loin de le penser, car il faut considérer que dans les mutations par décès, auxquelles les transmissions gratuites sont assimilées, l'héritier ne fait que continuer la personne du défunt ; et que, s'il est naturel qu'il apprécie le nouveau capital qui lui échoit, il n'en est pas moins à présumer qu'il recueille pour conserver, et qu'il continuera de jouir dans les mêmes conditions que le défunt ; *de sorte que la valeur qui le touche le plus directement, la seule peut-être qui lui profitera jamais, c'est le revenu.*

Il y a donc un motif sérieux pour que le revenu entre également en ligne de compte pour l'appréciation de la propriété immobilière au moment de la transmission à titre gratuit ou par décès.

Partant de là, on arrive à formuler les deux propositions suivantes :

1° — *Deux immeubles de même revenu, mais d'inégale valeur vénale, ne doivent pas payer le même droit.*

2° — *Deux immeubles de même valeur vénale, mais de revenus inégaux, doivent payer des droits différents.*

Ces principes admis, il n'y a d'autre base possible que celle que nous proposons, c'est-à-dire, UNE MOYENNE ENTRE LA VALEUR CAPITALISÉE ET LA VALEUR VÉNALE RÉELLE.

1. *Une moyenne...* — Il est clair que, dans ce système, on arrivera encore à ce résultat que les immeubles ruraux paieront sur une valeur inférieure à leur valeur vénale, et que les usines et maisons de ville supporteront le droit sur un chiffre dépassant cette valeur.

Mais ce sera dans une proportion que la raison admet comme juste : — Le propriétaire qui recueille une ferme d'une valeur de 100,000 fr. et d'un revenu de 2,500 fr., au capital de 50,000 fr., en payant sur la moyenne des capitaux, paiera sur 75,000 fr., — soit sur un chiffre de 25,000 fr. représentant, en réalité, un capital improductif de 50,000 fr.

Le fabricant, au contraire, dont l'usine serait à peine vendue 50,000 fr. et qui vaut cependant 5,000 fr. de location, paiera également

---

capital. — D'après la loi du 17 déc. 1851, art. 3, le gouvernement détermine périodiquement, à l'aide des ventes publiques enregistrées dans les cinq dernières années, et en diminuant les prix d'un dixième, *le rapport moyen du revenu cadastral à la valeur vénale.* Ce rapport est établi *distinctement pour les propriétés bâties et pour celles non bâties,* — soit par bureau, soit par commune. — Les héritiers sont libres de le prendre pour base de l'évaluation des immeubles soumis au droit de mutation par décès, ou *de déclarer eux-mêmes la valeur vénale des biens,* en se soumettant à expertise.

sur 75,000 fr., — soit sur une valeur de 25,000 fr. qui n'existe pas en réalité, — mais qui, — à raison de l'exploitation de l'usine, — rapporte 10 %, et tient lieu d'un capital de 50,000 fr. placé au taux ordinaire.

La situation, quoique inverse, est donc égale des deux côtés. Dans le premier cas, il y a une valeur qui *dort*, et qui ressemble assez à une *nue-propriété*. Dans le second, au contraire, il y a une valeur plus *superficielle* que réelle, un revenu sans capital, c'est-à-dire quelque chose qui tient de l'*usufruit*.

Les mêmes bases sont donc applicables aux deux situations.

Remarquons, en passant, que le législateur de frimaire a jusqu'à un certain point admis, pour les échanges, la double évaluation que nous proposons ; puisque les échanges, en cas de retour, paient, outre le droit ordinaire sur le revenu de la moindre des parts, un *droit de vente* sur *la plus-value*, c'est-à-dire sur la différence de valeur vénale des deux lots échangés.

La perception sur les échanges nécessite donc, elle aussi, la double appréciation de la valeur locative et de la valeur vénale, et l'expertise peut être provoquée à ces deux points de vue.

2. *Autres que l'impôt...* — Dans les baux, si le fermier paie les contributions indépendamment de son fermage, c'est une somme qu'il débourse en compensation de la jouissance qui lui est transmise, et il est juste, en principe, — quoique nous ne l'ayons pas admis en application (voir art. 14 n° 6),— que le droit de mutation porte sur tout ce qui est l'équivalent de cette jouissance.

Mais, par rapport au propriétaire, l'impôt n'est pas une charge qui augmente la valeur intrinsèque de l'immeuble ; tout au contraire. Donc, si le rendement *brut* correspond à la jouissance, le rendement *net*, seul, correspond a capital. C'est lui et lui seul que l'on considère quand on recherche le taux de placement des immeubles, c'est-à-dire le rapport du capital au revenu.

— Un paiement de droits, — édifié sans raison sur une charge d'impôts, — a quelque chose que l'on ne comprend pas, et qu'on repousse comme une fiscalité blessante. Il y aura moins de monde tentés de se plaindre du nouveau mode de capitalisation, qu'il n'y en a qui se récrient contre l'addition des impôts au chiffre du revenu réel pour l'établissement des droits !

Ajoutons que cette addition d'impôts est presque toujours faite d'une manière arbitraire et exagérée. — Les employés de l'enregistrement, s'appuyant sur une délibération qui remonte au 9 brumaire an VII (Garnier, 1818 -- 2), ajoutent d'office, en cas de non justification du chiffre des impôts, et pour en tenir lieu, un quart du revenu net déclaré par les parties ou exprimé dans les baux.

— Cela porte l'impôt au cinquième du revenu brut. Or, l'impôt n'est nulle part du cinquième ; il est rare même qu'il atteigne le dixième. — On fait donc payer ainsi au contribuable *dix pour cent de plus qu'il ne doit* !

Autre résultat injuste : une prairie qui était *lande* ou *marécage*, il y a quarante ans, lors de la confection du cadastre, un vignoble qui était rocher inculte, paie aujourd'hui encore l'impôt foncier d'après sa nature primitive (1). Souvent il paie ainsi quatre ou cinq moins que la propriété y attenante, qui ne rapporte pas plus, mais qui était déjà améliorée au moment où les évaluations cadastrales ont été faites : — on comprend les différences, autrement dit les injustices, qui se produisent quand on fait entrer comme éléments de capitalisation les impôts aussi disproportionnés !

Et ce que nous disons de la lande et de la prairie, nous pourrions le dire, sinon dans la même mesure, du moins avec autant de vérité, des départements entr'eux. Car, tout le monde sait que certains départements maintenant très-productifs et depuis longtemps prospères, ne paient presque rien en comparaison des départements qui, à l'époque du cadastre, étaient réputés les plus riches : le travail de péréquation qu'on a essayé il y a une quinzaine d'années, et qu'on est censé avoir accompli, a laissé subsister les plus choquantes inégalités, même entre départements limitrophes.

Il y a donc toutes sortes de raisons pour que l'impôt foncier n'entre pas dans les calculs qui servent à déterminer la valeur des immeubles.

Ajoutons qu'il est sage, au moment où les impôts augmentent, de donner satisfaction au sentiment public, en renonçant à une mesure rigoureuse qui froisse sans profit le contribuable et qui lui fait supporter l'impôt avec répulsion !

3. *Valeur vénale... déclarée par les parties...* — Il entrera

---

(1) La mesure financière la plus féconde et la plus juste que puisse prendre le Gouvernement, c'est assurément la révision du cadastre. Mais si la révision complète ne paraît pas possible en ce moment, on peut au moins procéder, d'une manière expéditive, à un récolement qui aurait pour objet de classer, d'après leur nature actuelle, les propriétés qui ont été transformées. — Il y a là une source immense de produits complètement négligée.

ainsi un élément de plus pour contrôler la sincérité des déclarations. S'il arrive que les parties puissent atténuer le véritable revenu des immeubles, il leur sera souvent difficile de dissimuler en même temps la valeur vénale, que peut toujours trahir l'origine de propriété.

Quant à l'évaluation en capital pour les transmissions d'usufruit et de nue-propriété, elle sera d'autant mieux accueillie, qu'en cette matière, il y a presque tous les jours inégalité devant l'impôt.

4. *Par dix, s'il s'agit d'une nue-propriété ou d'un usu-fruit...* — Nous avons vu, au n° 9 de l'article précédent, que lorsqu'il s'agit de transmissions à titre onéreux, la nue-propriété appréciée en capital, représente les deux tiers de la pleine propriété, et l'usufruit un tiers.

Il aurait donc fallu, pour maintenir les mêmes bases, proposer comme chiffre de rehaussement 13.33 pour la nue-propriété, et 6.66 pour l'usufruit.

Mais il importe, en matière d'impôts, de procéder toujours par chiffres ronds. D'un autre côté, nous avons dit que le paiement exigé par anticipation de l'acquéreur pouvait bien avoir été une cause d'atténuation en faveur de l'usufruit à ajouter au prix. Il n'y a donc pas de raison pour modifier, dans la circonstance, les chiffres posés par le législateur de frimaire; d'autant moins que l'usufruit emportant une idée de durée, les bases admises pour la capitalisation des rentes et pensions viagères lui sont naturellement applicables.

5. *70 ans... capitalisation par 5...* — Voir ci-dessus, art. 11, n° 8, et art. 15, n° 1 et 4.

Ainsi, un usufruit légué à un homme de 30 ans, ne paie pas plus aujourd'hui que celui légué à un homme de 65. — Tandis qu'avec les dispositions nouvelles que nous proposons, s'il s'agit, par exemple, d'un immeuble de 1,000 fr. de revenu, on pourra déclarer qu'à raison de l'âge des légataires, la valeur vénale de l'usufruit transmis est dans le premier cas de 12,000 fr., et dans l'autre de 6,000.

Les droits seront par suite établis :

$$1° \text{ Sur } \frac{12,000 + 10,000}{2} = 11,000$$

$$2° \text{ Sur } \frac{6,000 + 10,000}{2} = 8,000$$

Et ce sera certainement plus équitable.

Par contre, les mutations successives de nue-propriété, au lieu de payer sur un capital invariable de 10 fois le revenu, paieront sur une valeur toujours croissante; car si, *au moment de la séparation* de l'usufruit, la nue-propriété vaut moitié ou les deux tiers de la pleine propriété, au moment de la seconde transmission elle a nécessairement une valeur plus élevée.

— Il pourra arriver que le nu-propriétaire et l'usufruitier ne soient pas d'accord sur la valeur vénale des immeubles, et qu'ils fassent séparément des évaluations qui, réunies, n'atteignent pas la valeur vénale entière des biens déclarés.

C'est là une question d'insuffisance qui sera traitée en son lieu et place, et pour laquelle il y a un remède facile. Au surplus, la même situation existe aujourd'hui où il n'est pas rare que des nu-propriétaires et des usufruitiers, venant à une même succession, déclarent des revenus différents pour le même immeuble.

6. *Opérations de liquidation... valeur vénale.* — Avec la capitalisation actuelle, il arrive fréquemment que des successions présentant un actif réel ne paient aucun droit. Ainsi, il dépend d'une communauté dissoute par le décès du mari des immeubles d'une valeur vénale de 100,000 fr. La veuve ayant pour 60,000 fr. de reprises, il reste à partager 40,000 fr., dont la moitié pour la succession est de 20,000 fr. — Cependant il se trouve que les immeubles sont loués 2,500 fr. — Au regard du trésor, ils ne valent que 50,000 fr., chiffre insuffisant pour remplir la femme de ses reprises : la déclaration a donc lieu sans paiement d'aucun droit! Et il en serait ainsi lors même qu'un partage antérieur à la déclaration attribuerait aux héritiers du mari des immeubles désignés pour leur part dans la communauté dissoute!

La Cour de cassation a même jugé que si les legs particuliers de sommes d'argent non existantes en nature, excèdent la valeur capitalisée des biens de la succession, le droit n'est dû que sur cette valeur, lors même que les legs sont acquittés en entier par les héritiers avec des fonds provenant des immeubles de la succession. Arrêt du 7 juillet 1856, accepté pour règle par l'administration en 1862. (Inst. 2234 § 2.)

7° Si l'usufruit des biens *meubles* ou immeubles est réservé *par le donateur*, le droit sera perçu sur la valeur entière de l'objet transmis, mais il ne sera rien dû, lors de la réunion de cet usufruit à la nue-propriété, si elle a lieu au moment prévu. — En cas de réunion anticipée, les droits seront dus suivant ce qui a été réglé au n° 9 de l'art. 14.

Même raison de décider que pour les ventes.   V : art. 14, n° 9.

Meubles... — A la différence de ce qui a été dit pour les ventes *de meubles* avec réserve d'usufruit, — art. 14, n° 9, — le droit proportionnel en matière de donation doit être exigé au moment de la transmission de la nue-propriété, sur la valeur de la propriété entière.

La raison en est que les renonciations secrètes à usufruit après *donation de nue-propriété*, n'ont pas le même caractère que les renonciations pareilles intervenant après vente. — Pour ces dernières, il s'agit d'un contrat à titre onéreux dans son principe, et les dispositions complémentaires sont présumées faites au même titre, c'est-à-dire qu'elles ne sont soumises au droit proportionnel que s'il est présenté à l'enregistrement un acte qui les constate. — Pour les autres, au contraire, il y a contrat de libéralité, et les dispositions ultérieures qui auraient pour objet de compléter ce contrat au moyen d'une renonciation, constitueraient, en fait, des *dons manuels* assujettis au droit de transmission par la loi du 18 mai 1850, dont nous reproduisons les dispositions.   V : ci-après n° 12.

8° Si la nue-propriété est *donnée* ou *léguée* à l'un, et l'usufruit à un autre, la perception sera réglée *séparément* et *sans double emploi*, mais *sans que le droit proportionnel puisse être moindre que celui qui serait dû si le nu-propriétaire recueillait immédiatement la pleine propriété.*

Ces dispositions sont tout-à-fait nouvelles. Mais, hâtons-nous de le dire, l'innovation proposée a pour but de faire disparaître un double emploi fâcheux qui ressemble à une injustice pratiquée contre le contribuable ; et elle a pour résultat de mettre la loi de l'impôt *d'accord avec elle-même* (voir n° 10 ci-après), et d'accord avec les principes qui ont été consacrés d'une manière définitive depuis la loi du 22 frimaire.

Nous allons entrer dans quelques détails qui nous paraissent indispensables.

I. *Donnée ou léguée à l'un.* — Dans l'état actuel de la législation (lⁿ 1187 § 5), Pierre donne ou lègue une somme de 20,000 fr. en
nue-propriété à Paul, et à André en usufruit. Paul paie sur 20,000 fr.
et André sur 10,000. Somme toute, les droits sont perçus sur 30,000 fr.

Cependant *Pierre ne transmet* que 20,000 fr., et Paul et André, *réunis*,
ne recueillent qu'une valeur de 20,000! Pourquoi donc ce dédouble-
ment? Quel est le motif de cette rigueur qui fait payer sur une valeur
excédant de 50 °/₀ celle transmise ?

On répond : c'est en prévision de la réunion d'usufruit qui se fera
plus tard sur la tête de Paul. — Mais si Paul ne devait pas être un jour
propriétaire de l'usufruit, à quoi lui servirait de payer des droits sur la
nue-propriété? — Qu'est-ce que la nue-propriété sans l'expectative de
l'usufruit ?

Depuis la loi du 22 frimaire an VII, la loi et les tribunaux ont défini
et précisé l'usufruit autrement que ne le considéraient les auteurs du
code de l'enregistrement. Ceux-ci le traitent toujours comme une *charge*
qui grève les biens, et ils sont conséquents avec eux-mêmes quand ils
n'en opèrent pas la déduction pour la perception des droits.

Mais aujourd'hui, il est établi en principe *que l'usufruit est un
démembrement de la propriété*, et que la *nue-propriété et l'usufruit sont
deux propriétés complètement distinctes.* Si donc, Pierre donne la nue-
propriété de son bien à Paul, et l'usufruit à André, Paul et André
n'ont aucun lien commun, et chacun d'eux doit payer en raison de la
part qu'il reçoit, — mais rien de plus !

C'est du reste ainsi que la perception a été réglée de tout temps,
pour les ventes de nue-propriété et d'usufruit à deux personnes distinctes
(voir art. 11 n° 9); et les situations sont tellement les mêmes qu'on ne
peut attribuer qu'à une erreur le désaccord qui existe à ce sujet dans
la loi du 22 frimaire.

La loi Belge a compris le vice du système français, au sujet des
transmissions à titre gratuit de propriété et d'usufruit. Mais par des
raisons qui nous échappent, elle n'y a remédié qu'en ce qui concerne
les valeurs mobilières et les biens sis à l'étranger passibles de ce
qu'elle appelle le *droit de succession* (voir note page 197.)

L'art. 20 de la loi du 17 déc. 1851 porte, en effet, qu'en cas d'usufruit,
il sera *sursis* au paiement des *droits de succession*, jusqu'à la *consolidation* de l'usufruit.

Mais il n'est accordé *aucun sursis* pour le paiement du *droit de
mutation.* Il est dit, au contraire, que ce droit afférent aux immeubles

continuera à être payé comme en France, *simultanément pour l'usu-fruit et la nue-propriété* considérée comme propriété entière.

Ces dispositions sont évidemment un pas dans la voie du progrès. Mais elles sont loin de réaliser tout le progrès désirable. D'abord, le législateur belge aurait dû admettre que ce qui est vrai pour les valeurs mobilières est vrai pour les immeubles.

D'un autre côté, s'il peut paraître juste de ne demander des droits au nu-propriétaire qu'au moment où il entre en *jouissance* des biens à lui transmis, il n'en est pas moins vrai, en fait, que le nu-propriétaire, du jour où la nue-propriété lui est acquise, a par devers lui une *valeur assurée*, qui augmente son patrimoine dans une certaine proportion, et qu'il peut, soit réaliser à prix d'argent, soit transmettre à titre gratuit, par succession et donation.

Il est donc parfaitement légitime qu'il paie des droits sur l'augmentation de patrimoine qui lui est échue, *et que le délai pour le paiement de ces droits date du jour où la transmission à son profit a été un fait accompli.*

Nous ne sommes, du reste, pas opposé en principe *au sursis* de la loi belge, — mais étendu à tous les biens sans distinction. Le trésor y trouverait avantage ; et ce serait une raison pour l'adopter, s'il n'offrait des difficultés d'application dont il faut tenir compte, quand on cherche tout à la fois à simplifier l'impôt et à faciliter la tâche de ceux qui le perçoivent. — Pour bien faire comprendre ces difficultés, il suffit de reproduire le texte de l'art. 20 de la loi du 17 déc. 1851, dont nous avons cité les dispositions essentielles.

Cet article est ainsi conçu :

« Art. 20. En cas d'usufruit, s'il s'agit de la succession d'un habitant
« de ce royaume, *il sera sursis*, jusqu'à l'époque de la réunion de
« l'usufruit à la nue-propriété, au paiement du *droit de succession*,
« pour ce qui est recueilli ou acquis en nue-propriété, ainsi que pour
« les mutations de celle-ci ayant lieu par décès avant la réunion, sauf
« à fournir caution suffisante pour le droit dû.

« Celui qui, par la réunion de l'usufruit à la nue-propriété, parvient
« à la jouissance de la pleine propriété, acquittera, dans les délais fixés
« par la présente loi, les droits de succession dont le paiement aura été
« suspendu ; si ces droits, à cause des mutations par décès, s'élevaient à
« plus de 15 pour cent, l'héritier définitif sera tenu de payer, tant pour
« l'acquittement des droits de succession dont le payement aurait été
« suspendu, que pour le droit dont il serait de son chef redevable, seu-
« lement 15 pour cent du capital qui lui est échu.

« La surséance du payement des droits de succession ne s'étend pas
» au payement des amendes dues à défaut de déclaration, conformé-
» ment à l'article 10.

« Il n'est point accordé de sursis pour le payement du *droit de muta-*
» *tion*; celui dû pour la propriété et celui pour l'usufruit seront
» simultanément acquittés dans le délai fixé par l'art. 23; mais il ne
» sera dû après aucun droit pour la réunion de l'usufruit à la nue-pro-
» priété par décès. »

2. *Séparément...* — C'est-à-dire que chacun paiera en raison de
son degré de parenté, et proportionnellement à la valeur qu'il reçoit.

3. *Sans double emploi, mais sans que le droit puisse être
moindre que celui qui serait dû si le nu-propriétaire recueillait directement la pleine propriété...* — S'il est équitable
de ne frapper du droit de mutation que les valeurs réellement transmises, il est juste aussi qu'aucune transmission n'échappe à l'impôt.

Suivons l'exemple proposé :

Paul sera un jour propriétaire de l'immeuble venant de Pierre. La
transmission sur sa tête est certaine. — Le minimum des droits à
percevoir doit donc être réglé par cette transmission. S'il en était
autrement, il pourrait arriver qu'au moyen de la renonciation secrète
d'André, — Paul, parent plus éloigné, succèderait directement à Pierre
sans que les droits soient acquittés sur la valeur entière des biens à
raison du degré de parenté qui sépare le défunt de l'héritier réel.

Ce résultat est inadmissible : les intérêts du trésor ne doivent pas
être affectés par une création d'usufruit *plus ou moins sérieuse*, et il
faut, en tout état de cause, que l'état perçoive au moins, les droits
qui seraient exigibles sur la transmission principale si la réserve
d'usufruit n'existait pas, *ou si cette réserve, au lieu d'être dévolue à
un tiers, était stipulée au profit du donateur.*

En renonçant à un mode de perception beaucoup plus onéreux pour
le contribuable, l'état peut sans difficulté se réserver cette garantie,
qui est légitime.

9° Dans le cas du n° 8 qui précède, il ne sera rien dû
pour la réunion de l'usufruit à la nue-propriété, quand la

consolidation aura lieu par le décès de l'usufruitier, ou à l'époque fixée pour l'extinction de l'usufruit.

Mais si elle a lieu plus tôt, par renonciation ou cession, il sera dû un droit proportionnel de transmission à titre gratuit ou à titre onéreux, suivant les cas. — Ce droit ne sera perçu que *déduction faite* de la somme que le nu-propriétaire aurait payée, à raison de l'usufruit, comme étant moins rapproché en parenté que l'usufruitier.

Le droit de transmission sera exigible même sur la *renonciation non acceptée, s'il est constaté par la déclaration de succession,* ou par d'autres actes émanés de l'usufruitier, *que l'usufruit a reposé sur sa tête.*

V : art. 105 n° 7.

L'extinction de l'usufruit à l'époque marquée dans le titre originaire, ne constitue, dans aucun cas, une mutation de l'usufruitier au nu-propriétaire : c'est une condition de l'existence de la nue-propriété qui s'accomplit sans convention particulière, et il est tout naturel qu'elle n'engendre aucun droit.

Mais quand l'extinction a lieu avant l'époque fixée dans le titre constitutif, *le nu-propriétaire* n'appréhende l'usufruit que comme donataire ou acquéreur *de l'usufruitier*; et s'il n'a payé le droit qu'en raison de la nue-propriété, c'est-à-dire sous la condition préfixe de l'extinction naturelle des droits de l'usufruitier, il est juste qu'il acquitte un droit de mutation sur l'acte qui lui transmet conventionnellement des droits auxquels il ne pouvait prétendre que plus tard.

1. *Déduction faite...* Ici se présente l'occasion de réparer ce que la position de nu-propriétaire peut avoir de rigoureux quand il se trouve plus éloigné en parenté de l'auteur de la succession ou du donateur, que l'usufruitier. Nous proposons, et c'est de toute justice, de lui tenir compte de la différence des droits qu'il a payée sur le titre originaire, en raison de la réunion ultérieure de l'usufruit.

2. *Renonciation non acceptée...* Le texte que nous développons se termine par le paragraphe suivant : *le droit de mutation*

sera exigible sur la renonciation, quoique non acceptée, s'il est constaté, etc.

Cette disposition a pour objet de prévenir une fraude qui est fréquente, même sous l'empire de la loi actuelle, où le droit proportionnel exigible (celui de transcription) est peu élevé. — Les parties, pour se soustraire à ce droit, ont soin de ne réaliser qu'une simple déclaration, émanée de l'usufruitier, *en l'absence du nu-propriétaire.* — Il n'en est pas moins vrai que la renonciation est faite en sa faveur, qu'il le sait et qu'il en profite.

Quand le bénéficiaire de la renonciation n'est pas présent à l'acte, les droits d'enregistrement et les honoraires du notaire ne peuvent être exigés que du *renonçant.* Or, celui-ci ne s'exposerait pas aux frais d'un acte inutile, s'il n'avait en dehors une garantie certaine du nu-propriétaire, qui est d'accord avec lui et par conséquent acceptant.

3. *S'il est constaté...* — Evidemment la renonciation ne peut être passible du droit proportionnel que quand elle constitue une mutation. — Si le légataire de l'usufruit n'a pas accepté le legs fait à son profit, sa renonciation est une *répudiation,* et non la transmission à autrui d'une chose qu'il avait fait sienne.

4. *Par la déclaration de succession...* — Il arrive souvent que des usufruitiers *déclarent répudier,* c'est-à-dire renoncer purement et simplement à un usufruit qu'ils disent n'avoir jamais accepté, — mais à raison duquel cependant *ils ont payé des droits de mutation quelquefois considérables,* et dont, en réalité, ils ont joui pendant plusieurs années. — Les parties qui refusent véritablement de profiter d'un usufruit à elles légué, n'en acquittent pas les droits! Cependant on applique aux usufruitiers la décision rendue en faveur des héritiers, qui porte que le paiement des droits de succession est un acte de conservatoire, n'emportant pas adition d'hérédité. — C'est un tort, selon nous. — Quoiqu'il en soit, la chose existe, et on en tire parti contre l'administration.

Pour déjouer cette fraude qui est générale, il suffit de déclarer, comme nous le proposons, que, *relativement à l'impôt,* le paiement des droits de mutation par décès fait par l'*usufruitier,* sera une preuve d'acceptation suffisante pour exiger le droit de transmission exigible sur la renonciation.

Remarquons, du reste, que le mode d'évaluation établi au n° 6 du présent article, permet de ne payer que des droits proportionnés à la valeur véritable de la transmission.

10° *Si le donataire ou le légataire* à un titre quelconque est chargé de transmettre à *un tiers, également donataire ou légataire,* une somme d'argent ou un objet quelconque n'existant pas en nature parmi les biens donnés ou transmis, la perception sera réglée comme au n° 8 ci-dessus, c'est-à-dire que les droits seront exigibles *sans double emploi,* d'après l'importance de l'objet principal de la donation ou de la transmission, proportionnellement à ce que chaque donataire ou légataire recueille, et en raison de leur degré de parenté, — *mais sans que le droit puisse être moindre que celui qui serait dû si le donataire principal recueillait seul et sans charges, l'objet qui lui est transmis.*

Le droit sera dû comme il est réglé ci-dessus, *nonobstant* tout défaut d'acceptation de la disposition secondaire, ou toute renonciation dont elle pourrait être l'objet ; il sera exigible du donataire principal, sauf son recours comme de droit.

1. — Les considérations que nous avons fait valoir à l'appui du n° 8 du présent article pourraient être reproduites ici. Il y a même raison de décider, et cette raison, que nous érigeons en principe, c'est que *le droit de mutation doit toujours être réglé sur l'importance des objets transmis, quelle que soit leur division entre les bénéficiaires.*

Remarquons que nous sommes ici d'accord, en fait, avec l'état actuel de la jurisprudence et la doctrine de l'administration basées sur un avis du Conseil d'Etat du 10 septembre 1808 (inst. 401, 1133, 1823 et 2231 § 1 et 2). — *Mais pourquoi ce principe, qui est vrai en matière de successions grevées de legs n'existant pas en nature et en matière de donations secondaires* (1), *ne l'est-il pas également pour les transmissions de nue-propriété et d'usufruit ?*   V : ci-dessus n° 8.

_____

(1) La question n'a été décidée d'une manière formelle que pour les successions grevées de legs particuliers : mais il ne saurait être dou-

Pierre donne à Paul, *non parent*, la nue-propriété de valeurs mobilières s'élevant à 20,000 fr., et l'usufruit à André, *frère* de Pierre.

Ou bien, Pierre donne à Paul la toute propriété de valeurs mobilières montant à 20,000 fr., à charge de servir une rente viagère de 1,000 fr. à André.

Le résultat, dans ces deux hypothèses, n'est-il pas le même? Cependant, voyez combien la perception diffère.

Dans le premier cas on perçoit :

1° à 9 °/₀ sur 20,000 fr. . . . . 1,800 ⎱ 2,450 fr.
2° à 6 1/2 sur 10,000 fr. . . . . 650 ⎰

Dans le second, au contraire, on perçoit :

1° à 6 1/2 sur 10,080 fr., capital de la rente viagère 650 ⎱ 1,550 fr.
2° à 9 °/, sur la différence, ou 10,000. . . . . 900 ⎰

En moins. . . 900 fr.

Évidemment il y a anomalie : — C'est donc avec raison que nous avons fait disparaître, pour les transmissions simultanées de *nue-propriété et d'usufruit*, le double emploi dont nous venons de donner un exemple, et que nous avons appliqué à ces transmissions le principe d'imputation admis pour les donations onéreuses.

2. Sans double emploi.. — La jurisprudence et avec elle l'administration reconnaissent, avons-nous dit, qu'en matière de donations onéreuses, le droit de mutation ne peut être calculé que sur les valeurs réellement transmises.

Mais, ce principe posé, il y a, en application, une difficulté sérieuse, dont nous avons dû chercher la solution.

Doit-on faire imputation de *valeurs sur valeurs* ou de *droits sur droits*?

D'abord, il n'y a lieu de poser cette question que quand le légataire particulier paie à un *taux inférieur* à celui du légataire universel ou

---

teux que la décision s'applique aux *donations secondaires*: — *L'avis de 1808 est intervenu en matière de droits de succession*, et si les mutations entre-vifs, par une juste analogie, ont été appelées à en profiter, elles ne sauraient en tirer plus d'immunité que les mutations par décès; d'autant que les mutations entre-vifs tombent sous l'application de l'art. 11 de la loi du 22 frimaire, et que, si la donation secondaire est une charge pour le donataire principal, elle est un contrat particulier et indépendant à l'égard de celui qui est appelé à en bénéficier, *et qui l'accepte*.

du donataire principal, attendu que s'il paie à un taux égal ou plus élevé, le résultat est le même pour le trésor, quelque soit le mode de liquidation employé.

Voyons maintenant la difficulté.

Prenons un exemple :

Pierre donne à Paul, non parent, un mobilier de ferme estimé 20,000 fr , à.charge de faire à André, frère de Paul, une rente viagère de 500 fr.

Voici les deux manières de liquider :

Dans le système d'imputation de valeurs sur valeurs, on dit : le legs total est de 20,000 fr., sur quoi Pierre prend 5,000 fr., reste à André 15,000 fr.

On perçoit alors : à 6 1/2 sur 5,000 fr. . . . . 325 fr.

           à 9 °/₀ sur 15,000 1,350

                    Soit au total. . . . . 1,675 fr.

Dans le système d'imputation de droits sur droits, le raisonnement est celui-ci. : Paul est donateur de Pierre d'un mobilier de ferme estimé 20,000 fr., — *la transmission de ce mobilier est entière à son profit,* il doit donc le droit sur l'intégralité des 20,000 fr.

                    Soit à 9 °/₀ . . . 1,800 fr.

Mais, en acquittant le droit sur l'intégralité du legs, il paye pour les 5,000 fr. qu'il doit remettre à André · donc celui-ci est tenu de lui rembourser la somme versée en son acquit, et dont il est personnellement débiteur, suivant son degré de parenté, soit. . . . 325 fr.

De sorte que les droits à la charge de Paul sont en réalité de . . . . 1,475 fr.

Les tribunaux ont longtemps hésité entre les deux systèmes, et l'administration a soutenu avec énergie le mode d'imputation de *droits sur droits,* que semblait indiquer l'avis du Conseil d'Etat du 29 sept. 1808, et qui avait été admis par les arrêts du 1ᵉʳ déc. 1832 et 11 mars 1840, (Inst. 1132 et 1723). Mais la Cour de cassation, revenant sur sa jurisprudence, s'est prononcée définitivement en faveur de *l'imputation de valeurs sur valeurs,* par un arrêt du 30 mars 1858, devant lequel l'administration a fini par s'incliner, — mais évidemment à contre-cœur — et qu'elle n'a transmis à ses préposés qu'après quatre années d'hésitation! — Inst. du 15 novembre 1862 n° 2234 § 1.

Il suffit de faire voir *où conduit le système adopté par la cour de cassa-*

tion, pour que la loi nouvelle entre dans une autre voie et assure à l'impôt des bases meilleures.

Prenons un exemple :

Pierre lègue *à Paul, son neveu,* une ferme capitalisée pour la perception, au chiffre de 20,000 fr., à charge de servir à *André, fils de Pierre,* une rente viagère de 2,000 fr.

D'après la cour de cassation, et par imputation de valeurs sur valeurs, il sera dû : à 1 °/₀ sur 20,000 fr., capital de la rente, 200 fr.; et, comme le capital de la rente viagère est égal à la valeur capitalisée des immeubles, il ne sera rien dû au delà de ces 200 fr.

Ainsi, Paul aura hérité de *son oncle,* une ferme valant 20,000 fr. *et plus,* sans que le passage de la propriété sur sa tête ait engendré d'autre droit que celui afférant à la ligne directe ! Ce résultat est une énormité contre laquelle on doit réagir.

N'est-il pas juste, en effet, que le donataire principal, celui qui est saisi et investi directement de l'objet transmis,— meuble ou immeuble, — soit tenu, quoiqu'il arrive, au paiement du droit proportionnel, en raison de son degré de parenté avec le défunt ? — Si le donateur lui a imposé une charge, il est naturel que les droits payés en l'acquit du bénéficiaire de cette charge, soient remboursés par imputation, mais ce doit être tout.

Dans notre exemple donc, et suivant notre système, il sera dû au trésor, — sur la valeur capitalisée de la ferme léguée par Pierre à Paul, — au taux entre frères, soit à 6 1/2 sur 20,000. . . 1,300 fr.

Mais, André bénéficiaire de la charge imposée à Paul, devant payer personnellement, à raison de cette charge, à 1 °/₀ . . . 200 fr.

Il restera, en réalité, au compte de Paul . . . . . . 1,100 fr.

Cette perception est la seule rationnelle !

Il est évident que nous avons choisi, pour notre démonstration, *une situation extrême :* mais quand les principes sont bons ils s'appliquent à tous les cas !

D'un autre côté, s'il est rare qu'un père donne ou lègue une propriété *à un tiers,* à charge de remettre tout ou partie de la valeur à son fils, soit en argent, soit en rente viagère, cela arrive quelquefois, soit que le père, sentant son fils incapable de mariage et inhabile à tester, veuille assurer la transmission de ses biens suivant ses affections personnelles, — soit que, par un artifice frauduleux, il réalise, au moyen d'un testament, une vente antérieure faite sous réserve d'usufruit, et

14

moyennant un prix payable à sa succession. — C'est en effet, de par la jurisprudence de la cour de cassation, un moyen de faire une vente, sans payer aucun droit de transmission à titre onéreux!

3. *A un tiers* — Si, au lieu de remettre à un *tiers*, le donataire est chargé de fournir au *donateur* lui-même, une somme ou un objet quelconque, la position est différente, et sera réglée comme il est indiqué au n° 11 ci-après.

4. *Egalement donataire ou légataire...* — Si le tiers au profit de qui une charge est stipulée y avait déjà droit comme créancier du donateur, il n'y a évidemment plus *donation secondaire*, mais délégation, — et la perception se règle d'après les articles 9 et 10 de la présente loi.

5. *Puisse être moindre...* — Le droit à percevoir étant un *droit de mutation*, s'appliquant en première analyse à l'objet transmis, il est tout naturel que ce droit ne puisse être moindre quand il y a deux transmissions superposées, que quand il n'y en a qu'une seule.

6. *Nonobstant...* — Cette disposition, que nous avons du reste reproduite d'une manière plus générale en l'art. 51 § 2 ci-après, a été dictée par le désir de prévenir la fraude.

Il arrive souvent que le *donataire* principal soit chargé de remettre une somme ou un objet quelconque à un tiers, parent à un degré éloigné, ou même non parent du donateur, — et que ce tiers n'intervienne pas au contrat. — La somme ne lui en est pas moins remise; mais il n'y a pas d'acte enregistré qui le constate, et le droit de la mutation secondaire est perdu pour le trésor.

Les sommes que le *légataire* principal, ou que l'héritier est chargé par le défunt de remettre à des tiers, sont également soustraites à l'impôt, lorsque les droits à payer par les tiers sont plus élevés que ceux dûs par l'héritier. — Le moyen qu'on emploie est tout simple : on fait renoncer le légataire particulier, le jour même où on lui remet le montant net de son legs!

La rédaction proposée rend toutes ces fraudes impossibles. Si, par extraordinaire, elle avait pour résultat de faire porter le droit sur un legs ou sur une donation à laquelle on aurait *sérieusement* renoncé, le légataire principal, et l'héritier, auraient mauvaise grâce à se plaindre ;

attendu que le prélèvement de l'impôt se serait exercé sur une somme qui ne devait pas leur appartenir, d'après la volonté de leur auteur, et qu'il est naturel qu'ils ne recueillent, au moyen de la renonciation du légataire particulier, *que les droits* NETS *que celui-ci aurait recueillis, s'il n'avait pas renoncé.*

11° Si les charges sont stipulées en *faveur du donateur*, et sont inférieures à la valeur des biens telle qu'elle aura été établie pour la perception, le droit sera liquidé comme si la donation était pure et simple.

Si les charges imposées au donataire, ou *la transmission corrélative* de biens meubles et immeubles consentie par lui, *excèdent* la valeur de l'objet transmis par celui qui est considéré entre les parties comme le donateur principal, le droit sera perçu sur la transmission qui est en réalité la plus importante.

Dans ce cas, la quotité du droit exigible du donataire au donateur, sera exactement la même qu'elle aurait été du donateur au donataire.

1. *En faveur du donateur...* — Les charges stipulées en faveur du donateur sont une condition du contrat, et ne peuvent tomber sous l'application de l'article 10 de la présente loi. Elles sont donc exemptes de tout droit.

— La jurisprudence contraire qui tend à s'établir (arrêt du 4 mai 1869, Inst. 2375 § 6 et 2389 § 5), complique encore une fois la perception, sans grand profit pour le trésor.

2. *La transmission corrélative...* — Il arrive assez souvent, surtout dans les pactes de famille, que les donations, sans perdre leur caractère, produisent les effets d'un échange : — un père donne tous ses biens à ses enfants, mais ceux-ci, en revanche, lui abandonnent l'usufruit de tout ou partie des biens dépendant de la succession de leur mère.

Si la deuxième transmission n'excède pas la première, il n'est pas douteux que le droit doive être perçu comme si la donation était pure et simple.

3. *Excédant...* — Mais si les charges excèdent l'objet de la donation, la position est renversée : le donataire devient en réalité donateur, et réciproquement. — Le droit de mutation doit donc s'appliquer à la transmission la plus importante.

Personne ne fera d'objection en théorie. Mais on opposera, en pratique, qu'il est difficile de reconnaître la transmission la plus importante. — Cette difficulté n'est pas sérieuse en présence de l'art. 16 de la loi du 23 frimaire an VII, que nous reproduisons ci-après sous le même n°. — Quand la loi aura déclaré que l'évaluation des charges est une des bases de la perception, cette évaluation se trouvera forcément dans les contrats, ou bien il y sera suppléé par une déclaration.

4. *Dans ce cas...* — En formulant le dernier alinéa du texte que nous analysons, nous avons voulu éviter un effet bizarre et imprévu qui se produit quelquefois sous l'empire de la loi du 22 frimaire. Prenons un exemple :

Un père donne à ses quatre enfants tout ce qu'il possède, c'est-à-dire, une ferme d'un revenu de 1,200 fr. à charge par ses enfants de lui abandonner l'usufruit, sa vie durant, d'une maison de campagne d'un revenu de 3,000 fr., dépendant de la succession de leur mère, et de lui fournir en outre une rente annuelle de 2,000 fr.

Il est visible que la principale libéralité est celle des enfants à leur père.

Or, la loi du 16 juin 1824 a réduit à 1 °/₀ les droits dûs sur les démissions de biens faites par les ascendants, mais elle ne s'applique pas aux donations qui leur sont faites par leurs *enfants réunis*.

Dans l'espèce, la donation constatée au profit du père sera donc passible du droit de 4 °/₀.

Cependant les mêmes liens existent entre les enfants et le père, qu'entre le père et les enfants! et l'acte ci-dessus, quelle que soit l'importance des charges, est un pacte de famille destiné à régler une succession anticipée! — Il doit donc être admis, comme tel, à bénéficier dans toutes ses dispositions de la réduction de droits apportée par la loi de 1824.

12ᵉ Le droit proportionnel de mutation pour les dons manuels, sera exigible sur la constatation qui en serait

faite en justice, ainsi que sur l'acte renfermant soit *la
déclaration du donateur*, soit la reconnaissance du donataire ou de ses représentants.— Il sera perçu au taux réglé
pour les actes dans lesquels il aura été constaté.

Cette disposition, sauf une addition dont nous allons parler, n'est
que la reprodution de l'art. 6 de la loi du 18 mai 1850, avec l'interprétation que lui ont donné l'administration et les tribunaux.

La déclaration du donateur... — D'après la loi du 18 mai 1850,
cette déclaration no suffit pas: il faut l'aveu du donataire. — Ainsi un
père de famille constate, dans son testament, qu'il a donné de la main
à la main à son fils ainé, lors de son établissement, une somme de
20,000 fr., et déclare le dispenser de tout rapport à ce sujet. D'après
la jurisprudence, qui est d'accord avec le texte de la loi, il ne sera
dû, pour ces 20,000 fr. ni droit de donation, ni droit de succession !
— Garnier, R. G. n°⁵ 1771 et 1775.

Telle n'était certainement pas l'intention du rédacteur de la loi
de 1850 ; et nous ne faisons que réparer ici une des lacunes de
cette loi. Voir Garnier, R, P., n° 1269.

ARTICLE 16.

Si les sommes et valeurs ne sont pas déterminées dans
un acte ou jugement donnant lieu au droit proportionnel,
ou constatant une mutation verbale, les parties seront
tenues d'y suppléer par une déclaration estimative certifiée et signée au pied de l'acte.

Reproduction presque littérale de l'art. 16 de la loi du 22 frimaire
an VII.

TITRE III.

De la déduction des dettes et charges.

Un des plus grands griefs que l'on fasse à l'administration de l'enregistrement, c'est d'exiger les droits sur l'actif des successions, sans tenir compte du passif.

Il y a là, en effet, une injustice frappante qui blesse le contribuable. Et cette disposition rigoureuse de la loi du 22 frimaire, art. 14 n° 8, a excité des plaintes d'autant plus amères, qu'au lieu d'être interprétée avec réserve et modération, elle a été généralement appliquée à la lettre.

Ainsi, il a été décidé, — et cette décision sert toujours de règle, — que si le débiteur saisi meurt après la clôture de l'ordre et la délivrance des bordereaux de collocation, mais avant le paiement effectif du prix de l'adjudication, ses héritiers doivent comprendre ce prix dans la déclaration de succession, parce qu'en droit, la créance du prix de l'adjudication reste la propriété du débiteur saisi, jusqu'à ce qu'elle soit encaissée par les créanciers colloqués!

Inst. 1528 § 11, et inst. 2096 § 6 et 7.

Il en est de même, en cas de délégation aux créanciers inscrits, si la délégation n'a pas été formellement acceptée.

Inst. 2111 § 5.

Il est de règle également que si un individu meurt après

avoir accepté une succession sous bénéfice d'inventaire, ses héritiers sont tenus de déclarer la totalité des valeurs de la succession bénéficiaire, nonobstant l'éventualité d'une liquidation ultérieure !

Inst. du 15 septembre 1869, n° 2391 § 3.

Ces décisions sont parfaitement juridiques, et ce ne sont pas elles que nous attaquons, mais la loi qui a obligé de les rendre.

Les lois sont toujours mauvaises quand elles ne sont pas équitables ; et *il n'est pas équitable, qu'à capital égal, une succession grevée paie autant qu'une qui ne l'est pas!*

Mais ce n'est pas à ce point de vue que s'est placé le législateur de frimaire, et nous devons reconnaître qu'en partant des principes qu'il a établis, l'injustice contre laquelle nous nous élevons se légitime d'une manière complète.

« La non déduction des charges, dit un mémoire de
» l'administration, inst. 2394, page 6, est la conséquence
» logique du principe qui asseoit les droits sur la mutation,
» *sur la chose transmise*, abstraction faite de tout ce qui
» peut en diminuer l'utilité. C'est le fait matériel, c'est le
» changement de mains que l'impôt atteint, et non l'avan-
» tage, le bénéfice que ce changement peut procurer au
» nouveau possesseur. »

« Le principe de l'évaluation des biens sans distraction
» des charges, dit à son tour M. Demante (rep. pér. de
» Garnier (art. 856), est rigoureux sans doute, mais il est
» juridique. Ce n'est pas seulement une mesure préventive
» contre la fraude, c'est une déduction logique des prin-
» cipes généraux du droit fiscal. Asseoir l'impôt sur le bé-

» néfice net de l'héritier, cela supposerait un système de
» législation qui affranchirait de tous droits les *contrats*
» *commutatifs*. Mais dans le système de la loi, ce qui fait
» encourir l'impôt, ce n'est pas l'enrichissement du contri-
» buable, c'est la transmission de la propriété, soit à titre
» gratuit, soit à titre onéreux. Il n'importe donc que l'ac-
» quisition de l'hérédité soit purement gratuite, ou pure-
» ment onéreuse, ou mélangée de charges ; dans tous les
» cas, l'héritier ne devient pas moins propriétaire des
» choses héréditaires, et il doit payer l'impôt sur la valeur
» brute des choses qu'il acquiert. »

Ces raisons sont indiscutables, mais elles ne prouvent
qu'une chose, c'est que le législateur de frimaire a été
conséquent avec lui-même, et qu'en n'admettant pas la
déduction des dettes, il a fait une exacte application du
principe des *droits de mutation*.

Mais a-t-il eu raison de ne pas faire fléchir ce principe
particulier devant les principes plus élevés de la justice
distributive, qui veulent que l'impôt soit payé par chaque
citoyen en proportion de sa fortune ?

Telle est la question.

Or, il suffit de se reporter à la discussion qui a suivi le
rapport de M. Duchâtel pour voir que dans l'esprit des
auteurs de la loi de frimaire eux-mêmes, toute prééminence
doit être donnée aux principes de justice ! Et si ces illustres
citoyens ont agi autrement, c'est qu'ils ont obéi à la double
crainte de compliquer la perception de l'impôt et d'ouvrir
à la fraude une porte facile. « *La contribution sera très-*
» *inégale*, disait le représentant Crétet (1), parce qu'elle se

---

(1) Séance du Conseil des Anciens, du 21 frimaire an VII.

» percevra sur la valeur brute des successions. *Ce mode*
» *est effectivement le seul praticable*, autrement il faudrait
» procéder à la liquidation de toute succession contradic-
» toirement entre le fisc et les héritiers, les consommer en
» frais et en lenteurs par des formes contentieuses, et cela
» indépendamment du scandale intolérable qu'il y aurait à
» placer les préposés de la régie dans un état permanent
» d'hostilité contre toutes les familles, et de les autoriser
» à pénétrer dans leurs affaires les plus intimes. *Il faut en*
» *conclure que la perception du droit d'enregistrement sur*
» *la valeur brute des successions est justifiée par* L'IMPOSSI-
» BILITÉ D'EMPLOYER UN MODE PLUS ÉQUITABLE. »

La question n'est donc plus une question de principe,
mais une question de fait qui se pose ainsi : — est-il possible d'admettre la déduction des dettes pour le paiement
des droits de mutation par décès, sans créer une perturbation dans l'assiette de l'impôt et sans compromettre gravement les droits du trésor ?

L'expérience faite par la Belgique depuis de longues
années est là pour servir de réponse.

Il n'est certes pas praticable de procéder, comme le
disait le citoyen Crétet, par une liquidation contradictoire
entre le fisc et les familles. L'intérêt du trésor exige, d'un
autre côté, qu'aucune dette ne soit déduite que sur une
justification complète et péremptoire. — Il est donc manifeste, tout d'abord, qu'on n'arrivera pas à l'absolue
vérité, car il y a des dettes réellement existantes qui ne
pourront être suffisamment justifiées, et qui conséquemment ne seront pas déduites. Partant, il subsistera des
inégalités ; — mais il ne serait ni sage ni raisonnable de

repousser les améliorations par cette raison qu'elles ne réalisent pas une perfection mathématique !

Quant à l'intérêt du trésor, il est complétement dégagé de la question, du moment où l'on n'admet la déduction que des dettes justifiées d'une manière irrécusable, car l'intérêt du trésor n'est jamais de faire payer ce qui n'est pas dû !

Mais, dira-t-on, la déduction des dettes entraînera une diminution de recettes immense, à laquelle on ne peut s'exposer dans la situation actuelle ?

A cela nous répondrons, que plus les impôts sont élevés, plus ils doivent être équitablement répartis. — Si la déduction des dettes telle qu'elle sera réglée ci-après, doit entraîner une diminution de cinq à six millions, ce sont des millions payés par des gens qui ne les doivent pas ! — Or, si l'on veut conserver le même chiffre de produits, qui empêche d'augmenter les droits existants dans une certaine mesure ? L'impôt sera alors payé par tous dans une proportion aussi exacte que possible, et sans aucun préjudice pour le trésor.

Il faut donc reconnaître que le principe de la *déduction des dettes* n'est pas contestable, et que rien ne s'oppose sérieusement à son application.

Cette application doit cependant être renfermée dans certaines limites. — Ainsi, s'il n'est pas juste qu'à capital égal, une succession grévée paie autant que celle qui ne l'est pas, *il n'est pas juste non plus que, quand le passif est exactement égal à l'actif, l'héritier ne paie rien du tout.* — Car il y a deux choses à considérer dans toute transmission, et particulièrement dans les transmissions à titre gratuit : *la valeur des biens au point de vue de la vente*, et le profit que procure la jouissance, autrement dit *le revenu.*

Si un père laisse à son fils, un immeuble valant
100,000 fr., à charge de payer une dette hypothécaire de
100,000 fr., il ne lui transmet en réalité rien, *comme
valeur capitale ;* — mais il lui transmet en entier *le domaine
utile :* le fils jouira dans les mêmes conditions que le père ;
il cultivera, affermera l'immeuble, à ses risques et périls, et
en toute liberté, aussi longtemps que la dette hypothécaire
ne sera pas exigible. De plus, s'il rembourse cette dette avec
ses propres deniers, il se rendra, de plein droit, propriétaire incommutable !

Or, il n'est pas possible qu'un tel bénéfice lui soit acquis,
sans bourse délier.

On doit donc admettre que, si les dettes doivent être
déduites, elles ne peuvent l'être que dans une certaine
mesure, et de manière à concilier les intérêts du trésor et
ceux des contribuables.

Ces observations étaient nécessaires pour expliquer les
dispositions que nous avons formulées ci-après.

ARTICLE 17.

Si la succession est recueillie, en tout ou en partie, par
des héritiers ou légataires à titre universel, *mineurs ou
interdits,* et s'il y a eu, en même temps, *inventaire régulier,* — les *dettes chirographaires* constatées en l'inventaire, et *dûes par le défunt au moment de son décès,* —
seront déduites *des valeurs mobilières* de la succession pour
le paiement des droits de mutation.

On voit que nous avons aussi craint la fraude : — nous n'admettons la déduction du passif que dans les cas où il ne semble pas possible qu'il y ait jamais dissimulation.

1. Mineurs... — A l'heure qu'il est, les mineurs et interdits, qui sont ceux que la loi devrait protéger le plus, sont précisément les seuls au profit de qui la déduction du passif ne se fasse en réalité pas. — Quant aux héritiers majeurs, ils ne déclarent, en fait de meubles, que ce qu'ils veulent, et ils ont en général bien soin de ne pas déclarer trop! — Ce serait donc une duperie que de leur accorder la déduction des dettes chirographaires.

2. Inventaire régulier... — Les majeurs font quelquefois inventaire, pour assurer ultérieurement l'exercice de leurs reprises entre époux. — Nous avons pensé que cela ne suffisait pas pour autoriser la déduction : ce serait ouvrir une porte à la fraude, car il est évident qu'on ne saurait accorder autant de confiance aux inventaires faits dans ces conditions, qu'à ceux auxquels il est procédé, à la requête des tuteurs, dans l'intérêt des mineurs ou interdits.

3. Les dettes chirographaires... — Les dettes hypothécaires sont l'objet de l'art. 19 ci-après.

4. Dûes par le défunt au moment de son décès... — Nous avons voulu établir ainsi que les frais funéraires et les droits de succession, qui sont la dette de l'héritier, ne seront pas de nature à être déduits. Ces frais se prélèvent, en général, sur l'argent comptant, qui est rarement déclaré : c'est une déduction de fait que supporte le trésor, et dont la loi ne peut descendre à régler les détails.

5. Seront déduits... — Nous verrons, dans l'article suivant, que pour les dettes hypothécaires, il y aura *imputation* et non *déduction*. C'est la même chose au fond, mais appliquée différemment et dans une autre mesure. Tandis que les valeurs mobilières ne sont, en réalité, appréciables que par leur capital, la propriété immobilière, au contraire, se manifeste dans les successions de deux manières distinctes, — par son capital et par son revenu. — Nous avons dû tenir compte de cette différence.

6. *Des valeurs mobilières...* — Dans notre système, les dettes chirographaires qui dépasseraient les valeurs mobilières de la succession ne pourraient pas être imputées sur les immeubles. On comprend, en effet, que du moment où le défunt transmet à son fils un immeuble libre de toutes dettes, cet immeuble doive acquitter les droits sur sa valeur entière, nonobstant tout compte en dehors : si le créancier du défunt ne lui a pas demandé de gage hypothécaire, c'est qu'il le croyait solvable sans cela !

ARTICLE 18.

Seront déduites des mêmes valeurs, *quelle que soit la qualité des héritiers*, les dettes à la charge du défunt résultant d'*actes enregistrés* avant l'ouverture de la succession.

Sont toutefois exceptées de la déduction :

1° Les dettes exigibles au moment du décès ;

2° Les dettes hypothécaires dont l'inscription est périmée ou dont il a été donné main levée par le créancier ;

3° Les dettes résultant d'actes sous seing privé, si l'enregistrement de ces actes ne remonte pas au moins à trois mois avant l'ouverture de la succession ;

4° Et les dettes reconnues par le défunt au profit de ses héritiers, donataires ou légataires, si les titres même notariés qui les établissent, n'ont pas été enregistrés six mois au mois avant son décès. — *Quant aux dettes uniquement reconnues par testament*, loin d'être déduites, elles seront considérées comme legs pour la liquidation du droit de succession.

Les dettes dont la déduction sera admise à la demande des parties, *seront réputées dûes*, et les créanciers pourront se prévaloir des déclarations faites à ce sujet, comme d'un commencement de preuve par écrit.

1. — Les principales dispositions de cet article sont empruntées à la loi belge, et au projet de M. Josseau déposé au Corps législatif dans la séance du 24 mai 1870 (*Journal officiel* du 25 mai).

2. *Dettes reconnues par testament...* — Cette clause, destinée comme les autres à combattre la fraude, est encore un emprunt à la loi belge (loi du 17 déc. 1851, art. 12).

3. *Seront réputées dûes...* — Il importe de mettre ceux qui feraient de fausses déclarations en position d'avoir à redouter la mauvaise foi des autres. On ne saurait trouver injuste qu'une déclaration qui procure un bénéfice, expose à un dommage si elle est mensongère !

Article 19.

En cas d'insuffisance des valeurs mobilières de la succession pour faire face au passif susceptible d'être déduit, *les dettes hypothécaires,* non encore exigibles, laissées par le défunt à la charge de ses héritiers ou légataires à titre universel, et dûment *constatées par actes obligatoires* ayant date certaine antérieure au décès, *seront imputées,* pour l'excédant, *sur la valeur vénale* des immeubles recueillis par lesdits héritiers ou légataires.

La perception sera établie, en conséquence, sur LA MOITIÉ DU TOTAL *obtenu par l'addition : 1° de la valeur vénale restant après l'imputation, s'il y en a ; 2° et du revenu capitalisé.*

1. *Les dettes hypothécaires...* — Ainsi que nous l'avons expliqué en l'art. 17, nous n'admettons de distraction sur les immeubles que pour les dettes hypothécaires.

2. *Constatées par actes obligatoires...* — Il est des hypothèques qui ne se réfèrent qu'à des créances indéterminées, par exemple : les hypothèques prises en vertu d'ouvertures de crédit. — Pour que l'imputation puisse avoir lieu, il faut qu'il soit établi, par actes ayant date certaine, que la dette existait, c'est-à-dire, que le crédit était réalisé au décès. — D'autre part, comme la réalisation de crédit donne ouverture au droit d'obligation, — il faut encore que les droits dûs, de ce chef, au trésor aient été acquittés.

3. *Seront imputées...* — La dette, comme nous l'avons expliqué dans nos observations générales ci-dessus, peut être censée diminuer la valeur vénale des immeubles avec lesquels elle est transmise, *mais elle n'altère en rien la jouissance.* — L'imputation, *sur la valeur vénale,* est donc de toute justice, mais elle ne saurait être étendue plus loin.

4. *Par les héritiers ou légataires à titre universel...* — et non par les légataires particuliers : en règle générale, les légataires particuliers ne sont pas tenus aux dettes, et si, exceptionnellement, le défunt les charge d'acquitter tout ou partie de son passif, c'est une condition particulière qui doit être exécutée telle qu'elle a été imposée, mais qui ne diminue en rien l'importance de la transmission immobilière. — Nous rentrons là dans le cas des donations onéreuses.

5. *Sur la valeur vénale...* — Il faut se rappeler que, conformément à ce que nous avons établi ci-dessus, art. 15, n° 6, — le droit de mutation par décès sur les immeubles se calcule sur une moyenne formée de deux éléments distincts, *la valeur vénale* et le *revenu capitalisé.*

6. *Sur la moitié du total...* — Quand les dettes hypothécaires se trouveront être exactement égales, ou supérieures à la valeur vénale des immeubles, le total que nous indiquons se trouvera être réduit au *revenu capitalisé* des immeubles. — C'est donc sur la moitié du capital ainsi formé que s'établira la perception. — Elle équivaudra à peu près à *une perception sur l'usufruit.* — Et ce sera justice, car, le capital étant *mangé,* l'héritier ne recueille tout au plus qu'un *usufruit* précaire.

ARTICLE 20.

Si le défunt était tuteur, — comptable ou administrateur du bien d'autrui, — il y aura lieu pour le paiement des droits de mutation par décès, de déduire des valeurs mobilières de sa succession, les *valeurs nettes* dont il était détenteur en cette qualité.

La justification de ces valeurs sera constatée :

1° Pour les tuteurs et curateurs, par les inventaires qui auront suivi l'ouverture de la tutelle, et par tous actes postérieurs ayant date certaine au décès ;

2° Pour les banquiers, par le dernier inventaire annuel dressé en conformité de l'article 9 du code de commerce, s'il a acquis date certaine d'enregistrement ;

3° Et pour les notaires, par la production de leurs livres et comptes courants, ou par l'inventaire qui en aura été fait, après la levée des scellés.

Les dispositions de cet article sont déjà appliquées aujourd'hui : (Voir Garnier, n° 13256, v° mandat légal, n° 13216, v° banquier, — et 13029, v° dépôt. Officier public.) — Nous n'avons fait que réglementer ce qu'a décidé la jurisprudence.

1. *Valeurs 'nettes...* — Dans la pratique actuelle, appliquant à la lettre la délibération du 17 décembre 1833, Garnier. n° 13256, on déduit la somme *brute* dont le tuteur est comptable : — c'est évidemment un tort. — Le tuteur qui administre pour son pupille est comptable de l'actif qui lui a été remis, mais il a pu consacrer cet actif à l'extinction du passif; il a même dû le faire, en bon administrateur. — Ce n'est donc que le reliquat net du compte de tutelle qui peut être sujet à déduction.

2. *Dernier inventaire...* — Cette justification paraît suffisante. Elle sera, du reste, contrôlée de manière à rendre toute fraude impossible, si l'on admet le droit de communication que nous demandons en l'article 87 ci-après.

ARTICLE 21.

Seront également déduites des valeurs mobilières de la succession :

1° Les sommes données entre vifs par le défunt, et non encore exigibles à son décès ;

2° Et les sommes et valeurs dont il n'était que détenteur, soit qu'il dût les remettre à son décès, comme charge d'un legs qui lui aurait été fait sous cette condition, soit qu'il en eut l'usufruit pur et simple, à n'importe quel titre.

La jurisprudence actuelle tend à s'établir dans le sens de ces dispositions. — (Voir Inst. 2234, § 1, et 2397 § 1.) — Seulement elle exige, pour autoriser la déduction, que les valeurs se retrouvent en nature, ou qu'il y ait dans la succession soit de *l'argent comptant*, soit *des valeurs en tenant lieu.* (Inst. 2394, page 10, n° 5).

On fait également une distinction, pour l'usufruit, entre le cas où les héritiers de la femme ont renoncé à la communauté, et le cas, au contraire, où ils l'ont acceptée.

Dans le premier cas, le mari usufruitier des biens de sa femme, est à la fois *usufruitier* et *débiteur* des reprises. S'il meurt, on ne déduit pas.

Dans le second, la femme a des droits de co-partageante, et l'on déduit.　　　　　　　　　　　　　　V : Inst. 2190, § 1.

Ces distinctions, fondées sur un arrêt célèbre, (16 Janvier 1858, Inst. 2137, § 12), sont très-subtiles pour la masse des contribuables.

D'un autre côté, si elles sont strictement juridiques, elles ne sont guère équitables, car elles conduisent à refuser au mari le bénéfice d'une déduction accordée à tout le monde. Le mari, en effet, sous quelque régime que l'union conjugale soit formée, est *l'administrateur légal* des biens de sa femme, et l'on devrait, à ce titre, admettre la déduction à son profit, comme on l'admet en faveur du tuteur. — Cela serait d'autant plus naturel que, dans l'un comme dans l'autre cas, on perçoit le droit de *décharge*, et non celui de *libération*, sur la remise faite par les héritiers du mari des biens et valeurs revenant à la femme !　　　　　　　　V : Garnier 13256, et Inst. 2355, § 1.

ARTICLE 22.

Quand la succession comprendra des *droits non liquidés* dans une *société* particulière de commerce ou d'industrie, la perception s'établira sur la quote part du défunt dans l'actif

15

net de la société, en prenant pour base le dernier inventaire fait en conformité de l'art. 9 du code de commerce,
s'il a été enregistré dans les délais prescrits.

Le même bénéfice sera acquis à toutes *les successions
des commerçants,* lors même qu'ils feraient le commerce
seuls et sans association.

1. *Des droits non liquidés. Société.* — Cette disposition ne fait
que consacrer une jurisprudence établie.

V : Garnier, n° 13252, et Inst. 1293, § 6, rappelée en l'Inst. 2391, page 39.

2. *Successions de commerçants.* — Il est juste que tous les
commerçants, associés ou non, soient traités de la même manière. —
La faveur toute particulière accordée au commerce n'est, du reste, que
la compensation légitime de l'obligation qui lui sera imposée ci-après
(art. 87) de communiquer ses écritures aux préposés de l'enregistrement.

———————

Nous n'avons pas la prétention d'avoir résolu d'une manière parfaite
le problème difficile de la déduction des dettes. — Il n'y a rien de par-
fait en ces matières. — Mais nous sommes sûr d'avoir fait disparaître
de criantes injustices, tout en sauvegardant complètement les intérêts
du trésor, et cela est considérable.

Nous estimons que la déduction du passif, dans les conditions res-
treintes que nous avons proposées, enlèvera au trésor une recette de
de 5 à 6 millions chaque année. — Mais il ne faut pas oublier que ce
sont des millions prélevés sur des valeurs qui n'existent qu'en apparence, et souvent au préjudice de contribuables nécessiteux !

Les augmentations qui résulteront des diverses modifications de la
présente loi combleront dix fois, et au delà, ce déficit. Or, la meilleure
manière de faire accueillir sans murmure les augmentations légitimes
c'est de savoir accorder largement, et sans hésitation, les diminutions
que l'opinion publique réclame comme équitables.

Ajoutons que la loi du 28 février 1872 est entrée dans la voie de la
déduction du passif, en disposant, dans ses art. 4 et 5, que le *droit
gradué* ne sera perçu que sur le montant *net* des apports en mariage
et des valeurs partagées. Il faut espérer qu'on ne s'en tiendra pas à ce
timide essai de réforme.

TITRE IV.

Des peines en cas de fraude dans les évaluations ; — des transactions, et de l'expertise.

NOTA. — Cette matière est tellement importante qu'elle nous a paru devoir faire l'objet d'un titre particulier.

Depuis de longues années déjà, l'abondance toujours croissante du numéraire jointe à la profusion des valeurs incorporelles qui en sont représentatives, a eu pour conséquence forcée d'augmenter la valeur des immeubles. Car les immeubles sont le contre-poids des valeurs mobilières dont ils suivent, en sens inverse, toutes les oscillations. Les immeubles eux-mêmes se sont améliorés d'un bout à l'autre de la France, sous l'influence d'une meilleure culture, de débouchés plus grands offerts au commerce, et des besoins nouveaux de la population.

Malgré toutes ces causes de richesse, les bases de l'impôt sont restées à peu près stationnaires : les prix portés dans les ventes amiables n'accusent d'augmentation que de loin en loin, et les déclarations de succession se sont faites jusqu'ici à peine sur la valeur locative *réelle* d'il y a vingt ans.

Il en résulte des injustices de tous les jours, et une situation contre laquelle l'administration est impuissante :

Des injustices ; — car le contribuable consciencieux paie exactement ce qu'il doit : le propriétaire qui a fait enregistrer, suivant la loi, le bail qu'il a consenti de ses biens, acquitte le droit de mutation sur le revenu réel ; le mineur, dont on vend les immeubles par adjudication publique, paie l'impôt dans toute sa rigueur. — Et, à côté de cela, au moyen même des quelques évaluations exactes qui se produisent exceptionnellement, l'administration constate, à chaque pas, un concert de fraudes et de dissimulations tellement unanime qu'une armée d'employés ne suffirait pas pour les réprimer.

A quoi cela tient-il ?

Il y a deux causes principales qui provoquent le développement de la fraude : — l'impunité dont elle jouit, — et l'élévation des droits.

Nous avons entendu dire cent fois que la dissimulation dans une certaine mesure est légitime, attendu que lors de la fixation des bases de l'impôt, les droits ont été établis en raison de la fraude présumée. — Nous ne faisons certes pas au législateur l'injure de croire que ce raisonnement soit fondé ; mais nous sommes convaincu qu'avec des mesures qui rendraient la fraude impossible, l'état pourrait hardiment abaisser le taux véritablement excessif de certains droits, et cependant retirer de l'impôt des mutations une somme de produits bien autrement élevée que celle qu'on constate aujourd'hui !

La loi du 19 décembre 1790, empreinte des idées généreuses de l'époque, et trop confiante dans l'honnêteté et le patriotisme des citoyens, n'a pas prévu la fraude. — La loi du 22 frimaire, instruite par l'expérience, s'est attachée à combler cette lacune : mais plus préoccupée de poser des principes que de chercher une marche d'application usuelle, elle a établi, magistralement, séchement, des moyens de contrôle, excellents sans doute, mais qui sont tout un procès, long, dispendieux, difficile à suivre, impraticable en un mot. — A son point de vue, évidemment, la fraude, œuvre d'un mauvais citoyen, devait être une exception, une espèce de délit, qu'il fallait réprimer ouvertement et déférer sans merci aux tribunaux ordinaires.

Peu à peu cependant, à raison même des formes sévères établies pour la répression, la fraude s'est multipliée, et est devenue la règle. L'administration, qui n'aurait pu suffire à toutes les instances qu'il aurait fallu provoquer, — et qui a toujours eu pour but, d'un autre côté, de faire rentrer l'impôt sans dépopulariser le Gouvernement, quel qu'il soit, par des luttes trop fréquentes contre les contribuables, — s'est vue contrainte de recourir à d'autres moyens pour défendre les intérêts du trésor.

Réservant donc l'expertise pour les cas tout à fait exceptionnels, et comme mesure extrême, elle a prescrit à ses employés de redoubler de vigilance afin de bien établir les insuffisances et viletés de prix, et elle leur a recommandé en même temps de faire tous leurs efforts pour en obtenir la réparation au moyen de transactions amiables ou *soumissions*.

Aucune matière n'est plus délicate : « On doit se montrer
» très-circonspect, dit M. Vuarnier, n° 1444, pour adresser
» des réclamations de cette nature. Des demandes inconsi-
» dérées ou irréfléchies feraient perdre aux démarches des
» employés le caractère de certitude qu'elles doivent avoir.
» Il importe qu'on ne puisse leur reprocher de susciter des
» tracasseries sans résultat utile pour le trésor, et de
» *procéder par voie d'intimidation, sans avoir intention*
» *de donner suite à l'affaire, lorsque les parties refusent de*
» *transiger.* »

Malheureusement, il faut bien le dire, ces sages recom-
mandations ont été souvent oubliées, au grand dommage de
l'administration et du trésor.

Qu'en est-il résulté? Que les parties recherchées sans
motif suffisant, ou non poursuivies quand elles étaient en
défaut, ont fini par s'habituer aux *menaces vaines*, et
qu'elles triomphent sans cesse de l'administration, soit en
lui opposant la force d'inertie, soit en s'assurant une facile
impunité au moyen de soumissions dérisoires!

Les choses en sont à ce point que la plupart de ceux qui
transigent aujourd'hui, — et qui paient quelquefois *sans
marchander*, — sont des contribuables craintifs, peu
rompus aux affaires, que l'idée d'un procès avec l'administration épouvante, et qui aiment mieux *payer plus qu'ils ne
doivent* (cela arrive), que de conserver la peur d'embarras
imaginaires.

Et ce que nous disons là est tellement vrai, qu'il y a des
employés, d'ailleurs excellents, qui s'abstiennent à dessein
de toute réclamation en matière de fraude, ou qui en sont
excessivement sobres, moitié par dignité, moitié par
conscience, — parce qu'ils ont la conviction que les transactions ne s'obtiennent que de personnes qui ne savent
pas se défendre!

On comprend donc la liberté d'action avec laquelle la
fraude s'exerce.

Au milieu de tout cela, l'administration débordée, résiste
de loin en loin, et autorise quelques expertises, mais dans
de grandes affaires seulement. — Elle abandonne impi-
toyablement les petites, si bien qu'on ne les lui soumet
même plus.

L'administration, disons-nous, autorise quelquefois des

expertises. Mais, comme il s'agit d'une mesure extrême, *d'un cas réservé*, il faut de toute prudence, qu'elle statue en connaissance de cause. — Dieu sait les copies de pièces, les termes de comparaison, les extraits, les rapports et les justifications qui sont exigés, en pareil cas, tant des receveurs que des directeurs !

Enfin l'expertise est autorisée.

Le débiteur *rusé* n'attendait que cela. Son intention n'a jamais été de soutenir un procès : mais la décision de l'administration pouvait lui être favorable ! — les employés ont fait un travail de bénédictins. Il va être poursuivi, il en est informé amiablement, il soumissionnera. — Il se présente donc, peut-être pour la première fois, et offre *quelque chose*, un peu moins, quelquefois beaucoup moins que le droit simple. — Soumission. — Rapport sur soumission au directeur. — Rapport de celui-ci à l'administration. — L'administration accepte.

Il est rare, en effet, que les soumissions ne soient pas acceptées.

Quelques affaires cependant se suivent *jusqu'en expertise, et en tierce expertise,* bien que la fraude soit notoire : c'est qu'il s'est rencontré un débiteur audacieux, qui a les mains pleines, *comme termes de comparaison, d'actes que l'administration n'a pas argués de fraude,* et qui renferment une dissimulation pareille à celle qu'il a commise ; c'est aussi et surtout, que le débiteur, à tort ou à raison, a une confiance secrète *dans le tiers-expert qui sera nommé.*

L'administration réussit quelquefois dans ces expertises, quelquefois elle succombe.

Quand elle a gain de cause, l'effet moral produit en sa

faveur est nul : on ne l'en redoute pas davantage. On apprécie la modération avec laquelle elle a agi, dès le principe, où elle proposait une transaction avantageuse, et on blâme l'entêtement de celui qui, ayant *trois fois tort*, a soutenu un procès quand même. — A sa place on aurait soumissionné pour *quelque chose*. — Voilà tout.

Quand, au contraire, l'administration succombe, l'effet moral est d'autant plus désastreux que tout le monde sait bien qu'elle avait raison. — Elle est alors désarmée de toute manière, et la fraude n'a plus de frein.

Nous avons parlé de la confiance secrète du plaideur dans le tiers-expert. — Il n'est que malheureusement trop vrai, — et nous devons le dire hardiment, puisque nous nous sommes imposé pour tâche de faire connaître la vérité, — que le choix du tiers-expert est le plus souvent mauvais pour l'administration.

La nomination du tiers-expert appartient, *sans limite ni contrôle*, aux juges de paix. L'expérience a démontré que c'est un tort.

Des raisons de convenance nous empêchent d'en dire davantage, et de signaler la véritable origine du mal.

Il faut cependant qu'on sache que, jusqu'à ce jour, la prévision du choix du tiers-expert a dominé les résolutions des employés. Tout dépend pour eux de la réponse à cette question qui n'est jamais oubliée : « *Aurions-nous un bon tiers-expert ? Le juge de paix est-il sûr ?*

Voilà où en sont les choses.

Une pareille situation peut-elle durer ?

Il y a longtemps que le premier cri d'alarme a été jeté, et que les gouvernants ont inscrit la *répression de la fraude*

en tête de leur programme, comme une réforme féconde,
dont la justice ainsi que l'intérêt du trésor font une loi.

Les auteurs de la loi du 23 août 1871 ont constaté le
mal et ont essayé d'y apporter remède.

« L'expérience, disent-ils dans leur exposé de motifs, a
» démontré que l'expertise ne constitue qu'un moyen de
» répression insuffisant et inefficace. Elle nécessite une
» *procédure compliquée*, aussi onéreuse aux parties qu'au
» trésor, et qui, par ces motifs, *ne peut être appliquée*
» *qu'aux mutations d'une certaine importance*. »

« Cependant, la fraude s'étend et se propage chaque
» jour, et il devient urgent de mettre un terme à ses déve-
» loppements. »

Plus loin ils ajoutent : « Les inconvénients des formes
» longues et compliquées de l'expertise, telle que la loi de
» frimaire l'a organisée, et des frais considérables qu'elle
« entraine, se font d'autant plus sentir aujourd'hui que le
» morcellement du sol s'est étendu, et qu'il est presque
» impossible d'appliquer cette procédure coûteuse à ces
» ventes de faible valeur où la dissimulation s'abrite sou-
» vent, *assurée de son impunité par la complication même*
» *des procédures auxquelles la répression donnerait lieu.*

» Les fraudes sont malheureusement passées dans nos
» mœurs, dit à son tour M. Mathieu-Bodet, rapporteur de
» la loi ; elles sont d'ailleurs pratiquées par des personnes
» très-honorables. Il faut employer un moyen énergique
» pour faire cesser un scandale qui coûte environ *trente*
» *millions* chaque année au trésor public ! »

La question a donc été parfaitement posée devant la
chambre ; mais il faut avouer qu'elle n'a pas été résolue.

Les modifications apportées par la loi du 23 août 1871,

en ce qui concerne la répression de la fraude, sont contenues dans les art. 12, 13 et 15 de cette loi. Or, les art. 12
et 13, qui n'ont aucune efficacité pratique, se rapportent
uniquement aux *dissimulations* qui ont le caractère d'une
contre lettre, et ne concernent à aucun titre les insuffisances
proprement dites.

« Les dispositions de l'art. 12, dit le rapporteur, sup-
» posent que les parties ont fait en dehors du contrat
» ostensible, une *contre lettre* (ou une convention verbale),
» par laquelle elles ont reconnu l'existence d'un prix sup-
» plémentaire, non porté au contrat. »

Et, plus loin, il ajoute : « le résultat de l'expertise prouve
» sans doute que le prix porté dans l'acte est inférieur à la
» valeur de la chose vendue ; mais on ne peut pas, nécessai-
» rement, en conclure qu'il y a eu, effectivement, dissi-
» mulation. Le cas de l'expertise continue donc à être régi
» par la loi ancienne. »

La loi de 1871 n'a donc apporté de modification réelle
que celle contenue en l'article 15.

L'article 15 dispose que, dans tous les cas où il y a lieu
à expertise, si le prix déclaré ou la valeur exprimée ne
dépasse pas 2,000 fr., l'expertise sera faite par un seul
expert nommé par toutes les parties, ou, en cas de désaccord, par le président du tribunal et sur simple requête.

Cette disposition dont l'effet principal est de supprimer
la tierce expertise pour les petites affaires, ne changera
rien à la situation existante.

Il est évident, en effet, qu'elle laisse subsister le système
des avertissements réitérés et des menaces plus ou moins
sérieuses, ayant pour résultat des soumissions arrachées à
la peur ou des résistances toujours heureuses ! elle laisse

subsister également l'obligation imposée par la loi de frimaire d'adresser les demandes en expertise au tribunal civil, et elle nécessite à tous les degrés de la hiérarchie le même travail préalable de la part des employés. Or, le travail des bureaux est tel que les receveurs n'ont pas le temps matériel nécessaire pour produire les justifications que chaque affaire exige : et si l'on réfléchit que l'enregistrement obligatoire des baux, en permettant les comparaisons, va tripler le nombre des insuffisances de prix de vente portées à la connaissance des employés, on sera convaincu de l'impossibilité de plus en plus grande dans laquelle ils seront de lutter contre la fraude.

La modification introduite par l'article 15 de la loi du 23 août 1871, n'est donc qu'un essai timide dans la voie des réformes, et l'on peut considérer que la question reste entière.

Or, il n'est aucune question d'impôt dont la solution soit plus urgente. « La société n'y est pas moins intéressée que » le trésor lui-même, dit le rapporteur de la loi du 23 août; » car, si le trésor doit assurer l'application du grand principe de l'égalité de l'impôt par le recouvrement intégral de la part de chacun dans la dette commune, la » société doit assurer également l'avenir des familles par la » conservation des patrimoines. Or, dans tous les cas » d'aliénation d'immeubles, où sont engagés les droits des » femmes mariées, des mineurs et des tiers créanciers, le » droit de recours et le gage que la loi civile aux intéressés » n'existent que pour les prix d'aliénation portés dans les » actes. Toute atténuation de ces prix constitue donc une » fraude préjudiciable aux droits les plus légitimes et aux » intérêts les plus respectables. »

Ce n'est pas chose facile, à première vue, que d'organiser un ensemble de mesures, capables de mettre un terme aux fraudes incessantes dont les droits d'enregistrement sont l'objet, en matière d'évaluations immobilières !

Si nous avions pour toute la France un cadastre bien fait, et qu'il fut possible de le tenir constamment au courant, rien ne serait plus simple que de prendre les estimations cadastrales pour base de l'impôt, quels que soient les revenus réels ou les prix portés dans les contrats. La fraude serait *supprimée* d'un seul coup, et il n'y aurait plus besoin de songer à la réprimer.

Mais nous devons opérer avec les données actuelles, et plusieurs vont jusqu'à dire qu'avec ces données, le problème est insoluble.

Ce n'est pas une raison, selon nous, pour rester dans le *statu quo*. — Quand le but ne peut être atteint d'une manière absolue, on ne doit pas moins faire ses efforts pour s'en rapprocher le plus près possible.

Après y avoir longtemps et mûrement réfléchi, — sans nous dissimuler la difficulté de l'entreprise, — nous nous sommes arrêté à cette pensée qu'il y a, dans les dispositions à prendre, un double écueil à éviter, c'est-à-dire un milieu à tenir, entre la répression exagérée et presqu'injuste qui s'est faite souvent à l'égard du contribuable inexpérimenté, — et la faiblesse, nous dirons presque la tolérance, dont on a usé jusqu'à ce jour envers le fraudeur intelligent et déterminé.

La loi nouvelle doit protéger le premier, et atteindre le second.

Pour obtenir ce résultat, il faut, au lieu de l'expertise actuelle, qui est une lutte de l'administration contre le con-

tribuable, et qui produit sur les esprits timides l'effet d'un
épouvantail ; — il faut, disons-nous, créer un mode d'évaluation pour ainsi dire amiable, qui soit un moyen de contrôle efficace, mais en même temps simple, facile, peu dispendieux, à la portée de tout le monde ; — que le contribuable, recherché à tort, puisse s'en servir sans crainte,
comme d'une arme de défense, pour résister aux obsessions
dont il serait l'objet ; — mais qu'en revanche les préposés
puissent y recourir *librement*, l'employer comme *un moyen*
usuel, débarrassé de tout caractère agressif, — entrant
naturellement dans les habitudes de la population, et décidant une contestation par les voies ordinaires, sans l'élever
à la hauteur d'un procès entraînant la désaffection du
gouvernement !

Ce résultat ne saurait être atteint sans une certaine
décentralisation au profit des employés : il est nécessaire
que les receveurs, comme les inspecteurs, après avoir demandé amiablement la réparation d'une fraude, aient
qualité pour poursuivre la démonstration de cette fraude,
et qu'ils puissent, sous leur responsabilité personnelle, et
sauf l'appréciation *ultérieure* de leurs chefs, provoquer
directement l'estimation des biens, sans être astreints,
comme maintenant, à des justifications à l'infini qui sont
un manque de confiance et ne servent qu'à décourager les
plus consciencieux.

Le remède que nous proposons, en rendant les moyens
de répression plus faciles et plus usuels, amènera-t-il plus
d'expertises qu'il n'y en a aujourd'hui ?

Dans le commencement peut-être ; plus tard, non.

La meilleure manière de réprimer la fraude, c'est de la

prévenir. — Si vis pacem, para Bellum. — Quand le contribuable rusé et fraudeur saura l'employé suffisamment armé pour la répression, il cessera de se fier à ce qui a été jusqu'ici une vérité, que la meilleure manière de résister à l'administration, c'est de lui opposer la force d'inertie. — Il répondra aux avertissements qui lui seront adressés, et s'il a fraudé, il transigera.

Nous allons exposer maintenant, en continuant la forme que nous avons adoptée dès le début de ce travail, les mesures que nous croyons propres à sauvegarder, sans froissement ni rigueur, les légitimes intérêts du trésor et ceux des contribuables en général, en assurant le paiement exact de l'impôt.

Article **23.**

Si le prix énoncé, ou le revenu exprimé, dans un acte translatif de propriété d'usufruit *ou de jouissance*, de biens immeubles, ou dans *une déclaration de mutation entre-vifs* ou par décès, paraît inférieur à la valeur vénale, ou à la valeur locative de ces biens, au moment de leur transmission, — d'après comparaison soit avec les fonds environnants, soit avec les *établissements industriels* ou les constructions hors classe de même nature dans le canton ou les *cantons voisins*, — l'administration de l'enregistrement pourra requérir l'expertise des biens, pourvu qu'elle en fasse la demande dans les *deux ans*, à compter du jour de l'enregistrement du contrat ou de la déclaration.

L'administration pourra également requérir l'expertise des revenus déclarés par les contribuables ou fixés par les répartiteurs pour le paiement des droits de location. Cette faculté sera exercée à toute époque, et tant que la location restera inscrite au rôle des locations.

V: loi du 22 frim. an VII, art. 17 et 19.

1. *Deux ans...* — Nous portons à *deux ans*, comme pour les mutations à titre gratuit ou par décès, le délai pour requérir l'expertise des immeubles transmis à titre onéreux.

Quel que soit le système d'expertise qu'on admette, il est nécessaire que cette modification ait lieu. — Dans l'état actuel de la loi, plus de la moitié des fraudes en matière de ventes, échappent au contrôle des employés supérieurs de l'enregistrement. — Quand ces employés se rendent dans les bureaux, ils sont chargés *spécialement* de s'occuper des formalités relatives à l'année expirée. Ils ne sont, en général, responsables que de celles-là, et un sentiment de réserve, facile à comprendre, les fait ordinairement s'abstenir de toute recherche concernant l'année courante, que le receveur en exercice est plus particulièrement appelé à surveiller. — Il en résulte que la prescription couvre plus de la moitié des transmissions à titre onéreux, quand elles sont vérifiées et inspectées.

Il suffit de signaler un fait comme celui-là, pour que le législateur y remédie.

Les rédacteurs de la loi du 27 juillet 1870, concernant les échanges d'immeubles contigus, sont entrés dans la voie de l'extension du délai actuel, en stipulant que la demande des droits résultant *d'énonciations inexactes*, serait faite dans le délai fixé par l'art. 61 de la loi du 22 frimaire, c'est-à-dire, dans les *deux ans* de l'enregistrement.

Ce délai a été également demandé par les auteurs du projet de loi qui est devenu la loi du 23 août; mais la chambre détournée par des amendements, a omis de statuer à ce sujet, de sorte que le délai pour requérir l'expertise des biens *transmis à titre onéreux* est toujours de *un an !*

Nec obstat loi du 23 août, art. 13. — Cet article n'étant relatif qu'aux *dissimulations.*

2. *Etablissements industriels... cantons voisins...* — Tout en restant dans l'esprit de la loi du 22 frimaire an VII, nous avons cru devoir étendre et préciser les points de comparaison qui peuvent faire ressortir les insuffisances et les établir. — Les bâtiments industriels, les usines, les châteaux sont nombreux aujourd'hui. Mais il

n'arrive pas toujours qu'il y en ait plusieurs dans une même commune. — Il faut donc que l'administration, pour ne pas rester désarmée, puisse chercher, à l'appui de sa présomption de fraude, des termes de comparaison dans un rayon assez étendu.

3. *Ou de jouissance...* — La loi du 22 frimaire an VII n'a établi l'expertise que pour les transmissions d'immeubles en propriété ou en usufruit. Mais, si les baux constituent des *mutations* assujetties à l'enregistrement par le seul fait de leur existence, et indépendamment de tout *écrit* qui les constate, il est juste de donner à l'administration les moyens de contrôler l'évaluation des parties, en recherchant l'importance des mutations. Autrement les déclarations prescrites par l'article 12 ne seront faites que pour la forme.— Les baux écrits sont eux-mêmes, du reste, l'objet de fraudes nombreuses, auxquelles on ne fait pas attention, à cause de la quotité excessivement minime des droits, mais qui ont une importance réelle, quand les baux servent plus tard de base pour les transmissions de propriété ou d'usufruit, à titre gratuit ou par décès.

Des propriétaires, en vue de ces transmissions, se font remettre une contre-lettre ou exigent un paiement en dehors, et n'expriment dans l'acte qu'un fermage très-atténué; d'autres, et cela arrive tous les jours, évaluent d'une manière dérisoire les fruits revenant au bailleur ou les charges quelquefois considérables imposées au preneur, — mais ils ont bien soin de stipuler que l'évaluation n'est faite que pour l'enregistrement !

Il est bon que l'administration soit armée contre toutes ces fraudes et puisse les réprimer au besoin. — C'est le moyen de les faire disparaître toutes seules.

Nota. — La loi du 23 août 1871, n'admet l'expertise que pour les *déclarations verbales* de jouissance : — c'est une demi-mesure, et mieux valait certainement ne pas limiter l'action de l'administration, attendu que toute fraude doit être réprimée. On remarquera, d'ailleurs, que l'art. 12 de cette loi qui a trait aux dissimulations, n'atteint que les dissimulations dans les ventes, partages et échanges, et ne concerne aucunement les *baux* qui seraient le résultat d'un concert frauduleux.

4. *De biens immeubles.* — La loi du 28 février 1872, assimilant jusqu'à un certain point les *fonds de commerce* aux immeubles, autorise l'administration à en requérir l'expertise, quand ils ont fait l'objet d'une mutation à titre onéreux.

Nous croyons qu'il sera peu usé de cette faculté : en tous cas, si l'on veut en tirer quelque profit, il est de toute nécessité que les formes de l'expertise soient simples et rapides.

ARTICLE 24.

Avant de demander l'expertise, l'administration *pourra* s'adresser au nouveau propriétaire, pour l'inviter à reconnaître amiablement l'insuffisance présumée. — Si une insuffisance quelconque est reconnue, et que l'administration *en accepte les bases,* il sera dû, sur la différence constatée, un droit simple et un *demi droit en sus,* à titre d'amende.

Cette disposition consacre ce qui a lieu dans la pratique sous le nom de *soumissions.*

1. *Pourra...* — L'administration n'y sera pas obligée. La fraude n'est quelquefois reconnue qu'au dernier moment. D'un autre côté, il serait toujours difficile de justifier que les réclamations amiables ont été faites; — et il importe qu'on ne puisse pas opposer à l'administration une telle fin de non-recevoir, qui ne serait, du reste, jamais fondée.

2. *Demi droit en sus...* — Au lieu d'un droit en sus, qui est exigible d'après la loi actuelle, nous proposons de n'infliger que la moitié de cette peine au contribuable qui reconnaîtrait sa faute sans résistance.

Nous avons voulu ainsi encourager les transactions amiables, en leur accordant une véritable prime.

3. — Aux termes de l'instruction 1624, les directeurs étaient autorisés à accepter les *soumissions* qui n'excédaient pas 100 fr. — D'après une délibération du 23 mai 1818 (Inst. 1820 § 5), ils peuvent maintenant accepter les soumissions de 500 fr. et au-dessous. — Cette réforme a simplifié le travail sans produire le moindre inconvénient. On peut donc l'élargir en toute sécurité. Nous voudrions que les directeurs aient le

droit d'accepter les soumissions inférieures à 1,500 fr. et que les receveurs fussent autorisés à transiger définitivement chaque fois que la présomption de fraude ne dépasserait pas 300 fr.

Il n'y a à cela aucun danger, et il en résulterait un allégement considérable pour les employés, en même temps qu'une surveillance plus active suivie d'une répression à la fois plus prompte et plus efficace.

ARTICLE 25.

La demande en expertise sera faite par simple requête, adressée, par le receveur ou par un employé supérieur de l'enregistrement, *au juge de paix* du canton où sont situés les biens. Toute franchise sous contre-seing est, à ce sujet, accordée aux employés de l'enregistrement avec MM. les juges de paix et leurs greffiers, et réciproquement.

— Lorsqu'il y aura lieu d'interrompre la prescription, la requête sera signifiée par ministère d'huissier, avant l'expiration du délai de deux ans ci-dessus, — sauf ce qui sera réglé en l'art. 27 ci-après.

Pour atteindre le but que nous nous sommes proposé, de simplifier l'expertise et de la rendre moins coûteuse, nous faisons intervenir le juge de paix au lieu du tribunal civil; et nous décidons que la requête du receveur sera transmise directement, et sans frais, à ce magistrat qui correspondra en franchise, ainsi que son greffier, avec les employés de l'administration, pour toutes les formalités relatives à l'expertise.

— La correspondance en franchise ne serait pas nécessaire, si le receveur et le juge de paix habitaient tous deux le chef-lieu de canton. — Mais on sait qu'en maints endroits, cela n'existe pas; et il faut que nulle part l'action de l'administration ne puisse être entravée.

Au juge de paix. — La loi du 23 août 1871, art. 13, admet également la compétence du juge de paix, mais seulement lorsqu'il s'agit d'établir les *dissimulations* de prix ou de soulte dans les ventes, partages ou échanges.

ARTICLE 26.

Dans les huit jours de la requête, la réception en sera constatée par une mention inscrite sur le répertoire du greffier ; et celui-ci adressera au nouveau propriétaire un avertissement rédigé dans la forme de ceux prescrits par la loi du 2 mai 1855, en faisant connaître sommairement la requête de l'administration, et son objet. — Cet avertissement, qui sera conservé en minute et inscrit au répertoire, fixera deux audiences successives, en tenant compte des distances. L'intimé sera libre de ne comparaître qu'à la seconde. En cas d'empêchement, le juge pourra même lui accorder de ne comparaître qu'à une troisième ou à une quatrième audience. Le receveur sera informé par lettres administratives, conservées au greffe en minute, et mentionnées au répertoire, des audiences fixées pour l'ajournement, et du sursis qui serait accordé.

Ces dispositions sont purement règlementaires. Chacune d'elles a sa raison d'être ; mais nous nous abstiendrons de développements qui seraient inutiles si la marche générale que nous proposons n'était pas acceptée.

Nous n'avons, du reste, pas besoin de faire remarquer le soin que nous prenons pour que la poursuite de l'administration gêne le moins possible les contribuables dans le soin de leurs affaires.

ARTICLE 27.

Lors de la comparution du nouveau propriétaire intimé, le juge de paix lui donnera lecture de la requête, lui exposera les principes de justice qui font que les bons citoyens doivent payer l'impôt sans fraude ni atténuation, et lui fera connaître les peines que la loi prononce contre ceux qui

succombent dans une expertise. — Après quoi, il recueillera avec exactitude les dires, observations, offres et aveux
de la partie, et nommera pour estimer les biens, *un expert*
choisi sur la *liste de présentation* de trois noms au moins
que contiendra la requête.

Si l'intimé ne comparaît pas personnellement ou par
mandataire, le juge prononcera défaut contre lui, et le
punira d'une amende de 10 francs, dont il ne pourra être
déchargé, quand même l'administration abandonnerait sa
demande ou en serait déboutée. Le juge désignera ensuite
un expert comme dessus.

Il sera rédigé acte de tout ce qui précède, comme en matière de conciliation.

Si la nomination d'expert par le juge de paix, quoique
faite par défaut, intervient avant l'expiration du délai
accordé pour requérir expertise, la prescription sera valablement interrompue, par ce seul fait, sans qu'il soit besoin
de signifier de requête à la partie.

Ainsi les différends qui s'élèveront en matière d'évaluations immobilières entre l'administration et les contribuables, seront, comme les
contestations ordinaires en matière civile, soumises jusqu'à un certain
point au préliminaire de la conciliation. — Les employés de l'administration, il est vrai, ne seront pas tenus d'être présents, et ne devront
même pas être présents aux audiences.

— D'un autre côté, le juge de paix ne s'interposera pas comme con-
ciliateur : il se bornera à notifier la requête au contribuable, en lui
faisant les observations que sa prudence lui suggèrera.

Quelque *passive* que nous la fassions à dessein, l'intervention des
juges de paix dans le règlement amiable des fraudes et des dissimulations sera féconde en résultats. — La simple lecture faite par eux de
la requête en expertise, sera une preuve que l'administration n'a pas
fait une menace vaine, et qu'elle entend donner suite à sa réclamation.

— Il n'en faudra pas davantage pour que l'immense majorité des contribuables en défaut se hâtent de faire des propositions d'arrangement.

1. Un expert... — La loi du 23 août 1871, art. 15, se contente également d'un seul expert, quand il s'agit de valeurs n'excédant pas 2,000 francs.

2. Liste de présentation... — Nous pensons qu'il est utile, dans l'intérêt du trésor, de donner aux employés le droit de présentation d'experts devant le *juge de paix*.

Il ne viendra à l'esprit de personne que les employés de l'enregistrement, en cherchant à réprimer la fraude, aient jamais l'intention de faire prévaloir une cause injuste, au moyen de manœuvres déloyales ou criminelles. On peut donc être certain qu'ils ne présenteront que des experts honnêtes et consciencieux, et que le privilège qui leur sera donné, n'aura d'autre effet que de créer une garantie que l'expérience acquise réclame en faveur de l'État.

Toute objection, du reste, doit tomber devant ce fait, que, dans notre système, ainsi qu'il sera établi plus loin, l'expertise ordonnée par le juge de paix est susceptible *d'appel*, et que devant le tribunal civil, l'administration n'aura aucun droit de proposition en ce qui concerne le choix des experts.

ARTICLE 28.

Si la nomination d'expert a eu lieu en l'absence de l'intimé, le greffier la lui motifiera dans les trois jours, par *lettre répertoriée et conservée en minute.* — Le greffier, dans le même délai, et de la même manière, rendra compte au receveur du résultat de l'audience de conciliation, et l'informera, s'il y a lieu, de la notification ci-dessus.

Les lettres d'avis des greffiers sont déjà admises dans les procédures *d'ordres* pour tenir lieu des significations extrajudiciaires. Voir loi du 21 mai 1858, inst. 2157.

ARTICLE 29.

Il ne sera exigé, comme dans l'article 20, qu'un *demi-droit en sus,* indépendamment des frais, de tout débiteur qui aura reconnu une *insuffisance* quelconque, lors de la comparution devant le juge de paix, et qui aura déposé dans la huitaine suivante, au bureau de l'enregistrement, une soumission ou offre écrite d'acquitter un supplément de droits, sur un chiffre déterminé.

1. *Qu'un demi-droit en sus...* — Il est juste de faire une différence entre celui qui avoue sa fraude, même quand l'affaire a déjà été portée devant le juge de paix, et celui qui persiste à attendre quand même, le résultat de l'expertise.

2. *Une insuffisance... devant le juge de paix....* — L'aveu des parties en justice étant une condition *sine quâ non*, pour qu'il n'y ait lieu qu'au demi-droit en sus, — MM. les juges de paix se trouveront contraints, dans l'intérêt même des contribuables, de reproduire exactement leurs déclarations conformément à l'art. 27 ci-dessus.

ARTICLE 30.

Si la soumission n'a pas eu lieu, ou si elle a été jugée insuffisante, l'expert sera informé, par le receveur, du jugement qui le nomme et de l'objet de sa mission. — Si l'expert accepte, il fera connaître au greffier, au moins dix jours à l'avance, le jour, l'heure et le lieu, où il commencera ses opérations. Notification en sera faite au receveur et aux parties, par lettre du greffier, conservée en minute et répertoriée.

En cas de refus de l'expert, il sera pourvu à son remplacement, sur une requête spéciale de l'administration, notifiée comme dessus.

L'expert n'aura pas à prêter serment. — Son procès-verbal, qui sera rédigé sur papier timbré, devra être clos et déposé au greffe de la justice de paix, au plus tard dans la quinzaine qui suivra l'ouverture des opérations d'expertise. — Il énoncera le nombre de vacations employées, et la somme due à l'expert.

Dispositions réglementaires dont le but est toujours d'opérer avec le moins de frais possible.

ARTICLE 31.

Le dépôt sera constaté par une simple *mention*, mise au bas du procès-verbal d'expertise, signée par l'expert et le greffier, et par une mention correspondante inscrite au répertoire de cet officier ministériel. — Dans les trois jours du dépôt, et par lettre en minute inscrite au répertoire, le greffier notifiera les résultats de l'expertise, tant au receveur qu'à la partie, en les invitant à prendre connaissance du procès-verbal conservé au greffe.

Par une mention... — Il ne sera pas même rédigé acte du dépôt, pour éviter à frais.

ARTICLE 32.

Le rapport d'experts *sera enregistré* dans les vingt jours de sa date, à la diligence du greffier, comme les autres actes judiciaires.

S'il constate une insuffisance dans le prix stipulé ou dans le revenu déclaré, la partie sera débitrice, sur cette insuffisance, d'un droit simple et *d'un droit en sus*, ainsi que de tous les frais auxquels l'expertise aura donné lieu.

Il en serait de même pour toute transaction qui interviendrait avant la décision de l'expert, sauf, bien entendu, ce qui a été réglé par les articles 24 et 29 qui précèdent.

Si l'administration succombe, les frais resteront à sa charge. — *Si l'insuffisance* constatée par l'expert, *n'excède pas celle reconnue par la partie* dans les offres faites comme il est dit en l'article 25, la partie ne sera tenue que de réaliser ses offres, et les frais postérieurs seront à la charge de l'administration.

Nous avons réduit à un demi droit en sus la peine encourue pour les fausses évaluations, quand elles sont reconnues amiablement, même devant le *juge de paix*. Nous ne pouvions étendre plus loin cette faveur.

Sera enregistré... — Au droit de 1 *franc*. Voir art. 103, n° 12.

Si l'insuffisance n'excède pas celle reconnue par la partie... — Quand il a été fait des offres suffisantes à l'administration, et qu'elle ne les accepte pas, il est naturel que les frais postérieurs soient mis à sa charge.

C'est du reste ce qu'a décidé la cour de cassation, le 21 juin 1869. Inst. 2383, § 2.

ARTICLE 33.

Dans la huitaine qui suivra la notification du procès-verbal d'expertise aux parties, le greffier dressera en double, et sur timbre, l'état des frais et avances auxquels l'expertise aura donné lieu, et le fera taxer par le juge. — L'un des doubles sera conservé comme minute au greffe, et inscrit au répertoire, mais non sujet à l'enregistrement. — L'autre double sera remis au receveur.

Il sera alloué au greffier soixante centimes, y compris affranchissement, pour chaque lettre écrite par lui, conformément aux articles ci-dessus, et vingt centimes pour chaque mention au répertoire.

Les greffiers de justice de paix ne doivent certainement pas fournir gratuitement, un concours aussi complet que celui que nous leur demandons. Ce sont des fonctionnaires trop peu payés pour qu'on puisse leur imposer des charges nouvelles. Nous leur avons donc alloué une rémunération, et nous avons fixé cette rémunération à un chiffre plus élevé que celui qui leur est accordé dans les affaires ordinaires, afin de leur bien faire comprendre l'importance de chacun des actes nouveaux qu'ils seront appelés à accomplir.

ARTICLE 34.

Quel que soit le résultat de l'expertise, l'administration et la partie auront chacune le droit d'en *appeler devant le tribunal civil*, et de demander une *contr'expertise*.

Dans notre conviction, les cas d'appel seront excessivement rares, aussi bien de la part de l'administration que des contribuables. — Mais, il importe que l'expert désigné par le juge de paix ne se pense pas omnipotent, et qu'il soit retenu dans les limites du devoir, par cette pensée que si son travail n'est pas exactement fait, la partie lésée pourra en provoquer la révision, — Il importe aussi, que le contribuable qui se croit condamné à tort ne puisse pas se dire victime d'une procédure exceptionnelle et nécessairement sommaire, et qu'il ait la faculté de demander justice par les voies ordinaires.

Le tribunal civil... — Nous rentrons, on le voit, dans le système de la loi actuelle, qui veut que ce soit le tribunal civil qui ordonne directement l'expertise, et qui en prononce le résultat.

ARTICLE 35.

L'appel sera formé *par la partie*, au plus tard dans les *quinze jours* qui suivront la *sommation* extra-judiciaire, à elle faite, de payer les droits simples et en sus d'après les bases déterminées au rapport d'experts. — Cette sommation ne pourra être signifiée, que quinze jours après la date de la notification faite par le greffier du résultat de l'expertise.

L'appel sera formé *par l'administration,* au plus tard

dans les *deux mois* qui suivront l'enregistrement du rapport d'experts.

L'administration sera censée avoir renoncé à tout droit d'appel, quand elle aura fait signifier la sommation de payer ci-dessus.

Si la partie sommée n'a point fait appel dans le délai prescrit, elle sera réputée avoir adhéré au résultat de l'expertise, et le recouvrement des droits et frais sera poursuivi contre elle par voie de contrainte.

Deux mois... — Les employés subalternes ne devant plus avoir d'initiave directe, quand il s'agit de l'appel, il convient de donner à l'administration un délai assez étendu pour qu'elle puisse instruire l'affaire à fond avant de prendre un parti.

ARTICLE 36.

L'acte d'appel contiendra assignation devant le tribunal civil : le tribunal, après avoir entendu, s'il y a lieu, le procureur de la République au nom de l'administration, — désignera trois experts qui seront chargés de procéder à une nouvelle expertise des biens, et auxquels sera adjoint, pendant toute la durée des opérations, un employé supérieur de l'enregistrement chargé de représenter l'Etat. — La partie intéressée aura également droit d'être présente.

Les motifs qui nous ont porté à simplifier les formes de l'expertise en première instance, et à diminuer les frais, n'existent plus pour l'expertise d'appel. — Cette expertise se suivra donc avec les formes de procédure ordinaires.

D'un autre côté, comme elle implique nécessairement contestation sérieuse, et qu'elle ne se produira que dans des circonstances exceptionnelles, nous croyons utile que les experts soient assistés, dans toutes leurs opérations, d'un employé supérieur de l'enregistrement, autorisé à présenter des observations dans l'intérêt de l'administration; — sauf à la partie à user personnellement du même droit.

ARTICLE 37.

Si l'appel a été formé par le contribuable, et si l'expertise d'appel établit, dans l'acte ou la déclaration incriminée, une insuffisance qui n'aurait pas été couverte par les offres prévues en l'article 29, le droit simple et le droit en sus seront exigibles sur l'insuffisance ainsi constatée définitivement.

La partie acquittera, en outre, les frais de la première et de la seconde expertise, y compris l'indemnité due pour frais et déplacements à l'employé supérieur chargé de suivre l'expertise.

ARTICLE 38.

Si l'appel a été formé par l'administration, et si le rapport des experts, en tenant compte des offres qui auraient pu être faites conformément à l'article 29, constate une estimation supérieure au prix porté dans le contrat ou au revenu exprimé dans l'acte ou la déclaration, la partie paiera, quelle que soit l'évaluation du premier expert, un droit et un double droit sur l'insuffisance fixée par l'expertise d'appel.

Toutefois, les frais de cette expertise ne seront à la charge de la partie, que *si l'insuffisance constatée en appel est supérieure à celle établie par l'expert amiable nommé en justice de paix.*

ARTICLE 39.

Quel que soit l'appelant, si l'expertise d'appel établit que les actes ou déclarations incriminés ne contiennent aucune insuffisance, ou que les offres faites conformé-

ment à l'article 29 désintéressaient complétement le trésor, tous les frais, sauf ceux antérieurs à ces offres, seront
à la charge de l'administration.

ARTICLE 40.

L'expertise ne pourra être requise, ni pour les adjudications devant le tribunal, ni pour celles faites devant un
notaire commis par justice.

En matière de revenu, s'il existe un bail courant, et que
les *charges seules* ou les produits en nature aient été
évalués d'une manière insuffisante, l'expert, ou les trois
experts, n'auront pour mission que de fixer la véritable
valeur de ces charges ou produits.

Charges... insuffisantes... — Il en devrait être ainsi sous la
loi actuelle (art. 19 de la loi du 22 frimaire). Cependant il est admis
comme règle, que si l'on a pris pour base des droits dans une déclaration de succession, un bail fait à prix d'argent, et moyennant des
charges *évaluées seulement pour la forme*, — l'administration, pour
réprimer la fraude, est obligée de poursuivre *l'expertise des biens*, et
de démontrer, au moyen des comparaisons ordinaires, que le revenu
déclaré, évaluation des *charges comprises*, est inférieur à la valeur
locative réelle. — C'est compliquer à plaisir les difficultés, et vouloir
que la répression n'ait pas lieu!

ARTICLE 41.

Quand les biens à expertiser seront situés dans le ressort
de plusieurs bureaux, mais dans le même arrondissement,
la requête sera présentée indifféremment dans l'un ou l'autre
canton. Le juge de paix appelé à donner son concours,
ordonnera l'expertise partout où elle sera nécessaire, et
choisira l'expert chargé d'y procéder.

ARTICLE 42.

Si les biens sont situés dans plusieurs arrondissements, il sera présenté une requête et désigné un expert, comme ci-dessus, par arrondissement.

— En cas de contr'expertise, ou expertise d'appel, la demande sera portée en même temps, devant tous les tribunaux civils dans le ressort desquels les biens sont situés.

Voir : loi du 25 novembre 1808, art. 1er.

_____

Le système que nous venons de formuler, dans les 20 articles qui précèdent, peut se résumer à ceci : — user d'abord de tous les moyens de conciliation, et encourager les transactions amiables, en les traitant avec moins de sévérité que par le passé. — Provoquer ensuite, si cela est nécessaire, une estimation simple, peu coûteuse, confiée à un expert présentant toutes les garanties possibles de loyauté et d'indépendance ; — enfin, arriver à peu de frais à la connaissance exacte de la vérité.

Nous aurions pu nous arrêter là, avec la conviction que tous les intérêts seraient sauvegardés, — Mais, pour prévenir toute récrimination, nous avons proposé d'établir, comme en matière ordinaire, une juridiction d'appel.

C'est une faculté qui existera tout à la fois comme une garantie et comme une menace, et qui pourra avoir, à ce titre, une heureuse influence. Mais il n'en sera jamais usé réellement, ou ce sera bien rare.

L'estimation du premier expert, quand même elle présenterait quelqu'inexactitude, suffira toujours pour éclairer

l'administration et les parties sur leurs intérêts respectifs
et pour les concilier.

Les moyens avec lesquels l'administration dominera la
fraude seront donc, en réalité, la conciliation devant le juge
de paix, et l'expertise devenue une arme usuelle.

La conciliation devant le juge de paix, en matière de
fraude, sera une disposition nouvelle comme loi ; mais elle
n'est pas absolument nouvelle en fait. — Nous avons connu
un receveur, plus zélé que prudent, qui en a retiré des
résultats tellement nombreux que l'administration a dû se
préoccuper des moyens par lesquels ces résultats étaient
obtenus. Elle y a mis toutefois un terme, car le receveur
aussi bien que le juge de paix commettaient, dans l'état
actuel de la loi, un véritable abus de pouvoir.

TITRE V.

ARTICLE 43.

Les délais pour faire enregistrer les actes publics sont, savoir :

1° De *quatre jours* pour ceux des huissiers et autres, sans exception, ayant pouvoir de faire des procès-verbaux.

D'après une loi spéciale, les procès-verbaux de *roulage* doivent être enregistrés dans les trois jours de leur date (loi du 30 mai 1851, art. 19). C'est une exception que rien ne légitime, et qui doit disparaître.

2° De *quatre jours* également, pour les protêts dressés par les notaires.

Il est déjà ainsi aujourd'hui, d'après la loi du 24 mai 1831, art. 23.

3° De *dix jours*, pour les procès-verbaux de vente de marchandises déposées dans les magasins généraux, que les ventes soient faites par les *courtiers* de commerce, ou par les officiers publics ou ministériels désignés pour les remplacer.

V : loi du 18 juin 1864, Inst. 2197, § 2; *courtiers*. V : ci-après, art. 60 et 81.

4° De *dix jours* également, pour les actes des notaires

qui résident dans la commune où le bureau d'enregistrement est établi.

5° De *quinze jours*, pour ceux des notaires qui n'y résident pas.

Les actes synallagmatiques, dressés à plusieurs dates par les notaires, seront enregistrés dans le délai de celle qui aura donné la perfection au contrat principal entre les parties. A cet effet, les actes feront connaître la date des signatures de chacune des parties contractantes, des témoins et du notaire.

Cette disposition finale a pour objet de réprimer l'abus des actes à double date, et d'empêcher les notaires de retarder, quelquefois très-longtemps, et toujours sans danger, l'enregistrement de leurs actes.

6° De *vingt jours*, pour les commissions délivrées aux agents des compagnies et *administrations privées*, et pour tous les actes des sociétés par actions assujettis à l'inscription au répertoire.

V : art. 60, art. 81 n° 8, et art. 105 n° 6.

7° Egalement de *vingt jours*, pour les actes des préfets, sous-préfets, maires, officiers d'administration et commissaires de la marine.

Les préfets, sous-préfets et maires, ainsi que les administrateurs des établissements publics, ne seront tenus de faire enregistrer, *outre les procès-verbaux de côte et paraphe* qu'ils seraient appelés à dresser, conformément aux articles 8 et 9 ci-dessus du code de commerce et à l'art. 19 du *décret du 12 mars 1859*, que ceux de leurs actes portant transmission de propriété, usufruit ou jouissance mobilière ou immobilière, ainsi que les marchés et adjudications de toute nature, aux enchères, au rabais, ou sur soumission.

Comparez : loi du 15 mai 1818, art. 78, et voyez loi du 27 ventôse an IX, art. 7.

Voir aussi art. 61 ci-après.

1. *Procès-verbaux de cote et paraphe...* — Ces procès-verbaux sont de nature à être enregistrés. Loi du 28 avril 1816, art. 73 ; inst. gén. 715 § 9. Garnier, R. G. 1152.— Mais, en réalité, ils ne le sont presque jamais. — Les mesures que nous prendrons ci-après, art. 60 et 81, feront cesser cet abus qui intéresse tout le monde.

2. *Décret du 12 mars 1859...* — Ce décret est relatif aux livres des magasins généraux.   V : inst. 2149, page 8.

8° Et de *vingt jours* encore : 1° pour les actes judiciaires qui se dressent en minute ou se délivrent en brevet, — y compris les procès-verbaux de cote et paraphe dont il est parlé ci-dessus et ceux des livres des messageries ; — 2° et pour les inventaires dressés chaque année par les commerçants en vertu de l'art. 9 du code de commerce.

Le délai pour l'enregistrement de ces inventaires courra du jour de leur clôture ; et cette clôture devra avoir lieu dans le mois qui suivra l'expiration de chaque année commerciale, étant admis que l'année commerciale courante part du jour où a été commencé l'inventaire de l'année précédente.

V : ci-après, art. 61, 104, n° 5, 112, n° 3 et 137.

ARTICLE 44.

Les testaments, *caducs ou non*, déposés chez les notaires ou par eux reçus, ainsi que les donations éventuelles entre époux et les révocations, seront enregistrés dans les trois

17

mois du décès des testateurs ou donateurs, ou de la découverte des testaments s'ils sont olographes.

Les *notaires* ne seront tenus que du paiement *du droit fixe* d'après le tarif en vigueur, soit à la date de l'acte, soit à la date du dépôt.

Les *droits proportionnels* auxquels les testaments donneraient ouverture, ainsi que les droits en sus exigibles pour retard dans l'enregistrement, seront acquittés *par les héritiers* ou exécuteurs testamentaires, sauf leur recours, comme de droit, contre les légataires à qui les testaments profiteraient.

Comparez : art. 21 et 38 de la loi du 22 frimaire, an VII.

1. *Caducs ou non…* — Il y a, à l'heure qu'il est, dans chaque étude de notaire, des centaines de testaments non enregistrés, dont les auteurs sont morts ou disparus. — C'est un fouillis qui se transmet de successeur à successeur, et les notaires en exercice s'en préoccupent d'autant moins que, le plus souvent, ils manquent de renseignements, ou que les successions étant ouvertes dans d'autres cantons, elles ne doivent pas entraîner d'affaires en leur étude.

Quoi, qu'il en soit, il y a là une réforme grave à accomplir dans l'intérêt des familles. Car, si parmi ces testaments il en est de révoqués, ou de caducs, il en est aussi qui ne le sont pas!

Pour aider à cette réforme autant qu'une loi fiscale peut le faire, nous avons cru utile d'en revenir purement et simplement à la loi du 22 frimaire an VII, et d'écarter les exceptions qu'une interprétation trop bienveillante y a introduites en faveur des testaments considérés comme *nuls ou non avenus*.

Nous ne demandons, du reste, qu'une chose légitime, le paiement du droit *d'acte*.

Du moment où l'acte existe, le droit est dû. — S'il a été sursis au paiement, c'est par discrétion, pour ne pas soulever le voile qui couvrait la volonté du testateur; mais le testateur mort, le terme assigné au paiement est échu, et il n'y a pas de raison pour que le paiement n'ait pas lieu.

Le testament est un fait assez grave pour qu'on ne le commette pas à la légère; et si l'on peut qualifier d'*acte* la manifestation d'une volonté, c'est bien le cas. — Le testateur qui fait plusieurs testaments se détruisant les uns les autres, fait plusieurs *actes* successifs. Les héritiers ont le droit de les examiner tous, d'admettre les uns, de contester les autres. Chacun de ces testaments a donc une existence propre, à tel point que le testateur lui-même, s'il peut en annuler les effets par un acte nouveau, ne peut les détruire matériellement, et leur enlever la force latente qu'ils possèdent de reprendre vie, si le testament qui les révoque est annulé pour vice de forme ou autrement.

Les testaments, même non suivis d'effet, sont donc des actes véritables, et comme tels, il n'y a pas de raison pour les exempter de l'enregistrement.

2. *Par les héritiers....* — Tout individu qui fait un acte en doit personnellement les droits. — Il en est de même du testateur. — Or, si celui-ci, par faveur spéciale, ne paie pas les droits de son vivant, il en grève, par contre, sa succession.

3. *Les notaires seront tenus du droit fixe...* — Les notaires qui reçoivent des testaments, prévoyant soit la disparition du testateur, soit la caducité ou la révocation des dispositions testamentaires, se font payer ce qu'ils appellent *un honoraire fixe*, sauf à réclamer à l'évènement, s'il y a lieu, un honoraire proportionnel.

Rien n'empêche donc, qu'ils fassent pour l'État ce qu'ils font pour eux-mêmes, et que, s'ils ont la moindre crainte pour l'avenir, ils réclament, en même temps que leur honoraire fixe, la *consignation des droits* qu'ils seront un jour personnellement obligés d'acquitter au bureau de l'enregistrement.

4. *Les droits proportionnels....* — Le notaire ne peut être responsable que du droit d'*acte*. Il ignore, en effet, au moment où il reçoit le testament, si les dispositions donnant ouverture au droit proportionnel seront maintenues; mais il est sûr que l'acte dont il a la garde subsistera.

Il est donc juste que les *parties seules* soient débitrices du droit proportionnel auquel les testaments peuvent donner ouverture.

Ce sont également elles qui doivent prévenir le notaire du décès et rechercher qu'elles ont été les dernières volontés du défunt; c'est donc à elles encore de supporter les peines encourues pour enregistrement tardif.

ARTICLE 45.

Les actes qui, à l'avenir, seront faits sous signature privée, et qui porteront *transmission de propriété, d'usufruit
ou de jouissance*, à titre de ferme ou loyer, de biens immeubles *situés en France*, et les engagements aussi sous
signature privée de biens de même nature, seront enregistrés *dans les quinze jours de leur date.*

Les mutations verbales des mêmes biens, en propriété,
usufruit ou jouissance, devront être déclarées au bureau
de l'enregistrement, dans le même délai, à partir de la date
des conventions.

— *Une copie littérale* de la déclaration, avec quittance
des droits, sera remise à la partie : — Cette copie sera
payée au receveur, comme les extraits prévus par l'art. 92.

1. *Transmission de propriété...* — La loi du 28 février 1872,
art. 8, a assimilé les *fonds de commerce* aux immeubles quant aux
délais d'enregistrement et aux moyens de constater les mutations
secrètes. Nous n'avons pas cru devoir reproduire cette disposition.

Voir art. 118 n° 1.

2. *Biens situés en France...* — Par opposition à ceux situés
à l'étranger dont nous avons parlé art. 1. — Ces derniers, ne constituant pas une *mutation* aux yeux de la loi française, ne sont assujettis
à l'enregistrement que quand il en est fait usage. (V : art. 48, ci-après.)

3. *Dans les quinze jours de leur date...* — On a prêché, il
y a quelques années, une véritable croisade contre les actes sous
signature privée, — particulièrement contre ceux translatifs de propriété immobilière.

Les adversaires des actes sous signature privée ne voulaient rien
moins que les frapper de nullité, s'ils n'étaient pas enregistrés dans un
délai déterminé! Quelques-uns consentaient, cependant, à les admettre

comme valables, chaque fois que le prix stipulé n'atteignait pas le chiffre de 150 fr.

Nous avouons qu'une telle sévérité nous répugne : — S'il y a une fraude dans les actes sous signature privée, qu'on la réprime d'une manière énergique ; mais il n'entre pas dans nos mœurs de prononcer la nullité d'une convention, parce qu'une formalité ultérieure aura été omise. — C'est donner une prime à l'immoralité et à la mauvaise foi ! Quel est l'honnête homme qui voudra reprendre son bien, parce que l'acquéreur aura négligé de faire enregistrer l'acte de vente dans le délai voulu ?

4. *Quinze jours...* — Les actes sous signature privée doivent donc être respectés comme par le passé, ainsi que les conventions verbales emportant mutation.

Mais, s'ils doivent être respectés, nous reconnaissons qu'il n'y a aucune raison de leur faire la part plus belle qu'aux actes notariés. — Le délai de trois mois fixé par la loi du 22 frimaire an VII, art. 22, constitue donc une faveur excessive, qui a produit bien des fraudes et qu'il est juste de réduire.

Voici ce que dit à ce sujet M. Aulanier, dans les excellentes *observations* dont nous avons déjà parlé :

« Excepté pour les actes publics, les délais d'enregistrement sont
» trop longs : contrairement à l'intention du législateur, ils deviennent
» une ressource à la fraude, une sorte de piège tendu à la bonne foi
» insouciante. — Avec des dates en blanc, ou des actes renouvelés,
» on se soustrait presqu'indéfiniment à l'enregistrement des mutations
» constatées par actes sous seings privés ; des reventes successives se
» font dont la dernière est seule soumise à l'enregistrement. Si un des
» signataires vient à mourir, le délai de trois mois est suffisant pour
» qu'on soit averti et qu'on se mette en règle. Ayant du temps devant
» eux, d'autres contractants qui ne pensent pas à la fraude, remettent
» à faire un déboursé qui leur coûte ; ils perdent cette obligation de
» vue, — et cela d'autant plus facilement qu'elle date de plus loin ; —
» et en fin de compte, ils paient le double droit ou en viennent aussi
» à dissimuler parce qu'on leur a laissé trop de latitude ! »

5. *Copie littérale...* — Les parties ne pouvant se prévaloir des mutations verbales que quand elles ont acquitté l'impôt (art. 75 ci-après), il est nécessaire qu'elles aient un titre constatant l'accomplissement de cette obligation. — Ce titre ne peut pas être une

simple quittance, qui n'établirait rien ; ce doit être nécessairement une copie de la déclaration.

On conçoit que cette copie, qui est un surcroît de travail pour le receveur, soit payée à part.

Les parties, du reste, pour éviter la délivrance de cette copie, n'ont qu'à produire leur titre ; car, à vrai dire, il n'y a pas de mutations verbales.

ARTICLE 46.

Les actes et mutations de l'espèce de ceux indiqués en l'article précédent, qui auront été passés *en pays étranger*, ou dans les îles ou colonies françaises où l'enregistrement n'aurait pas encore été établi, seront enregistrés, savoir : *dans le délai de trois mois*, s'ils sont faits en Europe, et si le nouveau propriétaire ou preneur a son domicile en France, — et d'*un an*, dans tous les autres cas.

Comparez avec la seconde partie de l'art. 22 de la loi du 22 frimaire an VII. — La facilité actuelle des communications permet de réduire les délais, particulièrement si le nouveau propriétaire ou preneur a son domicile en France.

ARTICLE 47.

Les *contrats d'assurances* faits avec des compagnies, ou avec un particulier exerçant la profession d'assureur, — quel que soit l'objet des assurances, qu'elles soient mutuelles ou à primes fixes, terrestres ou maritimes, sur la vie ou sur les sinistres, accidents et risques de toute nature ; les avenants, et tous actes modificatifs ou complémentaires des contrats d'assurances ; — les règlements d'assurances, ou quittances d'indemnités et décharges de dividendes revenant aux assurés, — seront présentés à la formalité de l'enregistrement, *dans les dix premiers jours du mois qui suivra celui de leur date.*

Ces dispositions se complètent : 1° par l'obligation imposée aux assureurs et compagnies de tenir un répertoire de tous leurs actes. — V : art. 81, n° 7 ;

2° Par l'établissement de tarifs qui varient suivant la nature des assurances. — V : art. 115, n° 5, art. 116, n° 2, et art. 119, n° 3.

Contrats d'assurances... — Ces contrats figuraient avec un tarif gradué dans l'édit de 1722 sur le contrôle ; mais ils ont été omis par la loi du 22 frimaire.

La loi du 28 avril 1816, art. 51 n° 2, a réparé cette omission, et a tarifé les contrats dont il s'agit, uniformément et sans exception, au droit de 1 °/° du montant des primes. — Mais, en ne les assujettissant pas à l'enregistrement dans un délai déterminé, elle a laissé le paiement des droits *facultatif*.

Il en résulte que l'impôt établi par la loi de 1816 ne rapporte presque rien, quoique les conventions auxquelles il s'applique soient nombreuses, et qu'elles aient ce double avantage, de sauvegarder les intérêts des assurés et de procurer aux assureurs des bénéfices considérables.

On a eu la pensée, à diverses époques, de venir en aide aux nécessités du budget en frappant ces conventions d'un droit d'enregistrement *exigible dans un délai déterminé*. — Un projet de loi dans ce sens a été soumis au Corps législatif dans la session de 1861, (séance du 16 avril).

On proposait de convertir le droit en une *taxe obligatoire* qui serait perçue au siège des compagnies, sur le montant des primes d'assurances, de la même manière qu'on perçoit le droit de transmission établi par la loi du 23 juin 1857. — La formalité de l'enregistrement serait ensuite accomplie *gratis*, chaque fois que les parties voudraient donner date certaine à leurs contrats, ou en faire usage, soit devant notaire, soit en justice.

Ce projet, séduisant par sa simplicité, a été repris par les législateurs de 1871 et est devenu la loi du 23 août, art. 7, 8, 9 et 10.

Mais cette loi, — *qui ne s'applique qu'aux assurances maritimes et à celles relatives à l'incendie,* — est incomplète, en ce qu'elle n'atteint pas *tous les actes des compagnies d'assurances.*

Le contrat d'assurance est un acte qui renferme *deux obligations* : — celle de l'assuré, qui s'oblige à payer une *prime,* — et celle de l'assureur, qui s'oblige *éventuellement* à fournir une *indemnité.*

Or, la taxe établie sur les primes n'atteint que l'obligation de l'assuré ; tandis qu'il est juste de frapper aussi l'obligation de l'assureur *quand elle se réalise.*

Nous pensons donc qu'il convient de soumettre à l'enregistrement, *non seulement les polices d'assurances, mais encore les actes qui interviennent,* au moment de la réalisation de l'éventualité prévue dans les contrats, *pour déterminer les droits des assurés et établir la libération des assureurs.*

D'un autre côté, l'administration est intéressée à ce que la *formalité matérielle* soit donnée, ne fût-ce que d'une manière très-sommaire, à certains actes dont les indications sont précieuses à plus d'un titre : — nous voulons parler des *polices d'assurances contre l'incendie et sur la vie ainsi que de leurs règlements.*

Tel individu s'est obligé de payer annuellement des primes élevées, pour *assurer,* à sa mort, un capital de 50,000 fr. à chacun de ses enfants. — Les enfants recueillent les 50,000 fr., mais se gardent bien, s'ils sont majeurs, de faire connaître à l'enregistrement le bénéfice qui leur échoit !

Tel autre a fait *assurer* son mobilier pour une valeur de 20,000 fr., et on ne fait, à son décès survenu peu après, qu'une déclaration insignifiante dont le total ne s'élève pas à 500 fr. !

Quand l'administration a sous la main le moyen de contrôler de pareilles fraudes, on ne comprendrait pas qu'elle négligeât d'en profiter.

Il importe donc que les actes des compagnies d'assurances qui renferment des indications utiles pour la surveillance des droits dûs au trésor, soient soumis aux receveurs et relevés soigneusement par eux sur le répertoire, ou cahier civil, tenu dans les bureaux de l'enregistrement depuis 1er janvier 1866. (Inst. 2320.)

Mais comme il importe aussi de ne pas multiplier le travail sans nécessité, voici, à notre sens, le mode d'enregistrement et de perception qui devrait être adopté :

Dans les dix premiers jours de chaque mois, les assureurs ou agents des compagnies, présenteraient à l'enregistrement les actes de toute nature qu'ils auraient passés dans le mois précédent, ainsi que le répertoire qu'ils sont actuellement obligés de tenir et dont l'obligation est confirmée par l'article 81 ci-après.

Les receveurs rapprocheraient ces actes du répertoire, inscriraient dans la colonne à ce destinée les droits auxquels chacun d'eux donne ouverture, et arrêteraient, en toutes lettres, *la somme des droits dûs pour le mois entier, en indiquant le jour du paiement, le folio et le n° du registre de recette.*

Ils apposeraient ensuite, sur chaque acte, un visa daté, énonçant le n° du répertoire. — Ce visa vaudrait enregistrement.

De plus, en ce qui concerne les actes contenant des indications dont il est utile de conserver trace, — les receveurs mentionneraient, à la suite de leur visa, le volume et le n° du répertoire où les renseignements auraient été relevés.

Les employés supérieurs seraient ainsi mis à même de constater les omissions qui pourraient être commises.

Avec ce système, le trésor obtient tout le bénéfice de l'enregistrement réel des actes, et les employés n'ont pas sensiblement plus de besogne que n'en donnera la perception de la taxe annuelle.

Car, — il faut bien le remarquer, — l'établissement de cette taxe oblige également à rapprocher les polices du répertoire, et il faudra nécessairement, pour le contrôle de la perception, faire l'addition des primes payées par les assurés !

Ce sera un travail immense et fastidieux *au siège des compagnies :* tandis que la recette mensuelle que nous proposons s'effectuerait, *au siège de chaque agence,* sans donner plus de peine que ne donne, en ce moment, la perception des droits de *mise au rôle.*

Ce n'est pas tout, et il y a une chose à laquelle on n'a pas songé, c'est que l'art. 6 de la loi du 23 août 1871, autorisant l'enregistrement *gratis* des polices d'assurances, l'enregistrement de ces actes augmentera dans une proportion énorme ; car les cas sont nombreux où les notaires ont intérêt à constater l'existence des contrats d'assurances, et du moment où ils pourront le faire sans paiement de droits, ils ne s'en feront pas faute ! — C'est donc un surcroît de travail sans rémunération qui menace les malheureux receveurs ; sans compter qu'ils se trouvent, ainsi livrés à la merci des agents d'assurances, qui peuvent à leur gré les tourmenter en requérant sans raison l'enregistrement de leurs polices !

Ajoutons, — dans le sens de nos propositions, — que lorsque les bureaux des agents d'assurances seront ouverts aux employés de l'enregistrement pour y vérifier le répertoire et les minutes, et que l'enregistrement de toutes les polices et des actes y relatifs se trouvera forcé, l'administration ne tardera pas à reconnaître qu'elle a un intérêt immense à ce que les compagnies d'assurances se servent *du timbre de la débite,* ou du papier timbré à l'extraordinaire. — Le système de *paiement du droit de timbre par abonnement* est excellent dans l'état actuel, où l'on ne peut pas faire autrement pour éviter la fraude ; mais il n'est pas douteux que le trésor y perde une notable partie des droits qui lui sont légitimement dûs !

ARTICLE 48.

Il n'y a point de délai de rigueur, pour l'enregistrement de tous autres actes que ceux mentionnés dans les articles 43, 44, 45, 46 et 47 ci-dessus ; — mais il ne pourra en être fait usage en France, soit par acte public, soit en justice, ou devant une autorité constituée, qu'ils n'aient été préalablement enregistrés, *et n'aient payé les droits établis par la présente loi.*

Cet article n'est que la reproduction de l'art. 23 de la loi du 22 frimaire, avec les modifications apportées par l'art. 58 de la loi du 28 avril 1816, et par l'art. 1 de la loi du 26 juin 1821.

Le dernier membre de phrase a trait aux actes enregistrés dans les colonies, auxquels on applique un tarif exceptionnel, mais qui doivent un droit complémentaire quand il en est fait usage *en France.*

Il se rapporte également aux baux qui n'auraient acquitté les droits que pour une période, conformément à la loi du 23 août actuellement en vigueur, et dont on aurait à se prévaloir à l'expiration de cette période.

ARTICLE 49.

Si les actes dont il est question dans l'art. 44 qui précède, sont annexés à un acte public, civil ou judiciaire, ils pourront n'être présentés à l'enregistrement qu'avec cet acte ; mais, dans ce cas, les droits et amendes de toute nature qui pourraient être exigibles seront acquittés par l'officier public.

Il en sera de même pour les effets de commerce qui pourront n'être présentés à l'enregistrement qu'avec les protêts.

Comparez avec la 2ᵉ partie de l'art. 23 de la loi du 22 frimaire an VII,
— l'art. 58 de la loi du 28 avril 1816, et l'art. 4 de la loi du 16 juin 1824.

Il n'y a rien de modifié, si ce n'est que nous étendons aux actes
judiciaires la faculté accordée aujourd'hui aux seuls actes civils.

ARTICLE 50.

Les délais pour l'enregistrement des déclarations que les
héritiers, donataires ou légataires auront à passer des
biens à eux échus ou transmis *par décès*, sont, savoir :

De six mois, à compter du jour du décès, lorsque celui
dont on recueille la succession est décédé en *France; de
huit mois,* s'il est décédé dans toute autre partie de *l'Europe,*
ou en *Algérie; d'une année,* dans tous les autres cas.

Le délai de six mois ne courra que du jour de l'envoi
en possession provisoire, ou du jour de la prise de possession de fait, s'il s'agit des biens d'un *absent,* — sauf, en
cas de retour, restitution des droits payés, comme il est dit
en l'art. 95 ci-après.

L'acceptation d'une succession *sous bénéfice d'inventaire*
n'exempte pas de faire la déclaration des biens dans les
délais voulus.

V : loi du 22 frim., art. 21, et loi du 28 avril 1816, art. 10.

Sous bénéfice d'inventaire. — La jurisprudence est depuis longtemps fixée en ce sens, mais il importe, à l'exemple de la législation
belge, de trancher définitivement la difficulté par un texte précis. — On
remarquera, du reste, qu'en admettant la déduction du passif, l'obligation de déclarer les successions bénéficiaires perd la plus grande partie
de sa rigueur.

ARTICLE 51.

— Pour les rentes et usufruits successifs, ou éventuels,
et les *réversions et accroissements,* à quelque titre qu'ils

aient lieu, — le délai *de six mois* dans lequel la déclaration devra être faite courra du jour du décès du précédent institué, ou de l'accomplissement de la condition à
laquelle la mutation était subordonnée. — Le droit pour
les réversions et accroissements, soit dans les *tontines*, soit
dans les *sociétés civiles ou religieuses*, sera dû au taux des
mutations à titre onéreux si l'accroissement a lieu *par convention entre vifs*. — Mais, quoique prenant sa source
dans un contrat commutatif, il sera dû comme *mutation
par décès*, et d'après *la nature des biens transmis*, s'il
s'opère par le décès d'un des associés ou communistes.

— S'il s'agit *d'accroissement par répudiation*, soit
d'une part *ab intestat*, soit d'une disposition testamentaire,
le délai courra du jour de la renonciation, et celui qui en
bénéficiera paiera les droits d'après ses qualités héréditaires, *sans que ces droits puissent être inférieurs à ceux
qu'aurait acquittés le renonçant.*

— S'il s'agit de *créances* déclarées *litigieuses* ou irrécouvrables, et *devenues certaines*, le délai ne sera que de
trois mois, et sera compté, soit à partir de l'acte qui aura
reconnu la créance certaine, soit à partir de la date du
certificat du maire établissant la solvabilité du débiteur.

1. *Réversions et accroissements.* — Il est décidé, sous l'empire de la loi actuelle, que si un legs d'usufruit est fait conjointement
au profit de deux personnes, l'usufruit *accroît* au survivant des donataires sans qu'il soit dû aucun droit. Inst. 1351 § 6. — Nous ne nous
élevons pas contre cette décision, mais, procédant à nouveau, nous
sommes d'avis qu'il est juste d'établir un droit proportionnel, chaque
fois que le décès d'un individu assure un enrichissement quelconque à
un autre individu.

2. *Tontines.* — Il résulte de deux arrêts du 1er juin 1858, Inst.

2150 § 2, que lorsqu'une société est constituée sous la forme de *ton-tine*, il n'est dû, TANT QUE DURE LA SOCIÉTÉ, au décès des associés, aucun droit proportionnel d'enregistrement sur les parts que possédaient ces associés. — Ce résultat peut être très-juridique, mais il ne saurait subsister sans injustice.

3. *Comme mutation par décès.* — La jurisprudence est fixée en sens contraire. Arrêt du 14 juin 1859. Inst. 2,150 § 1. Toutefois il est utile, pour la facilité de l'impôt, de rendre légal le mode de perception que l'administration avait d'abord adopté, et qui, s'il n'est pas le plus juridique, est bien certainement le plus naturel.

4. *D'après la nature des biens transmis.* — Suivant la loi civile, les mutations successives qui s'opèrent tant que la société n'a pas été dissoute, ont le caractère des transmissions *mobilières*. — Il était donc besoin d'une disposition particulière pour établir, que *relativement à l'impôt*, ces mutations ne seraient pas considérées comme des *cessions de parts sociales*, donnant ouverture au droit de 0. 50 °/₀ (Inst. 2,111 § 7), mais comme des transmissions de droits indivis, tarifées suivant la nature des biens.

5. *Accroissement par répudiation.* — Cette disposition, que nous formulons ici d'une manière générale, a pour but de mettre un terme à la fraude dont nous avons parlé, art. 15 n° 10, § 6.

6. *Créances litigieuses.. devenues certaines.* — Cette clause est le complément nécessaire des dispositions qui ont été arrêtées, — art. 15 n° 3 — en faveur des créances litigieuses et irrécouvrables.

ARTICLE 52.

Dans les délais fixés par les articles précédents pour l'enregistrement des actes et déclarations, le jour de la date de l'acte ou de la mutation, et celui de l'ouverture de la succession, ne seront pas comptés. — Si le dernier jour du délai se trouve être un dimanche, ou un jour de fête légale, ces jours là ne seront pas comptés non plus.

Reproduction de l'art. 25 de la loi du 22 frimaire an VII.

TITRE VI.

Des bureaux où les actes et mutations doivent être enregistrés.

Article 53.

§ 1. Les notaires, greffiers, préfets, sous-préfets, maires et agents d'assurances, feront enregistrer leurs actes aux bureaux dans l'arrondissement desquels ils résident. — Les huissiers, et tous autres ayant pouvoir de faire des procès-verbaux, les feront enregistrer, soit au bureau de leur résidence, soit au bureau du lieu où ils les auront faits.

V : art. 26 de la loi du 22 juin an VII.

§ 2. Il est fait exception pour les ventes publiques de meubles, qui devront toujours être enregistrées aux bureaux dans le ressort desquels il aura été procédé.

(Art. 6 de la loi du 22 pluv. an VII.)

§. 3. Les actes sous signatures privées, et ceux passés en pays étranger, pourront être enregistrés dans tous les bureaux indistinctement.

V : art. 26 de la loi du 22 frim. an VII.

§ 4. *Les déclarations* de mutations verbales de propriété, d'usufruit ou de *jouissance*, devront être faites au bureau de la situation des biens.

Les déclarations.. — La loi du 23 août 1871, comme celle du 27 ventôse au IX, est muette à ce sujet. Il en résulte que, sous l'empire de la loi actuelle, les mutations verbales de propriété, d'usufruit ou de jouissance, peuvent être faites dans tous les bureaux indistinctement.

C'est une facilité pour le public, mais en même temps un dommage pour l'administration.

Les receveurs de l'enregistrement à qui sont faites des déclarations concernant d'autres bureaux, sont évidemment obligés de les renvoyer à ces bureaux. Or, que de renvois s'égarent en chemin, ou deviennent inutiles par suite d'indications insuffisantes ? d'autre part, si ce sont les déclarations elles-mêmes qui sont renvoyées, il manquera au bureau expéditeur un élément essentiel pour la vérification de la recette. Si c'est une copie ou un extrait, quelle besogne nouvelle pour les receveurs !

Mieux vaut donc imposer aux parties l'obligation de faire leur déclaration au bureau de la situation des biens. Si elles trouvent que c'est une trop grande sujétion, il leur sera souvent facile de s'y soustraire en produisant l'acte secret; car, nous le répétons, il n'y a pas de mutation importante sans acte écrit.

Au surplus, la disposition que nous proposons existe déjà pour les déclarations de succession; et la charge pour les mutations verbales n'est pas plus grande, puisque les déclarations peuvent être faites en vertu d'un simple mandat non enregistré, et qu'il est toujours facile aux propriétaires, — chargés seuls des déclarations d'après la loi du 28 février 1872, — de se faire remplacer dans chaque canton par un des fermiers avec lesquels ils ont affaire.

§ 5. Les inventaires de commerce seront enregistrés, au choix des parties, soit au bureau d'enregistrement de leur canton, soit *au bureau des hypothèques* dans le ressort duquel se trouve la maison de commerce.

Au bureau des hypothèques... — Cette disposition n'a pas d'utilité réelle, car les receveurs sont aussi discrets que les conservateurs des hypothèques ; mais elle a pour but de rassurer d'une manière complète les personnes qui pourraient avoir quelque défiance.

Article 54.

§ 1. Les mutations par décès seront enregistrées au bu-

reau de la situation des biens, meubles et immeubles.— Les
héritiers, donataires ou légataires, leurs tuteurs ou curateurs, seront tenus d'en passer *déclaration détaillée et
signée sur le registre du receveur;* — et, au cas où la succession serait, en tout ou en partie, *recueillie en vertu de
dispositions testamentaires,* ils devront indiquer quels seraient les héritiers appelés par la loi, à défaut de testament.

§ 2. Les rentes et valeurs mobilières sans assiette déterminée, lors du décès, seront déclarées au dernier domicile du décédé, si le décédé avait un domicile en France, et
*au bureau dans l'arrondissement duquel se trouve le débi-
teur des valeurs mobilières, s'il n'en avait pas.*

§ 3. *La déclaration faite au bureau du domicile du défunt devra comprendre, sommairement et pour ordre, la
consistance et l'estimation de toutes les valeurs mobilières et
immobilières dépendant de la succession, et situées en dehors
de l'arrondissement de ce bureau, même à l'étranger.*

§ 4. En ce qui concerne le mobilier corporel, les héritiers ou légataires rapporteront à l'appui de leur déclaration, un inventaire ou état estimatif, article par article,
dressé sur timbre et par eux certifié, s'il n'a été fait par
un officier public. — Si les biens meubles ont été *rendus
publiquement,* en totalité ou en partie, avant la déclaration
de succession, les parties devront déclarer, pour base des
droits à payer, le montant net de la vente.

§ 5. Les héritiers et légataires fourniront à la suite
de l'état de mobilier, le détail et la justification des dettes
passives dont ils demanderaient la déduction.

§ 6. Pour les successions de *gens de main-morte* ou des membres de sociétés civiles ou religieuses à durée indéfinie, la déclaration faite au bureau du domicile du défunt fera connaître, en détail, l'actif de la société et énoncera les noms, prénoms et domicile des associés survivants, et l'acte en vertu duquel la société existe : si cet acte n'a pas été enregistré en France, il en sera remis une copie certifiée.

Ces *indications seront fournies* lors même que la société serait constituée par actions payant le droit de transmission établi par la loi du 23 juin 1857 et maintenu par la présente loi. Seulement, dans ce cas, la valeur des actions, telle qu'elle aura été fixée à l'enregistrement lors du paiement trimestriel qui aura précédé le décès, sera admise comme passif hypothécaire susceptible d'être déduit ou imputé, ainsi qu'il est établi au titre III ci-dessus.

1. *Déclaration détaillée... sur le registre...* — La loi belge (art. 4 de la loi du 17 sept. 1851) exige des contribuables une déclaration écrite. La perception se fait sur les déclarations ainsi produites, lesquelles sont ensuite enliassées et conservées dans les bureaux.

Quelque facilité que ce mode de déclaration présente pour les receveurs, nous n'hésitons pas à le repousser, parce qu'il ajoute nécessairement à l'impôt en obligeant les parties inexpérimentées, — et c'est le plus grand nombre, — à avoir recours à l'intervention souvent fort onéreuse d'hommes d'affaires, peu expérimentés eux-mêmes pour la plupart, et dont le travail est souvent à refaire.

2. *Recueillie en vertu de dispositions testamentaires...* — Cette indication, exigée par la loi belge, est indispensable pour que la déclaration soit véritablement l'histoire des familles; elle est, du reste, utile pour surveiller la rentrée des droits en cas d'accroissement par renonciation ou répudiation.

3. *La déclaration faite au bureau du domicile...* — Ceci est une innovation. — Nous avons cru utile que la déclaration

18

faite au bureau du domicile du défunt fit connaître toute sa fortune :
— c'est un léger supplément de travail que nous imposons aux receveurs,
et nullement une charge aux héritiers, qui n'ont à fournir, au bureau
du domicile, que le résumé des renseignements qu'ils ont produits dans
les divers bureaux où ils ont fait des déclarations.

— Nous serions désolé d'augmenter inutilement le travail déjà si
considérable des receveurs de l'enregistrement. — Mais l'expérience
démontre qu'il est de l'intérêt du trésor *que la consistance totale de
chaque succession soit établie quelque part*. On a besoin à chaque
instant, pour la recherche des omissions, de connaître le chiffre
approximatif des droits recueillis par tel individu dans telle succession :
— Actuellement, s'il n'y a pas de partage, la chose est impossible. —
D'un autre côté, les prix stipulés dans les *cessions de droits successifs*
échappent presque toujours au contrôle des employés, et uniquement
parce que les valeurs des successions ne sont groupées nulle part.

4. *Vendues publiquement...* — Nous avons tranché dans un
sens opposé aux derniers arrêts de la cour de cassation une difficulté
relative à l'évaluation des valeurs mobilières.

La cour de cassation, prenant la loi de 22 frimaire à la lettre, déclare
que le droit est dû sur le montant de l'inventaire, quel que soit le prix
de la vente. L'administration, au contraire, a prétendu longtemps que
la vente fixant d'une manière certaine l'importance des valeurs
recueillies par les héritiers dans la succession de leur auteur, on
devait la prendre pour contrôle des évaluations de l'inventaire, et
comme base des droits à payer.

Cette prétention nous semble parfaitement légitime ; et pour éviter
toute discussion à l'avenir, nous proposons de la consacrer dans la loi
nouvelle.

Disons, au surplus, que la jurisprudence de la cour de cassation a
eu pour effet de produire des fraudes importantes, qui se multiplient
tous les jours avec l'impunité : — on a vu dans des successions collatérales, des inventaires ne s'élever qu'à 40,000 fr., quand les ventes
de meubles, faites pour ainsi dire le lendemain, produisaient 60 et
70,000 francs !   Voir ci-après : art. 65.

5. *De main morte...* — Les biens de main morte n'ont jamais
été aussi favorisés que depuis la révolution. Nous avons vu, dans l'introduction, page 12, que, sous les rois, ils étaient frappés, de vingt ans
en vingt ans, d'une taxe d'abord égale à une année de revenu, puis

portée au cinquième ou au sixième de la valeur capitale, suivant qu'il s'agissait de biens tenus en *fief* ou en *roture*.

La loi du 22 frimaire an VII, intervenue à une époque ou les abus qu'avaient cherché à réprimer nos rois ne semblaient plus à craindre, a omis de frapper les biens de main morte.

L'immunité a duré jusqu'à la loi du 22 février 1849 qui les a soumis à une taxe annuelle de 62 1/2 °/₀ (1) s'ajoutant au principal de la contribution foncière.

La loi du 22 février 1849 est un acte de justice tardive, auquel on ne saurait qu'applaudir. *Mais cette loi n'atteint que les immeubles possédés par les gens de main morte.* Les valeurs mobilières, souvent considérables, dont ils sont détenteurs échappent donc d'une manière absolue au droit de mutation par décès.

Il n'en peut être ainsi, si l'on veut que tous les citoyens contribuent dans l'exacte proportion de leur avoir au paiement des charges publiques !

D'un autre côté, étant admis le principe que les biens qui, en raison de la qualité de leurs détenteurs, sont retirés du commerce, doivent subir un prélèvement annuel comme indemnité à l'Etat, il est naturel que cette indemnité corresponde aux droits dont l'Etat est privé et que paient les particuliers dans la vie ordinaire.

Ces droits sont de deux sortes : *droits de transmission entre vifs — et droits de mutation par décès*.

Or, la loi du 22 février 1849, en confondant ces deux natures de transmissions dans une taxe unique, a eu pour effet de mettre les communes, hospices et établissements publics, sur le même rang que les *maisons conventuelles*.

Il y a cependant une distinction essentielle à établir.

Les communes, hospices, et généralement tous les établissements publics dont la comptabilité est soumise au contrôle de l'état, ne peuvent être frappés d'aucune imposition correspondante aux droits de *mutation par décès*, attendu que leurs biens sont censés être le patrimoine de tous, et qu'ils subsistent au profit de tous, de génération

---

(1) Cette taxe a été portée à 70 centimes, plus les décimes, soit 84 centimes par la loi du 30 mars 1872, art. 5.

Disons en passant que, la taxe des biens de main-morte étant créée pour tenir lieu du *droit de mutation*, elle aurait dû figurer dans les recettes de l'administration de l'enregistrement, et que, s'il était plus commode de la faire recouvrer par les percepteurs, ils ne devaient l'encaisser que sauf compte, comme cela se passe actuellement pour les locations verbales.

en génération, sans qu'on puisse attacher une *idée de succession* à leur conservation en commun.

Mais il en est autrement des sociétés à durée indéfinie et des communautés laïques ou religieuses qui vivent et s'administrent comme *maisons privées*. Ces sociétés et communautés, quoique restant toujours les mêmes extérieurement, *se transmettent*, de fait, par une subrogation de personnes, disparaissant successivement et toujours remplacées. Les biens qui dépendent de ces sociétés sont, en définitive, la propriété particulière et indivise de gens assujettis aux mêmes règles, jouissant des mêmes avantages *et se succédant les uns aux autres*. A l'égard de l'État, il y a autant de *co-propriétaires* ou d'associés que de *membres participants*, et, au décès de chacun de ces membres, il doit être payé des droits au trésor *sur la valeur de sa part*.

Ce que nous disons là est admis en principe. Mais voici ce que font les sociétés *non reconnues*, pour subsister indéfiniment et se soustraire tant au paiement du droit de mutation qu'à la déclaration de leur avoir : — elles stipulent, dans leur contrat social, que tout sociétaire ou adhérent qui voudrait se retirer de la société avant sa dissolution, n'aura droit, pour part sociale fixée à forfait, qu'à une somme quelconque, — soit 800 ou 1,000 francs, — et que c'est également à ce chiffre que sont limités les droits que les héritiers et *légataires* (1) pourront réclamer du chef des sociétaires, *tant que dure la société*.

De sorte qu'à chaque décès, les droits ne sont payés que sur une somme insignifiante, et que les *biens réels* échappent constamment à l'impôt des successions, — impôt qui ne pourrait les atteindre que dans le cas, soigneusement évité, où tous les sociétaires étant morts successivement sans être remplacés, la société se trouverait dissoute par le décès d'un des deux derniers survivants !

Ces combinaisons sont habilement conçues, sans doute, mais il y a trop longtemps qu'elles durent, et il importe de les déjouer en rentrant autant que possible dans le droit commun.

Les dispositions prises dans l'article que nous analysons tendent donc à ce résultat, qu'indépendamment de *la taxe annuelle* représentant le droit de *transmission entre vifs* (ventes, donations, échanges, etc.), les corporations religieuses soient tenues de payer, à chaque décès, le droit ordinaire de succession, établi sur la part que possédait le défunt

---

(1) Inutile de dire que le légataire est toujours un membre de la société.

dans la masse indivise, — que cette part *accroisse* aux membres survivants, ou soit dévolue aux héritiers naturels, — et quel que soit d'ailleurs le chiffre fixé à *forfait*, en faveur des héritiers et légataires.

V : art. 51 § 1 et art. 112 n° 4.

Nous pensons d'ailleurs qu'il n'y a aucune distinction à faire entre les communautés reconnues, et celles qui ne le sont pas. La différence qui existe entre ces sortes de communautés est cependant énorme. Il résulte, en effet, des dispositions de la loi du 24 mai 1825 que les communautés légalement reconnues ne sont pas des sociétés civiles ; c'est un *corps* indépendant des personnes qui en font partie ; celles-ci ne peuvent demander ni la dissolution de la communauté, ni le partage des biens qui appartiennent à la congrégation ; et, en cas d'extinction de la congrégation, elles n'ont droit à aucune portion de ces biens, mais à une simple pension alimentaire. — Les communautés non-reconnues, au contraire, sont des sociétés civiles, ayant non-seulement la jouissance indéfinie, mais encore la toute propriété de leurs biens.

Mais ces différences, qui sont caractéristiques, n'ont d'efficacité réelle qu'en cas de dissolution : or, la dissolution n'est pas à prévoir, et elle importe peu au point de vue des transmissions et de l'impôt.

6. *Les indications seront fournies...* ' — Cette clause est nécessaire, car les *gens de main morte*, en général, sont passés maîtres dans l'art d'éluder la loi ; et ils ne manqueraient pas de se constituer en sociétés par actions, qui seraient possédées, soit par eux, soit par des gens à eux, et les actions n'étant jamais sérieusement transmises, elles seraient évaluées sans danger à un chiffre illusoire !

Il importe de bien établir qu'il ne s'agit dans le présent projet que d'une question d'impôt, et d'une répartition des charges publiques équitables pour tous.

Quant au développement que prennent les établissements religieux, c'est une question d'un autre ordre, et il n'en peut être parlé ici que pour constater que ces établissements sont prospères, et que, par conséquent, il est légitime de leur demander une part de sacrifices correspondante à celle que les nouveaux impôts font peser sur les autres citoyens.

Voici des documents que nous trouvons dans l'ouvrage de M. Vraye, et qui sont extraits d'un travail publié par M. Legoyt, dans le journal des économistes, août 1867.

	Religieux	Religieuses	Total
1856	14,301	40,371	54,673
1861	17,776	90,343	108,119

Le nombre des religieux *réguliers* des deux sexes a donc doublé durant cette période de cinq années ; et chacun sait que les communautés non-autorisées ont suivi une progression au moins pareille !

Que ce développement s'accommode avec la liberté, rien de mieux, et pour notre part, nous n'y trouvons pas un mot à redire. La loi doit être égale pour tous ; et du moment où une association, quelle qu'elle soit, ne menace pas la société, il n'est pas juste de la proscrire. Mais, en revanche, il est on ne peut plus légitime que toutes les fortunes soient égales devant l'impôt !

TITRE VII.

Du paiement des droits et de ceux qui doivent les acquitter.

ARTICLE 55.

Les droits des actes et ceux des mutations entre vifs et par décès, seront payés avant l'enregistrement, aux taux et quotités réglés par la présente. — Nul ne pourra en atténuer ni différer le paiement, sous prétexte de contestation sur la quotité, ni sous quelqu'autre motif que ce soit, — sauf à se pourvoir en restitution, s'il y a lieu.

Reproduction de l'art. 28 de la loi du 22 frimaire an VII.

ARTICLE 56.

Les droits des actes à enregistrer seront acquittés, savoir : — par les notaires pour les actes passés devant eux ou annexés à leurs minutes ; — par les huissiers et autres ayant pouvoir de faire des procès-verbaux, pour ceux de leur ministère ; — par les greffiers pour les actes inscrits à leur répertoire, sauf le cas prévu par l'article 61 ci-après ; — par les secrétaires généraux des préfectures, les sous-préfets, maires et commissaires de la marine, pour les actes administratifs, sauf également pour les secrétaires généraux, sous-préfets et maires, le cas d'exception prévu par l'art. 61 ; — et enfin par les assureurs ou agents locaux des sociétés et compagnies d'assurances, pour les contrats et actes de toute nature relatifs aux assurances et à leurs règlements.

C'est l'art. 20 de la loi du 22 frimaire, simplifié, — avec l'addition rendue nécessaire par l'art. 47 du présent projet.

ARTICLE 57.

Les officiers publics qui, aux termes des dispositions précédentes, auraient fait pour les parties l'avance des droits d'enregistrement, pourront prendre exécutoire du juge de paix de leur canton, pour leur remboursement.

L'opposition qui serait formée contre cet exécutoire, ainsi que toutes les contestations qui s'élèveraient à cet égard, seront jugées conformément aux dispositions portées par l'article 69 de la présente loi, relatives aux instances poursuivies au nom de l'administration.

Reproduction de l'article 30 de la loi du 22 frimaire an VII.

ARTICLE 58.

Toutes les parties intéressées dans un acte ou dans une convention, seront solidairement tenues du paiement des droits *à l'égard du trésor.* — Les droits des actes civils ou judiciaires emportant obligation, libération ou translation de propriété, usufruit ou jouissance de biens meubles ou immeubles, seront *supportés* par les débiteurs et nouveaux possesseurs ; — et ceux de tous les autres actes, le seront par les parties auxquelles les actes profiteront, lorsque, dans ces divers cas, il n'aura pas été stipulé de disposition contraire dans les actes.

Tout acquéreur d'immeuble en propriété, par contrat onéreux ou gratuit, sera garant du paiement des droits simples et en sus, relatifs aux mutations SECRÈTES ANTÉRIEURES dont l'immeuble acquis aurait été l'objet, — à moins que son contrat ne mentionne une origine de propriété remontant à 30 ans.

Le propriétaire qui n'aurait pas réclamé, dans les trois mois de l'inscription d'un fermier ou locataire *au rôle des locations,* pour un immeuble lui appartenant, sera tenu comme solidairement responsable, et sauf son recours, d'acquitter les droits et amendes dûs en conformité de l'art. 13, n° 9. Le recours ne pourra avoir lieu que pour les droits et la moitié de l'amende.

(V : art. 63 ci-après).

1. *Toutes les parties...* — La jurisprudence actuelle est établie depuis longtemps dans ce sens.

2. *A l'égard du trésor... supportés...* — Le trésor aura action en paiement contre toutes les parties; mais, entr'elles, le débiteur des droits sera, à moins de convention contraire, celui auquel les actes profitent.

3. *Tout acquéreur...* — L'importance de la disposition que nous ajoutons à l'art. 31 de la loi du 22 frimaire an VII n'échappera à personne. — Cette disposition a un double but : provoquer, rendre pour ainsi dire nécessaire l'établissement d'une origine de propriété complète dans les actes de transmission d'immeubles; et, d'autre part, prévenir ou réprimer la fraude en la rendant dangereuse et en intéressant directement les parties elles-mêmes à en exiger la réparation.

Il y a des contrées tout entières où les actes ne mentionnent aucune origine de propriété. Quelle atteinte au crédit! Quelles difficultés souvent dans les familles, et quelle source de procès !

Cette situation n'est pas moins fâcheuse, au point de vue de l'impôt de l'enregistrement : — elle arrête à chaque pas les employés dans leurs

recherches et les désarme contre la fraude, principalement quand il
s'agit de récompenses ou de reprises dans les successions.

L'intérêt du trésor et celui de la société se réunissent donc pour
demander la modification que nous proposons d'établir.

4. Au rôle des locations... — Le propriétaire informé de l'inscription au moyen de l'avertissement qui lui est personnellement
adressé, — ainsi qu'il est établi en l'art. 13 § 9 n° 2, — reconnaît taci-
tement cette inscription régulière s'il ne réclame pas contre elle ; il est
donc juste, dans ce cas, qu'il soit solidairement tenu des droits et qu'il
veille à ce que son fermier les acquitte.

ARTICLE 59.

Les droits des déclarations de mutations par décès seront
payés par les héritiers, ou par les donataires, légataires et
exécuteurs testamentaires. Il y aura solidarité entre les co-
héritiers, les co-donataires et co-légataires. — S'il s'agit de
legs particuliers de sommes d'argent ou de valeurs mobilières, les droits dûs à raison de ces legs seront acquittés
par les héritiers, légataires universels ou exécuteurs testamentaires, et il leur en sera tenu compte par les légataires
particuliers lors de la remise des legs.

Le trésor aura action privilégiée pour le paiement des
droits de mutation par décès, sur les fruits et revenus de la
succession.

*Tout acquéreur, à titre onéreux ou à titre gratuit, sera
garant, et directement responsable, des droits de succession
non payés par les anciens propriétaires sur les immeubles
acquis.* — Cette garantie ne s'étendra aux suppléments de
droits réclamés pour insuffisance d'évaluation, que dans le
cas où la déclaration de succession serait postérieure à
l'acquisition.

Tout étranger, héritier dans une succession *mobilière* ouverte en France, sera obligé de fournir caution pour le paiement des droits de succession, frais et pénalités dont il pourrait être tenu envers l'Etat.

Le juge de paix du domicile du défunt, après avoir entendu l'héritier et le préposé de l'administration, fixera le montant du cautionnement. Il ne pourra être procédé à la levée des scellés, et aucun officier public ne pourra vendre les biens de la succession, ni en dresser acte de partage, avant la délivrance d'un certificat du préposé constatant que l'étranger s'est conformé à la loi, à peine de tous dépens et dommages intérêts.

Les actes et écrits relatifs au cautionnement sont exempts du timbre et de l'enregistrement, et le certificat du receveur sera annexé au réquisitoire de la levée de scellés, au procès-verbal de la vente du mobilier, ou à l'acte de partage.

1. *De legs particuliers...* — Cette disposition, qui est une garantie pour le trésor est la conséquence de ce qui est établi, art. 15, n° 10.

2. *Tout acquéreur...* — La loi du 22 frimaire, a formulé de la manière suivante les garanties qu'elle a cru utile de donner au trésor :

Art. 32. « *La nation aura action sur les revenus des biens à déclarer, en quelques mains qu'ils se trouvent, pour le paiement des droits dont il faudrait poursuivre le recouvrement.* »

Cet article, sainement appliqué, devait être une garantie suffisante.

Mais on l'a détourné de son véritable sens, en lui donnant une interprétation qu'il ne comporte pas : il a été décidé, en effet, par un avis du Conseil d'Etat, en date du 21 septembre 1810, — lequel fait encore règle aujourd'hui (Garnier, R. G. n° 13311), — que le *privilége de l'administration sur les revenus ne peut être exercé au préjudice des tiers acquéreurs !*

Nous croyons que c'est faire dire à la loi ce qu'elle ne dit pas. — Quoiqu'il en soit, comme il est juste de prendre des mesures pour assurer la rentrée de l'impôt, et que le meilleur système, selon nous, c'est d'intéresser personnellement l'acquéreur à surveiller la position du vendeur et à exiger qu'il effectue, immédiatement et sans fraude, le paiement des droits dus au trésor, nous avons reproduit les dispositions de l'art. 32 de la loi du 22 frimaire, mais en d'autres termes, et de façon à ce qu'on ne puisse altérer son esprit.

3. *Tout étranger...* — Ce paragraphe est la reproduction textuelle de l'art. 24 de la loi belge du 17 décembre 1851. Il est tout naturel de prendre contre les étrangers les mesures qu'ils prennent contre nous.

TITRE VIII.

Des peines pour défaut d'enregistrement des actes et déclarations dans les délais, et de celles portées relativement aux omissions, aux fausses déclarations et aux contre lettres.

Article 60.

Les notaires, huissiers, greffiers, les secrétaires généraux de préfecture, sous-préfets, maires, *courtiers de marchandises* et commissaires de la marine, assureurs et agents d'assurances, ainsi que les *gérants des sociétés par actions*, qui n'auront pas fait enregistrer, dans les délais prescrits, *les actes qu'ils auront régulièrement inscrits à leur répertoire*, paieront personnellement, à titre d'amende, et pour chaque contravention, une somme égale à la *moitié* des droits d'enregistrement fixes et proportionnels exigibles au moment de la formalité, sans que l'amende puisse être au-dessous de *dix francs*.

La peine sera *double*, et au minimum de *vingt francs*, quand l'acte n'aura pas été inscrit au répertoire à sa véritable date.

Les contrevenants paieront, en outre, le droit dû sur l'acte, sauf leur recours contre les parties pour ce droit seulement.

Voir art. 33 et 34 de la loi du 22 frimaire que nous avons fusionnés, pour plus de simplicité.

1. *Courtiers de marchandises.* — Voir Réf. art. 13, n° 3, et art. 81, n° 2.

2. *Gérants des sociétés...* Voir Réf. art. 13, n° 6, et art. 81, n° 7.

3. *Les actes inscrits au répertoire... moitié...* — La peine du droit en sus pour les actes importants n'est pas en rapport avec la faute commise, lorsque l'acte a été porté au répertoire ; car il y a, dans ce cas, simple retard dans la formalité, et non intention de soustraire des droits au trésor. — Voilà pourquoi nous avons réduit l'amende à moitié.

Mais si l'acte n'a pas été inscrit au répertoire, il peut y avoir intention de fraude ; et en tous cas, il y a faute grave. Il est donc juste que la peine s'augmente.

4. *Dix francs...* — Dérogeant en cela à la loi du 22 frimaire, nous mettons, pour plus de simplicité, tous les contrevenants sur le même rang et nous ne faisons aucune distinction entre les actes soumis au droit proportionnel et ceux sujets au droit fixe.

On remarquera, d'un autre côté, que nous avons supprimé la *nullité* prononcée par l'art. 31, contre les exploits et procès-verbaux non enregistrés dans le délai de la loi. Cette disposition que la loi de frimaire avait empruntée à la loi des 5 et 19 déc. 1870, art. 9, n'est pas dans nos mœurs : nous ne comprenons pas que l'exercice de la justice et les intérêts des parties puissent souffrir d'une formalité omise, ou d'une question d'impôt tardivement payé par un tiers.

Qu'on punisse l'agent qui est en défaut, rien de mieux : mais il ne doit être édicté de peine que contre le coupable !

ARTICLE 61.

En ce qui concerne les actes soumis au droit proportionnel, et les procès-verbaux de cote et paraphe, — les greffiers, les secrétaires-généraux de préfecture, les sous-préfets, maires et administrateurs seront dégagés de toute responsabilité, s'ils rédigent, inscrivent au répertoire, et font enregistrer, dans les dix jours qui suivront l'expiration du délai, un certificat constatant que les parties ne leur ont pas consigné le montant des droits fixés par la loi. — Ce certificat sera exempt du timbre, et enregistré gratis.

— Dans ce cas, le recouvrement du droit simple sera poursuivi contre les parties, par les receveurs, et il ne sera exigé qu'un *demi-droit en sus*, au minimum de dix francs, si le paiement a lieu dans les vingt jours de la délivrance du certificat du greffier. — Passé ce délai, le droit en sus, au minimum de 20 francs, sera exigé.

V : art. 35, 36, 37 de la loi du 22 frimaire, et 38 de la loi du 28 avril 1816, et 79 de la loi du 15 mai 1818.

Demi-droit en sus... — Comme dans l'article précédent, il n'y a pas fraude, mais simple retard. — Toutefois, si ce retard se prolonge, la mauvaise volonté apparaît, et il n'y a pas de raison pour diminuer la pénalité actuelle.

ARTICLE 62.

Les actes sous signature privée, et ceux passés en pays étranger, translatifs d'immeubles en propriété, usufruit ou jouissance, et les mutations verbales des mêmes biens, en propriété ou usufruit, qui n'auront pas été enregistrés dans les délais fixés par les art. 41 et 42 ci-dessus, seront passibles, à titre d'amende, *d'un demi-droit en sus* du droit principal, au minimum de *cinq francs*. — L'amende sera *doublée* si le paiement n'a pas lieu dans les trois mois qui suivent l'expiration des premiers délais, et elle sera *quadruplée*, c'est-à-dire portée à une somme double du droit simple, et au minimum de *vingt francs*, — si l'acte ou la mutation ne sont pas enregistrés dans les deux ans de leur date.

Les mêmes dispositions sont applicables *aux mutations verbales de jouissance*, à moins qu'il ne soit justifié qu'elles ont été inscrites au *rôle des locations*, au plus tard dans l'année qui a suivi l'entrée en jouissance.

Elles sont encore applicables aux *locations verbales*, dans le cas où les fermiers et locataires, inscrits au rôle, soit d'office sur l'avis des répartiteurs, soit sur leur demande, conformément à l'art. 13 § 7 de la présente loi, auraient *négligé d'acquitter l'impôt* mis à leur charge dans l'année de la mise en recouvrement du rôle.

1. *Demi-droit en sus...* — Nous avons assujetti les actes sous signature privée aux mêmes délais que les actes notariés. — Voir art. 11. — Il est donc juste que nous leur imposions la même amende en cas de retard. — Si le retard n'est que de quelques jours, nous sommes moins sévère que la loi actuelle et nous ne portons la peine qu'à un demi-droit en sus.

2. *Doublée...* — Mais si les parties ne réparent pas leur faute dans le délai de trois mois, nous considérons qu'il y a, sinon intention frauduleuse, du moins négligence coupable, et nous appliquons l'amende prononcée par le législateur de frimaire.

3. *Quadruplée...* — Enfin, si l'acte, quel qu'il soit, n'est pas produit dans les deux ans de sa date, la fraude est évidente, complète, et mérite une répression sévère. — Nous la frappons, en conséquence, d'un double droit, indépendamment du droit simple.

4. *Mutations verbales de jouissance...* — Du moment où l'inscription existe au rôle des locations il n'y a plus fraude, et il ne saurait être dû aucune amende.   V : art. 113, nº 2.

5. *Négligence d'acquitter l'impôt...* — Cette négligence doit être punie.   V : art. 13 § 11.

ARTICLE 63.

Les *anciens* et nouveaux propriétaires, les *bailleurs* et fermiers, seront tenus solidairement des amendes encourues pour l'enregistrement tardif des actes sous signature privée, et des mutations accomplies soit verbalement, soit par actes passés à l'étranger. — Ils supporteront ces amendes par moitié. — Toute convention contraire, directe ou déguisée, est déclarée *nulle et de nul effet*, même entre les parties.

1. *Les anciens propriétaires… les bailleurs…* — La meilleure manière de contraindre l'acquéreur et le fermier à faire enregistrer leurs conventions, c'est d'intéresser personnellement le vendeur et le bailleur à ce que l'enregistrement ait lieu dans les délais de la loi. — Les auteurs de la loi du 23 août 1871 sont allés plus loin que nous dans cette voie : ils ont cru utile de réserver au vendeur et au bailleur la faculté de s'exempter de tous droits et amendes en dénonçant la mutation dans un délai déterminé (loi du 23 août, art. 11, 2e alinéa). Nous avons déjà dit ce que nous pensons de cette disposition qui nous paraît inutile, et qu'il eût peut-être été mieux de ne pas édicter.

2. *Nulle et de nul effet…* — Il s'agit d'une amende éventuelle, prévue dans le contrat, et dont l'une des parties déchargerait l'autre. — Une telle stipulation ne saurait être licite, car elle est contre l'ordre public qui veut que les amendes soient personnelles.

ARTICLE 64.

Les commerçants qui ne feraient pas enregistrer leur *inventaire commercial* dans les délais fixés par l'art. 43

8, paieront à titre d'amende une somme égale à la itié de leur patente. Si le retard se prolonge plus d'un ...ois, la peine sera doublée, sans préjudice des moyens de contrainte qui pourront être employés.

Les contraventions dont il s'agit seront relevées *par les contrôleurs* des contributions directes qui auront droit, comme les employés de l'enregistrement, de se faire repré-

senter les livres commerciaux de tous les individus assujettis à patente.

Un règlement d'administration publique déterminera les
classes et catégories de patentables qui, à raison du peu
d'importance de leur commerce, pourront être dispensés
de l'inventaire annuel prescrit d'une manière générale par
le code de commerce.

V : art. 13, n° 8, 87, 104, n° 5, 112, n° 3 et 137.

1. *Par les contrôleurs.* — Les contrôleurs dans leurs tournées
peuvent, sans grand dérangement, exercer une surveillance suffisante
pour assurer l'exécution de la loi proposée.

2. *Un règlement d'administration.* — On n'arrivera jamais,
en fait, à faire tenir des livres réguliers par une masse de petits commerçants illettrés. Le mieux est donc de les en dispenser.

ARTICLE 65.

§ 1. Les héritiers, donataires, ou légataires, qui n'auront pas fait enregistrer le testament de leur auteur dans le
délai prescrit, — ou qui feront tardivement la déclaration
des biens à eux transmis par décès, — paieront, à titre
d'amende, — *un double droit sur le testament,* — *et un
demi-droit en sus pour la déclaration de succession.*

§ 2. Les héritiers ou légataires à titre universel *qui omettraient, au bureau du domicile,* de faire connaître les biens
du défunt situés dans l'arrondissement d'autres bureaux,
ou qui les indiqueraient d'une manière inexacte, paieront,
à titre d'amende, une somme de *cinq francs* par bureau
pour lequel il y aura omission ou fausse déclaration.

§ 3. La peine pour les *omissions* de valeurs mobilières
ou immobilières qui seront reconnues avoir été faites dans

les déclarations, sera *d'un droit en sus* de celui qui se trou-vera dû pour les objets omis. — Toute créance non échue sera réputée due et passible du droit de succession, s'il n'y a titre de libération ayant date *certaine* au décès.

§ 4. La peine du droit en sus sera également applicable aux *insuffisances* constatées dans les estimations *de biens meubles et valeurs mobilières* de toute nature, françaises ou étrangères, cotées ou non, soit en bourse, soit en banque, et déclarées au dessous de leur valeur. — Dans le cas où il y aura inventaire notarié, si l'insuffisance mobilière résulte *d'une vente faite après la déclaration de succession,* il ne sera dû qu'un droit simple, par supplément, sur la diffé-rence constatée. — L'insuffisance des meubles, marchan-dises et fonds de commerce pourra être établie, tant par les *inventaires commerciaux* que par les polices d'assurances courantes au décès.

§ 5. La peine du droit en sus sera encore applicable aux insuffisances établies par baux courants mentionnés dans les actes ou déclarations.—Si l'insuffisance de revenu est établie *par un bail courant dont l'existence n'aurait pas été révélée dans l'acte ou la déclaration,* la peine sera portée à une somme égale à *deux fois le droit simple* dû sur l'insuffisance.

§ 6. Les omissions et insuffisances d'évaluations des *immeubles sis à l'étranger,* et dépendant d'une succession régie par la loi française, pourront être établies par les actes qui feront connaître la consistance, l'origine ou la valeur de ces biens. — La peine, pour les omissions et insuffisances dont il s'agit sera d'un *quadruple droit* en sus du droit simple. Ces droits et amendes ne seront pres-criptibles que par 30 ans.

1. *Qui omettraient au bureau du domicile...* —Sanction de l'art. 54. Comme il ne s'agit que d'une déclaration pour ordre, l'amende de 5 fr. est suffisante pour obtenir l'exécution de la loi.

2. *Demi-droit en sus...* — D'accord avec l'art. 39 de la loi du 22 frimaire an VII, et avec les articles 60 et 62 du présent projet, nous ne portons la peine qu'à un demi-droit en sus, lorsqu'il y a simple retard dans la formalité.

3. *Omissions...* — Mais s'il s'agit d'une valeur soustraite à l'impôt, en totalité ou en partie, l'amende est doublée.

4. *Insuffisance de revenus... Baux courants... droit en sus... peine portée à deux fois le droit simple...* — Quand il existe un bail courant, il n'y a lieu ni à expertise, ni à transaction. (Art. 40 ci-devant.)

La somme que doit le contribuable, est déterminée par un titre que l'administration peut lui opposer, et qu'il a eu le tort de faire connaître *d'une manière inexacte*, — *ou de ne pas faire connaître du tout.*

Dans le premier cas, il peut n'y avoir qu'erreur ; la peine ne sera donc que d'un droit en sus.

Dans le second cas, — en dissimulant l'existence du bail et en déclarant un faux revenu, les parties ont commis une fraude *intentionnelle* contre laquelle ont ne saurait être trop sévère : — voilà pourquoi nous avons édicté une peine double. — Voir dans le même sens, art. 77.

5. *Vente faite après déclaration...* — Conséquence de ce qui a été établi ci-dessus en l'article 51 § 4. — La vente fixe la véritable valeur des objets; mais les parties, au jour de la déclaration, n'avaient d'autre base que l'inventaire : — elles n'ont donc commis aucune fraude, et il est juste de n'exiger qu'un droit complémentaire, sans amende.

6. *Inventaires commerciaux...* — Ces inventaires devant être une justification suffisante pour la déduction des dettes commerciales (V : art. 22), il est naturel que l'administration puisse s'en prévaloir pour assurer le paiement exact des droits.

7. *Immeubles sis à l'étranger...* — Cette disposition est empruntée à la loi belge. (art. 20 de la loi du 17 décembre 1851.)

ARTICLE 66.

En cas de fausse indication de parenté dans une déclaration de succession, ou dans un acte de transmission entre vifs à titre gratuit, il sera payé un droit triple de celui qui aura été soustrait au trésor.

La loi du 22 frimaire n'a pas prévu cette fraude; a   -t-elle sans répression. Le seul droit qu'on puisse exiger actu   c d'un individu qui a déclaré tenir de la succession de son   e un immeuble qu'il a recueilli dans la succession de son oncle,   un droit complémentaire. Mais il n'est pas dû d'amende.

C'est certainement un oubli.

ARTICLE 67.

Les tuteurs, curateurs, et *administrateurs du bien d'autrui*, supporteront personnellement les peines prononcées par la loi, lorsqu'ils auront négligé de passer les déclarations de mutations verbales ou par décès, dans les délais ci-dessus, ou qu'ils auront commis des omissions, ou fait des estimations insuffisantes.

La peine encourue par un individu, en matière d'enregistrement, ne passe pas à ses héritiers, mais ceux-ci deviennent passibles d'une peine égale à celle de leur auteur, s'ils ne réparent le préjudice causé au trésor dans les délais fixés pour la déclaration de succession.

(Comparez art. 39 de la loi du 22 frimaire.)

1. *Administrateurs du bien d'autrui...* — Voyez Demante, n° 816.

2. *La peine...* — Il est de principe que les peines sont personnelles ; par conséquent, l'amende que doit un individu s'éteint avec lui.
Mais le droit simple continue a être dû ; et il est juste que les héritiers
soient astreints à le payer dans un délai déterminé.

ARTICLE 68.

Toute *contre-lettre* faite sous signature privée, toute
obligation ou reconnaissance de sommes, négociable ou
non négociable, qui aurait pour objet soit une *augmenta-*
tion du prix stipulé dans un acte portant transmission de
biens meubles ou immeubles, en propriété, usufruit ou
jouissance, soit une *simulation de soulte* dans un partage
ou dans un échange, sera passible, sur la simple constatation de son existence et de son objet, d'un droit de mutation déterminé par la nature de la convention principale,
et de deux droits en sus à titre d'amende, lesquels seront
payés solidairement par les parties et supportés entr'elles
par égale part. — Il en sera de même si la dissimulation
résulte, non d'une contre-lettre écrite, mais de l'aveu des
parties ou d'actes probants. Seulement, dans ce cas, les
droits simples et en sus ne pourront être exigés que de la
partie qui aura fait l'aveu ou produit les actes, sauf son
recours contre ses co-débiteurs.

Il sera fait imputation, dans tous les cas, des droits
simples en sus qui auraient été payés sur l'insuffisance constatée en conformité des art. 24, 32, 37 et 38, sans néanmoins que l'amende restant due après cette imputation
puisse être inférieure à 20 fr.

1. *Contre-lettre...* — La loi du 22 frimaire an VII, art. 40, avait
frappé de nullité les contre-lettres sous signature privée ; mais le code
civil, qui lui est postérieur, a abrogé implicitement cette nullité, par

son article 1321, lequel dispose d'une manière générale, que *les contre-lettres ne peuvent avoir leur effet qu'entre les parties contractantes.*

Nous avons déjà dit, quant à nous, qu'il n'entre pas dans nos idées de prononcer, pour une question d'impôt, la nullité d'une convention loyalement faite entre citoyens. L'expérience et le bon sens démontrent que les honnêtes gens respectent, quand même, leurs engagements, et que les dispositions comme celles ci-dessus de la loi du 22 frimaire an VII ne sont qu'une prime donnée à la mauvaise foi.

Mais si les contre-lettres doivent être respectées dans la mesure indiquée par la loi civile, il n'en est pas moins vrai qu'elles constituent un mal contre lequel le législateur doit lutter, et qu'il importe d'atteindre à sa naissance, c'est-à-dire, au moment où le concert frauduleux s'établit. — C'est dans ce but que nous avons rédigé l'article 69 ci-après.

2. *Dissimulation... Aveu... Actes probants...* — La loi du 23 août 1871, art. 12, frappe les dissimulations d'un droit de 25 %, et en autorise implicitement la recherche pendant trente ans. — L'art. 13 de la même loi permet d'établir la dissimulation par tous les genres de preuves admises par le droit commun, notamment par la *preuve testimoniale, laquelle cependant ne sera recevable que pendant dix ans :* — la cause devra être portée devant le juge de paix ou devant le tribunal civil, suivant l'importance de l'affaire.

Ces dispositions ont été étendues par la loi du 28 février 1872, art. 8, aux *cessions de fonds de commerce.*

On doit certainement combattre la fraude avec énergie, et nous admettons volontiers que l'amende de 25 % n'est pas excessive. — Mais les procès en dissimulation sont-ils des moyens pratiques ? nous ne le croyons pas, et tout nous fait désirer que la loi n'ait à cet égard qu'un effet comminatoire.

3. *Il sera fait imputation...* — Cette imputation est de toute justice, car la fraude, — quelle qu'elle soit, — ne saurait être réprimée deux fois.

ARTICLE 69.

S'il est établi qu'un notaire a coopéré, en cette qualité ou comme conseil, à la rédaction d'un acte sous signature privée, translatif de propriété ou d'usufruit, dans lequel le prix aurait été dissimulé, — ou qu'il a eu connaissance du prix réel d'une vente passée devant lui, et que ce prix n'ait pas été stipulé dans l'acte qu'il a rédigé ; ou enfin, s'il est établi qu'ayant su la fraude commise, il l'ait dissimulée à dessein dans des actes ultérieurs et lui ait donné un autre caractère, ce notaire sera passible d'une amende de 500 fr. et de peines disciplinaires qui pourront aller jusqu'à la destitution, suivant les cas.

V : art. 70 ci-après.

La pratique démontre que les notaires rédigent quelquefois ou font rédiger par leurs clercs, des actes sous signatures privées qu'ils ne peuvent ou ne veulent dresser comme notaires, — mais dont ils reçoivent ordinairement le dépôt. — Si ces actes contiennent des dissimulations, le notaire doit encourir la même responsabilité que s'il leur avait donné la forme notariée.

La pratique démontre également que, souvent, les fraudes commises par les contribuables eux-mêmes sont couvertes par des combinaisons plus ou moins ingénieuses, qui dénaturent, quelquefois au grand préjudice des parties, les effets du contrat primitif. — Quand l'intervention du notaire a pour objet de produire un pareil résultat, elle est coupable à un double titre : — dans son action contre l'impôt, — et dans son essence même, au point de vue des fonctions de magistrature dont le notariat est investi.

— Que dirons-nous donc de ceux qui participent directement à la fraude, en y prêtant la main, et surtout de ceux qui la provoquent et la conseillent !

Cela n'arrive malheureusement que trop souvent.

Cependant, il faut le dire, un grand nombre de notaires appellent de tous leurs vœux une loi strictement répressive de la fraude : ils sont les premiers intéressés à ce que les prix réels soient stipulés dans les contrats, et s'ils se prêtent à la dissimulation, c'est presque toujours pour complaire à leurs clients ou parce que la concurrence les y pousse !

Mais, du jour où la fraude ne sera plus sans danger pour eux, on peut compter qu'ils s'empresseront de mettre la loi en avant, et de faire leur possible pour empêcher le retour des dissimulations.

Nous avons confiance dans ce résultat. — Il n'en est pas moins prudent de prendre des mesures pour atteindre ceux qui continueraient à oublier gravement les devoirs de leur profession !

Dans notre pensée, toutefois, l'article que nous analysons ne sera que comminatoire. Il arrive rarement qu'on ait les moyens de démontrer la participation des notaires à la fraude : — Mais, si difficile que soit la preuve, elle se produit cependant, dans certaines circonstances; et il suffit que cette éventualité existe pour imprimer une crainte salutaire.

La loi du 23 août 1871, art. 13, en s'occupant des dissimulations, a parlé aussi des notaires. Mais elle se borne à leur prescrire de donner lecture aux parties des articles par lesquels elle punit la *dissimulation*, et les oblige à faire *mention de cette lecture* dans leurs actes, à peine d'une amende de 10 fr.

Il est à craindre que la mention de lecture ne soit bientôt de *style* dans les contrats, et nous ne croyons pas que cette nouvelle mesure soit longtemps efficace. « Ces interpellations seront illusoires, dit « M. Aulanier, dans l'ouvrage que nous aimons à citer, parce que le « notaire n'aura jamais qu'un droit de conseil avec des clients qui l'ont « choisi : — elles tendront de plus à faire des actes notariés une suite « de formules banales, au milieu desquelles on trouvera avec peine « l'expression de la convention qui les aura motivés. Ainsi, dans une « donation, et toujours sous peine d'amende, le notaire aura parfois à « mentionner deux ou trois annexes de procurations, à transcrire littéralement autant et plus de quittances d'enregistrement, pour finir « par l'énonciation des interpellations actuellement proposées, et par « celle de la lecture déjà prescrite dans la loi de 1843 ! »

TITRE IX.

Des obligations des notaires, huissiers. greffiers, avoués, secrétaires
d'administration, juges, arbitres, administrateurs, officiers publics,
et autres, indépendamment de celles imposées sous les titres
précédents.

ARTICLE 70.

Les notaires et greffiers devront, à peine de 50 fr.
d'amende pour chaque contravention, rédiger acte de tout
dépôt de pièces, sommes, objets mobiliers et valeurs qui leur
seront remis *comme dépositaires publics*, — à moins que le
dépôt ne soit *constaté incidemment* dans un acte authentique
signé d'eux. — Ils rédigeront pareillement *acte des décharges*
qu'en donneront les déposants ou leurs héritiers, lorsque
remise leur sera faite des objets, sommes ou valeurs déposées.

L'obligation de l'acte de dépôt s'étend aux *testaments
olographes* confiés aux notaires par les testateurs ; mais elle
ne concerne pas les sommes que ces officiers publics pourront recevoir pour leurs clients, en conséquence d'actes
de leur ministère, ou comme mandataires suivant actes
enregistrés.

Voir art. 13 de la loi du 22 frimaire.

1. *Dépôt de pièces, objets mobiliers, sommes et valeurs*....—
L'art. 13 de la loi du 22 frimaire an VII, ne parle que des dépôts

d actes. Mais l'art. 68 § 1, n° 7 de la même loi, et l'art. 13, n° 10 de la
loi du 28 avril 1816, tarifent nommément *les dépôts de sommes* et objets
mobiliers effectués chez les officiers publics, dépositaires légaux. — Le
législateur reconnaît donc implicitement que ces sortes de dépôts
doivent être constatés par actes enregistrés ; et il nous a semblé utile
de combler la lacune qui existe à ce sujet dans l'art. 13 de la loi du
22 frimaire.

Nous n'avons pas à faire ressortir l influence que la rédaction proposée aura pour restreindre les opérations de banque auxquelles se
livrent certains notaires : mais nous dirons qu'au point de vue de
l'impôt, qui est celui auquel nous nous plaçons, elle assure au trésor
la rentrée de droits considérables qui souvent lui échappent.

Chacun sait, en effet, que la plupart des placements se font sur
simple billet, par l'intermédiaire des notaires, qui empruntent d'une
main et prêtent de l'autre : — si les dépôts effectués par les véritables
prêteurs étaient constatés par actes authentiques, ainsi que le retrait
des sommes déposées, toute omission de ces sommes dans les déclarations de succession serait impossible !

2. *Comme dépositaires publics...* — Il est bien entendu que
nous ne voulons rendre obligatoire l'acte de dépôt que quand il y a
dépôt réel de pièces ou valeurs, conformément à l'article 1915 du code
civil, et non quand il y a simple communication de pièces à titre
particulier ou maniement de fonds reçus comme mandataire.

3. *Constaté incidemment...* — Ainsi, dans une apposition de
scellés, les fonds libres sont remis au greffier : le procès-verbal de
scellés le constate ; il serait superflu de rédiger un acte spécial de
dépôt.

4. *Acte des décharges...* — C'est la conséquence de la rédaction
d'actes de dépôt. — Les actes de décharge ont été prévus comme les
actes de dépôt, par l'art. 68 § 1, n° 27 de la loi du 22 frimaire, et par
l'article 13, n° 11, de la loi du 28 avril 1816.

5. *Testaments déposés...* — Des considérations d'intérêt public
nous ont fait supprimer l'exception formulée dans l'article 13 de la loi
du 22 frimaire an VII, en faveur des testaments olographes remis aux
notaires.

Il importe, à plus d'un titre, que cette remise soit constatée par un acte authentique qui puisse éclairer les ayants droit.

Il n'est pas une étude de notaire où il ne se trouve des plis cachetés qui se remettent depuis cinquante ans de successeur à successeur, et qui ne seront jamais ouverts ! — Ce sont des testaments dont les auteurs ont disparu ou sont morts depuis longtemps, et qu'aucun indice n'a révélés aux familles intéressées !

ARTICLE 71.

Il sera fait mention dans toutes les expéditions, et sur toutes les copies des actes publics, civils, judiciaires ou extra-judiciaires, de la quittance des droits d'enregistrement, par une transcription littérale et entière de cette quittance. — Pareille mention sera faite dans les minutes des actes des notaires, avoués, huissiers, greffiers, secrétaires de sous-préfectures, sous-préfets et maires, experts et arbitres, qui se feront en vertu d'actes sous-signature privée ou passés en pays étranger, et qui sont soumis à l'enregistrement par la présente.

Chaque contravention sera punie d'une amende de 20 francs.

Dans le cas de fausse mention d'enregistrement, soit dans une minute, soit dans une expédition, le délinquant sera poursuivi par la partie publique, sur la dénonciation du préposé de l'administration, et condamné aux peines prononcées pour le faux.

Cet article est la reproduction des art. 14 et 16 de la loi du 22 frimaire an VII, avec quelques additions qui se légitiment d'elles-mêmes. — Voir, toutefois, art. 74 ci-après.

ARTICLE 72.

Les notaires, huissiers, greffiers, avoués, secrétaires-généraux de préfecture, sous-préfets et maires, ne pourront *délivrer* en brevet, copie, double original, ou expédition, aucun acte soumis à l'enregistrement, avant qu'il n'ait été enregistré, — et ce, à peine de *vingt francs* d'amende, outre le paiement des droits, dont ils seront personnellement tenus, sauf leur recours pour ces droits seulement.

Mais, chacun de ces officiers publics pourra faire *des actes en conséquence d'actes authentiques* pour lesquels le délai ne serait pas expiré, à la condition de devenir personnellement responsable des droits et amendes auxquels les actes donneraient ouverture, s'ils n'étaient pas enregistrés dans le délai légal.

V : art. 11 de la loi du 22 frimaire an VII.

1. *Avoués...* — Il en est déjà ainsi : Voir loi du 16 juin 1824, art. 11, 2ᵉ partie.

2. *Vingt francs...* — La loi du 22 frimaire an VII portait l'amende à 50 fr., pour les contraventions dont il s'agit. — La loi du 16 juin 1824, plus débonnaire, a réduit à 10 fr. les amendes de 50 fr. — Il y a un milieu à tenir entre ces deux points extrêmes : — la contravention prévue dans l'article que nous analysons est certainement assez grave pour qu'on ne trouve pas exagérée l'amende de 20 fr. que nous sommes d'avis d'établir.

3. *Des actes en conséquence...* — Les dispositions de l'art. 11 de la loi du 22 frim. sont une gêne continuelle imposée aux notaires, sans profit pour personne. Il leur arrive tous les jours de recevoir des actes en vertu d'acceptations ou de renonciations faites au greffe, ou par suite d'actes passés chez d'autres notaires. Dieu sait les amendes qui ont été relevées dans ces circonstances! l'administration en fait invariablement remise, mais le notaire conserve souvenir de la vexation qu'il a subie. — Il est incontestable, du reste, que le législateur de frimaire, en édictant l'art. 41, n'a eu d'autre but que d'assurer le paiement des droits dus sur les actes non encore enregistrés. — Or, avec la rédaction que nous proposons, les intérêts du trésor sont sauvegardés d'une manière complète, par la garantie à laquelle se

soumet l'officier public qui agit en conséquence d'un acte pour lequel l'impôt n'a pas encore été acquitté.

ARTICLE 73.

Les mêmes officiers publics pourront également faire des actes en vertu et *par suite d'actes sous signature privée* ou passés en pays étranger, et les énoncer dans leurs actes ; mais sous la condition que chacun des actes dont il s'agit demeurera annexé à celui dans lequel il aura été énoncé le premier, qu'il sera soumis à l'enregistrement avant ou en même temps que lui, et que les officiers rédacteurs seront personnellement responsables, non seulement des droits d'enregistrement et de timbre, mais encore des amendes dont les actes sous signature privée se trouveraient passibles. — Les contraventions au présent article seront punies d'une amende de 20 fr., pour chaque acte énoncé irrégulièrement.

Voir art. 41 de la loi du 22 frimaire an VII, et loi du 16 juin 1824, art. 11 et 13.

Les mêmes officiers publics... — Sans distinction : il a paru bon de généraliser l'exception apportée en faveur des notaires par l'art. 13 de la loi du 16 juin 1824. — L'administration doit assurer le paiement de l'impôt, mais elle doit aussi, quand cela est sans danger pour elle, accorder toutes les facilités possibles au contribuable.

ARTICLE 74.

Les dispositions ci-dessus des art. 70, 72 et 73 ne sont point applicables aux exploits et pièces y annexées, pour les copies remises aux parties à qui les significations sont faites. — Elles ne concernent pas non plus les mentions purement énonciatives faites dans les procès-verbaux de

scellés ou d'inventaire, dans les contrats de mariage, et
dans les testaments et partages.

Voir, pour la première disposition, l'art. 41 § 2 de la loi du 22 frimaire an VII.

La seconde est conforme à la doctrine de l'administration, et s'explique par le caractère purement déclaratif des actes dont il s'agit.

ARTICLE 75.

Les notaires, avoués, huissiers et greffiers ne pourront
faire aucun acte, signifier aucun exploit, en vertu d'une
mutation verbale, ou réputée telle, de propriété d'usufruit
ou de jouissance d'immeubles, ou en constater même accessoirement l'existence, dans un acte déclaratif ou autre, sans
mentionner la date de la déclaration, si *cette mutation a été
déclarée*, et le montant des droits payés.

— *Si la déclaration n'a pas eu lieu*, ou si l'on ne peut
en rapporter la date, les officiers publics seront tenus de
faire connaître l'objet et la nature de la mutation, l'époque
à laquelle elle a eu lieu, la durée, s'il s'agit d'un bail, le
nom des parties contractantes, et le prix payé.

Toute contravention au présent article sera punie d'une
amende de 20 francs. Les officiers publics contrevenants
seront, en outre, personnellement responsables du paiement
des droits et amendes auxquels donneront ouverture les
mutations analysées ou renseignées d'une manière incomplète.

Du moment où le législateur assujettit les *mutations verbales* à
l'impôt, il doit prendre des mesures pour les atteindre. — La marche
la plus certaine à suivre serait de poser en principe qu'il ne pourra
être fait aucun acte en vertu des mutations verbales, avant qu'elles
n'aient été enregistrées. — Ce moyen est radical, mais il serait un
obstacle aux conventions en les soumettant à des retards quelquefois

fâcheux. C'est pourquoi nous avons dû le repousser. — La combinaison
que nous proposons conduit, du reste, à un résultat tout aussi certain,
sans nuire en rien à la marche des affaires.

ARTICLE 76.

*Les notaires qui auraient présenté, comme verbale, une
mutation par acte sous-signature privée, dont le titre écrit
leur aurait été représenté;* ceux qui seraient convaincus
d'avoir *inventorié ou paraphé* et de s'être abstenus de
décrire, ou qui auraient décrit sous une forme dubitative
*des actes sous-seings privés translatifs de propriété immo-
bilière, ou des baux courants,* seraient passibles d'une
amende de 100 fr., et de peines disciplinaires pouvant aller
jusqu'à la suspension, suivant les cas.

V : art. 69, ci-dessus.

Les *notaires* sont des magistrats chargés de régler les affaires
des familles, mais ils sont aussi des fonctionnaires publics ; et, à ce
double titre, ils ne devraient prêter leur concours à aucune fraude. —
Cependant, qui ne sait que, dans les inventaires, par exemple, au lieu
de décrire fidèlement les titres du défunt, *dont la remise est faite au
tuteur,* on a soin, s'il s'agit d'une vente ou d'un bail non enregistrés,
de ne mentionner « *qu'une note de laquelle il paraît résulter que...* »
sauf à coter et à parapher cette note ! — La dignité même du notariat
est intéressée à ce que cet abus véritablement regrettable soit supprimé.
Le trésor y est directement intéressé à son tour, car les conséquences
de la dissimulation dont il s'agit grandissent avec l'exemple donné par
l'officier public, devenu professeur de fraude !

Pour combattre la mesure que nous proposons, on objectera l'intérêt
des parties. On dira que les inventaires seront moins nombreux, moins
complets, etc.

Les parties n'auront pas sujet de se plaindre, puisque la loi nouvelle,
dans son article 67, dispose qu'il ne sera dû aucun droit en sus ni
amende, pour les actes ou mutations dont l'existence serait révélée dans
un inventaire après décès, — à moins que les héritiers ne négligent
personnellement d'acquitter le droit simple dans le délai prescrit.

Les inventaires d'un autre côté, ne seront pas moins nombreux, car l'inventaire n'est pas un acte spontané ; c'est une formalité imposée par la loi dans certaines circonstances, et nul n'a le droit de s'y soustraire.

Quant à être complets, grâce à la fraude que nous avons signalée, ils ne le seront jamais moins qu'aujourd'hui !

1. *Présenté comme verbale une mutation... écrite...* — La loi doit tendre, non-seulement à ce que les droits des *mutations* soient acquittés, *mais à ce que les actes qui constatent les mutations soient soumis à l'enregistrement.* — Il ne faut pas qu'on dissimule impunément l'existence de ces actes, sous le voile de conventions verbales, et qu'on arrive ainsi à priver l'administration des renseignements qu'ils peuvent contenir.

2. *Des actes sous-seings privés translatifs de propriété ou des baux courants.* — On remarquera que nous bornons là notre exigence, et que nous ne demandons pas aux notaires de fournir des armes à l'administration pour faire *subir des amendes* à leurs clients : nous voulons purement et simplement qu'ils ne se prêtent pas à la dissimulation de *droits de mutation* incontestablement dûs.

ARTICLE 77.

S'il est constaté que la mutation déclarée au bureau *par les parties,* conformément à l'art. 45 ci-dessus, comme verbale, est établie par un titre sous signature privée non enregistré ; ce titre sera considéré comme une contre-lettre, et passible des droits et amendes réglés par l'art. 68 de la présente loi sur la différence qui existerait entre les prix, sans que l'amende puisse être au-dessous de *vingt francs.* — *Cette amende sera exigible lors même* que la déclaration verbale serait exacte quant au prix ou revenu indiqué.

1. *Par les parties...* — La sincérité des mutations verbales elles-mêmes doit être contrôlée. — Si les parties, au lieu de faire enregistrer leur titre, font une déclaration frauduleuse, l'administration a le droit de se pourvoir en expertise (art. 23 ci-dessus) : mais, si les parties donnent elles-mêmes, plus tard, la preuve de la fraude qu'elles ont

20

sciemment et intentionnellement commise, on ne peut laisser cette
fraude sans répression, sous prétexte que le délai pour requérir l'expertise est expiré. — Voir art. 65.

2. Celle amende sera exigible lors-même... — Il importe de
prévenir toutes les fraudes : l'administration est intéressée à ce qu'on
ne puisse dérober à son examen des actes qui sont réellement écrits,
et dont elle a le droit de voir le texte et d'apprécier la forme, du
moment où ils constatent une mutation.

ARTICLE **78.**

Lorsqu'après une sommation extrajudiciaire ou une
demande tendant à obtenir un paiement, une livraison, ou
l'exécution de toute autre convention, dont le titre n'aurait
pas été indiqué dans lesdits exploits, ou qu'on aura simplement énoncée comme verbale, on produira, au cours d'instance, des écrits, billets, marchés, factures, lettres, ou tout
autre titre émané du défendeur, qui n'auraient pas été
enregistrés avant ladite demande ou sommation, le double
droit sera dû et pourra être exigé ou perçu lors de l'enregistrement du jugement : *si l'acte est complexe, le double
droit ne frappera que les dispositions litigieuses.*

Reproduction de l'art. 57 de la loi du 28 avril 1816, — dont nous
avons précisé le sens. — Garnier, R. G. n° 938.

Si l'acte est complexe... — Les auteurs et l'administration en
décident déjà ainsi depuis longtemps, — Voir J. E. 10,118. — Mais
cette décision, toute de justice, est si souvent oubliée ou méconnue
que nous croyons utile de l'ériger en loi.

ARTICLE **79.**

Il est défendu, sous peine d'une amende de 20 francs pour
chaque contravention, *aux greffiers des justices de paix,*
d'adresser aucun *avertissement* sur une demande ayant pour

objet une mutation, verbale ou écrite, d'immeubles en
jouissance, ou un réglement de fermages, avant que les
droits de mutation dûs au trésor aient été acquittés à
l'enregistrement, et lors même qu'il s'agirait d'immeubles
imposés *au droit de location*. — Les avertissements de cette
nature seront payés double ; mais le registre du greffier
devra détailler l'objet de la demande, et mentionner, à
peine de l'amende ci-dessus, la date de l'enregistrement du
titre ou de la mutation verbale, et le montant des droits
payés.

Il est défendu, sous la même peine de 20 francs, *aux
experts* d'agir et *aux arbitres* de statuer sur des mutations
verbales de propriété, usufruit ou jouissance de biens
immeubles, non déclarées à l'enregistrement, et sur des
actes non enregistrés, quelque soit leur objet.

Enfin il est ordonné aux *juges, sous peine de désobéissance aux lois*, de mentionner et de décrire dans leurs
jugements et procès-verbaux, les actes non enregistrés dont
les parties auraient fait usage, et les mutations verbales
dont elles se seraient prévalu. — Les actes non enregistrés
seront retenus par le greffier, sur l'ordre du tribunal, pour
être soumis à la formalité avant ou en même temps que les
jugements.

1. *Greffiers de justice de paix...* — Nous avons vu, art. 75,
qu'en général, et sous certaines conditions, les officiers publics pourront
faire des actes en vertu de baux verbaux. Mais nous croyons qu'il doit
y avoir une exception en ce qui concerne les greffiers des justices de
paix. — Voici pourquoi : — Les contestations entre propriétaires et
fermiers sont fréquentes. Elles s'arrangent le plus souvent à l'amiable
devant le juge de paix et il n'en reste pas de trace ; de sorte que le
moyen de preuve que l'administration aurait pu légitimement saisir lui
échappe presque toujours !

Nous demandons donc qu'à l'avenir, les parties avant d'aller demander protection et justice pour leurs conventions, soient forcées de payer à l'Etat l'impôt établi sur ces conventions. Rien n'est plus équitable.

2. *Au droit de location...* — Les parties, dans ce cas, sont elles-mêmes intéressées à faire une déclaration verbale, puisque le paiement de mutation du droit de bail les libère du droit de location sur les années restant à courir. V : art. 13 § 6 et 8.

3. *Experts et arbitres...* — Cette disposition complète, à leur égard, les dispositions de l'article 75 ci-dessus.

4. *Juges... désobéissance aux lois...* — L'article 47 de la loi du 22 frimaire an VII rend les juges personnellement responsables des droits, quand ils statuent sur des actes non enregistrés. — En fait, cette responsabilité n'a jamais été exercée.

Quant à nous, nous aimons mieux ne pas la prononcer, persuadé qu'il suffit d'édicter la *peine morale de la désobéissance*, pour que la loi soit exécutée à l'avenir par tous les magistrats.

La loi du 23 août 1871, art. 10, contient une disposition qui se rapproche beaucoup de celle que nous édictons, et elle ne prononce non plus, ni amende, ni responsabilité pécuniaire contre les magistrats.

ARTICLE 80.

Les préfets et secrétaires-généraux des préfectures, les sous-préfets et maires, ne pourront prendre aucun arrêté en faveur de particuliers, sur des actes non enregistrés, à peine d'être personnellement responsables des droits.

Reproduction partielle de l'article 47 de la loi du 22 frimaire.

ARTICLE 81.

Les notaires, huissiers, greffiers, secrétaires-généraux de préfectures, sous-préfets et maires, les commissions administratives des établissements publics 'les porteurs de contraintes, courtiers de marchandises, commissaires-

priseurs et commissaires de la marine, assureurs et agents
d'assurances; et les gérants ou délégués des sociétés par
actions tiendront sur papier timbré des répertoires à colonnes, sur lesquels ils inscriront, jour par jour, sans blanc
ni interligne, et par ordre de numéros, sous peine d'une
amende de 10 francs par chaque omission, savoir :

1° Les notaires, tous les actes et contrats qu'ils recevront,
même ceux passés en brevet ;

2° Les huissiers et *courtiers de marchandises,* tous les
actes et exploits de leur ministère ;

3° Les greffiers, tous les actes et jugements qu'ils sont
appelés à signer, soit seuls, soit avec les juges ; les *qualités* qui leur sont déposées, ou qu'ils rédigent pour la
délivrance des expéditions ; et les *procès-verbaux de cote et
paraphe* dressés par les juges en conformité de l'art. 11
du code de commerce ;

4° Les secrétaires-généraux, sous-préfets, maires et
administrateurs, les transmissions de propriété, usufruit ou
jouissance passées devant eux ; — les adjudications ou
marchés de toute nature, aux enchères, au rabais, de gré à
gré ou sur soumission, et les cautionnements relatifs à ces
actes ; — ainsi que les procès-verbaux de cote et paraphe
qu'ils pourraient dresser en vertu de l'art. 11 du code de
commerce ;

5° Les commissaires-priseurs et commissaires de la marine, les ventes et procès-verbaux de leur ministère et les
actes qui en sont la suite ;

6° Les porteurs de contrainte, les exploits qu'ils signifient ;

7° *Les assureurs et agents d'assurances,* les polices,

avenants, les prolongations ou augmentations d'assurances, les réglements de primes et sinistres, les quittances et décharges données par les assurés ou leurs ayants droit, enfin tous les actes qui établissent un lien entre l'assureur et l'assuré, ou qui établissent la fin de l'assurance et son résultat.

8° Les gérants et délégués des sociétés par actions, *les commissions* délivrées aux agents et représentants de ces sociétés, les procès-verbaux des assemblées générales, et tous les *actes sous-seings privés* concernant lesdites sociétés, et *translatifs de propriété, d'usufruit ou de jouissance de biens immeubles.*

Le *Crédit foncier* et toutes les sociétés qui font le prêt à long terme sur hypothèque, porteront en outre à leur répertoire, les quittances d'annuités et tous actes constatant l'extinction totale ou partielle de ces prêts, en principal et intérêts.

Voir art. 19 de la loi du 22 frimaire an VII, art. 78 de la loi du 15 mai 1818; art. 11 de la loi du 16 juin 1824; et art. 35 et 41 de la loi du 5 juin 1850.

1. *Sur papier timbré...* — Voir ci-après n° 5 et art. 62 n° 1.

2. *Courtiers de marchandises...*
Nec obstat loi du 28 juillet 1866. — V : Inst. 2361 § 7.

3. *Les qualités...* — Nous avons dit, art. 7, que nous étions d'avis de supprimer l'enregistrement des expéditions, attendu que c'est une formalité inutile qui peut se remplacer avantageusement par un droit de timbre. Par contre, nous sommes convaincu qu'il est bon de donner aux qualités une fixité qui leur manque.

— Ces actes, qui sont à la fois le complément et la base des jugements, sont remis de la main à la main au greffier, sans date, sans garantie de conservation et d'authenticité. — En matière de commerce,

ce ne sont même le plus souvent que de simples *notes* sur papier
libre (Garnier, R. P. n° 2810), et sans signature !

C'est un des abus les plus sérieux que présente la tenue des greffes,
et il est urgent de le faire disparaître en édictant l'obligation de
répertorier et de faire enregistrer.

Voir art. 103, n° 4, et art. 101, n° 21.

4. *Cote et paraphe...* — Ces procès-verbaux sont déjà sujets à
enregistrement.   V : art. 43, n° 6.

Mais il importe, au point de vue général, et indépendamment de la
question d'impôt qui est peu de chose, d'établir un moyen de contrôle
qui permette de reconnaître si les commerçants se conforment régulièrement aux prescriptions du code de commerce, art. 8, 9 et 10.

5. *Assureurs et agents d'assurance...* — Ces dispositions·
sont la conséquence de celles prises art. 47 ci-dessus.

L'obligation pour les compagnies d'assurances de tenir un répertoire
de leurs actes résulte des art. 35, 44, 45 et 47 de la loi du 5 juin 1850.
Mais le répertoire prescrit par ces articles est *dispensé du timbre.*
— C'est un tort. — Les compagnies d'assurances sont assez riches pour
n'avoir besoin d'aucune immunité particulière. — On sait, du reste,
qu'elles n'ont été nullement atteintes par la loi du 23 août 1871 qui met
les droits à la charge entière des assurés,— et qui ne concerne d'ailleurs
que les assurances maritimes et celles relatives à l'incendie.

6. *Les commissions...* — Les agents des administrations privées
(chemins de fer, compagnies d'assurances, etc.) sont dispensés de la
prestation de serment qui incombe aux fonctionnaires publics. Il est
parfaitement légitime, en revanche, de soumettre au timbre et à
l'enregistrement les commissions qui leur sont délivrées ; et si l'on fait
attention au nombreux personnel qu'emploient les administrations
privées, on reconnaîtra qu'il y a là une source considérable de produits.

7. *Actes sous seing-privé translatifs de propriété...* —
Les sociétés par actions fonctionnent sous la protection de l'Etat : il
est donc naturel qu'elles acquittent sans fraude tous les droits établis.

8. *Crédit foncier...* — Voici ce que nous lisons à ce sujet dans
une brochure qui a paru sans nom d'auteur, vers 1860, sous le titre
de *Révision des lois sur l'enregistrement,* et dans laquelle nous avons

trouvé un grand nombre d'observations très-justes : « Le gouvernement
» pourrait, sans compromettre la prospérité du crédit foncier, exiger
» l'enregistrement des *quittances d'annuités* et la perception du droit
» de quittance sur les mains levées, *virtuellement libératoires,*
» consenties par cette société *qui ne prête que sur première hypothèque.*
» Assurément un emprunt de 100,000 fr. ne sera nullement entravé
» par la perspective de payer 33 fr. de plus chaque année, ou 0 fr. 55 c.
» pour 100 fr. sur le capital remboursé par anticipation, et, dans cette
» application régulière de la loi de l'impôt, le budget trouverait une
» ressource annuelle, et toujours croissante, de plus d'un million! »

ARTICLE 82.

Il ne pourra être inscrit, sur les répertoires, *plus de 30
lignes* à la page et de 20 syllabes à la ligne, s'ils sont rédigés sur des feuilles au timbre de 1 fr. 20, dit *petit papier;*
de 40 lignes à la page et de 25 syllabes à la ligne, s'ils sont
écrits sur papier d'expédition ; et plus de 50 lignes à la
page et de 30 syllabes à la ligne, lorsque le papier employé
sera d'une dimension supérieure.— Les infractions à cette
disposition seront passibles d'une amende de cinq francs
par page présentant dans son ensemble, soit un excès de
lignes, soit un excès de syllabes. — Ces amendes seront
considérées, pour le mode de recouvrement et de constatation, comme amendes d'enregistrement.

Chaque article du répertoire contiendra, dans une
colonne spéciale, 1° son numéro, 2° la date de l'acte, 3° sa
désignation ou son titre, 4° les noms, prénoms, et domicile des parties, 5° la date de l'enregistrement, 6° et le
montant du droit payé au moment de la formalité.

Ces deux dernières colonnes seront remplies, au plus
tard dans la huitaine qui suivra l'enregistrement.

Les répertoires des notaires et des greffiers contiendront
en outre une colonne pour l'indication des actes rédigés

en brevet, et une autre où seront mentionnées les sommes faisant l'objet des conventions, la durée des obligations, et l'indication sommaire des biens, leur situation et le prix, lorsqu'il s'agira d'actes ayant pour objet la propriété, l'usufruit ou la jouissance des biens fonds.

Il sera ajouté, d'autre part, au répertoire des huissiers deux colonnes supplémentaires, où seront inscrits : 1° Le montant du droit de transport applicable à chaque acte répertorié ; 2° et *le coût* des exploits, déduction faite des déboursés, ainsi que les honoraires perçus sur chaque vente de meubles.

Sur tous les répertoires, la colonne portant mention des droits d'enregistrement payés sera *additionnée*, page par page, et totalisée de mois en mois. Les huissiers additionneront également les colonnes contenant l'indication des transports et le coût des exploits.

Toute inexactitude ou omission dans les énonciations et prescriptions ci-dessus, non réparée avant la présentation au visa trimestriel prescrite par l'art. 84 ci-après, sera passible d'une amende de *cinq francs.*

Comparez art. 50 de la loi du 22 frimaire an VII, — voyez, en ce qui concerne les huissiers, art. 47 du décret du 13 juin 1813, et décision des ministres de la justice et des finances des 6 novembre 1851 et 23 juin 1855.

1. *Plus de 30 lignes...* — La limitation du nombre de lignes existe pour les greffiers. Inst. 2240. La netteté et la lisibilité des écritures exige qu'il en soit de même pour tout le monde. Ajoutons *que c'est pour le trésor un moyen d'impôt facile, et beaucoup plus considérable qu'on ne le pense.*

2. *Chaque article du répertoire contiendra...* — Les répertoires de beaucoup d'officiers ministériels ont été jusqu'à ce jour tenus

d'une manière peu complète : cela vient de ce que l'art. 50 de la loi
du 22 frimaire est *sans sanction pénale*. Cependant les répertoires
devant faire foi, en l'absence des minutes, il importe que tous les
éléments essentiels des actes y soient reproduits avec exactitude. —
Nous n'atteindrons ce résultat qu'en édictant des amendes.

3. *Additionnée...* — L'importance des études, et des études de
notaires particulièrement, se détermine d'ordinaire par le montant des
sommes versées annuellement à l'enregistrement. — Il est donc utile
que le total de ces sommes puisse être facilement connu. — D'un autre
côté, on comprend de quelle importance il est pour le contrôle des
opérations des receveurs, de pouvoir se procurer, en dehors des
écritures de leur bureau, le total des sommes qu'ils ont dû encaisser.

4. *Le coût...* — Nous avons reproduit, en ce qui concerne les
huissiers, les dispositions de l'art. 47 du décret du 13 juin 1813 qui les
oblige à faire mention sur leur répertoire, en regard de chaque acte,
du montant des droits et honoraires qu'ils ont perçus.

Nous nous demandons s'il ne serait pas utile d'ordonner la même
mesure, en ce qui concerne les notaires. — Les notaires n'ont pas de
tarif exécutoire, et il est difficile, *dit-on*, de leur en faire un. Mais, en
attendant, puisqu'il importe à chaque instant de connaître les produits
des études, pourquoi ne pas astreindre les notaires à indiquer, pour
chaque acte, les honoraires qu'ils ont demandés.

On répondra que les honoraires des notaires sont susceptibles d'être
débattus, de gré à gré, avec les clients. — Nous le savons. — Mais les
clients ne paient guère plus qu'on ne leur demande, et on pourrait
établir une double colonne, l'une indiquant les honoraires arbitrés par
le notaire, et l'autre le chiffre auquel ces honoraires auraient été
réduits, soit amiablement, soit par le juge taxateur.

L'importance de cette mesure n'a pas besoin d'être démontrée. Nous
sommes convaincu que dans les pays où le notariat se fait le mieux,
les chambres des notaires y applaudiraient avec empressement.

Voici, du reste, ce que dit à ce sujet un homme du métier, M. Vraye,
(notaire à Compiègne), dans l'excellent ouvrage que nous avons
plusieurs fois cité :

« Il est un argument invoqué par les adversaires du tarif uniforme
« et dont le succès nous a toujours surpris.

« *Chaque transaction faite par le notaire*, disent-ils, a une physio-
« nomie, une importance, un développement qui lui est propre ; elle

» se résume le plus souvent en un seul acte, précédé de travaux
» préparatoires et variables qui ne peuvent être réglés d'une manière
» uniforme et légale par un tarif, puisqu'ils ne peuvent être prévus,
» puisqu'ils n'ont eu d'autre cause que les circonstances du fait et de
» la volonté des parties. Toutes ces raisons ne sont rien moins que
» spécieuses, et pour notre compte nous préférons l'exposé
» véridique de la pratique. Que se passe-t-il donc en matière de fixation
» d'honoraires d'actes notariés ? S'il s'agit d'un acte simple, ne portant
» ni transmission, ni obligation, ni libération, la rétribution est fixe ;
» s'il s'agit d'un acte d'une autre nature, la rémunération est propor-
» tionnelle au chiffre des valeurs ; mais, dans l'un ou l'autre cas,
» jamais les démarches, les conférences, les travaux préparatoires ne
» sont supputés comme éléments d'appréciation. — Une procuration
» longue et compliquée se tarife au même chiffre qu'une procuration
» en quelques lignes, dont le modèle a été remis au notaire ; et quant
» aux actes à rétribution proportionnelle, toutes les difficultés qui
» peuvent s'y rattacher, soit comme rédaction, soit autrement, sont
» absolument indifférentes pour la taxe des honoraires : par exemple,
» telle liquidation qui a donné lieu à des conférences nombreuses, à
» un long travail de rédaction, sera taxée moitié moins, si les valeurs
» liquidées s'élèvent à 10,000 francs, que la liquidation la plus simple
» dans ses éléments préparatoires et sa confection, mais dont les
» valeurs s'élèvent au double.

» Il faut donc, comme le disaient un jour les notaires d'Alençon,
» dans une réplique à leurs collègues de Versailles, « se garder de
» faire du roman avec les actes possibles, » et conclure que, *la
» vénalité des offices anéantie, un tarif des actes notariés, uniforme et
» sans aucune exception, serait possible ; qu'il serait simple et facile
» dans sa confection ; qu'il est désirable pour les justiciables et pour
» la considération du notariat !* »

M. Vraye se place au point de vue de la suppression de la vénalité
des offices ; mais il est évident que si l'établissement d'un tarif est
réalisable dans ce cas, il l'est également aujourd'hui.

Quant au rachat des offices, il n'y faut pas songer dans la situation
où se trouvent nos finances ; *à moins cependant qu'on n'impose ce
rachat aux communes ou cantons.* Les cantons auraient intérêt à
rembourser les titulaires des offices, s'ils se trouvaient exonérés, par
ce remboursement, des honoraires payés aux notaires pour la
rédaction et la conservation des actes ; et ils acquitteraient volontiers le
supplément de droits d'enregistrement nécessaire pour assurer le

traitement des notaires devenus de *simples magistrats!* — Nous croyons
que cette idée mérite d'être examinée.

ARTICLE 83.

Lorsqu'un notaire *substitue* un de ses collègues empêché,
les actes qu'il fait comme substituant, doivent être portés à
son répertoire et à celui du notaire substitué. — Les actes
faits en *double minute* doivent être répertoriés par chacun
des notaires, avec mention de celui d'entr'eux qui est dépositaire de la minute principale. — Dans ces deux cas, la
colonne des droits d'enregistrement, ne sera remplie que
par le notaire qui les aura acquittés.

Les *actes à vacations,* comme les inventaires et les procès-
verbaux de scellés, seront répertoriés à la date de la première vacation, et mentionnés à chacune des autres
séances.

1. *Substitue...* — Voir dans ce sens une instruction donnée par
l'administration à ses préposés, sous le n° 919.

2. *Double minute...* — Il doit déjà en être ainsi, sous la loi
actuelle. — Jugement du tribunal de Pithiviers, du 26 novembre 1857.

3. *Actes à vacations...* — L'art. 49 de la loi du 22 frimaire n'a
pas prévu les actes à vacations. L'administration a décidé qu'ils doivent
être inscrits à la première date (Inst. 596); et cela est tout naturel.
— Mais, puisqu'il est décidé aussi que chaque séance doit être enregistrée dans les dix ou quinze jours de sa date, il faut, à titre de
contrôle, que chaque date soit constatée sur le répertoire, au fur et à
mesure que les séances ont lieu. — C'est, du reste, ce qui se pratique
en général.

ARTICLE 84.

Les notaires, huissiers, greffiers, porteurs de contraintes,
commissaires-priseurs, courtiers de marchandises, assu-

reurs et agents d'assurances, présenteront, dans les dix premiers jours de *février, mai, août* et *novembre,* — à peine d'une amende de 10 francs, — leurs répertoires aux receveurs de l'enregistrement des bureaux de leur résidence. Ces employés les viseront, énonceront dans leur visa le nombre d'actes inscrits, et feront connaître ceux omis, en reproduisant les indications prescrites par l'art. 81 ci-dessus.

Les secrétaires-généraux des préfectures, les sous-préfets, maires et commissaires de la marine, feront la même présentation, chaque année, dans les dix premiers jours de *février,* et seront passibles personnellement de la même peine en cas de retard.

Voir, loi du 22 frimaire, art. 50.

1. *Février, mai, août et novembre...* — La loi du 22 frimaire ordonne la présentation dont il s'agit dans les dix premiers jours de janvier, avril, juillet et octobre. Mais ces mois sont précisément ceux où les receveurs ont le plus de travail, à cause des comptes et opérations de fin de trimestre, de semestre et d'année. Il leur est donc difficile de se livrer à la vérification immédiate des répertoires déposés. De là des retards qui empêchent les officiers ministériels de se conformer à l'obligation qui leur est imposée de répertorier, jour par jour, les actes de leur ministère.

C'est pour obvier à cet inconvénient que nous proposons de changer l'époque de la présentation trimestrielle au visa. — Le changement en lui-même n'a d'ailleurs aucune importance.

2. *Les secrétaires-généraux... chaque année...* — Les préfets, sous-préfets et maires, particulièrement les maires, font peu d'actes, et l'utilité de la présentation trimestrielle de leur répertoire au visa ne compense certainement pas les dérangements que cette formalité occasionne. Nous proposons donc de la supprimer et de la remplacer par une présentation *annuelle,* qui est nécessaire pour que les préposés de l'enregistrement puissent vérifier si l'on a soumis à l'enregistrement tous les actes qui y sont assujettis.

ARTICLE 85.

Indépendamment de la présentation ordonnée par l'article précédent, les notaires, huissiers, et les autres fonctionnaires ou agents obligés à la tenue d'un répertoire seront tenus, *à peine d'une amende de 150 fr.*, de le communiquer, à toute réquisition, ainsi que les actes qui y sont inscrits, aux employés de l'enregistrement qui se présenteront chez eux pour en prendre communication ou les vérifier. — En cas de refus, les *préposés rédigeront un procès-verbal*, qu'ils transmettront au ministère public, *à moins que* l'amende et les frais du procès-verbal ne soient acquittés volontairement, dans les cinq jours. — Les avoués seront tenus, et sous la même peine, de communiquer les *dossiers* des affaires qui auront été soumises à la taxe, et les *récépissés* de pièces délivrés en exécution des articles 106 et 189 du code de procédure civile.

Voir loi du 22 frimaire art. 52.

1. *A peine d'une amende de 150 fr... procès-verbal...* — La loi du 22 frimaire an VII portait à 50 fr. l'amende encourue pour refus de communication du répertoire.— La loi du 16 juin 1824 a réduit cette amende au chiffre insignifiant de 10 fr.

Il en est résulté ceci : que l'officier public en retard de servir son répertoire, au lieu de s'exposer à dix ou quinze amendes, pour autant d'actes non inscrits, refuse purement et simplement la communication qui lui est demandée.

— Mais ce n'est pas tout.

— La loi du 22 frimaire dispose, qu'en pareille circonstance, le préposé est obligé de requérir l'intervention du maire ou de l'adjoint de la commune, pour dresser, en la présence de cet officier public, procès-verbal du refus qui lui est fait.

Pendant les allées et venues du préposé, qui rencontre quelquefois du mauvais vouloir et de la résistance, — surtout si le notaire refusant est en même temps maire de la commune, — pendant ces allées et venues, disons-nous, l'étude se ferme, et le préposé ne trouve plus à qui parler! ou bien le notaire a eu le temps de réparer son arriéré, et s'empresse, devant l'autorité municipale, de déférer à la réquisition qui lui est faite.

La loi actuelle a donc pour effet, en réalité, de désarmer l'administration dans la surveillance qui lui est imposée de la tenue des répertoires.

Elle a pour effet, d'un autre côté, de mettre les employés dans des conditions d'infériorité humiliantes, en les obligeant de prendre un commissaire de police ou un maire de village, pour témoin des entraves qui leur sont faites dans l'exercice de leurs fonctions !

Tout le monde comprendra qu'il y a là une réforme à faire.

D'abord, il faut élever l'amende de refus à un chiffre tel que l'officier public le plus négligent ne puisse avoir d'intérêt à refuser son répertoire.

Il faut ensuite que les préposés de l'enregistrement, qui ont serment en justice, et qui, en d'autres circonstances, ont le droit de faire des procès-verbaux, sans même les affirmer devant le juge de paix, aient qualité pour constater directement les refus qui leur sont faits.

2. A moins que... — Nous avons porté l'amende de refus à 150 fr., et nous ne trouvons pas ce chiffre exagéré. Mais, comme il s'agit d'une amende fixe, que le tribunal ne pourrait ni augmenter ni réduire, nous avons pensé qu'il convenait d'accorder à l'officier public qui reconnaîtrait volontairement sa faute, la faculté de se soustraire à une condamnation en justice, en payant immédiatement l'amende encourue et les frais du procès-verbal.

3. Les dossiers... — Les employés de l'enregistrement ont droit de prendre communication des dossiers de procédure qui se trouvent déposés aux greffes pour quelque cause que ce soit, notamment de ceux qui sont soumis aux magistrats pour la taxe des frais (inst. 1621); mais on comprend tout ce que cette surveillance accidentelle a d'inefficace. Il est donc infiniment plus utile d'établir que cette surveillance pourra s'exercer chez les avoués eux-mêmes, en la limitant toutefois aux pièces qui ont été produites pour les taxes.

4. Récépissés. — Ces actes sont assujettis au timbre; mais la loi à cet égard est rarement exécutée (Circ. du ministre de la justice du 5 mai 1866, Inst. 2341 § 8).

ARTICLE 86.

Les répertoires seront cotés, savoir :

Ceux des notaires, huissiers, greffiers de justice de paix, courtiers de commerce, porteurs de contrainte, commissaires-priseurs, commissaires de la marine et agents d'assurances, par le juge de paix de leur domicile ; — ceux des.greffiers des cours et tribunaux par le président ; ceux des secrétaires-généraux des préfectures et des sous-préfets, par les préfets ; et ceux des maires, par les sous-préfets.

Comparez : art. 53 de la loi du 22 frimaire, art. 30 de la loi du 25 ventôse an XI, et 46 du décret du 11 juin 1813.

ARTICLE 87.

Les dépositaires des registres de l'état-civil, ceux des rôles des contributions, les préposés des caisses d'épargne, et tous autres chargés des archives et dépôts de titres publics, seront tenus de les communiquer, sans déplacer, aux employés de l'enregistrement, à toute réquisition, et de leur laisser prendre, sans frais, les renseignements, extraits et copies qui leur sont nécessaires pour les intérêts de l'Etat, à peine de *50 fr.* d'amende pour refus constaté par procès-verbal du préposé, et sans préjudice des mesures de contrainte que pourra ordonner le tribunal. — Toutefois, le procès-verbal constatant refus de communication ne sera transmis au ministère public, que si l'amende et les frais n'en sont acquittés volontairement dans le délai de cinq jours.

Ces dispositions s'appliquent aussi aux notaires, huissiers, greffiers, commissaires-priseurs, courtiers de commerce, *commissaires de l'inscription maritime*, assureurs et agents des compagnies d'assurances, secrétaires-généraux, sous-préfets, maires et administrateurs, pour les actes dont ils sont dépositaires, et qui sont de nature à être inscrits au répertoire.

Elles s'appliquent encore aux agents d'affaires, négociants, armateurs, commissionnaires, marchands et industriels, quels qu'ils soient, pour les *registres* dont la tenue est *prescrite par le code de commerce ;* — aux *banquiers* et escompteurs ainsi qu'aux *trésoriers généraux* et particuliers, pour leurs *registres de dépôts et comptes courants,* pour les effets en portefeuille, et généralement pour tous leurs titres et pièces de recette et de dépense ; — et aux *notaires, avoués* et greffiers, pour les registres où ils inscrivent leurs honoraires et émoluments (1). Toutefois, la communication, en ce qui concerne les banquiers et trésoriers généraux et particuliers ne sera due qu'aux employés supérieurs.

Les communications ci-dessus ne pourront être exigées, les dimanches et jours de fête légale, et les séances ne pourront durer plus de quatre heures par jour, de la part des préposés ; — sont exceptés, et ne devront pas être com-

_____

(1) Il conviendrait peut-être d'étendre cette disposition aux avocats, agréés, médecins, chirurgiens, vétérinaires, et généralement à tous ceux qui exercent une profession résultant de la *collation d'un grade,* et qui ont ainsi une espèce de monopole.
L'État qui a conféré le grade, et qui garantit l'exercice exclusif de la profession, a droit à une rémunération proportionnelle aux bénéfices qu'en retirent les investis. — On pourrait donc, très-légitimement, après avoir assujetti les avocats, médecins et autres, à la tenue d'un *registre d'honoraires ou d'émoluments,* timbré et coté, établir qu'une partie déterminée de ces émoluments serait versée au trésor. — Il y a là une source d'impôt aussi juste que féconde. — Quand la propriété paie sous toutes ses formes, quand l'industrie est atteinte de tous les côtés dans ses transactions, on ne voit pas pourquoi les *professions libérales* n'acquitteraient pas leur quote part des charges publiques !

21

muniqués, les testaments et donations éventuelles entre
époux, du vivant des testateurs et donateurs.

Voir loi du 22 frimaire an VII, art. 51 et loi du 13 mai 1818, art. 182.

1. *Cinquante francs...* — Comme ici le refus ne peut plus
avoir pour objet de préserver d'amendes dues à un autre titre, nous
avons pensé qu'il n'y avait pas de raison pour changer la quotité de
l'amende fixée par la loi du 22 frimaire an VII. '

On remarquera que, conformément à nos observations sur l'article
85 qui précède, nous n'avons pas reproduit la disposition de l'article 51
de la loi du 22 frimaire an VII, qui veut également qu'en cas de refus
du dépositaire public, le préposé de l'enregistrement se fasse accompagner du maire ou du commissaire de police, pour donner créance et
valeur à son procès-verbal.

Ajoutons toutefois que le décret d'administration publique rendu
le 17 juillet 1857 (Inst. 2101), ne reproduit pas cette disposition malheureuse, — mais dispose, au contraire, art. 9, que le procès-verbal
du préposé dressé contre les sociétés et *affirmé* dans les vingt-quatre
heures fera foi jusqu'à *inscription de faux.*

2. *Commissaires de l'inscription maritime....*—V: Inst. 2136.

3. *Agents d'assurances...* — Voir loi du 23 août 1871, art. 22.

4. *Agents d'affaires... négociants...* — C'est la conséquence du
bénéfice de la déduction des dettes, accordé par l'art. 22 ci-dessus. —
La communication se borne du reste pour eux, *aux registres prescrits
par le code de commerce.*

5. *Registres prescrits par le code de commerce...* — La loi
du 13 brumaire an VII avait assujetti ces registres au timbre. Mais
comme on avait négligé d'établir une surveillance pour l'exécution de
cette disposition, elle resta une lettre morte, et on finit, en 1837, par
remplacer le timbre des registres de commerce par un supplément de
trois centimes au principal de la contribution des patentes. — Pourquoi
ne reviendrait-on pas à la loi de brumaire, en créant un timbre
spécial et à très-bas prix pour le livre *journal*, sauf à ne soumettre les
inventaires qu'au timbre actuel de dimension ? — Il est possible d'éta-

blir ainsi un impôt très-légitime et équitablement réparti sur les *transactions commerciales*.

6. *Banquiers et trésoriers-généraux...* — Nous n'avons formulé ce paragraphe qu'avec hésitation, tant nous entrevoyons de résistance ! — Mais l'intérêt du trésor en fait une loi.

Nous sommes à une époque et dans des circonstances où il faut courageusement poursuivre la fraude, partout où l'on peut commodément et légitimement l'atteindre.

Toutes les personnes riches ont un compte-courant chez leur banquier ; et cependant, quand elles meurent, il est bien rare qu'on en fasse mention dans la déclaration de succession ; les droits ainsi dissimulés sont énormes et ont d'autant moins d'excuse que ceux qui les dissimulent sont plus à l'aise.

Avec le moyen de contrôle que nous demandons, l'état recouvrera des millions !

On dira que ce serait violer la discrétion imposée aux banquiers, et qu'il n'est pas possible de livrer les fortunes privées aux investigations d'une armée d'employés. — D'abord nous ne confions les investigations qu'aux employés supérieurs, ce qui est une garantie toute particulière, qui n'emporte dans notre esprit aucune suspicion contre les receveurs, mais qui est de nature à rassurer les gens qui seraient tentés de s'alarmer. — D'un autre côté, il ne s'agit pas de la fortune des familles, mais d'un simple compte d'argent placé, qui laisse en dehors et ne permet même pas de deviner l'actif et le passif que les déposants peuvent avoir ailleurs.

D'un autre côté encore, les employés de l'enregistrement qui reçoivent les déclarations de successions, qui analysent les inventaires, qui enregistrent les contrats de mariage et qui ont droit de communication et de recherche dans tous les dépôts publics, en savent bien plus sur les familles que ce qu'ils pourraient apprendre chez les banquiers ; — et pourtant, a-t-on jamais entendu parler d'une seule indiscrétion ?

Il n'y a donc rien à craindre à ce sujet. — La mesure que nous proposons n'est dangereuse que contre la fraude !

Ajoutons que cette mesure existe déjà, — non-seulement pour les trésoreries générales et les établissements de crédit, — mais encore pour les maisons de banque *fondées par actions*, et que ces maisons sont assujetties par la loi actuelle à des vérifications détaillées, qu'en bonne conscience, elles ne doivent pas subir seules !

L'art. 22 de la loi du 23 août 1871 dispose, en effet, que les *sociétés* et compagnies sont tenues de représenter aux agents de l'enregistrement leurs *livres*, *registres et titres*, pièces de recette, de dépense et de comptabilité, afin qu'ils s'assurent de l'exécution des lois sur le timbre.

Les *sociétés* se trouvent donc désormais dans l'*obligation stricte* de se conformer exactement aux lois ; et certes, on ne saurait y trouver à redire.

Mais encore faudrait-il que les conditions fussent les mêmes pour tous. — Si une maison de banque fondée par actions fait payer à ses clients de nombreux droits de timbre qu'on ne paie pas chez le banquier voisin, — assez riche pour marcher seul, — cette maison sera bientôt déserte !

Cependant les *sociétés* sont l'âme du commerce, et la loi ne saurait trop les protéger.

Tout se réunit donc pour faire un devoir au législateur d'étendre les limites de la surveillance exercée par les employés de l'enregistrement.

Avons-nous besoin de dire que cette surveillance sera toujours exercée avec une prudente réserve, et qu'elle ne sortira jamais des limites que trace la modération et qu'impose l'honnêteté ? — « *La loi*, » dit le rapporteur de la commission du budget, *ne demande pas* « *compte aux agents des moyens par lesquels ils se sont procuré* « *les pièces qui constatent la contravention !!* » — Ces paroles ont peut-être un sens qui nous échappe ; mais elles sonnent mal aux oreilles ; et si elles contiennent une incitation à faire du zèle quand même, elles sont une injure que nous ne méritons pas !

Nous ne pouvons nous empêcher de regretter que l'administration, qui a cité textuellement les paroles ci-dessus, dans l'*instruction générale* 2113, page 20, et qui les a rappelées dans l'*instruction* 2124, page 7, ne les ait pas accompagnées d'un commentaire qui en fît connaître exactement la portée.

7. *Notaires*... — Les avoués et les greffiers sont tenus d'avoir un registre d'émolument. Il n'y a pas de raison pour qu'il n'en soit pas de même des notaires, à moins que l'on n'établisse, comme nous en avons parlé, une colonne supplémentaire à leur répertoire pour indiquer les honoraires alloués ou réclamés pour chaque acte.

8. *Avoués*... — L'art. 151 § 1 du décret du 16 février 1807 qui

oblige les avoués à la tenue d'un registre d'émolument est ainsi conçu :
« Tous les avoués seront tenus d'avoir un registre, qui sera coté et
» paraphé par le président du tribunal auquel ils seront attachés, ou
» par un des juges du siège, qui sera par lui commis, sur lequel
» registre ils inscriront eux-mêmes, par ordre de date et sans aucun
» blanc, toutes les sommes qu'ils recevront de leurs parties. »

Ce registre, qui peut être produit comme titre, est assujetti au
timbre. — *Mais,* de l'aveu des avoués eux-mêmes, *il n'est tenu nulle
part.* — Il y a là un grand préjudice pour l'État, et un préjudice non
moins considérable pour les particuliers !

ARTICLE 88.

Les receveurs des droits et revenus des communes, et de
tous autres établissements publics, les préposés des *magasins généraux,* les gérants et représentants des *sociétés
par actions,* tant au siège des sociétés que dans les *succursales* et *agences;* les administrateurs des établissements
fondés *en France* par des *sociétés étrangères,* constituées
ou non par actions; les dépositaires des registres et minutes d'actes concernant l'administration des biens des
hospices, fabriques des églises catholiques ou non, des
chapitres, collèges communaux, lycées, grands et petits
séminaires, et de tous autres établissements publics, seront
tenus, — sous peine de l'amende fixée en l'article qui précède, — de communiquer, sans déplacer, à toute réquisition des préposés de l'enregistrement, leurs registres, minutes, titres, pièces de dépense, copies et expéditions
d'actes, à l'effet, par lesdits préposés, de s'assurer de
l'exécution des lois sur le *timbre* et sur *l'enregistrement.*

Les dispositions qui précèdent ne sont pas dans la loi du 22 frimaire ;
mais la plupart sont édictées par un décret du 4 messidor an VIII,
(Inst. 293), dont la portée a été interprétée par trois décisions du
ministre des finances, en date du 20 août 1820, du 7 novembre 1825,
et du 17 mars 1828. (Inst. de la régie, nᵒˢ 953, 1187 § 16, et 1239 § 2.)

1. *Magasins généraux...* — Voir Inst. 2149.

2. *Sociétés par actions...* — Elles sont déjà tenues à la communication de leurs écritures. — Inst. 2101 et 2113. — Mais l'art. 22 de la loi du 23 août ne parlant que de *l'exécution des lois sur le timbre*, il est douteux que les renseignements puisés dans les pièces communiquées en vertu de cette loi puissent être utilisés *en matière d'enregistrement.*

3. *Succursales et agences...* — Des difficultés s'élèvent en ce moment à ce sujet. Les compagnies d'assurances prétendent qu'elles ne doivent de communication qu'au *siège de la société.* — Au point de vue spécial des assurances, c'est possible. Mais au point de vue de *l'exécution des lois sur le timbre*, c'est une erreur. L'art. 22 de la loi du 23 août 1871 est formel et ne comporte aucune exception. Il faut donc, pour que le vœu de la loi soit rempli, que les titres et pièces de recette ou de dépense qui sont dans les *agences*, puissent être *vérifiés* par les employés de l'Etat.

4. *Sociétés étrangères...* — Le législateur devrait surtout protéger les *sociétés françaises* : et il se trouve que ce sont elles seules, — et aucunement les sociétés étrangères, — qui sont atteintes par l'art. 22 de la loi du 23 août 1871 !

Il existe dans la ville d'A..... deux compagnies d'éclairage au gaz, une compagnie française, connue sous le nom de *Gaz français* et une compagnie *anglaise*, dite *Gaz européen.*

Ces deux compagnies se sont entendues pour soumissionner l'éclairage des rues et places de la ville, et il a été stipulé, comme condition du traité, que les compagnies concessionnaires seraient tenues de fournir du gaz aux particuliers qui en feraient la demande, et ce moyennant un prix qui ne pourrait jamais excéder un chiffre déterminé.

La ville a été, en conséquence, divisée en deux parties égales, l'une éclairée par le Gaz français, l'autre par le *Gaz européen.*

Or, la vérification faite conformément à l'art. 22 de la loi du 23 août 1871, au siège de la *société française*, a donné lieu de constater que 8 ou 900 traités passés entre elle et les particuliers, — et qui constituent ses *titres de recette*, — ont été rédigés sur *papier libre*. Il en est résulté une réclamation de 16 à 1,800 fr. de droits de timbre, et d'environ 50,000 fr. d'amende.

C'était justice, et on l'a reconnu de bonne grâce.

Mais il n'est douteux pour personne que la compagnie *anglaise* ne soit dans le même cas ! Elle a autant d'abonnés que le *Gaz français*, et ses traités sont évidemment aussi sur papier non timbré.

Malheureusement, l'administration n'y peut rien. Le siège de la société du Gaz européen est à *Londres*, et rien n'établit que ses actions soient négociées *en France !* Elle échappe donc d'une manière absolue au contrôle de l'enregistrement. (Art. 9 de la loi du 23 juin 1857. — Inst. 2101.)

Il en résulte qu'une moitié de la ville d'A..... paiera des droits de timbre dont l'autre moitié sera exemptée !

La disposition que nous proposons a donc pour objet principal de rétablir l'égalité entre les étrangers et nous.

ARTICLE 89.

Les maires des communes ou commissaires faisant fonctions d'officiers publics, fourniront, sur papier non timbré, dans les mois de janvier, avril, juillet et octobre, — à peine d'une amende de 10 francs en cas de retard ou omission, — le relevé, par eux certifié, des actes de décès portés sur les registres de leur commune pendant le trimestre précédent. — *Ce relevé comprendra :* le n° d'ordre du registre de l'état-civil, les nom, prénoms, surnoms de chaque décédé, son âge, le lieu de sa naissance, le lieu de son domicile, la date de son décès, les nom et prénoms de son conjoint, les noms et prénoms de ses père et mère, avec l'indication s'ils sont vivants ou décédés, les noms, prénoms, domicile et degré de parenté de ses héritiers, ou de l'un d'eux, et l'indication des folios et numéros de la matrice cadastrale où seraient portés les immeubles possédés par le défunt ou son conjoint.

Voir art. 55 de la loi du 22 frimaire an VII.

Ce relevé comprendra... — La loi du 22 frimaire ne prescrit pas la forme des relevés, et n'indique pas les renseignements qui doivent y être portés. — On y supplée, dans la pratique, au moyen d'un état

divisé en colonnes que les receveurs adressent tous les trois mois aux
maires, et que ceux-ci n'ont qu'à remplir. — Mais rien n'oblige les
maires à remplir toutes les colonnes de cet état, d'autant plus que la
formule généralement admise par l'administration leur demande des
renseignements particuliers sur la nature et la situation des biens du
défunt, — renseignements qui excitent des protestations, et qu'il n'est
peut-être pas dans les attributions des maires de fournir.

Nous avons donc jugé utile de préciser quel devra être le contenu
des relevés dont il s'agit. En ce qui concerne la consistance des
successions, nous demandons que les maires soient seulement tenus
de faire connaître sous quels folios et n^{os} de la matrice cadastrale
sont inscrits les biens immeubles que possédait le défunt. — Cette
indication peut être fournie facilement par les maires, dépositaires des
matrices cadastrales, et elle suffit pour mettre le receveur de l'enregistrement en mesure de contrôler l'exactitude des déclarations de
successions.

ARTICLE 90.

Les receveurs de l'enregistrement ne pourront, sous
aucun prétexte, lors même qu'il y aurait lieu à expertise,
différer l'enregistrement des actes et mutations dont les
droits auront été payés au taux réglé par la présente : —
cependant, ils sont autorisés à retenir, pendant vingt-quatre
heures, les actes dont ils auraient à prendre copie dans
l'intérêt de leur service.

Voir art. 56 de la loi du 22 frimaire an VII.

Cependant... — Nous avons supprimé la disposition relative aux
exploits, parce que, dans notre projet, les huissiers doivent désormais
conserver minute de tous les actes de leur ministère.

ARTICLE 91.

La quittance de l'enregistrement sera mise, soit sur l'acte
enregistré, soit sur le *double de la déclaration de mutation
verbale*, soit enfin sur l'extrait de la déclaration de succes-

sion : le receveur y exprimera, en toutes lettres, la date de l'enregistrement, le folio du registre, le numéro, et la somme des droits perçus.

Lorsque l'acte renfermera plusieurs dispositions opérant chacune un droit particulier, le receveur les indiquera sommairement dans sa quittance, et énoncera distinctement la quotité de chaque droit perçu, à peine d'une amende de 10 francs pour chaque omission.

Voir l'art. 57 de la loi du 22 frimaire an VII.

Le double de la déclaration… — Voir art. 13 § 2.

ARTICLE 92.

Les receveurs de l'enregistrement ne pourront donner communication, ou délivrer d'extraits de leurs registres que sur ordonnance de juge de paix, à moins que ces communications et extraits ne soient demandés par quelques-unes des parties contractantes, ou leurs ayants-cause.

Il sera payé, à titre de salaire ou émolument personnel, *un franc* pour recherche de chaque année indiquée, et *cinquante centimes* pour chaque acte recherché et découvert, qu'il soit ou non demandé copie ou extrait de l'enregistrement.

— Après le paiement des droits ci-dessus, il ne sera dû que le prix du papier timbré pour la délivrance des extraits ; — à moins qu'il ne s'agisse d'actes sous signature privée, ou de déclarations de mutations verbales, auquel cas il sera payé 1 franc par rôle de vingt cinq lignes à la page, et de vingt syllabes à la ligne.

Les émoluments ci-dessus seront passibles de la retenue 5 % au profit de *l'État*, et portés en recette sur un des

registres du bureau, avec toutes les indications nécessaires
pour légitimer la perception. — L'enregistrement en recette
sera signé par la partie requérante.

Voir art. 50 de la loi du 22 frimaire.

Aucun document administratif, ou judiciaire, n'établit avec précision
la manière de calculer les émoluments des receveurs pour les
recherches qui leur sont demandées. Il en résulte quelquefois des
excès de perception, et des plaintes d'autant plus regrettables que,
dans l'état actuel des choses, il n'y a aucun moyen de surveillance
contre les receveurs.

Nous pensons que la dignité des employés est intéressée à ce qu'on
ne puisse soupçonner l'existence d'aucun abus en ce qui les concerne
personnellement. — Il faut donc établir un moyen de contrôle pour les
droits de recherche, comme pour les autres produits de l'enregistrement, et constater la recette de ces droits sur un des registres du
bureau (celui des produits accidentels), avec tous les développements
capables de mettre les employés supérieurs à même de vérifier l'exactitude des perceptions.

1. *50 centimes par chaque acte...* — La loi du 22 frimaire
porte 50 centimes par *extrait.* — Il arrive souvent que les parties n'ont
besoin que de connaître la date d'une convention et de savoir où re-
trouver le titre qui la constate, et qu'elles ne demandent pas d'extrait.
— Il n'en importe pas moins que la rémunération du service qui leur
est rendu soit en proportion de ce service. — Elles paieront donc
50 centimes par acte communiqué ; mais, en revanche, la délivrance
des extraits qui seraient demandés aura lieu gratis.

Il y a, cependant, une exception que notre désir de proportionner
les droits payés au service rendu et au travail accompli nous a fait
introduire : — il peut arriver qu'on demande au receveur de délivrer
copie d'un partage sous signature privée transcrit au bureau, et ayant
quinze ou vingt rôles, quelquefois plus ! — Il est évident que les
50 centimes perçus actuellement ne suffisent pas pour rémunérer un
travail pareil.

2. *Passibles de la retenue 5 o/o...* — Les droits de recherche
en ce moment appartiennent pour la totalité aux receveurs. — Nous

sommes d'avis qu'à l'avenir ils soient perçus en partie pour l'État. — C'est la seule manière d'arriver à ce qu'aucune communication irrégulière n'ait lieu. — Quand le receveur ne pourra sans compromettre les droits du trésor, donner un renseignement au vu de ses registres ou permettre une recherche officieuse, on peut être certain que tout abus cessera.

Du reste, les receveurs ne perdront rien au prélèvement fait en faveur de l'État. La plupart de leurs recherches actuelles ne leur sont pas payées, parce que les émoluments sont pour eux, et que, dans l'état de leurs relations avec les notaires ou avec les particuliers, ils jugent convenable de ne rien exiger. Mais, quand les droits se percevront pour le compte du trésor, leur position personnelle se trouvera dégagée, et ils ne seront pas libres de faire des actes de générosité.

ARTICLE 93.

Aucune autorité publique, ni la régie, ni les préposés, ne peuvent accorder de remise ou modération des droits établis par la présente, et des peines encourues, ni en suspendre ou faire suspendre le recouvrement, sans en devenir personnellement responsables.

Cependant le Président de la République et le ministre des finances, sur la proposition de l'administration, pourront accorder des prorogations de délais, pour le paiement des sommes dues au Trésor, et faire remise, totale ou partielle, des droits en sus et amendes de toute nature, même celles prononcées par jugement.

Voir art. 59 de la loi du 22 frimaire an VII.

Nous établissons en principe, dans le deuxième paragraphe de cet article, un droit que l'usage a établi de tout temps, malgré le texte formel de la loi du 22 frimaire an VII, et malgré ce qui avait été décidé lors de la loi du 16 juin 1821. (Voir Inst. de la régie, n⁰ˢ 1136 et 1111.)

TITRE X.

Des droits acquis et des prescriptions.

— · ———

Article 94.

Tout droit d'enregistrement perçu régulièrement, en conformité de la présente loi, ne pourra être restitué, quels que soient les événements ultérieurs, — *à moins* qu'il ne soit établi que la perception repose sur une *erreur de fait* de la part des parties, ou qu'elle a pour objet un acte entaché d'une *nullité radicale* et absolue, qui n'a eu et n'aura aucun effet.

La demande en restitution, dans ce cas, sera portée devant l'administration, avec les justifications à l'appui. Si les justifications ne semblent pas péremptoires à l'administration, la partie devra se pourvoir, à ses frais, devant le tribunal, pour faire constater les faits d'une manière juridique. La restitution aura lieu ensuite, s'il y a lieu.

Toutefois, quand la perception aura été régulière, la restitution ne s'effectuera que sous la retenue d'un dixième, au minimum de deux francs, — qui sera conservé, à titre de frais de perception et d'administration, et porté en recette, moitié pour le compte de l'État, moitié au profit du receveur.

Voir : art. 60 de la loi du 22 frimaire an VII.

1. A moins.... — Nous avons voulu tempérer autant que possible, sans cependant ouvrir de porte à la fraude, la rigueur de la loi du 22 frimaire. — Le ministre des finances est déjà entré dans cette voie, en décidant, le 12 avril 1808 (Inst. 306 § 30), qu'il y aurait restitution de droits en cas d'erreur de fait *dans les déclarations de successions.*

Mais si l'on peut déclarer par erreur, comme dépendant de la succession d'un individu, un immeuble qui ne lui appartenait plus à son décès ; ne peut-on pas, en suivant la même erreur, vendre, donner, ou louer le même immeuble ? et n'est-il pas juste de traiter l'erreur aussi favorablement dans un cas que dans un autre ?

2. Erreur de fait... — Remarquez que nous ne parlons que d'une erreur de fait, et d'une erreur complètement justifiée.

3. Nullité radicale... — Nous demandons la même immunité pour les actes entachés d'une nullité radicale et absolue. — La raison en est qu'il y a toujours une erreur de fait au fond de ces actes : la vente faite par un interdit, est nulle par le fait seul de l'incapacité du vendeur. L'acte a les apparences d'une vente, mais, en réalité, il n'établit ni mutation, ni lien d'aucune sorte entre les parties.

Si un pareil acte est présenté à l'enregistrement, il sera nécessairement frappé des droits ordinaires, d'après sa forme intrinsèque, car le receveur n'est pas juge de la validité des actes, et il peut ignorer le vice radical dont ils sont atteints.

Mais, quand l'erreur est démontrée, quand il est certain que, bien que régulièrement perçu, le droit n'était véritablement pas exigible, — attendu que *c'est un droit de mutation,* et *qu'il n'y a jamais eu mutation,* — il nous semble qu'il est de toute équité de *restituer,* — et c'est ce que la loi actuelle ne permet pas, — Arrêt du 28 avril 1856, Inst. 2078 § 1

4. Toutefois... — Il est juste de restituer, mais il faut bien se rendre compte de la situation : l'administration de l'enregistrement a donné une formalité qui exige un certain salaire. D'un autre côté, l'examen de la demande en restitution et les opérations d'ordre et de comptabilité qui en sont la conséquence, entraînent un travail considérable, — causé uniquement par l'erreur de la partie, — et qui ne doit pas être sans rémunération.

Il est donc parfaitement équitable, et nul ne saurait se plaindre, qu'en adoucissant les dispositions rigoureuses de la loi de frimaire, nous réservions une part destinée à désintéresser le trésor, et à indemniser les receveurs du travail auquel ils ont été astreints en pure perte.

Article 95.

Il y a *prescription*, pour la demande des droits simples et en sus et des amendes encourues, savoir :

§ I. *Après deux ans*, — à compter du jour de l'enregistrement, — s'il s'agit d'un droit non perçu sur une disposition indépendante d'un acte, ou d'un supplément de perception insuffisamment faite.

— Les parties seront également non recevables, après le même délai, pour toute demande en restitution de droits indûment perçus, ou payés par erreur.

S'il s'agit d'un individu déclaré *absent,* la demande devra être faite dans les deux ans du *retour,* et la restitution n'aura lieu que sous déduction du droit auquel aura donné ouverture la jouissance des héritiers.

Voir : loi du 22 frimaire an VII, art. 61.

Retour d'absent... — Reproduction de l'article 10 de la loi du 28 avril 1816.

§ II. *Après trois ans,* — à partir du jour où les préposés auront été mis à même de les constater, pour les *amendes fixes* établies par la présente loi, et pour celles relatives aux lois sur les ventes de meubles, ainsi que pour la réclamation du droit en sus exigible dans le cas de l'art. 2 de la loi du 25 juin 1841.

— L'action pour faire condamner aux amendes sera prescrite dans le même délai, — à compter du jour où les contraventions auront été commises, dans les cas déterminés :

1° Par l'art. 1er de la loi du 5 mai 1796 concernant le dépôt des répertoires ;

2° Par la loi du 25 ventôse an XI, contenant organisation du notariat ;

3° Et par l'art. 68 du code de commerce, pour la publication des contrats de mariage des commerçants.

Si les amendes de contravention à ces lois sont *payées volontairement* par les débiteurs, les préposés de l'enregistrement pourront s'abstenir de dresser procès-verbal et de saisir les tribunaux.

Voir : loi du 16 juin 1824, art. 14.

1. *Amendes fixes.....* Il est des cas où le délai actuel de deux ans est insuffisant, surtout pour permettre un contrôle sérieux de la part des employés supérieurs.

2. *Payées volontairement...* — Dans l'état actuel, les contraventions aux lois sur le notariat ne peuvent être constatées que par procès-verbal et les amendes sont prononcées en justice.

Ce mode de répression est d'une rigueur excessive. Il n'est pas bon que, pour des infractions relativement légères, on traîne d'honnêtes citoyens devant les tribunaux. Les notaires, en leur qualité de magistrats de la famille, ont besoin plus que d'autres de la considération publique ; et toute poursuite, toute condamnation qui les frappe, — quelque futile qu'en soit l'objet, — leur porte un préjudice moral toujours fâcheux !

Il y a longtemps qu'on aurait dû remédier à cette situation ; et nous sommes convaincu que, du jour où les contraventions pourront être réprimées sans l'intervention des tribunaux, la loi n'en sera que mieux exécutée. Car, combien de fois les employés prudents n'ont-ils pas fermé les yeux, plutôt que d'infliger une peine qu'ils savaient en disproportion avec la faute commise !

§ III. *Après cinq ans,* — à compter du jour de la déclaration, — s'il s'agit d'une omission de biens dans une déclaration faite après décès, — sauf ce qui sera dit au n° 5, ci-après :

Voir : loi du 18 mai 1850, art. 11.

§ IV. *Après dix ans,* — à compter du jour du décès, — pour les successions non déclarées ;

— Et, à compter du jour de l'enregistrement ou de la déclaration, — pour les *fausses indications de parenté* faites dans les déclarations de succession et les transmissions entre-vifs à titre gratuit ; — pour les déductions de dettes ou charges faites conformément au titre III de la présente loi et reconnues frauduleuses ; — et pour les droits admis en surséance, dans les cas de l'art. 15 n° 3.

Voir : loi du 18 mai 1850, art. 11.

Fausse indication de parenté... — Voir ce que nous avons dit à ce sujet, art. 66.

§ V. *Après trente ans,* — pour les droits simples et en sus relatifs, — soit aux *insuffisances* de revenu et *vilités de prix* constatées *par actes ou aveux émanés des parties,* ou en justice ; — soit aux mutations secrètes d'immeubles en propriété, usufruit ou jouissance ; — soit aux mutations par décès des inscriptions de *rentes* et de toutes valeurs, françaises ou étrangères, cotées à la bourse.

— La prescription trentenaire s'applique également à tous les droits, simples et en sus, et aux amendes non soumis spécialement à une prescription moindre.

Il n'est pas dérogé aux art. 58 de la loi du 3 mai 1841, sur les expropriations pour cause d'utilité publique, à l'art. 14 de la loi du 25 juin 1841 relative aux transmissions d'offices, ni à l'art. 25 de la loi du 22 janvier 1851, sur l'assistance judiciaire.

Les prescriptions ci-dessus seront *interrompues* par des demandes *signifiées* avant l'expiration des délais ; — mais elles seront acquises irrévocablement, — quand même le premier délai ne serait pas expiré, — si les poursuites commencées sont arrêtées pendant une année entière, sans qu'il y ait d'instance devant les juges compétents.

Voir : loi du 22 frimaire an VII, art. 61, n° 3.

1. *Trente ans...* — La loi du 23 août 1871 admet implicitement le même délai de 30 ans, pour la constatation des *dissimulations.*

2. *Insuffisances... vilités...* — Remarquez que c'est seulement pour constater les insuffisances par *voie d'expertise,* que le délai de deux ans est fixé dans l'art. 27. — Si donc les insuffisances résultent d'un bail courant au décès, comme dans l'art. 65, d'un titre écrit comme dans l'art. 77 ; enfin, si elles résultent de l'aveu des parties, constaté dans un acte quelconque soumis à l'enregistrement, — la prescription trentenaire sera seule applicable. — C'est ainsi, du reste, que la loi actuelle a été interprétée par les hommes les plus compétents, bien que la jurisprudence et l'administration se soient souvent prononcées dans un autre sens.

Voir *Journal de l'Enregistrement,* n°° 16274, 16279 et 16992, et Garnier R. P. n°° 1919-1 et 3066.

3. *Rentes...* — La loi du 8 juillet 1852, art. 26, a porté à trente ans la prescription en ce qui concerne les *rentes sur l'État.* C'est avec raison ; car les héritiers peuvent toucher les arrérages pendant de longues années, au nom du défunt, et ce n'est qu'au moment du renouvellement du titre ou au moment de la vente, que l'omission, ou le défaut de déclaration peut être constaté. — Mais ce qui est vrai des rentes sur l'État, est vrai des *actions et obligations,* dont les coupons peuvent être encaissés par les héritiers, sans qu'aucune déclaration

22

soit faite à l'enregistrement. — Il convient donc de leur appliquer le même délai de prescription que pour les rentes sur l'Etat.

4. Il n'est pas dérogé... — Faisant une loi d'impôt, nous avons voulu déroger le moins possible aux lois spéciales qui ne traitent de l'enregistrement que d'une manière accessoire.

5. Interrompues... — La loi du 22 frimaire dit suspendues, mais ce mot est impropre. Voyez Demante, n° 836-1.

6. Signifiées... — D'après la loi du 22 frimaire, les significations doivent être enregistrées avant l'expiration des délais pour que la prescription soit valablement interrompue. — Il nous semble que cette seconde condition est inutile, puisqu'il est de principe que les huissiers donnent date certaine à leurs actes.

ARTICLE 96.

La date des actes sous-signature privée ne pourra être opposée à l'Etat, *pour la prescription* des droits et peines encourues, que quand ces actes auront acquis une date certaine par le décès de l'une des parties, ou autrement.

Voir art. 62 de la loi du 22 frimaire.

TITRE XI.

Des poursuites et instances.

Article 97.

La solution des difficultés qui pourront s'élever relativement à la perception des droits d'enregistrement, avant l'introduction des instances, appartient à l'administration.

Reproduction de l'article 63 de la loi du 22 frimaire.

Article 98.

Le premier acte de poursuite pour le recouvrement des droits d'enregistrement, et le paiement des peines et amendes prononcées par la présente loi, sera une contrainte : — elle sera décernée par le receveur ou tout autre préposé de la régie, visée et déclarée exécutoire par le juge de paix du canton où le bureau est établi, et signifiée.

La contrainte, une fois rendue exécutoire et signifiée, *emporte hypothèque judiciaire* sur les biens du redevable.

L'exécution de la contrainte ne pourra être interrompue que par une opposition, formée par le redevable et motivée, avec assignation à jour fixe devant le tribunal civil de l'arrondissement. — L'opposant sera tenu d'élire domicile dans la commune où siége le tribunal.

Voir : art. 64 de la loi du 22 frimaire.

Emporte hypothèque judiciaire... — M. Serrigny, professeur de droit administratif à la faculté de Dijon, exprime l'avis que,
dans l'état actuel de la loi, l'hypothèque est attachée aux contraintes
des employés (Voir Garnier, R. P. n° 778) ; et M. Demante, n° 838 de
son ouvrage, traitant de la même question, démontre la nécessité de
la disposition que nous avons formulée.

Voici en entier l'article de M. Demante :

« La contrainte, décernée par le receveur, visée et déclarée exécutoire
« par le juge de paix, emporte-t-elle hypothèque judiciaire sur les
« biens du redevable ?

« L'affirmative résulte de l'interprétation législative, donnée à
« l'article 2123 du code civil, par un avis du Conseil d'Etat du
« 16 thermidor an XII, approuvé par l'empereur le 16 du même
« mois, dont le dispositif est ainsi conçu : « les condamnations, les
« *contraintes émanées des administrateurs*, dans les cas et pour les
« matières de leur compétence, emportent hypothèque, de la même
« manière et aux mêmes conditions que celles de l'autorité judiciaire. »

« Cependant un arrêt de la Cour de cassation du 28 janvier 1828
« porte : que l'avis précité *ne s'applique qu'aux contraintes que les*
« *administrateurs ont le droit de décerner en qualité de juges, et*
« *sans que ces actes puissent être l'objet d'aucun litige devant les*
« *tribunaux...* d'où il suit que la régie de l'enregistrement ne peut
« exciper de cet avis.

« L'administration s'est conformée à cet arrêt.

« Il résulte de là un grand inconvénient ; l'administration ne peut
« obtenir un jugement de condamnation que sur l'opposition à con-
« trainte signifiée par le redevable. Si ce redevable est actuellement in-
« solvable et ne signifie pas d'opposition, l'administration est entièrement
« désarmée, et ne peut obtenir la garantie que l'hypothèque judiciaire
« confère à tout créancier, sur les biens à venir de son débiteur.

« Cet état de choses n'a pas de raison d'être. Sainement apprécié,
« l'avis du Conseil d'Etat y portait remède. C'était le cas, pour l'admi-
« nistration, par une résistance légale, de provoquer un retour de la
« jurisprudence. »

— A plus forte raison, dirons-nous, est-ce le cas de trancher la
question par une disposition législative.

ARTICLE 99.

L'introduction et l'instruction des instances auront lieu

devant les tribunaux civils d'arrondissement; la connaissance et la décision en sont interdites à toutes autres autorités constituées ou administratives.

L'instruction se fera sur mémoires respectivement signifiés, sans plaidoiries, *et les parties ne seront point obligées d'employer le ministère des avoués.* — Il n'y aura d'autres frais à supporter, pour la partie qui succombera, que ceux du papier timbré, des significations, et du droit d'enregistrement des jugements.

Les tribunaux accorderont, soit aux parties, soit aux préposés de la régie qui suivront les instances, le délai qu'ils demanderont pour produire leurs défenses. Ce délai ne pourra être néanmoins de plus d'un mois.

Les jugements seront rendus dans les trois mois, au plus tard, à compter de l'introduction des instances, sur le rapport d'un juge, fait en audience publique, et sur les conclusions du procureur de la République ; ils seront *susceptibles d'appel,* quel que soit le chiffre des droits en litige.

L'affaire, en appel, sera suivie comme en *matière sommaire,* et les plaidoiries seront admises.— Les arrêts devront être rendus, au plus tard, dans les deux mois du pourvoi.

V : loi du 22 frimaire, art. 65.

1. *Ministère des Avoués...* — Cette clause a été ajoutée, conformément à l'art. 17 de la loi du 27 ventôse an IX.

2. *Susceptibles d'appel...* — Cette modification est demandée par les notaires, au nom des contribuables.

Voici ce que dit, à ce sujet, M. Aulanier : « La procédure en matière « d'enregistrement est encore réglée par la loi de l'an VII. Elle « constituait un progrès à cette époque *antérieure aux codes.* Mais « elle a aujourd'hui le grand défaut d'être une procédure exception-

» nelle, moins bonne que la procédure ordinaire. L'absence de
» plaidoiries écarte encore davantage les avocats de l'étude des lois
» spéciales et d'autant plus ingrates qu'elles sont incohérentes.
» Rendues au droit commun, et suivies comme en matière sommaire,
» les instances relatives à l'enregistrement seraient mieux posées,
» mieux discutées, par suite mieux jugées. — *Le domaine de l t loi fiscale*
» *ne serait plus un territoire presqu'inconnu, qu'on n'aborde qu'à*
» *regret, et sur lequel on ose à peine se défendre !* »

ARTICLE 100.

Les frais de poursuite et d'expertise payés par les préposés de l'enregistrement, et concernant des articles tombés en non valeur pour quelque cause que ce soit, seront régularisés d'après le mode fixé par la comptabilité générale des finances.

Comparez : art. 66 de la loi du 22 frimaire an VII.

TITRE XII.

De la fixation des droits.

Avant d'entrer dans le détail des droits, nous devons faire connaître, d'une manière générale, qu'elles sont les règles qui nous ont guidé dans les modifications de tarif que nous allons proposer.

D'abord, nous sommes convaincu qu'il y a peu de chose à demander aux droits fixes. — Ces droits sont des *droits d'actes*, et correspondent, non à un mouvement de sommes ou valeurs, comme les droits proportionnels, mais à une formalité matérielle, s'appliquant à tous les *actes personnels* de la vie civile : ils frappent donc indifféremment tous les contribuables, quel que soit leur rang, quelle que soit leur fortune.

Cette uniformité est forcée, car certains actes ne se prêtent pas à un tarif proportionnel, et il n'est pas praticable de les imposer en raison de la position sociale des contractants ou de leurs ressources présumées.

Nous avons vu, pages 130 et 131, que cela a cependant existé dans le passé. L'édit de 1722 avait *gradué* les droits fixes d'après la *dignité de la personne*, et la loi de 1790 qui a suivi, les a fixés d'après une échelle de *progression* basée sur la fortune des contribuables. Mais ces choses-là, — qui au fond ne manquent pas de justice, — comportent des appréciations trop délicates, excitent trop de susceptibilités,

et sont, en un mot, d'une application trop difficile pour
qu'on puisse songer à les ressusciter aujourd'hui !

Or, qui osera augmenter les droits fixes, et y chercher de
nouvelles ressources pour le trésor, quand il saura que le
consentement à mariage, l'apposition de scellés, le conseil
de famille, l'inventaire, la procuration et le testament,
coûtent aussi cher pour l'ouvrier que pour le millionnaire?

« Les droits fixes, dit M. Aulanier, ne tiennent aucun
» compte de l'importance réelle, souvent très-différente, de
» deux actes de même nature. *Ils pèsent par conséquent*
» *plus sur le pauvre que sur le riche,* et ils ne sont légi-
» times que là où la répartition proportionnelle est
» impossible, *et à cette condition seulement, que l'impôt*
» *édicté ne sera jamais exorbitant, si minimes que soient*
» *les intérêts engagés dans les actes.* »

Cette appréciation est la nôtre; aussi n'avons nous
touché aux droits fixes qu'avec une excessive réserve, et à
peine dans la mesure de la dépréciation subie par l'argent
depuis l'établissement des tarifs actuels.

Pour nous, les véritables sources de produits, celles où
l'on peut puiser, sont les *droits proportionnels :* — ceux-là
ont une base équitable, ils suivent la manifestation de la
fortune des contribuables, et nul ne peut dire qu'ils soient
plus lourds pour les uns que pour les autres !

Toutefois, les modifications de tarif que nous proposons,
même sur les droits proportionnels, ne sont pas considérables : — les droits actuels sont déjà élevés ; et il en est
plusieurs qu'il ne faut pas élever davantage, si l'on ne
veut pas qu'ils paraissent excessifs.

C'est donc moins dans le *taux de l'impôt* que nous avons
cherché l'amélioration des produits, que *dans le développe-*

ment des bases imposables, — développement qui n'est autre chose, en réalité, qu'une plus équitable répartition des charges publiques.

Les impôts trop lourds font crier, les impôts modérés, au contraire, *quand tout le monde les paie d'une manière égale,* s'acceptent facilement et se paient de même.

Voilà pourquoi, dans les diverses modifications que nous avons proposées, nous nous sommes attaché à faire disparaître ce que la loi du 22 frimaire a d'injuste : — Ainsi, nous avons admis la déduction du passif sur l'actif pour le paiement des droits de succession, et nous avons supprimé le double emploi qui existe, quand le nu-propriétaire et l'usufruitier paient, l'un sur la valeur entière des biens, et l'autre sur moitié de cette valeur !

Moyennant ces concessions, qui sont de la plus élémentaire justice, personne ne se plaindra que nous changions la base sur laquelle s'établissent les droits de mutation immobilière, soit par décès, soit entre vifs à titre gratuit, et que nous fassions ainsi rendre à ces mutations ce qu'elles doivent légitimement produire.

On verra, dans l'application du tarif, que nous faisons d'autres modifications qui sont également justes et équitables ; ainsi, nous réduisons au droit fixe le droit proportionnel qui frappe actuellement les cautionnements, attendu que *les cautionnements ne constituent jamais que des obligations éventuelles,* et que, le plus souvent, ceux qui les fournissent sont des débiteurs malheureux ! — Les concessions de cette nature feront accepter avec moins de difficulté les augmentations que subiront d'autres droits jugés insuffisants.

ARTICLE 101.

Les droits à percevoir pour l'enregistrement des actes et mutations, sont et demeurent fixés aux taux et quotités établis par les articles 102 et suivants.

Droits fixes.

ARTICLE 102.

Le *droit fixe* dû sur les *actes qui ne sont que l'exécution*, le complément et la consommation d'actes antérieurs enregistrés au droit proportionnel, ne pourra être supérieur au droit perçu pour ces actes.

Quand le droit fixe sera établi *comme faveur de la loi*, il n'excédera jamais le droit proportionnel, au minimum de un franc, qui serait dû si la faveur n'existait pas.

Tout acte civil, judiciaire ou extrajudiciaire, de nature à être enregistré au droit fixe *et qui ne sera pas nommément tarifé* par la présente loi, ou qui ne rentrera pas dans une catégorie de droits tarifés à une somme moindre ou plus élevée, sera passible d'un droit fixe de *deux francs*.

1. *Droit fixe...* — La loi du 28 février 1872, art. 4, dispose que les divers droits fixes auxquels sont assujettis par les lois en vigueur les actes civils, administratifs et judiciaires, — autres que ceux tarifés au droit gradué, — *seront augmentés de moitié*.

Cette augmentation est indépendante des deux décimes établis par la loi du 6 prairial an VII et par celle du 23 août 1871, art. 1er; et elle est elle-même atteinte par ces décimes.

Il en résulte que, *toutes additions comprises*, les droits fixes actuels, — autres que ceux frappant les actes extrajudiciaires, — subissent une augmentation des *quatre cinquièmes*.

Dans la suite de cet ouvrage, nous réunirons le plus souvent cette augmentation au droit principal ; de sorte que nous indiquerons, pour chaque acte, le droit total qu'il supporte actuellement, comme si ce droit était fixé directement par le tarif. Nous éviterons ainsi des redites inutiles.

2. Qui ne sont que l'exécution, le complément... — Ainsi, la ratification d'une obligation de 100 fr. ne donnera ouverture qu'au droit de 1 fr., comme l'obligation elle-même, et non au droit de 3 fr. établi par l'art. 105 n° 7 ci-après.

3. Comme une faveur de la loi... — Cette disposition demandée par *M. Trouillet*, dans la préface de son excellent dictionnaire, est de toute justice. L'administration en a généralement admis le principe, qui est inscrit, du reste, dans l'art. 4 de la loi du 16 juin 1824, et elle en a fait application dans les instructions 1528 § 15 et 2123 § 1, *in fine*.

Malheureusement la loi du 28 février 1872 s'est écartée de ces sages précédents, en créant, contre toute raison, *un minimum de droit gradué* qui ne comporte aucun tempérament et qui bouleverse les idées les plus élémentaires !

Comprend-on qu'une exception introduite dans la loi *à titre de faveur*, puisse se transformer en charge contre le contribuable ?

C'est cependant ce qui arrive, de par la loi de 1872 !

Ainsi, les marchés de fournitures sont passibles entre particuliers du droit de 2 °/₀ et les cautionnements relatifs à ces marchés sont tarifés à 0, 50 °/₀. — Mais, dans le but de faciliter les rapports des entrepreneurs avec l'État, la loi du 15 mai 1818, art. 73, a exempté du droit proportionnel les cautionnements et marchés dont le prix est à la charge du trésor ; et la loi du 28 avril 1872, persistant dans le même esprit, n'a tarifé les actes dont il s'agit qu'au droit de *un pour mille*.

Conséquemment, les tarifs de 1818 et de 1872, relatifs aux marchés passés avec l'état sont des *tarifs de faveur*, c'est-à-dire des tarifs réduits.

Voyons cependant :

Supposons un marché de 200 fr. — Il y en a de moindres. — Si la loi de 1818 n'avait apporté aucune exception à la règle générale, il aurait été dû à 2 °/₀, 4 fr. — soit avec le double décime 4 fr. 80 ; — et il aurait été perçu, en outre, pour cautionnement, à 0,50 °/₀, 1 fr., — soit avec les décimes 1 fr. 20 c.

Somme toute, les droits s'élèveraient à 6 fr.

Or, sous l'empire de la loi du 28 février 1872, — *loi de faveur*, comme celle de 1818, — on percevra :

1° Pour minimum du droit de marché. . . . .   5 fr.

2° Pour minimum de droit de cautionnement . .   5

                    Total.   10

Décimes.   2

                    Total général. . . . .   12 fr.

De sorte que le droit, *au lieu d'être réduit*, se trouvera exactement double de ce qu'il aurait été si l'acte n'avait pas été l'objet de *dispositions dites favorables !*

L'inconséquence est flagrante, et il est vraiment dommage que l'assemblée n'ait pas adopté l'amendement de M. Sebert qui proposait, au lieu du *droit gradué*, un droit proportionnel pur et simple.

Ce que nous venons de dire pour les marchés de l'État s'applique à d'autres situations. Ainsi, il est évident que la remise au légataire d'une somme d'argent à lui léguée à titre particulier ne devrait pas donner ouverture à un droit supérieur à celui de quittance. Cependant, d'après les art. 1 n° 6 et 2 § 1 de la loi du 28 février 1872, s'il s'agit d'un legs de 200 fr., le droit gradué perçu sur l'acte de délivrance sera de 6 fr., tandis que le droit de quittance ne serait que de 1 fr. 20 c. !

Il en est de même pour les titres nouvels, pour les prorogations de délai, pour les main-levées, et pour les ventes de débris de navires et de marchandises avariées sur mer.

Il en est de même encore, quoique dans une moindre proportion, pour d'autres actes qui ne supportent pas le *droit gradué*, les décharges de sommes données par un mandant à son mandataire, les concordats et atermoiements, les quittances de répartition données aux syndics dans les faillites, les dépôts de sommes chez les officiers publics, etc.

Évidemment, *en tarifant au droit fixe des actes qui par leur nature devraient être assujettis au droit proportionnel*, le législateur a voulu les protéger et non les atteindre plus sévèrement que les autres ! — La disposition que nous proposons existe donc virtuellement dans la loi ; mais on ne s'en serait pas écarté, si elle y avait été formellement inscrite !

4. Nommément tarifé... — La loi du 18 mai 1850, art. 8, a porté à 2 francs (aujourd'hui 3 francs 60) le droit dû pour les actes innommés. Mais cette loi ne s'est occupée que des actes civils et administratifs, de sorte que pour les actes judiciaires, et extrajudiciaires, le droit est resté fixé au taux établi par la loi du 22 frimaire, art. 68 § 1, n° 5, c'est-à-dire à *un franc.*

Cet état de choses entraîne des difficultés et jette de la confusion. —
Il y a des actes qui sont faits par des notaires ou par des particuliers,
et qui ont le caractère d'actes judiciaires, tels sont les cahiers des
charges rédigés par notaires commis, les certificats d'imprimeurs,
(Demante, n° 17). Il y a, au contraire, des actes rédigés par une autorité judiciaire, qui ont le caractère d'actes civils : les actes de francisation de navires, par exemple, les actes de notoriété et les déclarations
d'incendie, qui se passent, en général, devant le juge de paix. On
n'est pas bien d'accord sur la perception relative à ces actes, et nous
croyons que la meilleure manière de résoudre la question, c'est de
revenir à la loi de frimaire, en soumettant uniformément, comme elle,
au même droit d'enregistrement tous les actes non tarifés, quelle que
soit leur nature.

ARTICLE 103.

Seront sujets au droit fixe de *un franc*, les actes ci-
après :

1° Les assignations et autres exploits devant les Conseils
des prud'hommes, les jugements de ces magistrats, les
appels, recours et arrêts intervenus sur ces jugements, et
les actes de procédure nécessaires à leur exécution.

Le droit actuel, en ce qui concerne les actes relatifs à la juridiction
des prud'hommes, est de 0,60 centimes, décimes compris, d'après la
loi du 28 avril 1816, art. 41, n° 2.
Une loi du 7 août 1850, art. 1er, dont nous reproduisons les dispositions (art. 125, n° 6), autorisant l'enregistrement des actes dont il
s'agit *en débet*, il n'y a plus de raison pour maintenir le tarif réduit de
cinquante centimes, qui est loin de représenter le travail matériel
accompli, — si l'on tient compte surtout des formalités nécessaires pour
arriver au recouvrement.
L'augmentation proposée se justifie d'autant mieux que, si le débiteur est insolvable, les droits sont admis en non valeur, comme cela
a lieu pour toute condamnation judiciaire au profit du trésor.

2° Les exploits et significations ayant pour objet le
recouvrement des contributions directes pour les cotes

excédant 50 fr., — et ceux relatifs au recouvrement des
contributions indirectes, et de toutes autres sommes dûes
à l'Etat, ainsi que des contributions locales, mais seulement lorsque la somme principale dont le paiement est
poursuivi est indéterminée ou qu'elle excède *50 francs.*

— Dans les autres cas, l'enregistrement a lieu gratis.

D'après l'article 6 de la loi du 16 juin 1824, l'enregistrement est *gratis*
pour toute cote inférieure à 100 fr. — La loi du 22 frimaire an VII,
art. 68, § 1, n° 30, n'accordait la faveur de l'enregistrement *gratis* que
quand il s'agissait d'un chiffre inférieur à 25 fr. — Nous avons pris
une moyenne entre ces deux chiffres également exagérés.

3° Les exploits, actes au greffe, dépôts de pièces, jugements et arrêts concernant les tribunaux de police simple,
correctionnelle ou criminelle, même avec partie civile en
cause.
V : art. 68 § 1, n° 48 de la loi du 22 frimaire.

4° Les significations d'*avoué* à *avoué*, pour l'instruction
des procédures devant les tribunaux de première instance,
et *les qualités* déposées pour l'expédition des jugements
soit civils, soit de commerce.

Les significations des avoués *en première instance* ont été tarifées
par la loi du 28 avril 1816, art. 11, à 50 centimes

1. D'*avoué à avoué*... — Ces actes qui sont connus sous le
nom d'*actes du palais*, et qui sont des actes de la procédure intérieure,
sont-ils passibles, *comme actes judiciaires*, *de l'augmentation de
moitié* établie par la loi du 28 février 1872, art. 12 — La question
méritait d'être posée, et n'est pas résolue. — Il n'est pas douteux que
les actes d'*avoué à avoué* soient des *actes judiciaires*. Mais l'administration a toujours rangé parmi les *actes extrajudiciaires* les actes et
exploits des huissiers. Conséquemment, il nous semble que, la loi
n'ayant tarifé que les *significations* des actes d'avoués, et ces *significations* étant l'œuvre des huissiers, elles ne doivent pas tomber sous

l'application°de la loi de 1872, qui est spéciale aux actes civils, administratifs et *judiciaires*.

2. *Qualités...* — L'enregistrement des qualités est une innovation. Mais nous avons la conviction que c'est une innovation utile : —
voir ce que nous avons dit à ce sujet dans nos observations sur
l'article 81.

Le code de procédure ne prévoit pas les qualités en matière
commerciale : les jugements de cette nature devraient être complets
par eux-mêmes ; mais, en fait, ils ne le sont pas. Les juges les rédigent
absolument dans la forme des jugements civils, et les greffiers dressent
les expéditions *sur de véritables qualités* que leur remettent les
agréés. Mais comme rien n'oblige les greffiers à conserver ces qualités,
comme rien n'assure leur authenticité, il peut arriver qu'en cas de
perte de l'expédition, il soit impossible de rétablir le jugement sur ses
véritables bases.

Il y a donc un intérêt d'ordre public à ce que les qualités rédigées
en matière commerciale soient astreintes, comme les autres, à la
double formalité de l'inscription au répertoire et de l'enregistrement.

5° Les brevets d'apprentissage, contenant ou non obligation ou quittance.

Application de la loi du 22 février 1851, art. 2.

6° Les protêts, et dénonciations de protêts sans assignation. — S'il y a assignation, le droit sera dû comme
pour les assignations isolées.

V : Décret du 23 mars 1818, Inst 1802 § 4. — La dernière disposition
est nouvelle, mais il est visible qu'elle est juste. — La réduction à 1 fr.
n'est, du reste, stipulée dans le décret de 1818 qu'à *titre provisoire*.

7° Les marchés, adjudications de travaux et autres actes,
même ceux d'emprunt de sommes, relatifs à la construction,
à la réparation et à l'entretien des chemins vicinaux, —
ainsi que les prestations de serment des experts chargés
d'estimer les dégradations.

— Loi du 21 mai 1836. Décision du 16 février 1860. (V : Inst 2111 § 2).

8° Les *endossements* d'effets négociables *par acte notarié*.

— Les endossements d'effets négociables, en général, sont exempts d'enregistrement, (voir ci-après, art. 127, n° 15) ; mais les tribunaux, d'accord avec l'administration, décident que si l'endossement est passé devant notaire, il doit être soumis à l'enregistrement, (Inst. 1796, § 9), et assujetti au droit de 3 fr. 60 *comme acte innommé*. (Loi du 18 mai 1850 et loi du 28 février 1872, art. 4.) — Garnier, n°ˢ 5280 et 5281-2.

La faveur due aux actes de commerce nous a fait réduire ce droit au moindre des droits de formalité.

9° Les certificats de vie et de résidence, par individu ; les *certificats de propriété* destinés au retrait des sommes versées dans les caisses d'épargne ; ceux à produire par les créanciers de l'État, à quelque titre que ce soit, et par leurs héritiers ou représentants ; les déclarations faites par les rentiers qui ont perdu leurs extraits d'inscription, devant le maire de leur domicile, et en présence de témoins attestant leur individualité ; celles faites par les titulaires des cautionnements versés au trésor, en faveur de leurs bailleurs de fonds ; — et les actes de notoriété destinés à constater les ressources des demandeurs en concession de terres en Afrique.

Voir : loi du 22 frimaire an VII. art. 68, § 1, n° 17 ; loi du 18 mai 1850, art. 8 ; loi du 21 novembre 1848, art. 7 ; loi du 7 mai 1853, art. 0, — et Inst. 1360, § 2. Voir également décret du 23 avril 1852.

Certificats de propriété... — Des décisions spéciales ont exempté bon nombre de ces certificats de la formalité de l'enregistrement. — Voir Garnier R. G. 2530. — Ces exemptions sont d'autant moins justifiées qu'il importe, pour surveiller les omissions dans les déclarations de succession, que tous les certificats de propriété, sans exception, soient soumis à l'enregistrement.

10° Les actes, exploits, et procès-verbaux des huissiers

concernant la *justice de paix*, jusques et y compris la signification des jugements définitifs.

— Il sera dû un droit pour chaque demandeur ou défendeur, en quelque nombre qu'ils soient, dans le même acte.

— Seront considérés, toutefois, comme ne formant *qu'une seule personne*, les co-héritiers, pour les affaires de la succession ; les parents réunis dans un intérêt commun ; les co-propriétaires et co-associés, pour les affaires de la société, et dans le cas seulement où l'acte énoncera le titre commun, ou le contrat de société ; — les créanciers et débiteurs solidaires dont le titre sera indiqué ; les séquestres, les experts, les témoins, et les créanciers à l'état d'union.

La justice de paix... — Les exploits relatifs aux procédures devant les justices de paix sont actuellement tarifés au droit de 1 fr. 50 c., outre les décimes. — Loi du 19 juillet 1845, art. 5. — Nous avons réduit ce droit à *un franc*, en considération de l'obligation imposée aux huissiers de conserver minute de leurs exploits. — Le trésor n'aura pas à souffrir de cette modification, attendu qu'il récupérera *en timbre* ce qu'il perdra en droits d'enregistrement.

Ajoutons que la loi du 23 août 1871, art. 21, a soumis au timbre les *avertissements* délivrés conformément à la loi du 2 mai 1855. — On comprend cette entrave mise aux ardeurs processives ; mais il n'en est pas moins certain que, les procès une fois engagés, l'intérêt bien entendu de la société fait un devoir de ne pas augmenter le coût des procédures devant les juges de paix.

Une seule personne... — Voir, dans le même sens, art. 68 § 1, n° 30 de la loi du 22 frimaire. — Seulement, on remarquera qu'au lieu de ces mots : *lorsque leurs qualités seront exprimées*, nous mettons : *lorsque le titre constatant l'intérêt commun sera indiqué*. — Il arrive tous les jours, en effet, que les huissiers énoncent dans leurs significations que les demandeurs ou défendeurs sont co-intéressés, quand, au contraire, ils n'ont que des intérêts semblables, mais complètement

23

distincts. Cette fraude, disons-nous, est de tous les jours, et il n'y a possibilité de la réprimer d'une manière certaine qu'en adoptant la rédaction que nous proposons.

11° Les procès-verbaux de *conciliation* ou de non conciliation, les serments, rapports et dépôts de rapports d'experts, relatifs à des contestations pendantes devant le juge de paix, ou dressés dans les cas prévus par les articles 30, 31 et 32 de la présente loi, et les *jugements des juges de paix*, préparatoires ou définitifs, *même ceux rendus sur prorogation de compétence*, ainsi que les *nominations d'arbitres* faites à l'audience, leur prestation de serment, *les sentences arbitrales intervenues sur ces nominations*, et l'entérinement desdites sentences.

Le droit fixe de 1 fr. sera indépendant du *droit de titre* qui pourra être dû conformément à l'article 106 n° 6, ci-après.

En adoptant le tarif uniforme de 1 fr., pour tous les jugements des juges de paix, quels qu'ils soient, nous avons eu surtout pour but d'écarter les difficultés nombreuses, et diversement résolues, que comporte l'application du tarif actuel.

Mais, d'un autre côté, — nous le répétons, — s'il est une juridiction que l'intérêt de la société commande de favoriser, c'est celle-là. — aussi n'avons-nous pas hésité à réduire autant que possible le droit des *jugements rendus hors compétence* et celui des *décisions arbitrales*, pour exciter les parties à vider leurs différents sans passion, et pour ainsi dire à l'amiable.

La perte que subira le trésor, pour chaque affaire ainsi arrangée, sera minime en comparaison du résultat moral obtenu !

Le droit fixe... — Ici se présente une question qui vient de surgir et qu'il importe d'examiner.

La loi du 28 février 1872, art. 4, augmente de moitié les divers droits fixes auxquels sont assujettis par les lois en vigueur les actes civils, administratifs ou judiciaires ; — or, les droits de 1 fr., de 3 fr., de 5 fr., ou de 10 fr. qui se perçoivent, suivant les degrés de juridiction, comme *minimum du droit proportionnel de condamnation,* — sont ils passibles de l'augmentation de moitié ?

Une circulaire du directeur de la comptabilité générale des finances, en date du 25 août 1836, n° 106-10, s'exprime ainsi, dans son § 1 : « On » a proposé la question de savoir si, lorsque le droit proportionnel d'un » jugement étant inférieur au *droit fixe*, il est perçu *une somme égale* » *à ce dernier droit*, cette perception doit être considérée comme » ayant pour objet un droit *proportionnel* ou un *droit fixe*.

« Le droit perçu dans l'espèce, quoique liquidé au taux du droit fixe, » n'en est pas *moins un droit proportionnel*. C'est le *minimum* du » droit de cette nature. — Il doit donc être inscrit au § 16 de la » première partie du livre de dépouillement. »

Une *instruction générale* de l'administration, en date du 29 juin 1808, n° 386 § 1, porte, au contraire, en propres termes « qu'on doit admettre » *en principe, à l'égard des jugements et arrêts, que* LA PERCEPTION » FONDAMENTALE EST CELLE DE DROIT FIXE *auxquels ils sont particulière-* » *ment assujettis*, et que le droit proportionnel ne commence que sur » ce qui excède la somme qui, à 50 centimes pour cent francs, donne- » rait un produit égal à celui résultant du droit fixe. »

Qui a raison, de *l'Instruction* ou de la *Circulaire* ?

Toutes deux ont leurs défenseurs. — Quant à nous, nous pensons que *l'instruction* exprime nettement la situation établie par la loi du 22 frimaire ; que la double nature du droit est constante, et partant, que le *droit fixe* perçu par suite de l'insuffisance du *droit proportionnel*, doit être augmenté de moitié.

Les jugements et arrêts sont, en effet, nommément tarifés par l'art. 68 de la loi du 22 frimaire, lequel n'a trait qu'aux *droits fixes* Et, d'un autre côté, l'art. 69, n° 0, en édictant le *droit proportionnel* de 0, 50 %, dispose formellement que ce droit ne pourra être inférieur au *droit fixe* établi par l'art. 68. — Or, le droit fixe, en matière de justice de paix, étant porté par la loi du 28 février 1872, de 1 fr. à 1 fr. 50, le droit proportionnel ne peut descendre au-dessous de 1 fr. 50 , et ainsi pour les autres juridictions.

Mais, si la chose est incontestable, il s'en faut qu'elle soit équitable. — Ainsi, un débiteur malheureux, un petit marchand est traîné au tribunal de *commerce* pour une dette de 50 ou 60 fr. Il avoue sa dette et est condamné. Le droit proportionnel de condamnation se trouvant inférieur au droit fixe, ce dernier droit est seul perçu. — Première aggravation injuste, si l'on admet le principe de la proportionnalité du droit de condamnation. — Vient une augmentation *en bloc* des droits fixes. Le droit à la charge du malheureux petit marchand se trouve d'un seul bond augmenté de *cinquante pour cent*, tandis que la condamnation cent fois, mille fois plus importante de négociant voisin reste au même taux !

C'est purement et simplement inique. Et cela fait bien voir combien il est délicat de toucher aux droits fixes !

12° Les bordereaux de liquidation de dettes et frais privilégiés délivrés par les administrations des magasins généraux, conformément à l'article 17 du décret du 12 mars 1859.

V : Inst. 2149, page 13.

13° Et les lettres de gage du *Crédit foncier*.

D'après le décret-loi du 28 février 1852, art. 11, les *lettres de gage* ne sont tarifées qu'au droit fixe de *dix centimes*. Ce droit s'explique par la protection toute spéciale dont on a voulu entourer le crédit foncier à l'origine, — au moment où l'on devait supposer qu'il était institué pour venir en aide à l'agriculture !

Mais, aujourd'hui qu'on a acquis la preuve que les opérations de cette institution de crédit sont toutes autres, il n'y a pas de raison pour continuer de donner à ses valeurs une formalité qui leur est profitable, sans faire payer le prix de cette formalité. Le droit fixe de *un franc* est donc loin d'être exagéré.

ARTICLE 104.

Seront sujets au droit fixe de *deux francs*, les actes ci-après :

1° Les attestations pures et simples, et certificats, autres que les certificats de vie et de résidence.

Voir : art. 68, § 1 n° 10, loi de frimaire.

2° Les cahiers de charges, par actes séparés de l'adjudication.

Ces actes n'ont pas été tarifés par la loi de frimaire, en sorte que le droit est actuellement de 3 fr. 60 pour ceux rédigés par les notaires.

et de 1 fr. 80 pour ceux dressés par les avoués. — Il n'y a aucune
raison de laisser subsister cette différence.

3° Les affectations hypothécaires *pour dettes antérieurement reconnues,* — les gages et nantissements fournis dans
les mêmes conditions, — soit par un tiers, soit par le
débiteur, et n'ayant pas le caractère d'antichrèse; les certificats de caution, et généralement tous les *cautionnements,*
de quelque nature qu'ils soient, *mais autres que ceux
souscrits en même temps que l'obligation principale, lesquels
ne sont passibles d'aucun droit.* — Sont exceptés les cautionnements des personnes à représenter en justice, tarifés
au droit proportionnel par l'art. 118, n° 6.

— La loi du 22 frimaire an VII, article 69 § 2, n° 8, soumet au droit
proportionnel de 0 fr. 50 °/₀ les cautionnements de sommes et objets
mobiliers, les garanties mobilières et les indemnités de même nature,
qu'ils soient ou non contenus dans les actes d'obligations.

La loi du 16 juin 1824, art. 1er, réduit au droit de 0, 10 °/₀, les cautionnements des baux à ferme ou à loyer.

Enfin la loi du 28 février 1872, art. 1 n° 6, soumet au droit de 1 pour
1,000, *au minimum de cinq francs,* les cautionnements relatifs aux
marchés dont le prix est payé *directement* par le trésor. (Voir article
102, n° 3.)

— Quant à nous, nous tarifons *au droit fixe* les cautionnements quelqu'ils soient, parce qu'un *cautionnement n'est qu'une obligation
éventuelle :* la caution paie, si le débiteur principal ne paie pas !

D'un autre côté, quand le cautionnement est stipulé en même temps
que l'obligation principale, il forme à notre sens, une disposition
dépendante, et ne saurait donner ouverture à aucun droit : le créancier
n'aurait pas prêté, si le débiteur peu solvable ne s'était présenté avec
quelqu'un pour l'appuyer !

L'édit du 22 septembre 1722 en avait jugé ainsi : — son article 21 dit,
en effet, que *quant aux cautionnements portés par les mêmes contrats
et actes pour raison desquels ils seront faits, il n'en sera dû aucun
droit.* — Les *garanties* données ou promises dans les actes d'obligations étant un élément essentiel des contrats, doivent donc, quoiqu'il

arrive, bénéficier des dispositions de l'art. 10 ci-dessus qui n'est que la reproduction de l'art. 11 de la loi du 22 frimaire.

Il est d'autant plus nécessaire de faire, en cette matière, une application exacte de la loi et des principes sur lesquels elle repose, que le droit perçu à raison des cautionnements n'atteint jamais que les contribuables peu fortunés. — C'est pourquoi, du reste, nous n'avons édicté que le droit fixe de 2 fr. pour les garanties données *par actes séparés.*

Sont exceptés... — Les cautionnements de personnes à représenter en justice ne méritent pas la même faveur que les cautionnements fournis à l'appui des obligations. Il s'agit, en effet, de prévenus plus ou moins riches, qui s'exonèrent, moyennant argent, d'une détention préventive qu'aurait subie un accusé moins favorisé de la fortune : il est juste de leur faire payer cette faveur de la loi.

4° Les procès-verbaux de cote et paraphe.

— Le droit actuel est de 3 fr. 60. Loi du 28 avril 1816, art. 73, et loi du 18 mai 1850; (R. G. n° 4132). Mais il est rare que ces procès-verbaux soient enregistrés. Nous avons pris des mesures pour faire cesser cet abus.   Voir: ci-devant, art. 43, § 7.

5° Les inventaires prescrits par l'article 9 du code de commerce, et sauf perception du droit proportionnel établi par l'art. 112, n° 3 ci-après, sur la balance des comptes courants figurant dans la situation active ou passive, ou déclarée à la suite de l'inventaire. — Mention par duplicata sera mise, sans frais, par le receveur, sur le registre affecté à la copie des inventaires.
                                        V : Suprà, art. 43 n° 8.

Nous avons proposé, art. 43 n° 8, d'astreindre ces inventaires à l'enregistrement dans un délai déterminé, à peine d'amende. — Ce serait une garantie précieuse à tous les points de vue.

Sauf perception... — Nous ne soumettons les inventaires commerciaux qu'au droit fixe de 2 fr.; mais il est des cas où ces inventaires révèlent l'existence de véritables *obligations,* et ils peuvent alors donner prétexte à la perception d'un droit proportionnel sur des créances qu'on cherche vainement à atteindre depuis longtemps, — nous voulons parler des *comptes courants* que les particuliers ont chez leurs banquiers, et les associés dans les maisons de commerce dont ils font partie.

Ces comptes courants ne sont autre chose, en somme, que des placements à intérêt, placements qui sont complètement indemnes quand tout paie autour d'eux !

6° Les états de dettes et bilans, les appositions, levées de scellés et inventaires, en matière de faillite, quel que soit le nombre des vacations.

Voir : Inst. 386 § 19, et loi du 21 mai 1834, art. 11.

7° Les états d'effets mobiliers joints aux déclarations de tiers saisi, en conformité de l'article 578 du code de procédure.

Voir : Inst. 1097.

8° Les taxes et les exécutoires de dépens, à quelle que somme qu'ils s'élèvent et quelle que soit l'autorité qui les délivre.

La perception sur les taxes et exécutoires ne se fait pas d'une manière uniforme, et ne laisse pas que de présenter certaines difficultés. Voir : Garnier. R. G. n° 6110 et suivants, et n° 348. — Le système que nous adoptons de soumettre les jugements au droit fixe simplifie la question : il ne reste plus à déterminer que la quotité de ce droit.

Or, les taxes et exécutoires ne roulant, en général, que sur des sommes peu élevées, il nous a paru suffisant de les soumettre au *taux uniforme de deux francs*, quel que soit le juge taxateur et quel que soit le tribunal d'où émane l'exécutoire.

9° Les récépissés de marchandises délivrés par l'administration des *magasins généraux*.

La loi du 28 mai 1858, art. 13, (Inst. 2119), comme le décret du 21 mars 1848, (Inst. 1802 § 1) n'établit pour ces récépissés que le droit de *un franc*, (soit 1 fr. 80.)

Le récépissé, tant qu'il reste entre les mains du déposant, est un véritable certificat de propriété: il n'y a pas de raison pour qu'il ne supporte pas le droit afférent à ces actes. — La loi qui a créé les magasins généraux a pu les favoriser, au début, par l'établissement d'un tarif réduit; mais, peu à peu, la loi générale doit reprendre son empire, surtout quand il s'agit, comme ici, d'une différence de droits insignifiante (1 fr. 80 au lieu de 2 fr.).

10° Les soumissions ou transactions en matière de douanes; les procès-verbaux des préposés des douanes constatant la destruction des marchandises avariées; ceux constatant la visite des navires, et les rapports des capitaines au long cours.

Il a été décidé que les transactions ci-dessus avaient le caractère d'*actes judiciaires*, et, par conséquent, qu'elles ne tombaient pas sous l'application de l'art. 8 de la loi du 18 mai 1850. — Décr. minist. du 16 sept. 1850. — Masson de Longpré, n° 3326. Inst. 2123 § 4.

Le principe posé dans notre art. 102 rend cette distinction inutile.

11° Les acceptations de transport ou délégation de créances *faites par les tiers débiteurs,* soit dans les actes mêmes de transport, soit par actes séparés.

Ces droits se sont perçus jusqu'en 1860, et n'avaient jamais été sérieusement contestés. Garnier, R. G. 128; Inst. gén. 1270.

En 1861, à la suite de réclamations fondées sur ce que ces acceptations n'avaient été tarifées que pour certains cas spéciaux, et non d'une manière générale, l'administration prescrivit de ne plus les percevoir. Inst. n° 2187, § 6. Mais elle eut soin, dans tous les projets de loi qu'elle rédigea depuis, de réparer l'omission commise par le législateur de frimaire et signalée par MM. Championnière et Rigaud, n° 1205.

On remarquera que nous nous bornons à tarifer l'acceptation des tiers-débiteurs, quoique la jurisprudence ait décidé que l'art. 68 § 1 n° 3 de la loi du 22 frimaire s'étend à l'acception du *créancier délégataire.* Voir les nombreuses autorités citées par Garnier sous le n° 130.

Nous croyons qu'on a appliqué avec trop de rigueur la *lettre* de la loi de frimaire. — Toute cession de créance, qu'elle ait lieu sous forme de transport ou de délégation, comporte, pour être parfaite, l'accord du cédant et du cessionnaire. Ces deux volontés, quand elles sont réunies sur le même objet, ne sauraient constituer des dispositions indépendantes l'une de l'autre. — Il en est autrement du tiers-débiteur qui, en réalité, est toujours passif dans ces sortes de conventions, et dont le concours n'est utile que pour dispenser de les signifier.

12° Les collations d'actes et pièces ou des extraits d'iceux, par quelque officier public qu'elles soient faites. — Le droit sera payé par chaque acte, pièce ou extrait collationné.

Voir loi du 22 frimaire, art. 68, § 1, n° 18,

— Le droit, avant la loi du 28 février 1872, art. 4, était de 2 fr. 40 pour les collations par les notaires. (Loi du 18 mai 1850), et de 1 fr. 20 pour celles faites par les avoués. — Il est aujourd'hui de 3 fr. 60 et 1 fr. 80.

13° Les inventaires et prisées de meubles, objets mobiliers, titres et papiers.

Il sera perçu un droit par vacation *de trois heures*, sauf ce qui est dit au n° 6 qui précède à l'égard des inventaires après faillite.

Le tarif actuel est de 3 fr. 60 par vacation.

Nous diminuons donc d'une manière sensible les droits auxquels donnent ouverture les inventaires : — la raison en est que ces actes interviennent le plus souvent en faveur des mineurs, et qu'ils méritent, à cause de cela, une protection spéciale.

La somme des droits que perdra le trésor par suite de cette *diminution* sera du reste insignifiante, en comparaison de l'effet moral qu'elle produira !

L'édit de 1722, art. 56 et 57, soumettait les inventaires à un *droit gradué* d'après la qualité des personnes et l'importance des biens inventoriés. S'il n'y avait pas estimation, le droit variait de 12 livres à 2 livres. — La loi du 28 février 1872 n'a pas imité cette graduation difficile à établir, et nous sommes d'avis qu'elle a bien fait.

De trois heures... — C'est la moyenne adoptée par le tarif de 1807, qui suppose *trois vacations* par jour dans la résidence.

(Art. 151 § 5.)

14° Les soumissions concernant les servitudes défensives, prescrites par les art. 27 et 28 du décret du 10 août 1853, sur le classement des places de guerre.

V : Inst. 1931.

15° Les actes de francisation et de destruction de navires, faits devant notaire ou en justice de paix, et les marchés pour construction ainsi que les ventes totales ou partielles de navires ou bateaux affectés au transport des personnes ou des marchandises.

Voir : loi du 21 avril 1818, art. 61; Garnier, 8805 ; et Inst. 2073, § 3 et 2327. La faveur dont il est juste d'entourer la marine explique cette tarification exceptionnelle, que n'a pas maintenue entièrement la loi du 28 février 1872, art. 1, n° 3 et 5 n° 2.

16° Les prestations de serment des surnuméraires et agents intérimaires, des porteurs de contraintes, des garde-ventes, des interprètes, des commis-greffiers temporaires, et des agents provisoires des faillites.

Voir : pour les autres serments, art. 103, n° 11 et 106, n° 9.

17° Les déclarations affirmatives, les déclarations d'incendie ou de sinistre, et tous autres actes passés devant le juge de paix ou son greffier, et n'étant pas relatifs à une contestation judiciaire pendante en justice de paix.

Voir: loi du 28 avril 1816, art. 13, n° 9.

18° Les règlements amiables entre les enfants de pension à fournir par chacun d'eux à leurs ascendants.

— Le titre est dans la loi. c. c. 205. Garnier, 8010.

10° Les promesses de prêt faites par les sociétés de crédit foncier.

Voir : Inst. 1968.

20° Les quittances de répartition données par les créanciers aux syndics ou aux caissiers des faillites, en exécution de l'art. 569 du code de commerce, quel que soit le nombre d'émargements sur chaque état de répartition.

Voir : loi du 24 mai 1831, art. 15.

21° Les transferts *à titre onéreux*, et suivant actes notariés ou sous-signatures privées, de rentes sur l'Etat, et de toutes actions et obligations payant le droit de transmission par abonnement, ainsi qu'il sera établi ci-après n° 113.

— Le droit fixe ne sera dû que si le prix est payé comptant. S'il est payable à terme, compensé avec une dette du cédant, ou converti en rente ou pension, il sera exigé un droit proportionnel, réglé comme pour obligation, quittance ou constitution de rente.

V : Suprà, art. 9 n° 4.

Nous ne faisons, par la disposition qui précède, que consacrer la jurisprudence. — Garnier, R. G. n° 10812 et suiv., et Inst. 2201 § 3.

22° Les ventes et baux d'immeubles *situés à l'étranger*, dont le droit proportionnel ne s'élèverait pas à *deux francs*. — Pour les mutations plus importantes, le droit sera réglé ainsi qu'il suit :

1° *Pour les aliénations d'immeubles*, le droit sera perçu comme pour *quittance, obligation ou constitution de rente*, suivant que le prix sera payé comptant, payable à terme, ou converti en rente viagère ou perpétuelle.

V : art. 9 n° 4.

— Ces actes, naguère passibles du droit proportionnel au *maximum*
de 10 fr., par application de l'art. 1 de la loi du 16 juin 1824, sont
maintenant assujettis *au droit gradué* établi par la loi du 28 février
1872, avec *minimum de cinq francs.*   V : art. 4 n° 4.

On remarquera que, sauf le minimum, notre tarification est beaucoup
plus élevée que celle de la loi de 1872 : — on ne saurait méconnaître
cependant qu'elle est de toute justice.

Nous avons dit, art. 9, que si la transmission de l'objet principal
n'est pas garantie par les lois françaises, lesquelles ne peuvent juger
au-delà du territoire, il n'en est pas de même de l'exécution des
conditions imposées à cette transmission.

*A notre égard, les dispositions accessoires deviennent les conventions
principales, et il est juste qu'elles soient tarifées en conséquence.*

2° *Pour les baux,* la perception s'établira comme s'il
s'agissait de biens situés en France.

                                        V : art. 9 n° 4.

Rigoureusement, nous aurions dû, comme dans le n° qui précède,
dire que les droits à percevoir seraient ceux d'obligation, constitution
de rente ou de quittance, suivant les cas ; attendu que si la *mutation*
n'est pas assurée par la loi française, l'obligation de payer le prix n'en
est pas moins constatée régulièrement en France. — Mais, nous n'avons
pas cru qu'il fût possible de faire payer, pour des biens hors du territoire, des droits plus élevés que ceux que paient les immeubles
français ; — bien qu'on puisse prétendre que la *modération de droits*
dont jouissent les baux d'immeubles français a été introduite
uniquement dans le but d'obtenir l'enregistrement de ces sortes d'actes,
dont la connaissance est précieuse pour le contrôle des droits de
mutation par décès, et que la même raison n'existe pas pour les *baux
d'immeubles étrangers.*

Constatons, du reste, qu'à notre point de vue, la connaissance des
baux étrangers est utile, puisque nous sommes d'avis de frapper du
droit de succession les immeubles que nos nationaux possèdent à
l'étranger.   V : art. 2 n° 9.

23° Les exploits et autres actes des huissiers qui ne
peuvent donner lieu au droit proportionnel. — Sont exceptés, les exploits relatifs aux procédures devant les juges de

paix, les prud'hommes, les cours d'appel, la cour de cassation et le conseil d'Etat, jusques et y compris les significations d'arrêts définitifs; les déclarations d'appel, de recours en cassation, les protêts, les significations d'avoué à avoué, et les exploits ayant pour objet le recouvrement des contributions.

Il y aura lieu à pluralité ou multiplicité de droits, suivant les cas et distinctions établis en l'art. 103, n° 11, qui précède.

En matière de saisie immobilière, il sera dû un droit par séance ou vacation.

S'il s'agit d'offres réelles, acceptées ou non, et faites sans mention de titres enregistrés, le droit de titre sera perçu d'après la convention avouée par le requérant et motivant son offre, mais sauf imputation, lors du réglement définitif, de tout ce qui, dans cette perception, excédera le droit fixe de 2 francs.

Les droits des actes sus-énoncés sont aujourd'hui de 2 fr. 10 c., décimes compris (art. 43, n° 13 de la loi du 28 avril 1816.) — C'est donc une réduction de 10 cent. que nous proposons. — Mais, comme nous l'avons dit, le trésor n'y perdra pas, puisque l'huissier conservera une minute dont le droit de timbre sera au minimum de 60 c.

Quant aux offres réelles, elles ne donnent en ce moment ouverture au droit proportionnel que si elles sont acceptées, ou si elles *font titre* au créancier. — Garnier, 9221 et 9222. — Cela entraîne des difficultés, car on ne s'entend pas sur ces mots: *font titre*. — Nous pensons, nous, que le droit proportionnel doit être perçu dans tous les cas où il y a *offre sans énonciation de titre enregistré*, — attendu que le débiteur n'offre jamais plus qu'il ne doit, et que ce qu'il offre, il le doit toujours. — Il y a, du reste, tout intérêt à percevoir ainsi, car souvent les offres refusées aujourd'hui sont *amiablement* acceptées le lendemain, et les droits échappent au trésor.

24° Les significations d'avoué à avoué devant les cours

d'appel, — *et les qualités déposées au greffe des mêmes cours pour la délivrance des expéditions.*

V : art. 103 n° 4-4.

L'art. 12 de la loi du 28 avril 1816 a tarifé les *significations entre avoués d'appel* à 1 fr., — soit avec le décime 1 fr. 20.

L'augmentation que nous proposons ne semblera exagérée à personne; car lés affaires qui vont en appel roulent ordinairement sur des chiffres élevés, et, s'il est juste de ne pas aggraver les frais judiciaires pour les contestations peu importantes, ainsi que pour les juridictions amiables, il n'y a aucune raison d'immunité en faveur des plaideurs en appel. Nous leur demandons donc une augmentation qui correspond tout à la fois à la dépréciation de l'argent depuis 1816 et à l'augmentation des charges publiques.

Les qualités... — Voir observations, art. 103 n° 1.

25° Les actes de dépôt au greffe du tribunal de première instance du double des répertoires des officiers ministériels, et les dépôts de signature et paraphe des notaires.

Ces actes de dépôt, quoique *dispensés* actuellement *de l'enregistrement,* subissent la formalité pour la perception du droit de greffe de rédaction auquel ils sont assujettis. — Garnier, 6858, 6962, 10718. Inst. 590.

Supprimant le droit de rédaction (v : art. 131), nous le remplaçons par un droit fixe d'enregistrement à peu près égal.

ARTICLE 105.

Seront sujets au droit fixe de *trois francs :*

1° Les autorisations, autres que celles données en justice, et les consentements purs et simples, y compris les consentements à mariage, pour lesquels il ne sera dû qu'un droit, quel que soit le nombre des consentants.

Tarifés actuellement 3 fr. 60 c. — Loi du 28 avril 1816, art. 45, n°s 5 et 7.

— Ces actes rentrent dans la catégorie des procurations dont nous parlerons ci-après n° 5, et doivent supporter le même droit.

2° Les actes de notoriété ;

Tarif actuel 3 fr. 60 c. — Loi du 28 avril 1816, art. 43, n° 2. — Comme ces actes n'interviennent que dans des circonstances exceptionnelles, et toujours d'une certaine gravité, nous avons cru devoir les taxer à un chiffre plus élevé que les actes innommés.

3° Les actes refaits pour cause de nullité ou tout autre motif, sans aucun changement qui ajoute aux objets des conventions et à leur valeur.

— Droit actuel 3 fr. 60 c. — Loi du 28 avril 1816, art. 43, n° 3. — Ces actes sont plus qu'un simple consentement, ils sont un contrat nouveau, ratifié par toutes les parties, et participant du titre nouvel.— Toutefois, comme ils constituent plutôt un acte complémentaire qu'un titre nouvel, nous leur avons appliqué le tarif des actes repris sous le présent article n° 7, et non celui des titres nouvels, art. 106 n° 22.

4° Les projets de compte de tutelle, avec ou sans récépissé de pièces, et les comptes arrêtés, soit entre tuteur et pupille, soit entre mari et femme, à l'expiration du mandat légal, — que ces comptes présentent ou non un reliquat, et quand même il serait stipulé un terme pour le paiement, ou donné une hypothèque en garantie; — sauf dans ces différents cas, l'application de l'art. 10, sur les dispositions indépendantes.

Si ces comptes renferment une transmission quelconque, en dehors de l'exercice du mandat légal, ou une dation en paiement, le droit de délégation, de vente ou de cession, sera perçu, selon les cas, et indépendamment du droit fixe établi ci-dessus.

— La question des arrêtés de comptes est de toutes les questions d'enregistrement une des plus difficiles, et il n'y en a pas sur laquelle on soit moins d'accord.

Pour la résoudre conformément aux principes généraux qui nous servent de base, nous faisons une distinction qui est essentielle, entre les comptes des *administrateurs légaux*, — *les comptes des mandataires à titre conventionnel*, — *et les comptes entre créanciers et débiteurs.*

Les premiers procèdent directement d'une situation faite par la loi, et excluent toute idée de convention et de fraude. Nous les tarifons donc au droit fixe ; car ce ne sont, en réalité, que des actes déclaratifs, constatant, en fin de compte, la situation respective des parties, telle qu'elle résulte de l'exercice du mandat légal dont l'une d'elles a été investie.

La stipulation d'un délai pour la remise du reliquat aux ayants-droit, pas plus que l'affectation hypothécaire donnée en garantie, ne changent la nature de l'acte : — c'est toujours, quoi qu'on fasse, un état de situation active et passive, — un acte déclaratif.

Quant aux comptes des mandataires, autres que les mandataires légaux, s'ils sont soldés en même temps que rendus, ce sont des décharges de mandat, passibles du droit fixe. — S'ils présentent, au contraire, un reliquat, le droit d'obligation est incontestablement dû sur ce reliquat, — ou du moins il est nécessaire de l'établir (voir ci-après art. 115, n° 2) ; autrement la fraude s'emparerait de ce moyen pour éviter les droits d'obligation.

En ce qui concerne les comptes qui interviennent entre individus respectivement débiteurs et créanciers, c'est improprement qu'on leur a appliqué, jusqu'à ce jour, les dispositions de la loi du 22 frimaire an VII relatives aux arrêtés de compte : ces actes sont des conventions qui doivent être tarifées d'après leur nature et leurs effets, soit qu'ils constatent obligation, vente, compensation ou quittance. — Il n'y a donc pas à s'occuper d'eux d'une manière spéciale.

Voir : art. 111, n° 2, et 115, n° 2.

5° Les *procurations* et pouvoirs pour agir, ne contenant aucune stipulation ni clause donnant lieu au droit proportionnel. Il sera dû un droit par chaque mandant, — sauf l'exception prévue par l'art. 113, n° 11, si les qualités sont exprimées, — et un droit par chaque mandataire ayant qualité pour agir séparément.

Le droit actuel est de 3 fr. 60 c., demi-droit additionnel et décimes compris. — Loi du 28 avril 1816, art. 13 n° 17.

L'édit de 1722, art. 93, avait tarifé les *procurations* suivant la *qualité des gens*, à 4 livres, 2 livres et 1 livre. On ne saurait nier l'équité de ce tarif. Mais, à notre époque, le besoin d'égalité domine tellement qu'il serait absurde et ridicule de songer à ressusciter des bases pareilles.

L'uniformité des droits étant admise, il faut reconnaître que les procurations sont des actes qui reviennent souvent et qui pèsent lourdement sur les familles pauvres et sur les modestes aisances : — la raison et la justice font donc un devoir au législateur de ne pas exagérer les droits qui les atteignent.

Le droit de 3 fr. que nous proposons triple le tarif si sagement établi par la loi du 22 frimaire an VII, art. 68 n° 12. — Cette augmentation, imposée par les circonstances, est dans la mesure de la dépréciation de l'argent. Nous sommes d'avis cependant qu'elle est excessive ; car la situation n'est plus la même qu'en 1798. Depuis cette époque, la propriété s'est divisée, des besoins nouveaux se sont créés, et le nombre des actes de la vie civile s'est multiplié. Les procurations, plus fréquentes, représentent donc des intérêts relativement moindres. Or, il est nécessaire de les considérer dans leur ensemble, pour leur appliquer un tarif uniforme qui soit équitable.

6° Les lettres missives, qui ne contiennent ni obligation ni quittance, ni aucune autre convention donnant lieu au droit proportionnel, et les *commissions* délivrées soit aux gardes particuliers, soit aux agents des sociétés et administrations privées.

Les lettres missives sont de véritables procurations : il est donc naturel de leur appliquer le même droit.

Commissions... — Voir : Inst. 2171 § 1. — V : ci-dessus, art. 13 n° 6 et 81 n° 8.

7° Les ratifications d'actes ou contrats en forme ; les consentements à exécution de testament et *les délivrances de legs ; les réunions d'usufruit qui ne donneraient pas*

21

ouverture à un droit proportionnel plus élevé; les prises de possession par acte civil ou administratif, en vertu de titres précédemment enregistrés ; et généralement tous les actes qui ne contiennent que l'exécution, le complément et la consommation d'actes antérieurs enregistrés ;

Il sera dû un droit par acte ratifié ou complété, quel que soit le nombre des ratifiants.

Voir loi du 22 frimaire an VII, art. 68, § 1, n°˚ 6, 7, 25 et 38 ; loi du 28 avril 1816, art. 11, n° 1, et loi du 28 février 1872, art. 1 n° 6.

1. *Délivrance de legs...* — La loi du 28 février 1871 les tarife au droit gradué de 1 pour 1000, au minimum *cinq francs*. Ce minimum est exagéré; car il y a souvent des legs d'objets qui n'ont de valeur que comme *souvenirs*, et il n'est pas juste de faire payer aux légataires de ces objets, le même droit que si on leur avait légué une somme de 5,000 fr.

2. *Réunions d'usufruit...* — Le droit de 3 fr. que nous édictons est un *minimum*, en ce qui concerne les *immeubles*; attendu que les réunions qui s'opèrent avant l'époque convenue doivent, dans notre système, supporter le droit proportionnel. — Voir les art. 11 n° 9 et 15 n° 9.

8˚ Les révocations de pouvoirs et les rétractations autres que celles faites au greffe.

Voir loi du 22 frimaire an VII, art. 68, § 1, n° 11, et loi du 28 avril 1816, art. 43, n° 21.

9˚ Les dépôts chez les notaires et aux greffes des justices de paix, d'actes et pièces, de sommes et effets, sans qu'il y ait libération au profit des déposants, — et les décharges données de ces dépôts.

Tarif actuel :

1˚ Pour les dépôts aux greffes des justices de paix. . . . 1.80
2˚ Pour les dépôts chez les notaires 3.00

— L'atténuation de droits que nous avons cru devoir apporter en ce qui concerne la juridiction des juges de paix, — voir art. 103-11, — n'a plus de raison d'être, quand il s'agit d'*actes au greffe* n'ayant aucun caractère judiciaire : tels sont les dépôts *d'actes de société, de dissolution de communauté*, etc. prescrits par la loi du 24 juillet 1867.

— Il n'y a donc aucune distinction à faire entre ces dépôts et ceux effectués devant notaire.

10° Les titres ou *certificats d'actions* délivrés par les sociétés et compagnies.

Certificats d'actions... — Ces titres, qui sont *distincts des actions*, ne tombent pas sous l'application de la loi du 23 juin 1857, qui n'a eu pour objet que la *transmission* des actions et obligations. — L'art. 15 de la loi du 5 juin 1860, relative au timbre, n'exempte, d'un autre côté, de tout droit et de toute formalité d'enregistrement, que les cessions *de titres ou de certificats d'actions*.

Il en résulte que les titres ou *certificats d'actions* tombent sous l'application des art. 3 et 68 § 1, n° 17, de la loi du 22 frimaire an VII, et qu'ils sont passibles du droit fixe, *lorsqu'ils sont présentés à l'enregistrement*, — et ils doivent être enregistrés avant qu'on en puisse faire usage. (Dict. de l'Enregistrement, éd. de 1855, v° actions dans les sociétés n°° 100 et 106.)

11° Les main-levées *partielles*, et les désistements purs et simples, les consentements à changement d'hypothèque, et les cessions de priorité, — *sauf*, dans ces divers cas, perception du *droit proportionnel* de quittance, sur la portion du capital et sur les intérêts *qui seraient échus*, et pour lesquels il ne serait pas justifié de quittance enregistrée, ou stipulé de prorogation formelle, faisant titre entre les parties, et tombant sous l'application de l'art. 15, n° 3.

1. *Les main-levées...* — La loi du 28 février 1872, art. 1 n° 7, soumet au *droit gradué* de 1 pour 1000, — *au minimum de cinq francs*. — les consentements à main-levées totales ou partielles d'hypothèques, et stipule que le droit sera déterminé par le montant des sommes faisant l'objet de la main-levée.

Le minimun de cinq francs excite les plaintes les plus vives. — On a dit à la Chambre, pour le légitimer, que les petits débiteurs qui le trouveraient injuste, seraient libres, au lieu de main-levées, de faire des *quittances*, et qu'ils n'auraient à payer ainsi que le *droit proportionnel*, au minimun de vingt-cinq centimes. — Cette raison est loin d'être péremptoire, car il arrive fréquemment que des main-levées totales ou des *réductions partielles* d'hypothèques sont accordées par les créanciers, sans qu'il y ait paiement : — on ne peut alors faire de quittance !

2. *Partielles...* — Nous n'admettons au droit fixe que les main-levées *partielles*. — Quant aux main-levées définitives, elles constituent *une libération hypothécaire*, et nous les frappons, à ce titre, d'un droit de quittance. Voir : art. 111, n° 1. — Notre but, en agissant ainsi, est de faire disparaître cette fraude que tout le monde connaît, et qui consiste à rédiger une quittance sous-signature privée et à donner en même temps *main-levée d'hypothèque*. Le débiteur se trouve ainsi complétement libéré, sans payer de droit de quittance. — L'effet de la loi du 28 février 1872 sera certainement de supprimer cette pratique frauduleuse, chaque fois qu'il s'agira de petites sommes ; mais il n'y a pas de raison pour qu'elle ne se reproduise pas dans les contrats importants. — Les grosses fortunes sont donc encore une fois les moins atteintes !

3. *Sauf droit proportionnel...* — Certaines obligations sont remboursables par annuités. Or, à chaque paiement successif, on pourrait donner une main-levée correspondante à la somme payée, — main-levée *entière* sur certains immeubles, mais *partielle* relativement à l'affectation hypothécaire prise dans son ensemble : — on n'aurait ainsi, pour éviter le droit de quittance, qu'à maintenir une hypothèque insignifiante et à la laisser périmer. — La rédaction que nous proposons rend cette nouvelle fraude impossible. Il est, du reste, évident que la somme des droits perçus partiellement ne pourra jamais excéder le droit de libération dû pour la totalité de la créance, intérêts compris.

12° Les compromis et nominations d'experts ou arbitres, par actes notariés ou sous seings privés, avec ou sans dispense de serment.

— Le droit actuel, demi-droit et décimes compris, est de 5 fr. 40 c. — Loi du 28 avril 1816, art. 11, n° 2. — C'est donc une réduction que nous proposons, parce qu'il s'agit *d'actes favorables*. Ces actes, du reste, sont rares, et la réduction, prise dans son ensemble, sera insignifiante pour le trésor.

Nous avons considéré que les nominations d'experts ou arbitres, sous la médiation des magistrats conciliateurs, étaient *plus favorables* encore, et nous ne les avons taxées qu'au droit de *un franc*.

V : Suprà, art. 103 n° 11.

13° Les devis d'ouvrages et entreprises qui ne contiennent aucune obligation de sommes ou valeurs, ni quittance.

V : loi du 22 frim. an VII, art. 68 § 1, n° 29.

14° Les procès-verbaux et rapports des employés, gardes, commissaires, séquestres, experts, arpenteurs et arbitres, sauf ce qui est établi art. 103, n° 11. — Il sera dû, pour les procès-verbaux des experts, arpenteurs et arbitres, *un droit par vacation*.

La plupart de ces actes sont tarifés aujourd'hui à 3 fr. 60 c. (Loi du 28 avril 1816, art. 13, n° 16).— Les *sentences arbitrales* sont taxées, suivant les cas, 9 et 18 fr. (Même loi, art. 45-5 et 46-1). — Mais nous avons dit qu'il importe de favoriser cette *juridiction amiable*. D'un autre côté, il arrive souvent que les employés à qui l'on ne représente pas le compromis, ne peuvent reconnaître si les experts ont agi, ou comme experts, ou comme arbitres. Il en résulte des erreurs de perception qu'il est difficile de réparer, et qu'il vaut mieux prévenir en uniformant le tarif. — La perte qui en résultera pour le trésor sera minime, car les sentences arbitrales sont rares: il ne faut pas oublier, du reste, qu'un dégrèvement équitable, si petit qu'il soit, fait plaisir, et qu'il prépare les esprits à accueillir sans murmure les aggravations reconnues justes et nécessaires.

Un droit par vacation... — Les experts et arbitres ne consacrent beaucoup de temps qu'aux grandes affaires. Il est donc parfaitement équitable que le temps employé soit la mesure du droit à payer. — Voir dans le même art. 106 n° 6.

15° Les exploits et autres actes du ministère des huissiers relatifs aux procédures devant les cours d'appel, jusques et y compris la signification des arrêts définitifs, — et à l'exception des déclarations d'appel et des significations d'avoué à avoué.

— Tarif actuel, — art. 11 n° 7 de la loi du 28 avril 1816, — et même réduit, puisque nous n'ajoutons pas les décimes.

Nous avons expliqué comment le trésor se trouvait indemnisé par l'obligation imposée aux huissiers de conserver minute de leurs actes.

Voir : art. 7.

16° Les jugements préparatoires ou d'instruction des tribunaux civils de première instance et de commerce ; les prestations de serment d'experts, ou arbitres, faites à leurs audiences; les ordonnances des présidents et juges composant ces tribunaux ; et les *ordres amiables* réglés conformément à la loi du 21 mai 1858. — Il sera dû sur les jugements *un droit par vacation* judiciaire : chaque jugement contiendra l'indication du nombre des vacations que le tribunal aura consacrées à l'affaire, soit en audience, soit en chambre du conseil.

— Pour les ordonnances et jugements, le droit actuel est de 5 fr. 10. — Loi du 28 avril 1816, art. 11, n° 10.

1. *Ordres amiables...* — Ces actes sont assujettis au droit proportionnel (de 0, 50 %) par la loi du 28 février 1872, art. 5 n° 1. — Pour nous, les ordres, comme les jugements, sont des actes déclaratifs auxquels le droit proportionnel ne saurait être applicable.

V : art. 106 n° 6.

2. *Un droit par vacation...* — Nous avons dit, art. 3 n° 1 et 1 bis, que c'est la seule manière d'assurer une juste rémunération du service judiciaire. Avec le tarif actuel, il y a des affaires qui nécessitent 5 et 6 audiences pour aboutir à un droit fixe de *cinq francs* ! D'autres, au contraire, qui sont décidées en quelques instants, parce qu'elles n'ont rien de compliqué, mais qui roulent sur des chiffres élevés, — souvent sur des opérations commerciales malheureuses, — donnent ouverture à des droits énormes. Cela ne doit pas être.

Disons, en passant, que le mode de perception que nous proposons, s'il était adopté, entraînerait, à un autre point de vue, un résultat qui aurait bien sa valeur, celui de donner la mesure exacte des heures de travail imposées à nos nombreux magistrats !

ARTICLE 106.

Sont passibles du droit de *cinq francs :*

1° Les actes respectueux ; — sans qu'il puisse être perçu un droit particulier pour la réquisition et un autre pour la notification.

Ces actes n'ont pas été tarifés par la loi du 22 frimaire. — Ils sont donc actuellement passibles du droit de 3 fr. 60 c. — Mais on a une tendance, depuis peu, à y voir deux actes, bien qu'il n'y en ait en réalité qu'un seul. — On les enregistre donc le plus souvent au droit de 7 fr. 20 c. — Voir Garnier, R. P. n°° 2414 et 2537.

Le tarif que nous proposons coupera court aux difficultés de perception, tout en maintenant un droit élevé à des actes que rien ne porte à favoriser. — Au surplus les indigents ont droit à enregistrement gratis. — Loi du 10 décembre 1850. — Voir ci-après, art. 126, n° 8.

2° Les acquiescements purs et simples, sans distinguer entre ceux faits au greffe, et ceux rédigés par actes civils, ou contenus dans les actes extrajudiciaires.

Le droit est actuellement de 3 fr. 60 c., pour les acquiescements autres que ceux faits en justice ; et de 4 fr. 50 c., soit, *avec les accessoires*, de 6 fr. 77 1/2, *pour ceux faits au greffe*. — Voir loi du 22 frimaire an VII, art. 68, § 1, n° 1; loi du 28 avril 1816, art. 43, n° 1; et loi du 22 frimaire an VII, art. 68, § 2, n° 6. — La raison de cette différence ne s'explique pas. Aussi appliquons-nous d'une manière uniforme le tarif des actes au greffe. Voir le n° 3, ci-après.

3° Les actes au greffe des tribunaux civils et de commerce, de quelque nature qu'ils soient, — et les acceptations et répudiations de successions, dons, legs, ou communauté, lorsqu'elles seront pures et simples, — soit qu'elles fassent l'objet d'un acte spécial, soit qu'elles constituent une *disposition indépendante* dans un jugement ou *dans un contrat civil*.

— Il est dû un droit par succession, acceptée ou répudiée, et un droit par acceptant ou renonçant ; — *toutefois*, s'il s'agit d'une acceptation bénéficiaire, ou d'une renonciation après un inventaire présentant un excédant de passif, la pluralité des droits ne sera pas exigée.

— *Les procès-verbaux d'affirmation de créance*, faits en exécution de l'art. 497 du code de commerce, ne seront assujettis qu'à un seul droit, quel que soit le nombre des déclarations affirmatives.

Le tarif actuel, tel qu'il résulte de la loi du 28 février 1872, est de 5 fr. 40 c., décimes compris, *plus le droit de rédaction revenant au trésor*, — soit 1 fr. 37 c. 1/2, — ce qui donne en tout 6 fr. 77 c. 1/2.

V : Décret du 12 juillet 1808, Inst. 398.

Nous arrivons donc à une diminution assez sensible, mais selon nous nécessaire, en portant le droit à 5 fr., *tout compris;* — car, ainsi que nous l'avons déjà dit, nous ne sommes pas d'avis de maintenir les droits de greffe, ne fut-ce qu'à raison des difficultés de perception qu'ils présentent.

Citons, précisément, l'exemple du droit de rédaction dont nous venons de parler. Voici les calculs effrayants qu'il faut faire pour l'établir :

Droit principal.	1 f. 25 c.
Déduire le décime du greffier . . .	12　50 m.
Reste	1 f. 12 c. 50 m.
Décime de la somme ainsi réduite. . .	11　25
Double décime	11　25
Décime de la remise du greffier . . .	01　25
Double décime	01　25
Total revenant au trésor	1 f. 37 c. 50 m.

Or, si l'on réfléchit qu'on n'a pas toujours à opérer sur une somme fixe, dont on finit par retenir de mémoire la décomposition ; mais qu'au contraire, le droit de rédaction est proportionnel aux sommes, — et qu'en matière de ventes, *il s'établit sur la masse des adjudications, dans une proportion inversement décroissante, bien qu'il doive cependant être réparti entre les acquéreurs, au prorata de leur prix d'acquisition.* — on reconnaîtra, aisément, qu'un impôt minime qui donne tant d'embarras, est un mauvais impôt.

1 *Disposition indépendante dans un contrat civil...* — Si l'acceptation est implicite et résulte d'un acte emportant *adition d'hérédité*, aucun droit ne sera exigible. C'est l'application des principes posés art. 9 et 10.

Mais si les parties jugent convenable de faire pardevant notaire, comme cela se pratique assez souvent, un acte d'acceptation ou de répudiation qui, régulièrement, devrait être fait au greffe, elles ne sauraient se plaindre qu'on leur applique le tarif des actes judiciaires.

2. *Toutefois...* — On trouvera certainement légitime l'atténuation que nous faisons en faveur des héritiers bénéficiaires, comme en faveur de ceux qui renoncent à une succession obérée.

3. *Les procès-verbaux d'affirmation de créances...* — Voir, pour les déclarations affirmatives, loi du 21 mai 1831, art. 13.

4° Les significations d'avocat à avocat dans les instances à la cour de cassation et au Conseil d'État.

Loi du 28 avril 1816, art. 11, n° 11.

5° Les déclarations et significations d'appel des jugements des juges de paix aux tribunaux civils. — Il est dû un droit par appelant et par intimé, sauf l'application de l'art. 103, n° 11.

Voir : loi du 22 frimaire an VII, art. 68, § 1; et loi du 27 ventôse an IX, art. 13.

6° Les jugements des tribunaux civils et de commerce renfermant des dispositions définitives, sujettes ou non à

appel et rendus ou non *sur prorogation de* COMPÉTENCE ;
les *sentences arbitrales* intervenues dans les mêmes conditions ; — et les *procès-verbaux d'ordre et de distribution*,
autres que ceux dont il est parlé en l'article précédent,
n° 17. — Indépendamment des droits qui pourraient être
dûs sur les dispositions particulières et indépendantes, il
sera dû, sur la disposition principale, *un droit par vacation* judiciaire, comme il est dit en l'art. 105, n° 16.

Si les jugements, ou procès-verbaux, confèrent à l'une des
parties *un titre* qu'elle n'avait pas, il sera dû, à raison de
ce titre, un droit égal à celui qui aurait été perçu s'il avait
été conféré volontairement par acte notarié, sans que ce
droit puisse être inférieur à celui d'obligation de sommes.

Si la condamnation repose sur un acte enregistré, ayant
supporté *un droit inférieur à celui d'obligation*, le jugement
donnera ouverture à un droit complémentaire.

Ces dispositions seront applicables aux actes et jugements
dont il est parlé art. 103, n° 12, et art. 105, n° 17.

Comparez : art. 69, § 2, n° 9 de la loi du 22 frimaire. — V : art. 3, n° 3.

1. *D'ordre et de distribution*... — Ces procès-verbaux, à
notre sens, sont, comme les jugements, des actes déclaratifs, et à
ce titre, ils ne peuvent être passibles que du droit fixe.

V : ordre amiable, art. 105, n° 16.

2. *Prorogation de compétence... sentences arbitrales*...—
Il serait à désirer que tous les procès pussent se terminer ainsi.
Or, c'est attirer les plaideurs dans cette voie, que de leur offrir un
tarif réduit de plus de moitié. — (V : art. 16, n° 1 de la loi du 28 avril
1816). — Cette importante réduction ne vaincra probablement pas
l'obstination de la masse des plaideurs ; mais le législateur a accompli
son devoir quand il a donné un but moral à la loi.

3. *Un droit par vacation*... — Voir art. 3, n°s 1 et 1 *bis*.

4. *Un titre.....* — Voir la disposition générale contenue en l'art. 10.

5. *Un droit inférieur à celui d'obligation...* — Les billets à ordre, par exemple, les baux... — Il est décidé qu'une obligation pour fermages échus, dûs suivant bail enregistré, est passible *comme arrêté de compte* du droit d'obligation. Inst. 2019, § 3.— Il est décidé, d'autre part, que l'obligation souscrite en reconnaissance de billets à ordre donne ouverture au droit de 1 °/°. Inst. 2019 § 6. — Il doit en être de même des reconnaissances judiciaires, attendu que, comme les reconnaissances notariées, elles emportent hypothèque, et changent les conditions de prescription.

7° Les jugements des mêmes tribunaux portant résolution de contrat, ou de clause de contrat, pour cause de nullité radicale ; ceux portant résolution de vente pour défaut de paiement quelconque sur le prix de l'acquisition, lorsque l'acquéreur ne sera point entré en jouissance ; et ceux portant adjudication à la folle enchère, lorsque le prix n'est pas supérieur à la précédente adjudication, si elle a été enregistrée. — La pluralité des droits sera due comme au numéro précédent.

Loi du 22 frimaire an VII, et loi du 27 ventôse an IX, art. 12.

8° Les contrats de mariage qui se bornent à constater *l'apport des époux*, sans aucune stipulation avantageuse entr'eux.

Les contrats de mariage, sous la législation du contrôle et sous l'empire de la loi de 1790, étaient soumis à des droits *gradués* d'après le chiffre des apports, ou déterminés, à défaut d'apports, par la qualité ou la fortune des contractants. Voir : ci-dessus, art. 3 n° 2.

Il était dû, d'après l'édit du 29 septembre 1722, sur ces contrats :

1° Pour ceux des personnes constituées en dignité, gentilshommes qualifiés, ou ceux qui possèdent des biens ayant haute, moyenne ou basse justice, soit gentilshommes ou roturiers, présidents, conseillers.

avocats ou procureurs généraux et greffiers en chef des parlements et autres cours supérieurs, officiers de finance, secrétaires du roi, trésoriers et autres pourvus d'emplois considérables, fermiers et sous-fermiers traitant des droits du roi, banquiers et marchands en gros de toutes les villes, premiers officiers et bourgeois vivant de leur revenu, des villes où il y a cour supérieure, présidial ou évêché.   50 livres.

2° Pour ceux des simples gentilshommes de toutes les villes et paroisses, officiers de judicature des présidiaux, bailliages, sénéchaussées, vigueries, élections et autres juridictions royales, premiers officiers et bourgeois vivant de leur revenu, de toutes autres villes que celles mentionnées en l'art. précédent, directeurs, receveurs et principaux commis des fermes et droits du roy.   30 livres.

3° Pour ceux des officiers de judicature des duchés-pairies et autres juridictions seigneuriales, ressortissantes nûement ès parlements ; avocats, notaires, procureurs, greffiers et autres officiers ; médecins, chirurgiens et apothicaires, peintres, sculpteurs, orfèvres, marchands en détail et autres notables artisans des villes où il y a cour supérieure, présidial, bailliage, sénéchaussée, élection et autres juridictions royales.   20 livres.

4° Pour ceux des officiers de judicature des autres juridictions seigneuriales, procureurs, notaires, greffiers et autres officiers des mêmes juridictions ; médecins, chirurgiens, apothicaires, marchands, bourgeois des autres villes, gros laboureurs et fermiers.   10 livres.

Pour ceux des artisans, manouvriers, journaliers et autres personnes du commun.   3 livres.

Et pour ceux des simples manouvriers, journaliers et autres personnes du commun de la campagne.   1 livre 10 sols.

La hiérarchie sociale dont nous venons de présenter le tableau a disparu, et il n'est pas possible, à notre époque d'égalité, de taxer les gens en raison de la position qu'ils ont dans le monde. — Cependant, on doit constater, à l'avantage de la législation ancienne, qu'elle atteignait le puissant et ménageait les faibles !

L'apport des époux... — Sous la législation du contrôle, le droit *fixe gradué* n'était perçu *que quand les apports des époux n'étaient pas exprimés*. Quand, au contraire, il était fait mention de ces apports, l'édit de 1722 et la loi de 1790 appliquaient le *droit proportionnel*.

L'illustre auteur de la loi du 22 frimaire, dans son rapport à jamais remarquable, et que nous regrettons de ne pouvoir reproduire en entier, s'est élevé avec énergie contre la double perception ci-dessus. « La Révolution, a-t-il dit, a brisé les hochets de la vanité, et il n'y a plus de qualités à tarifer !.. d'un autre côté, on doit admettre comme principe fondamental, que *tout ce qui n'oblige, ne libère, ni ne transmet, ne peut donner ouverture au droit proportionnel !*

« C'est aux principes, a-t-il ajouté plus loin, qu'il faut s'attacher; et quant à la différence que l'on voudrait admettre entre les contrats des citoyens riches et des citoyens peu fortunés, un pareil système est repoussé par *l'égalité* devant laquelle les distinctions se sont évanouies, et il ne faut voir que l'acte en soi. sans acception de personne, ainsi qu'il se pratique pour ceux des autres époques de la vie.

« Plus d'une fois, dit-il encore, la perception sur les apports a compromis la dot d'une épouse, qui a craint de la stipuler dans son contrat de mariage, à cause du droit qu'elle aurait eu à payer. — Et parmi les habitants des campagnes, combien se dispensent d'aller chez le notaire pour faire rédiger le premier acte d'une foi jurée, parce que cet acte sera atteint par un droit qui leur paraît trop onéreux. — Voilà un mal réel, *et c'est une perception mal entendue qui l'occasionne!* — Il faut, citoyens représentants, y mettre un terme, en substituant une lo..... *et raisonnée dans tous ses points* à des lois qui n'ont pas ces qualités indispensables ! »

Adoptant les conclusions de ce rapport, le législateur de frimaire, dans son article 68 § 3 n° 1, a soumis les *contrats de mariage* purs et simples au droit fixe de 3 fr. — (5 fr. loi du 28 avril 1816, art. 45 n° 2.)

La loi du 28 février 1872, revenant dans une certaine mesure à l'édit de 1722 et à la loi de 1790, a adopté une nouvelle base de perception, — qui n'est ni le droit fixe proprement dit, ni le droit proportionnel ordinaire, — et qu'elle a appelé *droit gradué.*

Les art. 1 et 2 de cette loi disposent que « la *quotité du droit fixe* d'enregistrement auquel sont assujettis les *contrats de mariage*, sera déterminée par le montant *net* des *apports personnels* des futurs époux, — et que ce droit, établi au minimum de cinq francs, sera de 10 francs pour les apports de 5 à 10,000 francs, — et de un pour *mille* sur le surplus, en calculant par fractions indivisibles de 20,000 francs. »

L'art. 2 ajoute que « si les sommes ou valeurs ne sont pas déterminées dans l'acte, il y sera suppléé par une déclaration estimative. »

Enfin l'art. 3 porte que « la *dissimulation* des sommes ou valeurs « ayant servi de base à la perception du droit pourra être établie, *dans* « *les deux ans*, par des actes ou écrits émanés des parties ou par des « jugements, — et que, le cas échéant, il sera dû, indépendamment « des droits simples supplémentaires, *un droit en sus*, au minimum « de 50 francs. »

Cette loi, qui aura, comme les autres, ses difficultés d'application, touche à plusieurs questions qui seront les réformes de l'avenir : ainsi, elle admet la *déduction du passif* et prend pour base *l'évaluation en valeur vénale!*

Nous constatons ce progrès avec joie. Mais ce n'est pas à ce point de vue que nous avons à nous prononcer ici. Il s'agit, en ce moment, du tarif, et la question est de savoir si le *droit gradué*, tel qu'il est édicté pour les contrats de mariage, est une innovation heureuse.

On ne saurait méconnaître que l'idée en soit parfaitement équitable; et on trouverait le droit juste en application, sans le malheureux *fractionnement de 20 en 20,000 francs*, et si tous les contractants étaient tenus, à peine d'amende, de faire la déclaration *de leur avoir* au moment où ils se marient.

Mais le *droit gradué*, fût-il établi dans ces conditions, que, malgré son caractère d'équité, nous aurions peine à en être partisan.

Ce droit est une *dérogation évidente aux principes* de la loi du 22 frimaire an VII, principes tutélaires qu'il importe de respecter. Or, nous croyons que, dans la circonstance, il n'y avait pas raison suffisante pour s'écarter des principes. Le contrat de mariage, dit M. Sebert, dans l'excellent discours qu'il a prononcé le 26 février 1872, « est un acte qui « offre le plus grand intérêt à la conservation et à la distinction des « fortunes, et qui fournit une base précieuse au Trésor pour la percep « tion des droits de mutation par décès. On doit craindre, en grevant « cette source de produits, d'en amener la réduction! »

Nous sommes absolument de cet avis : à nos yeux, les contrats de mariage sont des *actes favorables*, et comme tels, il n'y avait pas lieu de les frapper de droits nouveaux, quelque équitable qu'en puisse être la répartition.

Cela explique pourquoi nous avons maintenu le droit de 3 fr. édicté par la loi de 1816.

9° Les prestations de serment des gardes particuliers, des employés des compagnies, ainsi que des agents et fonctionnaires, à quelque titre que ce soit, *et sans aucune exception*, de l'Etat, du département et des communes, ayant un traitement qui n'excède pas 1,000 fr.

L'acte de nomination et le procès-verbal de prestation de serment feront connaître le chiffre du traitement ou la moyenne des remises allouées aux agents et employés.

S'il s'agit de fonctionnaires ou officiers ministériels ayant un traitement ou des remises, émoluments et salaires dépassant 1,000 fr., le droit sera réglé d'après le chiffre du traitement, et perçu au taux de 1 %.

En cas de nouvelle prestation de serment, par suite de changement de résidence, d'extension de fonctions *dans le même service*, ou de réintégration, le droit perçu sur les serments antérieurs sera imputé, mais sous réserve, pour chacun d'eux, d'une somme de *cinq francs*, représentant le salaire matériel de la formalité.

Avant la loi du 28 février 1872, le droit d'enregistrement des prestations de serment était, en général, de 3 fr. 60 c. pour les fonctionnaires ayant un traitement au-dessous de 500 fr., et de 18 fr. pour ceux dont le traitement était supérieur à ce chiffre.

Voir les Inst. 785 et 1336 § 12.

Ces droits, insuffisants pour les gros traitements, étaient évidemment exagérés pour les petits. N'était-il pas déplorable, en effet, de voir un malheureux *facteur rural*, ayant 510 fr. de traitement, payer pour son serment *dix-huit francs*, quand un *trésorier général* dont les remises dépassent 100,000 fr., ne payait pas davantage?

La loi du 28 février 1872 a apporté une amélioration notable à cette situation, en statuant, art. 4, que les prestations de serment des employés dont le traitement n'excède pas 1,500 fr., ne supporteront que le droit de 3 fr., — droit s'élevant avec les accessoires à 5 fr. 40 c. — Mais cette réforme, qui laisse sur le même pied le petit employé et le fonctionnaire richement doté, est évidemment incomplète. Les notions les plus élémentaires de la justice exigent que l'impôt soit payé par tous d'une manière égale. Or, on ne peut arriver à ce résultat, en matière de prestation de serment, qu'en établissant un droit proportionné aux émoluments des employés et fonctionnaires!

Le droit de 1 °/₀ que nous proposons, — et que demande *M. Trouillet* dans l'introduction de son *Dictionnaire de l'Enregistrement*, — n'a rien d'exagéré, et semble une moyenne qui donne satisfaction à tous les intérêts.

Nous faisons, du reste, une exception parfaitement légitime, en faveur des employés dont le traitement n'excède pas 1,600 fr. — Le *droit fixe de cinq francs* dont nous les frappons est déjà une charge autrement lourde pour eux que le droit de 200 fr. imposé aux receveurs des finances qui débutent avec 20,000 fr. de traitement!

A quelque titre que ce soit, — et sans aucune exception... — Il n'y a pas de raison pour que le droit proportionnel que nous sommes d'avis d'établir, ne soit pas acquitté par tous les fonctionnaires et agents soumis à l'obligation du serment. Il existe en ce moment des faveurs et immunités que rien ne justifie. Nous n'avons jamais compris, par exemple, pourquoi les magistrats, à quelque catégorie qu'ils appartiennent, — ne paient ni droit de timbre, ni droit d'enregistrement pour leur prestation de serment.   Inst. 290 n° 43.

La magistrature est en ce moment la carrière la plus recherchée, et on ne peut pas dire que ce soit la plus mal payée, surtout si l'on tient compte du travail qui lui incombe! Il n'y a donc pas de raison pour que les magistrats ne soient pas obligés de contribuer aux charges de l'État dans la même proportion que les autres.

Nous pouvons en dire autant des préfets, sous-préfets, membres des conseils de préfecture et secrétaires généraux. — Le serment de ces fonctionnaires est dispensé même de la formalité de l'enregistrement. (D. M. F. du 8 pluviose an IX. J. E. n° 728). C'est un abus. Il est vrai que les préfets et sous-préfets sont moins sûrs de conserver leur position que les magistrats, et qu'en ce sens l'impôt qu'ils auront à payer sera relativement plus lourd. Mais il n'y a pas à craindre que cette considération arrête les solliciteurs. On trouverait des préfets, comme on trouve des maires, en ne les payant pas. Ce n'est donc pas un mince prélèvement sur le traitement de la première année qui empêchera de convoiter ces hautes fonctions !

Au surplus, si les préfets tombent, ils n'ont rien de plus pressé, une fois tombés, que de chercher à se faire replacer : — or, nous avons admis ce tempérament légitime, que le serment prêté après réintégration n'aura à supporter que le droit de 5 fr., comme *salaire de la formalité*.

10° Les actes de formation, de prorogation et de dissolution de société, qui ne portent ni obligation, ni libération ni transmission, *présente ou éventuelle*, de biens meubles ou immeubles entre les associés ou autres personnes ; le droit fixe sera indépendant *du droit proportionnel* établi par l'art. 112, n° 2, *sur les apports*.

Voir : loi du 22 frimaire, art. 69, §3, n° 4, loi du 28 avril 1816, art. 15, n° 5, et loi du 28 février 1872, art. 1 et 2.

1. *Présente ou éventuelle...* — S'il y a obligation ou transmission actuelle entre les associés ou autres personnes, le droit, suivant la nature de la convention, sera perçu au comptant, conformément à l'article 10 du présent projet de loi. — Si la mutation n'est qu'éventuelle, — par exemple, s'il est stipulé qu'à la dissolution de la société, l'un des associés pourra conserver l'actif social en désintéressant les autres en argent, — il sera perçu, pour cette promesse de vente qui est une disposition indépendante, un droit fixe dont la quotité est réglée par le n° 14 du présent article, — sauf à percevoir le droit proportionnel à l'événement. — C'est, du reste, ce qui a lieu aujourd'hui. Garnier. n° 11837.

2. *Du droit proportionnel...* — La loi des 5-19 décembre 1790, art. 26, sect. 2, n° 7, assujettissait les actes de formation de société au droit de 10 *sols par cent livres* du montant des apports.

Cette disposition équitable a été changée par le législateur de frimaire, dans le but de favoriser l'industrie et de développer les associations commerciales. — Il est vrai, comme l'a dit depuis M. Sebert, que « les Sociétés fondent les grandes entreprises industrielles, et fécondent les capitaux individuels, impuissants à rien créer sans « l'association ! »

Mais, de ce que les *sociétés commerciales* méritent toute protection et ont droit à un *tarif réduit*, il ne s'en suit pas que les actes qui en règlent les bases ne doivent pas être tarifés d'après leur nature *et suivant leur importance*. — Or, comme le fait très-bien remarquer M. Aulanier, *les apports dans les sociétés deviennent propriété com-*

25

mune, et il y a, dans ce fait, une *translation* suffisante pour motiver
la perception du *droit proportionnel*. — Les principes nous conduisent
donc à établir un droit fixe sur *l'acte de société*, considéré en lui-
même, et un droit proportionnel sur *les apports*.

3. *Sur les apports...* — Nous nous rencontrons ici avec la loi
du 28 février 1872 qui établit un *droit gradué*, au minimum de cinq
francs, sur les actes de *formation* et de *prorogation* de société.

Il est à observer que cette loi ne parle pas *des actes de dissolution* :
ces actes restent, par suite, soumis au droit *fixe* de 5 fr., s'élevant avec
les *additions* à 9 francs.

11° Les unions de créanciers ; — si elles portent obligation
de sommes déterminées, par les intéressés envers un ou
plusieurs d'entr'eux, ou autres personnes chargées d'agir
pour l'union, il sera perçu un droit particulier, comme
pour obligation.

Voir : art. 68, § 3, n° 6, de la loi du 22 frimaire. Ces actes étaient
tarifés, dès cette époque, à 3 fr.

12° Les abandons de biens pour être vendus en direction ; les délaissements par hypothèque ; les concordats ou
atermoiements consentis conformément aux articles 507
et suivants du code de commerce ; — les *concordats* par
abandon total ou partiel d'actif autorisés par la loi du
17 juillet 1856, — ainsi que les concordats ou atermoiements
amiables intervenus après déconfiture ; — et *sauf, dans tous
les cas, la perception du droit d'obligation sur les sommes
que le débiteur s'oblige à payer, si ces sommes ne résultent
pas de titre enregistré.*

Les abandonnements de biens et délaissements ont été tarifés au
droit de 5 fr., par la loi du 22 frim. an VII, art. 68 § 1 n° 1.

— Quant aux concordats et atermoiements, ils ont été l'objet de
tant de lois et décisions qu'il est difficile de s'y reconnaître. — Cepen-

dant, la loi du 21 mai 1834, art. 11, tarife le concordat à 3 fr. ; — et
la loi du 17 juillet 1856 confirme ce tarif, en assimilant, pour la
perception, le concordat par abandon d'actif à l'*union*. Inst. 2079. —
D'un autre côté, il semble résulter des art. 6589 et 6590 du Rép.
gén. de M. Garnier, que l'atermoiement reste fixé au droit de 0, 50 %
sur les sommes que le débiteur s'oblige à payer.

— Pour être clair, et couper court à toutes distinctions subtiles, —
nous avons tarifé les concordats et atermoiements, quels qu'ils soient,
à un même droit fixe de 5 fr. ; — mais nous avons appliqué, en même
temps, la décision du ministre des finances du 28 juin 1808, —
(Inst. 330 n° 17, Garnier, n° 6582 et 6593), — qui porte que *s'il n'a pas
été justifié en la cause de titre enregistré, le concordat ou atermoiement en tient lieu au créancier* pour l'avenir, et que, par conséquent,
le droit proportionnel est exigible.

— Ainsi, dans notre système, il sera dû un *droit fixe*, s'appliquant
aux dispositions principales que la loi doit favoriser, c'est-à-dire, à la
remise des dettes, aussi bien qu'aux délais et garanties stipulés pour le
paiement de ce qui reste dû. — Mais, si un créancier s'est prévalu
d'une convention ou d'un titre verbal, le concordat ou atermoiement
lui confère un *titre écrit*, et il importe, tant pour éviter la fraude, que
pour rester d'accord avec nos principes généraux, que l'enregistrement
de ce titre donne ouverture au *droit de la convention* suivant sa
nature. — Répétons, du reste, que les conventions verbales sont
rares, et que, le plus souvent, celui qui produit à une faillite ou à
une déconfiture *justifie de titres écrits*; sans cela, les autres créanciers ou les syndics n'admettraient pas la créance !

13° Les *actes de liquidation* de succession, de communauté et de reprises, — et les *partages* de biens meubles et
immeubles, entre co-propriétaires, à quelque titre que ce
soit, *pourvu qu'il en soit justifié*.

Mention sera faite dans les *actes notariés* du nombre de
vacations employées par le notaire à la rédaction des actes,
et il sera perçu *un droit par vacation*.

La co-propriété sera établie, pour les meubles, par l'indication du titre qui a créé l'indivision.

Elle *sera justifiée* comme il suit, *en ce qui concerne les immeubles :* — S'il s'agit de biens recueillis à titre successif par les co-partageants, l'acte fera connaître le nom de l'auteur de la succession, et l'époque de son décès. — S'il s'agit de biens possédés en commun, par suite de donation ou d'acquisition, l'acte fera connaître, pour chaque immeuble, la date et la nature du titre, le nom et la résidence du notaire qui l'a reçu, s'il est notarié, et la date et le lieu de son enregistrement, s'il est sous signature privée.

S'il y a retour, ou inégalité de lots dans les partages et attributions, le droit sur ce qui en sera l'objet, sera perçu au taux réglé pour les ventes, en admettant, pour la soulte ou plus value, *le mode d'imputation* le plus avantageux aux parties.

Seront considérés, pour la perception des droits, comme n'existant pas dans la masse indivise, et seront, en conséquence, passibles *du droit de soulte ou d'échange*, les biens meubles et immeubles dont la co-propriété ne serait pas établie par un titre précis.

Voir : loi du 22 frimaire art. 68, § 3, n° 2. — Voir : loi du 28 février 1872, art. 1 n° 5 et art. 3.

1. *Actes de liquidation... partages...* — Ces actes sont essentiellement *déclaratifs*, et on ne saurait, sans un renversement complet des principes, les frapper du *droit proportionnel*. Ce droit ferait, du reste, double emploi avec celui perçu sur le titre auquel remonte l'indivision.

L'art. 69 de l'édit de 1722 soumettait cependant les partages de biens, meubles, et immeubles au même droit que les ventes et obligations. Mais cette tarification n'est pas une de celles que nous puissions emprunter au contrôle.

Nous n'admettons pas davantage le droit de 1/2 °/. établi par l'art. 26 de la loi du 11 thermidor an IV; parce qu'à nos yeux les principes doivent dominer les droits, et qu'avant d'établir un droit proportionnel, il faut toujours se demander, avec M. Duchâtel, s'il s'agit d'un acte qui, dans une certaine limite, *oblige, transmet ou libère!*

La loi du 28 février 1872 qui a édicté pour les partages un droit de 1 pour 1,000, a prétendu sauvegarder les principes de la loi de frimaire, en donnant à ce droit, le nom de *droit fixe gradué.* Nous avons vu, art. 3 n° 1, que, malgré les déclarations pompeuses qui ont été faites à ce sujet par M. Mathieu-Bodet, rapporteur de la loi, le *droit gradué* n'est autre chose qu'un *droit proportionnel;* et nous pensons que l'atteinte portée à la loi du 22 frimaire eût été bien moins sensible, si l'on avait dit franchement que, bien que les partages fussent de leur nature des actes passibles du droit fixe, les nécessités présentes faisaient un devoir de les apprécier comme manifestation de la fortune des contractants, et de les frapper *exceptionnellement* du droit proportionnel !

On aurait discuté sur l'utilité de l'exception, sur son caractère plus ou moins grand d'équité ; mais les principes seraient restés debout !

Faisons observer, du reste, que s'il peut être jusqu'à un certain point légitime de frapper les apports en mariage d'un *droit proportionnel,* les mêmes raisons n'existent pas pour les partages.

Quand les apports en mariage tombent en communauté, il y a *dessaisissement* de chacun des époux *au profit de la société formée entre'eux.* Si les apports sont réservés propres, la réserve n'a d'ordinaire pour objet que la nue-propriété, et l'usufruit appartient à la masse commune. — Dans les deux cas, le *caractère translatif* apparait, et il serait possible de s'en prévaloir pour motiver l'établissement d'un droit proportionnel, — s'il ne s'agissait *d'actes favorables,* à l'égard desquels toute interprétation rigoureuse est interdite.

L'établissement d'un droit proportionnel sur les apports en mariage se légitimerait, d'un autre côté, par cette raison que les apports n'ont pas toujours supporté un droit de *mutation antérieure,* ce qui arrive quand ils sont déclarés être le produit des *économies faites par les futurs :* et que, dans cette circonstance, on dissimule souvent sous le nom *d'économies* de véritables constitutions dotales.

Mais il n'en est pas ainsi des partages.

Pour que les partages soient soumis au *droit fixe,* il faut que la co-propriété soit justifiée. — Or, du moment où le titre qui a créé l'indivision a supporté le droit proportionnel, on ne peut, sans double emploi, en exiger un second.

En vain dira-t-on que les partages qui roulent sur des millions doivent coûter plus cher que les partages des petits particuliers : — les personnes qui partagent des millions ont payé pour ces millions, et ne doivent plus rien !

2. Un droit par vacation.... — Les partages, quelle que soit leur importance, ne sauraient donc être passibles du droit proportionnel.

Mais, comme les lois, en même temps qu'elles doivent être conformes aux principes généraux, sont tenues d'être justes dans les détails, il importe autant que possible de proportionner, ici comme ailleurs, l'égalité des charges entre les citoyens. — Or, en admettant sans correctif l'uniformité du droit actuel de 5 fr. pour les partages, nous grevons évidemment le pauvre plus que le riche, — ce qui est, du reste, comme nous avons dit, la condition ordinaire des droits fixes. — Mais il est un moyen de rétablir l'égalité dans une certaine mesure. Ceux qui partagent d'opulentes successions ont ordinairement des comptes nombreux à liquider, de longues origines de propriété à rechercher et à établir; et les notaires chargés de rédiger le travail y consacrent tout le temps nécessaire, — d'autant plus que souvent ils sont payés *par vacations*.

Or, c'est là, selon nous, que se trouve la solution de la difficulté. Si les partages sont des actes complètement déclaratifs, qu'il est injuste de frapper d'un droit proportionnel, direct ou détourné, rien n'empêche de les taxer, comme les inventaires et les jugements, en raison des *vacations* qu'y emploie le magistrat de la famille. Et c'est évidemment justice. — Quant aux partages sous seing privé, ils paient un droit par rôle. V : art. 7 § 4.

3. La co-propriété sera justifiée... — La loi du 28 avril 1816, art. 45, n° 3, tarife au droit de 5 fr. *les partages de biens, meubles et immeubles, entre co-propriétaires à quelque titre que ce soit, — pourvu qu'il en soit justifié.* Mais elle n'indique pas ce qu'elle entend par justification de co-propriété, et, surtout, elle ne dit pas qu'elle doit être la perception, quand il y a défaut de justification. — De là sont nés d'immenses embarras, et des difficultés sans cesse renaissantes : — Nous avons tâché d'en prévenir le retour, en précisant les conditions auxquelles était attachée la perception du seul droit fixe.

V : Inst. 3389, § 1. J. E. 18709, § 5.

4 *S'il y a retour...* — La loi du 23 août 1871, art. 12 et 13, a édicté des mesures sévères pour réprimer les *dissimulations* dans les soultes de partages. — Quant aux simples insuffisances ou inégalités de lots, elles ne peuvent être constatées, comme par le passé, que par *expertise*, et dans le délai *d'une année*.

La loi du 28 février 1872 a prévu, à son tour, les *fausses déclarations* concernant la *valeur nette* des biens partagés : — mais la modicité du droit établi donne lieu de croire que ces fraudes seront rares.

5. *Le mode d'imputation...* — Le tarif qui régit les soultes a été établi par la loi du 22 frimaire.

Cette loi (art. 69 § 5, n° 7), tarife à 2 % les retours de partages de *biens meubles*, et à 4 % (art. 69 § 7, n° 5), les retours d'échanges et de partages des *biens immeubles*.

Malgré ces textes formels, une jurisprudence bienveillante, — ou peut-être hostile au fisc, — a établi d'une manière générale, et l'administration admet *que la perception du droit de soulte se calcule de la manière la plus avantageuse aux parties*; — c'est-à-dire, qu'elle n'est que de 1 %, s'il y a des créances à terme comprises dans le lot de celui qui paie la soulte de ses deniers personnels, — et qu'elle est *nulle*, s'il y a une rente sur l'État, ou si le co-partageant chargé de la soulte, fait à la masse commune le rapport fictif de biens meubles ou immeubles provenant de l'auteur de la succession.

V : Inst. 342 et 2137 § 10.

Cette jurisprudence nous semble forcée, mais nous sommes, au fond, partisan du mode de perception qu'elle a finalement établi ; et, pour qu'il n'y ait plus de contestation à ce sujet, nous proposons de le consacrer d'une manière formelle.

6. *Du droit de soulte ou d'échange...* — La disposition que nous formulons n'est pas nouvelle en application, mais elle n'est écrite nulle part, et ne résulte que des données de la jurisprudence, principalement de la jurisprudence relative aux partages comprenant à la fois des biens situés en France et des *biens étrangers*. — Cass. 11 nov. 1811, Garnier, R. G. 906. — V : également, arrêt du 31 juillet 1855 et du 13 mai 1862, — Inst. 2051 § 2 et 2239 § 8.

14° *Les déclarations de remploi faites par actes postérieurs aux acquisitions, et les cessions de biens communs* consenties durant la communauté, conformément à l'article 1595 du code civil, — *et quels que puissent être les événements ultérieurs.*

1. *Par actes postérieurs aux acquisitions...* — Les déclarations de remploi faites dans les actes même d'acquisition *sont des dispositions dépendantes,* et ne doivent pas être passibles d'un droit particulier.

— Garnier, R. G. n° 10698.

2. *Cessions de biens...* — Les déclarations de remploi par actes postérieurs aux acquisitions, et les cessions de biens *communs* faites par le mari à la femme pour la remplir de ses reprises, sont des actes ayant le caractère de *partage provisionnel* et qu'il convient de tarifer comme tels. — Nous les portons donc de 2 fr. à 5 fr.

3. *Quels que puissent être les événements ultérieurs...* — La jurisprudence actuelle reconnaît que les cessions dont il s'agit, n'emportant pas mutation au moment où elles sont accomplies, ne doivent supporter que le droit fixe de 2 fr. afférent aux actes innommés.

Mais, s'il arrive que la femme ou ses héritiers renoncent à la communauté, cette renonciation change la face des choses : — la femme est censée n'avoir jamais été commune ; le mari, par contre, est réputé propriétaire *ab initio* de tous les biens de la communauté ; de sorte que la cession faite à la femme n'est plus une *attribution* de biens indivis, mais une *transmission* de biens propres au mari.

L'administration considère donc que le droit de 2 fr., perçu comme il est dit plus haut, n'est qu'un droit provisoire, et que la renonciation ultérieure faite à la communauté *rend exigible un droit de mutation à titre onéreux.*

La cour de cassation s'est prononcée dans ce sens, le 26 février 1868, Inst. 2367, § 1.

Cet arrêt contient une application exacte des principes de la loi civile. Mais il inaugure une perception dangereuse : les parties vont se trouver recherchées à 40 ou 50 ans de distance, pour des actes depuis longtemps oubliés ou dont les effets ne subsistent plus.

Telle femme mariée a été remplie de ses reprises par une attribution de biens communs, à elle faite en 1840 : mais elle a revendu ces mêmes biens en 1850. — Cela n'empêche que, si elle devient veuve, en 1872, et si elle renonce à la communauté, on lui réclamera le droit de vente sur la cession de 1810 !

En droit strict, la demande de l'administration pourra être jugée fondée. Mais, si l'on considère l'impôt à un autre point de vue, on reconnaîtra qu'il vaut mieux prendre des mesures pour que de pareilles réclamations ne puissent pas se produire.

D'abord ces réclamations sont rares, et ce qu'elles rapportent ne compense pas le mauvais effet moral qui en résulte : — il est, en effet, difficile de faire comprendre la légitimité du droit.

Les droits de mutation supposent une mutation *réelle* : or, au moment de la renonciation à la communauté, où est la mutation, si l'immeuble qui en est l'objet n'existe plus ?

D'un autre côté, il importe que les perceptions faites sur les actes soient définitives, et que les parties ne soient pas ultérieurement gênées, dans le règlement de leurs intérêts, par l'appréhension de droits dont elles ne peuvent calculer ni l'importance ni le bien fondé.

Nous croyons donc juste et utile de faire fléchir la rigueur des principes devant les règles d'une bonne administration, en décidant que la perception faite sur les cessions consenties en conformité de l'article 1595 du c. c., sera définitive quels que soient les événements ultérieurs.

Il y aura une subtilité de moins dans la loi de l'enregistrement, et le trésor y perdra peu de chose !

15° Les actes de prêts, entre commerçants, sur dépôt et consignation de marchandises, fonds publics français, et actions des compagnies de commerce et d'industrie, dans le cas prévu par l'art. 95 du code de commerce ; — et les actes constitutifs de *nantissements* en marchandises et valeurs, au profit des comptoirs et sous-comptoirs d'escompte, — y compris, exceptionnellement, ceux qui assurent des garanties hypothécaires aux comptoirs des entrepreneurs, mais à la condition que les fonds empruntés soient exclusivement employés aux travaux de construction.

Voir : loi du 8 septembre 1830, Inst. 1332 ; décret du 21 mars 1818, Inst. 1802 § 2 ; et Inst. 2383 § 1 et 2385 § 2.

Nous portons ces actes de 3 fr. 60 c. à 5 fr. Mais nous devons dire que telle n'est pas la modification que nous souhaitons le plus. — Il y a toujours trop d'exceptions dans les lois fiscales, et ce que nous appelons de tous nos vœux, c'est le retour au droit commun. « La faveur du commerce, dit Demante, n° 528, a introduit ces lois dans un moment de crise. Depuis elles sont restées en vigueur, et le moment n'est peut-être pas venu de les changer. » Mais il est évident qu'elles doivent disparaître.   V : art. 126 n° 14.

16° *Les promesses de vente* et les *ouvertures de crédit* ou promesses de prêter, autres que celles dont il est question art. 104, n° 19, — et sauf l'exigibilité du droit proportionnel au moment de la réalisation.

1. *Promesses de vente...*

— La promesse de vente n'est pas tarifée par la loi, et s'enregistre en ce moment au droit de 3 fr. 60 c.

Ce droit ne correspond pas à l'importance de la convention, car celui qui a contracté une pareille obligation est à moitié dessaisi; — si bien que l'individu envers qui il s'est obligé peut faire *transcrire* la promesse à lui faite, afin qu'aucune aliénation n'ait lieu à son préjudice (J. E. 17580). — Il a même le droit de céder cette promesse à un tiers, soit purement et simplement, soit moyennant bénéfice.

(Inst. 2389, page 32, n°s V et VII.)

Un acte qui a une telle portée mérite donc d'être tarifé d'une manière particulière, et doit être frappé d'un droit relativement élevé.

2. *Ouvertures de crédit...*

— L'art. 5 de la loi du 23 août 1871. soumet ces actes au droit proportionnel de 0,50 %, sauf perception du droit complémentaire d'obligation en cas de réalisation.

Les ouvertures de crédit n'avaient été tarifées par aucune loi antérieure. — L'administration avait d'abord pensé qu'elles étaient comprises, sous la désignation de *promesses de payer*, dans l'art. 69, § 3, de la loi du 22 frimaire an VII, et tarifées 1 %. Mais la jurisprudence a décidé qu'elles ne constituaient que des *obligations éventuelles*, et qu'elles ne pouvaient, comme telles, être passibles que du *droit fixe*.

C'est notre avis, bien que nous sachions que, neuf fois sur dix, l'ouverture de crédit couvre un prêt réel. Toutefois, s'il y a presque toujours remise de fonds, le jour où le crédit est ouvert, il arrive très-souvent aussi que cette remise n'est que partielle, de sorte que la convention subsiste avec son caractère éventuel, et il serait dur et injuste de frapper une promesse de prêter, non suivie d'effet, du même droit qu'une obligation réelle.

D'un autre côté, les ouvertures de crédit sont d'une utilité incontestable pour le développement des transactions, et, à ce titre, elles demandent à être traitées avec ménagement plutôt qu'avec rigueur.

Nous avons donc, malgré notre désir d'atteindre la fraude, opté pour le droit fixe, et nous avons appliqué celui des dispositions éventuelles en général, — sauf perception du droit proportionnel, conformément à ce qui est établi en l'art. 102, si le droit proportionnel était inférieur à *cinq francs*.

Faisons remarquer, au surplus, qu'en adoptant, comme nous le proposons, art. 17 et suivants, *l'imputation, sur l'actif des successions, des dettes dûment justifiées* au décès, les emprunteurs se trouveront avoir un intérêt sérieux à ce que leur situation exacte soit régulièrement constatée.

D'un autre côté, s'il est admis que les employés de l'enregistrement ont le droit de prendre communication des livres des banquiers, il est à peu près certain qu'aucune réalisation de crédit n'échappera au droit proportionnel. On peut donc, sans danger, admettre provisoirement l'enregistrement *des actes d'ouvertures de crédit* au droit fixe.

17° Les testaments, révocations, codicilles, et tous autres *actes de libéralité*, qui ne contiennent que des dispositions soumises à l'événement du décès, et les dispositions de même nature contenues dans les contrats de mariage ou autres actes entre-vifs.

Si les testaments contiennent partage conformément aux art. 1075 et 1076 du c. c., les règles de perception concernant les soultes de partage leur seront applicables.

V: art, 15, n° 4, de la loi du 28 avril 1816 — et loi du 18 mai 1850, art. 5, relative aux soultes des partages testamentaires.

Actes de libéralité... — L'édit de 1722 assujettissait les testaments ainsi que les donations entre époux à un droit proportionnel *gradué* d'après les sommes, quand elles étaient exprimées, et d'après la qualité des testateurs ou donateurs, quand les stipulations des contrats n'étaient susceptibles d'aucune évaluation. Dans ce dernier cas, les droits variaient de 15 livres à 2 livres.

Nous avons pensé à soumettre, de nouveau, les testaments au droit proportionnel : — les principes s'en accommoderaient, puisque, dans une certaine mesure, ce sont des actes *qui transmettent* ; — et personne ne trouverait la chose injuste. — Mais le droit à percevoir ne pouvant, dans la plupart des cas, être établi d'une manière exacte qu'au moment de la déclaration de succession, il nous a paru préférable de réunir le droit de la disposition testamentaire à celui de mutation par décès. — C'est ce que nous avons fait, en assujettissant, à l'exemple de la loi belge, les successions testamentaires à un droit plus élevé que les autres.

Voir art. 121 et 124, § 7, 8 et 9.

18° Les reconnaissances d'enfant naturel, de quelque manière qu'elles aient lieu, et quand même les reconnaissances entraîneraient *légitimation*.

— Si elles sont faites par actes de l'état civil, le droit sera dû sur la première expédition, — et il ne pourra être perçu une seconde fois, si la mention de paiement est faite dans les expéditions ou actes ultérieurs emportant reconnaissance.

V : loi du 28 avril 1816, art. 41, n° 22 et 45, n° 7.

La loi actuelle tarife les reconnaissances à 9 fr. et les légitimations à 3 fr. 60 c. — Il en résulte que la mère naturelle qui a reconnu d'abord son enfant, et qui le légitime plus tard, en se mariant, paie deux droits, s'élevant ensemble à 12 fr. 60 c. ; — tandis que si l'enfant n'avait été reconnu que dans l'acte de mariage, le droit de 3 fr. 60 c. aurait été seul dû.

Ces distinctions sont subtiles, et n'ont pas de raison d'être.

19° Les déclarations ou élections de command ou d'un ami, lorsque la faculté d'élire un command a été réservée dans l'acte d'adjudication, et que la déclaration est faite par acte public et notifié dans les *vingt quatre heures* de l'adjudication ou du contrat.

S'il s'agit d'une adjudication judiciaire, l'avoué enchérisseur aura trois jours pour faire au greffe la déclaration d'adjudicataire. *Cette déclaration sera sujette au même droit que l'élection de command entre particuliers.*

Voir : la loi du 22 frimaire art. 68, § 1, n° 24, et loi du 28 avril 1816, art. 11, n° 3.

Les *déclarations de command* sont actuellement tarifées à 5 fr. 40 c. — (demi-droit et décimes compris.) — Mais il a été décidé que les *déclarations d'adjudicataire* faites par les avoués, n'ayant pas été prévues par les lois ci-dessus, restaient passibles du droit de 1 fr. 80, outre le droit de greffe de 1 fr. 37 c. et demi. (Garnier, n° 2838). — C'est encore une anomalie que nous avons dû faire disparaître.

24 heures... — Ne pouvant proscrire d'une manière absolue les élections de command ou d'ami, le législateur de frimaire, dont nous reproduisons les dispositions, a pris les mesures les plus énergiques pour prévenir les fraudes, ou reventes, qui se font souvent dans le délai accordé pour déclarer command.

Les actes dont il s'agit ne sont donc pas des actes *favorables*, et on peut les frapper sans aucune crainte ; — d'autant plus que l'enchérisseur pour autrui, s'il accomplit son mandat sans arrière-pensée, peut déclarer l'adjudicataire au moment même de l'adjudication, et qu'il n'est alors dû aucun droit. (Garnier, 2788-1.)

Il en est de même pour *l'avoué* enchérisseur. S'il a réellement mandat pour acheter, il peut faire connaître immédiatement au nom de qui il agit. — S'il préfère attendre, la déclaration qu'il fait ultérieurement n'a droit à aucune faveur ; — et nous serions même assez d'avis de lui appliquer les conditions rigoureuses de délai édictées à l'égard des particuliers.

20° Les résiliements purs et simples faits par actes authentiques, dans les vingt quatre heures des actes résiliés.

Voir : loi du 22 frimaire an VII, art 68, § 1, n° 40, et loi du 28 avril 1816 n° 20, art. 43.

Ces actes ne sont actuellement tarifés qu'à 3 fr. 60 c. — La résolution d'un contrat translatif produit en général un contrat de même nature. (Garnier n° 11020). C'est donc une faveur très-grande que la loi accorde en n'édictant que le *droit fixe*, et le tarif de 5 fr., loin d'être exorbitant, peut même paraître trop peu élevé.

21° Les procès-verbaux de nomination de tuteurs et curateurs, et généralement tous les avis de parents et actes des conseils de famille *ne contenant aucune convention* sujette au droit proportionnel. S'il est stipulé des conventions de cette nature, le droit auquel elles sont tarifées d'après la loi sera dû, indépendamment du droit fixe.

Voir : loi du 19 juillet 1845, art. 5.

Ne contenant aucune convention... — Le droit actuel est de 6 fr. 90 c. C'est trop cher pour des actes qui méritent toute la protection du législateur !

Nous aurions pu nous abstenir de parler de l'exigibilité du droit proportionnel sur les conventions accessoires qui y donneraient lieu, attendu que notre article 10 y pourvoit d'une manière générale. Mais tout le monde ne sait pas la loi d'un bout à l'autre, et il est bon que celui qui ne consulte que le tarif, puisse savoir du premier coup-d'œil à quoi s'en tenir.

22° Les procès-verbaux d'apposition, de reconnaissance et de levée de scellés, autres que ceux apposés en matière de faillite. Le droit sera dû par *chaque séance* ou journée, quel que soit le nombre d'heures employées.

Voir : loi du 19 juillet 1845, art. 5.

— Le droit actuel est de 6 fr. 90 c. *par vacation de 3 heures :* — c'est également trop cher, surtout si l'on considère qu'il s'agit *d'actes conservatoires*, et que souvent on fait inventaire en même temps qu'on lève les scellés.

23° Les ordonnances des présidents et magistrats des cours d'appel, et les arrêts préparatoires ou d'instruction rendus par ces mêmes cours. — Il sera dû, pour les arrêts, un droit par vacation, comme il est dit art. 105, numéro 16.

V : loi du 28 avril 1816, art. 15, n° 6. — Le droit actuel est de 9 fr. — V : ci-après art. 107 n° 1.

24° Les connaissements ou reconnaissances de chargements par mer, et les endossements dont chaque connaissement serait l'objet. Il est dû un droit par individu à qui les marchandises sont expédiées.

Le tarif actuel pour les connaissements est de 5 fr. 40 c., (demi-droit et décimes compris.) — Loi du 28 avril 1816, art. 11 n° 6. — Quant aux endossements, il est douteux qu'ils soient en ce moment frappés d'aucun droit; mais l'immunité ne saurait subsister plus longtemps, car ils constituent de véritables transmissions, et c'est une faveur suffisante de la loi que de les exempter du droit proportionnel, au delà d'un certain chiffre. — V : art. 102 § 2.

NOTA. — Le timbre des connaissements est aujourd'hui réglé par la loi du 30 mars 1872. — Inst. 2111.

25° Les marchés et traités sous signatures privées réputés actes de commerce par les articles 632, 633 et 634 n° 1 du code de commerce, et ayant pour objet, soit une vente, une livraison ou un transport de marchandises, soit un bail d'industrie, soit une entreprise de construction quelconque, purement mobilière, tombant sous la juridiction des magistrats consulaires, et donnant ouverture à un droit proportionnel *supérieur à cinq francs*.

— Si les contrats établissant ces marchés et traités contiennent, soit un réglement de compte antérieur, soit des reconnaissances, conventions, mandats ou obligations, ayant le caractère de dispositions indépendantes, les droits *fixes ou proportionnels* auxquels ces dispositions donneront ouverture, d'après les lois en vigueur, seront perçus indépendamment du droit spécial édicté par le présent article.

— Ce droit ne sera que provisoire. Les droits proportionnels, éventuellement exigibles, seront perçus lorsqu'un jugement portant condamnation, liquidation, collocation, reconnaissance, ou maintien des conventions, interviendra sur ces marchés et traités, ou lorsqu'un acte public sera fait ou rédigé en conséquence ; — mais ils ne seront établis que sur la partie du prix ou des sommes faisant l'objet, soit de la condamnation, liquidation, collocation ou reconnaissance, soit des dispositions de l'acte public.

— Si le marché commercial a été produit en *cours d'instance*, les dispositions du présent article ne seront point applicables ; — dans ce cas, la perception du droit simple et du droit en sus édicté par l'art. 78 ci-dessus sera réglée sur l'acte produit, d'après son contexte, et selon les dispositions ordinaires du tarif.

— Les cessions de fonds de commerce et de clientèles ne tombent pas sous l'application du présent article et sont passibles des droits établis par l'art. 118 n° 1, ci-après.

— L'article que nous venons de formuler correspond à la loi du 11 juin 1859, art. 22 et suivants, à laquelle nous avons apporté quelques modifications.

1. *Supérieur à cinq francs...* — La loi du 11 juin 1859 a eu pour but d'amener les plaideurs à soumettre à l'enregistrement préalable, tous les marchés intervenus entre commerçants et déférés aux tribunaux consulaires. — On devait espérer que, du moment où le droit était réduit à 2 fr., les parties, aussi bien que les magistrats, abandonneraient la fâcheuse habitude de plaider sur des conventions *dites verbales*, et que les juges, particulièrement, seraient heureux de se débarrasser de la contrainte qu'ils éprouvent, pour formuler leurs jugements, quand ils sont obligés de caractériser les conventions véritables

des parties, sans les reproduire ou les citer. -- L'expérience démontre qu'il n'en est rien. -- La loi du 11 juin 1859 n'est pas encore entrée dans nos mœurs commerciales. On plaide et l'on juge tout autant qu'autrefois sur conventions dites verbales ; et les traités de commerce soumis volontairement à l'enregistrement sont une exception infiniment rare ! La réduction au chiffre de 2 fr. fixe a donc été une perte sèche pour le trésor.

Nous avons pensé, dans cette situation, que, -- s'il convient de maintenir la disposition principale de la loi du 11 juin 1859, dont l'idée est excellente, -- il est juste, par contre, et utile, de porter le droit fixe à un taux rémunérateur. Voilà pourquoi nous avons établi le droit de cinq francs, sauf perception du droit proportionnel, *s'il est inférieur* à ce chiffre.

V : art. 6 et 102, et Inst 2123 § 1 *in fine*.

2. *Fixes ou proportionnels*... -- Nous corrigeons ici une erreur de rédaction, contenue en l'art. 22 de la loi du 11 juin 1859. -- D'après cet article, l'enregistrement des actes de commerce aurait lieu moyennant un droit fixe de *deux francs*, OUTRE LES DROITS FIXES exigibles sur les dispositions indépendantes. Évidemment le législateur de 1859 a voulu dire : outre les autres *droits fixes ou* PROPORTIONNELS ! -- Car il n'a pu avoir l'intention d'exempter les reconnaissances de dettes, les baux et les ventes d'immeubles, qui se rencontrent quelquefois dans les traités réputés actes de commerce. -- C'est, du reste, ainsi que la loi a été comprise, sans que la moindre difficulté se soit jamais produite.

3. *En cours d'instance*... -- Du moment où les parties négligent de profiter des dispositions bienveillantes de la loi du 11 juin 1859, ou cherchent à se soustraire aux légères obligations qu'elle impose, on doit les réputer déchues du bénéfice de cette loi, et soumettre leurs conventions aux droits ordinaires.

4. *Les cessions de fonds de commerce*... -- Ces cessions sont assujetties, par la loi du 28 février 1872, au droit proportionnel de 2 °/₀, et à l'enregistrement *dans un délai déterminé*. -- Sans être aussi rigoureux que cette loi, nous pensons que c'est à tort que la loi du 11 juin 1859 a été appliquée aux contrats dont il s'agit, et nous les faisons rentrer purement et simplement dans la loi commune.

Voir : art. 118 n° 1.

26

26° Les titres nouvels et reconnaissances de rentes dont les contrats sont justifiés en forme, *sauf perception du droit proportionnel dans le cas où ce droit ne s'élèverait pas à cinq francs.*

La loi de 1816, art. 11 n° 5 avait tarifé ces actes au droit de 3 fr 60., et l'administration a suppléé, par une interprétation à la fois juste et bienveillante, au silence de la loi en ce qui concerne les actes donnant ouverture à un *droit proportionnel inférieur au droit fixe.*

Inst. 1528, § 15. V : art. 102, § 2.

La loi du 28 février 1872, art. 1 n° 10, a adopté une autre base : elle tarife les *titres nouvels* au droit de 1 pour 1000, *au minimum de cinq francs.* — Ce minimum constitue une rigueur excessive, à laquelle on devait d'autant moins songer que les titres nouvels sont des actes de plus en plus rares, et nécessairement de peu de produit.

27° Les transactions, en quelque matière que ce soit, qui ne contiennent aucune stipulation de sommes ou valeurs *pouvant donner ouverture au droit proportionnel.*

Loi de 1816, art. 11, n° 8. — Tarif actuel 5 fr. 40 c.

28° Et les exploits et autres actes des huissiers relatifs aux procédures devant la cour de cassation et le Conseil d'Etat, jusques et y compris les significations des arrêts définitifs. — Le premier acte de recours est excepté.

Loi du 28 avril 1816, art. 15, n° 1. — Tarif actuel 6 fr.

ARTICLE 107.

Sont sujets au droit fixe de *dix francs :*

1° Les actes d'émancipation. — Le droit est dû par chaque émancipé.

V : loi du 19 juillet 1845, art. 5. — Tarif actuel 18 fr.

2° Les déclarations de consentement réciproque à *adoption*, faites en justice de paix, conformément à l'art. 353 du code civil.

Tarifées 1 fr. par la loi du 22 frim. art. 68 § 1 n° 9.

3° Les déclarations et significations d'appel des jugements des tribunaux civils, de commerce et d'arbitrage.

Ces actes ont déjà été tarifés par la loi du 22 frimaire au VII, art. 68 § 5, au droit de *dix francs*. Ils ne paraissent cependant pas pouvoir être augmentés.

4° Les arrêts des *cours d'appel* contenant des dispositions définitives, et les arrêts tant préparatoires que définitifs de la *cour de cassation* ou du *conseil d'Etat*. — Il sera dû un droit par vacation, comme il est dit art. 105, n° 16. — Le droit de titre, s'il y a lieu, sera perçu conformément à l'art. 106, n° 6.

V : art. 108 et 109.

La loi du 28 avril 1816, art. 46 n° 2, frappe les arrêts dont il s'agit d'un droit minimum de 10 fr., s'élevant avec les décimes et le demi-droit à 18 fr. ; — et ils sont passibles de droits proportionnels quelquefois très-élevés, s'ils portent condamnation ou liquidation de sommes ou valeurs.

Le tarif que nous proposons est donc une atténuation considérable des frais judiciaires *pour les affaires simples*. — Cette atténuation nous paraît juste ; car, encore une fois, du moment où les partages sont tarifés *au droit fixe*, il n'y a pas de raison pour frapper du droit proportionnel les décisions de la justice qui règlent les droits et obligations des parties, et qui, somme toute, quel que soit l'objet du litige, ne sont que la constatation d'une appréciation de faits ou d'une interprétation de loi.

Quant aux *affaires compliquées*, qui exigent de longues plaidoiries, et de mûres délibérations de la part des magistrats, elles acquitteront la rémunération du service judiciaire en supportant *un droit par vacation*.

ARTICLE 108.

Sont sujets au *droit minimum de quinze francs :*

Les jugements des tribunaux civils statuant, *par admission
ou rejet,* sur une demande soit en interdiction ou en
conseil judiciaire, — soit en séparation de corps ou de biens
entre mari et femme, soit en *désaveu* de paternité.

Voir loi du 22 frimaire an VII, art. 68, § 6, n° 2.

Nous mettons sur la même ligne les *déboutés* de demande et les
condamnations. — D'un autre côté, nous tarifons les jugements en
matière de *désaveu* qui ont été omis par le législateur de frimaire,
bien qu'ils aient une gravité particulière.

Au droit minimum... — Le droit sur ces jugements se calcu-
lera, comme en toute autre matière, à raison des *vacations ;* mais
l'importance des décisions judiciaires qu'ils comportent exige que le
droit édicté par le tarif actuel ne soit en aucun cas diminué.

ARTICLE 109.

Sera sujet au droit fixe de *vingt-cinq francs :*

Le premier acte de *recours en cassation* ou devant le
conseil d'Etat, soit par requête, mémoire ou déclaration,
— en matière civile, de police simple ou de police correctionnelle.

V : loi du 28 avril 1816, art. 47, et n° 1.

Ce droit sera également perçu, *comme minimum :*

Sur les arrêts des cours d'appel, statuant par admission
ou rejet, sur les affaires soit en interdiction ou conseil
judiciaire, soit en séparation de corps ou de biens entre
mari et femme, soit en désaveu de paternité.

V : loi du 28 avril 1816, art. 47, n° 2, et ci-devant, art. 108, n° 1.

Et sur les arrêts définitifs de la cour de cassation et du conseil d'État.

V : loi du 21 avril 1816, art. 17, n° 3.

ARTICLE 110.

Sont sujets au droit fixe de *cinquante francs :*

1° Les actes de tutelle officieuse ;

2° Les jugements de première instance admettant une adoption.

V : loi du 28 avril 1816, art. 18.

ARTICLE 111.

Sont sujets au droit fixe de *cent francs :*

— Les arrêts des cours d'appel confirmant une adoption.

V : loi du 28 avril 1816, art. 49, n° 1.

Droits proportionnels.

ARTICLE 112.

Sont sujets au droit de *vingt centimes par cent francs* :

1° Les ventes publiques de *marchandises en gros*, faites conformément aux lois du 28 mai 1858, du 3 juillet 1861, du 23 mai 1863 et du 31 août 1870, et aux décrets du 1er mars 1859, du 29 juin 1851, du 30 mai 1863 et du 6 juin 1863, — ainsi que les ventes faites dans les mêmes conditions, et avec les mêmes formalités, de *marchandises d'origine étrangère avariées* par suite d'événements de mer.

V : Inst. 2149, 2197, 2251, 2106 et 2327.

La loi du 28 mai 1858 n'a établi qu'un tarif de 12 centimes, décimes compris. — Quelque favorable que l'on soit aux ventes commerciales et à l'institution des magasins généraux, on est obligé de reconnaître que le tarif ci-dessus est insuffisant, d'autant plus qu'avec les baisses de mises à prix qui ont été successivement admises, les ventes de marchandises en gros en arrivent bientôt à être des ventes de marchandises en détail. (Décret du 30 mai 1863; Inst. 2251.)

L'augmentation que nous proposons n'est que de 0,08 centimes. On ne la trouvera certes pas exagérée, si on la compare aux émoluments alloués aux courtiers ou aux commissaires-priseurs désignés pour les suppléer! — On pourrait, au besoin, récupérer sur ces émoluments l'impôt légitime que nous demandons pour le trésor.

2° Les *actes de formation* et de *dissolution* des sociétés.— Le droit de 0,20 centimes pour cent est indépendant du droit fixe établi en l'art. 106 n° 10. Il sera perçu : 1° pour les actes de formation de société, sur le *montant net des apports*, dont il sera fourni, au besoin, estimation conformément à l'art. 16 de la présente loi ; — 2° et pour les actes de dissolution, sur *l'actif net de la société au moment de la dissolution*, ou, à défaut de document certain à ce sujet, sur l'actif net constaté par le dernier inventaire.

Si les apports en société comprennent des *immeubles*, le droit, en ce qui les concerne, sera triplé, mais la transcription aux hypothèques ne donnera lieu à aucun droit proportionnel.

V : art. 106 n° 10, et loi du 28 février 1872, art. 1 et 2.

1. *Les actes de formation...* — Tout acte de société donne naissance à une *personne morale*, qui a son existence indépendante, et envers laquelle chacun des sociétaires isolément n'est qu'un *tiers*. Par conséquent, l'apport de ce *tiers* à l'être moral qui s'appelle société, constitue un déplacement de fonds qui tombe sous l'application des règles que nous avons établies, art. 1, en définissant le *droit proportionnel*.

Nous avons indiqué sommairement, d'un autre côté, art. 106 n° 10,

la nécessité, pour être juste, de revenir au principe du droit proportionnel, admis en pareille matière par les lois de 1722 et de 1790.

Seulement, comme il s'agit d'actes favorables au premier chef, nous
proposons le moindre des droits proportionnels.

La loi du 28 février 1872, à première vue moins rigoureuse, n'a établi
qu'un droit de 1 pour 1,000; — mais il résulte de l'aveu même du
rapporteur, que le mode de fractionnement qui a été admis double les
droits, et partant les rend injustes. — Voir, à ce sujet, art. 5 n° 1.

2. *Actes de dissolution...* — Par l'acte de dissolution, l'être
moral, appelé société, remet à chacun des membres qui le composent,
sa quote part dans l'actif commun. Il y a donc là encore une idée de
translation, suffisante pour motiver la proportionnalité de l'impôt.

3. *Des immeubles...* — L'apport d'immeubles en société constitue, à l'égard des tiers, une véritable aliénation *de nature à être
transcrite*, et pour laquelle le droit de transcription, perçu d'abord à
l'enregistrement (Inst. n° 1686), n'est plus aujourd'hui exigé que quand
la formalité est requise (Inst. 1767 § 10).

Ce droit, qui est de 1.80 %, pèse lourdement sur les contrats de
société, et nuit quelquefois soit à leur confection, soit à leur sincérité.

Cependant il rapporte peu. M. Vrayo, dans l'excellent ouvrage que
nous avons déjà eu plusieurs fois occasion de citer, nous fait connaître, qu'en 1867, le droit perçu pour la *transcription* des actes de
société s'est élevé à 17,105 fr., décimes compris! — Evidemment,
un impôt qui se réduit à ce chiffre, et qui cependant paralyse les
affaires, est un impôt condamné.

Il n'est pas douteux, du reste, que le droit de 0.60 % que nous proposons de lui substituer ne donne des résultats plus élevés. — Mais
ces résultats seront eux-mêmes peu de chose, et mieux vaudrait peut-
être s'en tenir à un droit unique, frappant indifféremment les apports
mobiliers et immobiliers.

3° Le solde ou balance, à la date de l'inventaire, *des
comptes-courants en argent* constatés par les écritures des
directeurs des établissements de crédit, des gérants des
sociétés établies ou non par actions, et des banquiers.

Ce solde sera indiqué pour chaque compte particulier à la suite de l'inventaire, et les droits seront payés en même temps que l'enregistrement de cet acte.

Les omissions ou inexactitudes dans l'indication des bases de l'impôt ne seront prescrites que par cinq ans et seront passibles, indépendamment du droit principal, d'une amende de *dix pour cent* des sommes omises ou dissimulées.

Le paiement de la taxe de vingt centimes établie par le présent article sur la balance active ou passive des comptes courants, *dispensera du timbre proportionnel* les récépissés des sommes versées ou reçues par les déposants. — Ces récépissés ne seront assujettis, en conséquence, qu'au droit de *dix centimes*.

I. *Comptes-courants...* — Les comptes-courants ne sont autre chose que des *placements réciproques* à intérêt; et, s'il est juste, à raison des facilités qu'ils donnent au commerce, de les traiter avec la plus grande faveur, on ne saurait leur accorder une immunité absolue, quand tous les éléments de la fortune publique sont atteints, sous quelque forme qu'ils se manifestent.

La nature des obligations qui résultent des comptes courants ne saurait, d'ailleurs, être douteuse.

« Le compte-courant, — lisons-nous dans un jugement du tribunal de la Seine du 11 décembre 1869, — « se caractérise en général, par « cette circonstance, que les parties se livrent entre elles, sur un « capital préalablement encaissé, à une série d'opérations, d'où naissent, « pour l'un *la qualité de débiteur* et pour l'autre celle de *créancier*. — » J. E. art. 18996.

Ce même jugement décide, en outre, que les dépôts en compte-courant dans les divers établissements de crédit *dont les principaux agents sont nommés par l'État*, ne peuvent aucunement être assimilés aux dépôts et consignations chez les officiers publics, — mais qu'ils établissent de simples relations entre *particuliers*.

Le tribunal de Versailles avait déjà jugé dans le même sens, le 6 avril 1869 (J. E. 16778-1), que les versements en *comptes-courants* aux *trésoriers généraux*, ont le caractère de *prêt* et non de *dépôt*; et que, quels que soient les réglements d'ordre intérieur qui obligent les trésoriers généraux à verser dans la caisse de l'État les *fonds particuliers*, il n'en est pas moins vrai que celui qui *dépose* ces fonds *n'a pour débiteur que le trésorier général*, seul obligé envers lui, et qu'il ne pourrait exercer aucun recours contre l'État, qui ne lui a pas garanti le paiement de sa créance (1).

2. *En argent...* — Il ne s'agit donc pas des comptes courants *en marchandises* que tiennent entre eux les négociants qui sont en relations commerciales. Les comptes ainsi établis sont relatifs à de pures opérations de négoce, et on ne saurait leur attacher une idée directe *d'obligation ou de libération de sommes*. Ils doivent donc être exempts de tout droit.

---

(1) Le caractère *d'obligation privée* est, d'u reste, reconnu par une circulaire du directeur général de la *comptabilité publique*, en date du 11 avril 1872, n° 1012, qui porte, n° 72 § 1, que les reconnaissances délivrées par les trésoriers des finances de *fonds particuliers*, remboursables à terme et productifs d'intérêts, sont passibles du timbre proportionnel de 1 p. 1,000, comme les reconnaissances ordinaires.

Il est à remarquer que cette circulaire ne parle que des sommes payables à terme et productives d'intérêt. Mais la nature des relations est la même entre le *dépositaire* et le *déposant*, que le *prêt* soit à échéance déterminée ou qu'il soit remboursable à volonté. La seule différence qu'il y ait entre ces deux situations, consiste dans le taux du placement : les dépôts remboursables à volonté étant plus avantageux aux déposants, et par suite plus défavorables au débiteur, l'intérêt en est moindre. Or, la quotité de l'intérêt ne change rien au caractère de la dette.

Il faut donc reconnaître, malgré la décision du 16 novembre 1860, communiquée aux receveurs généraux par une circulaire du 19 avril 1861, J. E. 17251 et 18558-1, que les reconnaissances de *fonds particuliers* délivrées par les trésoriers des finances, quelles qu'elles soient, sont passibles du timbre proportionnel.

Cette interprétation nous paraît indiscutable. Mais il est certain qu'elle se prête peu aux nécessités de la pratique. La régularité des opérations exigeant que les reconnaissances de dépôts soient détachées d'un registre à souche, si le droit de timbre doit varier suivant l'importance des sommes déposées, il en résultera ce grave inconvénient que les trésoriers des finances devront tenir dans leurs bureaux un nombre de registres égal aux diverses quotités de droits de timbre proportionnel !

D'un autre côté, n'est il pas excessif de faire payer le droit ordinaire de timbre à des sommes déposées pour quelques jours seulement, et souvent reprises et déposées vingt fois dans le cours d'un même trimestre !

Il est certain que cette situation mérite examen. — Pourquoi n'admettrait-on pas les trésoriers des finances à se libérer des droits de timbre, en contractant un *abonnement* spécial, établi d'après les opérations de l'année?

3. Dispensera du timbre proportionnel... — Nous touchons ici à une question délicate qui demande quelques explications.

Un individu a un compte chez son banquier. Il dépose de l'argent, en retire, en verse, en reprend : quels sont les droits de timbre exigibles sur les reçus qu'il donne ou qu'il reçoit ?

Avant la mise à exécution de la loi du 23 août, toutes ces opérations se constataient sur papier libre. Actuellement, les reçus sont invariablement timbrés à *dix centimes.*

Mais ce timbre est-il suffisant ?

Des distinctions sont à faire.

Il est de principe que les billets et *obligations* non négociables, doivent, comme les *obligations négociables*, être écrits sur timbre proportionnel. (Art. 6. de la loi du 6 prairial an VII.)

Chaque fois donc qu'un particulier donne une *signature* qui le constitue *débiteur*, l'emploi du timbre proportionnel est indispensable.

Chaque fois, au contraire, qu'il est *créancier*, le *reçu* qu'il donne emporte *libération*, et le droit de dix centimes est seul dû.

Ainsi, supposons un commerçant qui a chez son banquier un *crédit ouvert* de 100,000 fr. — Chaque fois que ce commerçant fait usage de son crédit, le reçu qu'il délivre est une *reconnaissance de sommes* qui peut lui être opposée. — S'il fait des remboursements, le *reçu* du banquier constate une *libération.*

Tout cela est clair en théorie.

Mais il s'en faut qu'il en soit de même en pratique. Certaines maisons de banque ont un mouvement de fonds incessant avec leurs clients, et tel qui est *crédité* de 500,000 fr , après vingt retraits et dépôts successifs, se trouve quelquefois en avance de 100,000 fr. et plus ! Or, les reçus étant constamment libellés de la même manière, comment reconnaître ceux qui étaient passibles du timbre proportionnel et ceux qui ont été régulièrement timbrés au droit fixe. Il n'est cependant pas possible d'établir une balance de compte à chaque mouvement de fonds !

La conséquence de tout cela, c'est que l'État perd tous les jours une masse considérable de droits qui lui sont légitimement dûs, mais qu'il est urgent d'établir sur de nouvelles bases, si l'on veut qu'ils soient productifs.

L'impôt que nous proposons tend à ce résultat. On remarquera que, bien que d'une quotité double du droit de timbre proportionnel, il est en réalité au-dessous de ce que serait le droit de 1 pour 1,000, s'il était appliqué à tous les *reçus* qui entrent en élément de compte avec le caractère de *dette.* Car, dans un compte, les *reçus actifs* et *passifs* s'annihilent les uns les autres, et, en no frappant que la différence, on n'atteint souvent qu'une très-faible partie des sommes mises en mouvement.

Il faudrait, pour être juste, asseoir le droit sur la plus *haute balance*, c'est-à-dire sur l'écart le plus considérable constaté dans les comptes de l'année. — Mais ce système entraînerait des complications sans nombre, et on doit le rejeter comme impraticable.

4° Il sera perçu également une taxe annuelle de *vingt centimes* pour cent de la valeur déclarée, pour représenter le droit de transmission entre vifs sur les biens, *meubles* et immeubles, appartenant aux établissements de *main-morte*, quels qu'ils soient, reconnus ou non.

Cette taxe sera établie sur un état détaillé et estimatif de toutes les propriétés mobilières et immobilières appartenant aux établissements dont il s'agit, état qui sera déposé dans les trois premiers mois de chaque année au bureau où l'établissement a son siége principal, — ou au bureau de la situation des biens, s'il s'agit d'une société ayant son siége à l'étranger.

Elle sera exigible par. quart, et dans le premier mois de chaque trimestre, à peine d'un droit en sus en cas de retard.

Nous avons expliqué, sous l'article 51, n° 5, que la taxe établie par la loi du 22 février 1849, sur les biens atteints. d'indisponibilité ou qui se trouvent dans des conditions ordinaires d'immutabilité, étant une taxe *représentative des droits de* transmission, le paiement devait en être effectué dans les caisses de l'enregistrement.

Nous ajouterons qu'il y a une autre raison d'organiser la perception dans la forme ci-dessus, c'est que, dans l'état actuel, la taxe étant une augmentation pure et simple de l'impôt direct, c'est souvent le fermier qui la paie sans le savoir !

De vingt centimes... — Ce chiffre correspond en moyenne au 15° du revenu ; et, s'il diffère de l'impôt établi par la loi du 22 février 1849, il n'excède certainement pas le chiffre établi par la loi du 30 mars 1872.

ARTICLE 113.

Sont sujets au droit de cinquante centimes pour cent :

1° Les baux à durée limitée de biens meubles ;

2° Les *baux* également à durée limitée de biens immeubles, — (autres que les *baux de chasse*), — les baux de pâturage et nourriture d'animaux, les baux à cheptel et reconnaissances de bestiaux, également à durée limitée, et les sous-baux, subrogations, cessions, rétrocessions ou résiliations, ainsi que les échanges de baux.

Le droit sera double, et payé annuellement, pour les *locations* verbales d'immeubles non déclarées à l'enregistrement.

Le paiement du droit de bail dispensera du droit de location pour les années suivantes.

.N : art. 13 et art. 14 n° 6.

1. *Baux et locations...* — Ces deux mots ont été jusqu'ici employés à peu près indifféremment ; mais la nécessité de séparer clairement deux situations distinctes, dans des conventions de même nature, nous a fait désigner chacune des situations par un mot différent.

Nous avons donc appelé *droit de bail* celui qui se perçoit à l'enregistrement sur un acte ou sur une déclaration, et *droit de location,* celui qu'on paie au percepteur, en l'absence d'acte ou de déclaration faite à l'enregistrement.

Voici maintenant les raisons qui nous ont fait admettre le tarif que nous proposons.

La loi du 22 frimaire avait divisé les baux en plusieurs catégories et les avait tarifés à un taux assez élevé. Ce taux a été modifié et atténué par la loi du 27 ventôse an IX, art. 8. — Enfin, le tarif actuel, de *vingt centimes par cent francs*, qui comporte une réduction nouvelle, a été établi par la loi 16 juin 1824, art. 1er.

Les législateurs qui ont suivi se sont bien gardés d'apporter la moindre augmentation à ce tarif : plusieurs ont même proposé de le réduire, *pour encourager l'enregistrement des baux secrets*. — Mais c'eût été peine inutile : ce ne sont pas les diminutions de tarif qui font enregistrer les actes! — Nous n'en voulons pour preuve que les marchés commerciaux que la loi du 11 juin 1859 a réduits au droit fixe de 2 fr., et qu'on s'abstient de soumettre à l'enregistrement tout autant que lorsqu'ils coûtaient des sommes considérables.

Mais ce qu'on ne peut obtenir en abaissant les droits, on l'obtient forcément en édictant des peines sévères.

C'est ce que les auteurs de la loi du 23 août 1871 ont compris. Aussi l'effet de cette loi a-t-il été immense, — d'autant plus immense qu'on lui a supposé une portée et des moyens d'action qu'elle n'a pas.

Quoiqu'il en soit, la question est aujourd'hui résolue : avec les mesures prises contre les mutations prétendues verbales, et surtout avec l'établissement du *droit de location* que nous avons formulé dans notre art. 13, les *baux secrets* ne sont plus possibles.

Partant de là, il n'y a pas de raison pour ne pas tarifer les baux d'après les conventions en elles-mêmes et suivant les effets qu'elles produisent.

Or, tout bail renferme deux obligations : — le bailleur cède la jouissance d'un objet et en garantit la paisible possession ; — le preneur s'oblige, *en revanche*, à payer une somme d'argent déterminée. — Il semblerait qu'un pareil échange de valeurs devrait, tout au moins, être passible du droit d'*obligation de sommes*, et le législateur de frimaire n'a pas hésité à édicter ce droit, pour une catégorie de locations, art. 69 § 3, n° 2. — Mais, l'on est tellement habitué à payer bon marché pour l'enregistrement des baux, qu'une augmentation aussi considérable, mise tout d'un coup, exciterait des plaintes universelles! — Il y a donc une moyenne à tenir entre ce qui pourrait être le droit strict du trésor et les habitudes prises du contribuable. Voilà pourquoi nous nous sommes arrêté au chiffre de 0 fr. 50 c. % qui nous a paru sauvegarder tous les intérêts.

On ne manquera cependant pas de prétendre que ce droit est exagéré : on dira, comme toujours, que la propriété foncière est déjà surchargée, et que, la frapper encore, ce serait nuire à *l'agriculture*!

Il est fort à la mode de défendre l'agriculture, et c'est certainement

un bien de la protéger. Mais tout le monde sait qu'elle est prospère!
— Il règne dans les campagnes une aisance qu'on n'a connue à aucune
époque ; et cette aisance ne peut que s'a croître, car les cultivateurs
vendent leurs denrées un prix de plus en plus élevé ; et ils ont cet
avantage particulier, que, si leurs fermages augmentent, ce n'est jamais
qu'à l'expiration des baux, c'est-à-dire lorsqu'*ils ont bénéficié pendant
huit ans de l'accroissement de valeur locative que les terres acquièrent
d'année en année.*

Les fermiers ne sont donc pas à plaindre, et on peut hardiment leur
demander de contribuer, pour leur part, au paiement des charges
publiques !

Quant au droit de 0 fr. 50 °/₀ que nous proposons, loin d'être exagéré,
il nous paraît au dessous de ce qu'il devrait être : — Nous le demandons, en bonne conscience, le fermier qui paie 2,000 fr. par an de
fermage, et qui devra *dix francs* au trésor pour ces 2,000 fr., paiera-t-
il *un impôt correspondant à la protection spéciale dont l'État entoure
l'agriculture ?*

On répondra qu'il paie *l'impôt direct*, et que la charge est déjà
lourde.

A cela nous répondrons à notre tour, en citant un témoignage qui ne
saurait être récusé, celui de M. Vraye, le défenseur de la propriété
foncière : « l'impôt foncier, dit M. Vraye, est une *charge de la propriété*,
« non de la production agricole. En réalité, c'est le propriétaire qui le
« supporte, bien que l'acquit en soit ordinairement fait à sa décharge
« par l'exploitant. Dans la prévision commune, *le loyer de la terre est
« diminué de l'impôt que le bail met au compte du fermier.* Cela est si
« vrai, que si l'impôt foncier venait à disparaître, le loyer de la terre
« augmenterait aussitôt dans une proportion égale à l'impôt supprimé :
« *sa suppression profiterait au propriétaire, nullement à l'agriculteur.* »

Ce n'est donc pas le fermier, mais le propriétaire qui paie l'impôt
direct !

Quant au fermier, si son bail n'est pas enregistré, il ne paie absolument rien à l'État pour la jouissance qui lui est conférée : et, certes, en
ne le frappant que d'un impôt de 10 fr. pour un fermage de 2,000 fr.
loin de l'accabler, on le favorise.

2. *Autres que les baux de chasse...* — Voir pour ces baux,
art. 123, n° 2.

3° Les conventions à durée limitée ou non, pour pensions alimentaires fournies par des tiers à des ascendants, moyennant un prix payé par les enfants. — Si l'un des enfants se charge lui-même de la pension, le droit proportionnel sera calculé sur la somme qu'il recevra des autres enfants.

Le droit est établi sur le prix annuel, multiplié par le nombre des années indiquées, ou par dix, si la durée est illimitée ou supérieure à dix ans.

Comparez : loi du 22 frimaire an VII, art. 69 § 2, n° 7, et loi du 16 juin 1824, art. 1.

4° Les billets à ordre et warrants séparés des récépissés, *les chèques* et lettres de change *acceptées*. Ces actes pourront n'être enregistrés qu'avec les protêts. — Les lettres de change *non acceptées* ne paieront que demi-droit, et pourront n'être présentées à l'enregistrement qu'avec l'assignation.

Voir : loi du 12 mai 1858, Inst. 2119 ; loi du 14 juin 1865, Inst. 2312 ; loi du 28 avril 1816, art. 50, et loi du 28 février 1872, art. 10.

Les *billets à ordre* sont tarifés à 0 fr. 50 °/₀ par la loi du 22 frimaire an VII, art. 68 § 2, n° 6. — Ce droit a été déclaré applicable aux warrants par la loi du 12 mai 1858, art. 13, Inst. 2119.

Les *lettres de change* acceptées ou non ont été tarifées à 0 fr. 25 °/₀ par la loi du 28 avril 1816, art. 50.

Du moment où une lettre de change *est acceptée*, elle forme un titre contre le tiré et devient semblable au billet à ordre. — Nous lui avons donc appliqué le même droit.

La loi du 28 février 1872, art. 10, est allée plus loin : elle tarife les lettres de change au taux uniforme de 0 fr. 50 c. et supprime la distinction établie par l'art. 50 de la loi du 28 avril 1816 en faveur des protêts *faute d'acceptation*.

Les chèques... — « Le *chèque* est l'écrit qui, sous la forme d'un « mandat de paiement, sert au tireur à effectuer le *retrait*, — à son « profit ou au *profit d'un tiers*, — de tout ou partie de fonds portés au

• *crédit* do son compto chez lo tiré et disponibles. • (Art. 1er de la loi du 14 juin 1865. • Inst. 2312.)

L'instruction 2113, page 19, porte quo les *chèques* doivent être extraits do *carnets à souche*. — C'est uno erreur. — Le projet do loi présenté par lo gouvernement présentait, en effet, uno disposition dans co sens, J. E. 17817, page 203. Mais le Corps législatif n'a pas voulu inscrire cette entrave dans la loi du 14 juin 1865. — Les *chèques*, — et nous les en félicitons ! — échappent donc à l'obligation des *registres à souche*.

La loi n'a pas tarifé l'enregistrement des *chèques* ; mais l'instruction 2312 les déclare passibles du droit de 0.50 comme effets négociables.

Les *chèques*, d'abord déclarés exempts de timbre pendant dix ans, ont été soumis au timbre de 10 centimes par la loi du 23 août 1871, art. 18.

Nous regrettons que la loi du 23 août 1871 n'ait pas édicté un droit plus élevé. — Le chèque, de sa nature, constitue un *moyen de paiement* et non un *instrument de crédit* (arrêt de la Cour de Paris du 11 avril 1870. J. E. 18820.) L'instruction 2413 dit même que c'est un *écrit libératoire*, et tel est, en effet, son principal caractère. — Mais il s'en faut qu'on l'entende ainsi dans les habitudes du commerce ! Le commerce ne fait pas de différence entre les *chèques* et les mandats ordinaires. Aussi l'usage s'en propage-t-il de plus en plus, au grand préjudice du trésor.

5° Les obligations à la grosse aventure ou pour retour de voyage.

V : loi de frim. art. 68, §2, n° 10, et Inst. 2133 § 1.

ARTICLE 114.

Sont passibles du droit de *soixante centimes pour cent:*

1° Les quittances de sommes, remboursements ou rachats de rentes et redevances de toute nature, et les *consignations* ayant un effet libératoire ; — les *main-levées totales et définitives* d'inscription hypothécaire, s'il n'est pas justifié de la perception du droit de quittance ; — les décharges de sommes et comptes courants, s'il n'est pas justifié d'un

mandat enregistré ; — les retraits successoraux faits avant
partage ; — les retraits exercés en vertu de réméré et ayant
date certaine dans les délais ; — et tous autres actes ou
écrits portant libération de sommes ou valeurs mobilières,
et remise de dettes sans libéralité.

Comparez : art. 68, § 2, n° 11 de la loi du 22 frimaire.

Voir : Inst. 2102, § 3.

La loi de 22 frimaire a omis de tarifer le retrait successoral, mais
une décision ministérielle l'a assimilé au retrait de réméré. Garnier,
R. G. 11391.

1. *Les consignations*... — V : inst. 2149, page 12.

2. *Mains-levées définitives*... — Voir pour les main-levées
partielles, art. 105, n° 11. — Les main-levées définitives sont des libérations hypothécaires, et ne se donnent, en général, que quand il y a
extinction de la dette : il est donc juste de les frapper du droit de
quittance.

La loi du 28 février 1872 est entrée dans cette voie, en assujettissant
les main-levées *d'hypothèques* au droit de 1 pour 1000. — Il est fâcheux
qu'elle ait établi, en même temps, un *minimum de cinq francs* et le
fractionnement de 20,000 en 20,000.

3. *Décharges de comptes courants*... — Les décharges de sommes sont de véritables quittances, quand elles sont le résultat d'un
compte entre les parties, et qu'il ne s'agit pas de l'exercice d'un
mandat : telles sont, par exemple, les décharges de sommes déposées
entre les mains d'un trésorier général, ou remises en compte-courant
au crédit foncier.   J. E. 18778 et 18996.

2° Les compensations ou libérations établies dans un
règlement de compte entre parties respectivement *débitrices* l'une envers l'autre et ne se trouvant pas dans un
cas de mandat légal. — Si le compte établit une transmission mobilière quelconque, les droits, à raison de cette

27

transmission, seront perçus comme il est dit ci-après, art. 118, nᵒˢ 1 et 3.

Cette disposition est la conséquence de ce que nous avons dit, art. 105 nᵒ 1, que les comptes dressés entre créanciers et débiteurs ne sauraient être assimilés aux comptes des mandataires et administrateurs légaux.

3ᵒ Les ventes publiques de *marchandises neuves*, faites en vertu de la loi du 25 juin 1841, et celles qui, conformément au décret du 17 avril 1812, sont faites à la bourse et aux enchères, — sauf le cas où l'article 112 ci-dessus est applicable.

Voir : loi du 15 mai 1818, art. 71.

De marchandises neuves... — La loi du 28 février 1872, art. 7, a étendu le bénéfice de cette disposition aux marchandises neuves cédées en même temps que les *fonds de commerce.*

4ᵒ Les ventes de meubles et marchandises faites conformément à l'article 470 du code de commerce.

Voir : loi du 24 mai 1834, art. 12.

5ᵒ Et les contrats d'assurances maritimes *ou fluviales.* — Le droit sera perçu sur le montant des primes. — En temps de guerre, il ne sera dû que demi-droit.

La perception aura lieu de dix en dix, comme il est prescrit en l'art. 5 de la présente loi, mais les dispositions de l'art. 6, relatives au *minimum* du droit à percevoir sur les actes donnant ouverture au droit proportionnel, ne seront pas applicables.

Voir : art. 17, ci-dessus.

Les contrats dont il s'agit avaient été, comme toutes les assurances, tarifés au droit de 1 °/₀, par la loi du 28 avril 1816, art. 51 nᵒ 2. — Mais la loi du 16 juin 1824, art. 5, a fait une exception en leur faveur et les a réduits au droit fixe de 1 fr., (2 fr. loi du 18 mai 1850), *sauf perception du droit proportionnel en cas de production en justice.*

Quelle que soit la faveur qui s'attache aux transactions commerciales, et particulièrement au commerce maritime, il est évident que le tarif ci-dessus ne donnait pas une somme suffisante à l'impôt, surtout si l'on tient compte de la protection dont jouissent nos nationaux, et des dépenses que l'État s'impose pour diminuer les risques maritimes !

Aussi la loi du 23 août 1871 a-t-elle été bien inspirée, en revenant au droit proportionnel.

Le droit qu'elle a édicté n'est que de 0 fr. 50 c. °/₀; mais aucune distinction n'est faite entre les temps *de paix et de guerre.* Le droit est, du reste, converti en une taxe annuelle et obligatoire, comme il est dit plus haut, art. 17, (loi du 23 août 1871, art. 6 à 10, Inst. 2125).

1. *Ou fluviales...* — Les assurances maritimes comprennent les assurances fluviales.

Code de commerce 835. J. E. 19005-1.

2. *Minimum...* — L'enregistrement devant se faire d'une manière sommaire, ainsi que nous l'avons expliqué dans nos observations sur l'art. 17, rien n'oblige à établir un droit qui corresponde au travail matériel de la formalité. — Il n'y a donc aucune raison de fixer un minimum quelconque.

ARTICLE 115.

Sont passibles du droit de *un franc* pour cent francs :

1° Les adjudications au rabais et marchés, ainsi que tous traités amiables, administratifs ou par devant notaire, avec l'*État*, le département ou les communes, ou entre particuliers, pour louage de services ou d'industrie, transport de personnes ou de marchandises, pour construction, réparation, entretien, avec ou sans fourniture de matériaux et marchandises, mais seulement dans le cas où les ouvriers et entrepreneurs fournissent leur travail ou leur industrie, en même temps que les marchandises et les matériaux.

V : Inst. 2383 § 1.

Ces traités sauf ceux concernant l'Etat, sont tarifés au droit de 1 °/₀ par la loi du 22 frimaire an VII, *mais à condition qu'ils ne contiennent ni vente ni promesse de livrer des marchandises, denrées ou autres objets.*

Malgré ce texte formel, la jurisprudence a fait des distinctions entre les cas où la matière fournie est l'objet principal, et ceux au contraire où, le travail et l'industrie représentant la plus grande part de l'entreprise, la matière ne se trouve être que l'accessoire ou objet secondaire. Garnier, R. G. 8115, 8116.

Il en est résulté des difficultés qui sont loin d'être résolues, et que nous avons voulu écarter en établissant d'une manière générale que, *chaque fois qu'il s'agira de louage d'industrie ou d'entreprises de construction, le droit de vente ne sera jamais dû, lors même qu'il y a rait fourniture de matériaux.*

1. *L'Etat...* — La loi du 22 frimaire an VII, art. 69 § 2 n° 3, a tarifé au droit de 0 fr. 50 °/₀ les marchés dont le prix est à la charge du trésor, et la loi du 15 mai 1818, allant plus loin dans cette voie de réduction, — n'a soumis les marchés dont il s'agit qu'au droit fixe de 1 fr., — soit 2 fr., depuis la loi du 18 mai 1850.

On a dit, pour légitimer cette faveur, — que l'Etat ne doit pas se payer d'impôt à lui-même : cette raison n'en est pas une, car le droit fixe établi par la loi de 1818 est déjà un impôt, et toute adjudication est accompagnée de plans et devis qui sont rédigés *sur papier timbré,* et qui supportent ainsi un autre impôt !

On a dit également que si l'on mettait un droit sur les marchés dont l'Etat paie le prix, les entrepreneurs soumissionneraient pour un chiffre plus élevé, ce qui reviendrait au même.

L'expérience a démontré qu'on est tombé à ce sujet dans une grave erreur. — Les entreprises à la charge du trésor ne se font pas à meilleur compte que les autres. — Les entrepreneurs soumissionnent les marchés de l'Etat, comme ceux des communes et des particuliers, sur des *prix courants* qui sont les mêmes pour tout le monde; et ils ne se préoccupent pas, quand ils traitent avec une commune, de la question de savoir si c'est la commune elle-même qui paie, *ou si elle reçoit une subvention de l'Etat.* — Pourtant, dans ce cas, les fonds étant *indirectement payés par le trésor,* (art. 73 de la loi du 15 mai 1818), la portion de prix qui s'applique à la subvention ne supporte que le droit fixe. — Déc. min. du 23 août 1865. Inst. 2361, § 1 ; — Jugement de la Seine du 21 novembre 1865. Garnier, R. P. n° 2311 (1).

Au surplus, quand même les entrepreneurs régleraient leurs soumissions en prévision des droits d'enregistrement que l'adjudication entraîne, il n'y aurait là rien que de très-naturel, et nous ne voyons pas le préjudice qui en résulterait pour l'État, puisqu'il serait indemnisé par la perception des droits.

Les exceptions faites par la loi du 22 frimaire an VII, art. 69, § 2, n° 3, et par la loi du 15 mai 1818, art. 73, ne sont donc pas heureuses, et il importe de rentrer dans la règle générale.

La loi du 28 février 1872 est-elle un acheminement vers ce résultat? — Cette loi frappe les *marchés* dont le prix doit être payé *directement* par le trésor, et les *cautionnements y relatifs*, d'un droit de 1 p. 1000, *au minimum de cinq francs*.

Mieux aurait valu, certainement, en revenir tout de suite au *droit proportionnel*, ne fût-ce que pour éviter le malheureux minimum de cinq francs dont l'iniquité est si visible !

2. *Un franc…* Nous ne proposons que le droit de 1 °/₀, bien que le tarif actuel, en y comprenant les décimes, soit de 1 fr. 20 c. En voici la raison : — C'est que la loi du 11 juin 1859, dont nous maintenons les dispositions, (art. 101, n° 11), n'est applicable qu'aux actes *sous signatures privées*, et qu'il importe de ne pas trop accentuer la défaveur qui en résulte pour les contrats notariés.

S'il est bon de prendre des mesures pour que les marchés sous-seings privés soient soumis à l'enregistrement, il n'est guère juste que les commerçants qui rédigent eux-mêmes leurs conventions, ne paient, quelle que soit l'importance des marchés conclus, *qu'un droit fixe de deux francs*, quand ceux qui constatent les mêmes conventions par devant notaire sont obligés d'acquitter un droit proportionnel.

On comprend donc que nous réduisions, autant qu'il est possible, la quotité du droit proportionnel exigible dans ces conditions.

---

(1) On remarquera que la loi du 28 février 1872 rend ces décisions sans objet. D'une part, elle abroge l'art. 73 de la loi du 15 mai 1818 ; de l'autre, elle ne frappe du *droit gradué* que les sommes payées *directement* par le trésor ; il en résulte que les marchés dont le prix est payé *indirectement* par le trésor doivent à l'avenir supporter les droits ordinaires.

2° Les conventions pour nourriture de mineurs ou d'interdits, quand les années sont limitées.

V : art. 69 § 2 n° 5 de la loi du 22 frim.

Ces actes favorables sont mis sur le pied des marchés simples. — Voir pour les contrats de même nature, intervenus dans les circonstances ordinaires, art. 118 n° 2.

3° Les contrats, transactions, promesses de payer, mandats, billets de toute nature, autres que les effets de commerce repris art. 114, n° 4; les transports, cessions et délégations de créances à terme;

Les délégations de prix stipulées dans les contrats de ventes, ou de sommes dans les donations, pour acquitter une dette envers un tiers désigné, sans *énonciation de titre enregistré;* — mais sauf restitution, dans le délai prescrit, s'il est ensuite justifié que le droit de titre a été antérieurement perçu. — La restitution, dans ce cas, ne sera faite que *sous la retenue* de 5 °/₀ pour frais d'administration et de régie;

Les reconnaissances, celles de dépôts de sommes chez les particuliers; les reliquats de compte des mandataires, autres que les mandataires légaux; et généralement, tous actes ou écrits qui contiendront *obligation de sommes sans libéralité,* et sans que l'obligation soit le prix d'une transmission de meubles ou d'immeubles non enregistrée.

S'il n'est pas stipulé de terme précis d'exigibilité du capital, pour les obligations portant intérêt, le droit sera calculé comme pour une obligation de cinq ans, sauf supplément de droit, s'il est constaté que le prêt a eu, ou doit avoir une durée plus étendue.

Si le délai d'exigibilité d'une créance est *prorogé,* le

droit d'obligation sera perçu, à l'exclusion du droit fixe, sur les intérêts à courir durant la prorogation.

Comparez : loi du 22 frimaire an VII, art. 68, § 5, n° 3.

Voir aussi : art. 11, n° 1.

1. *Un franc...* — Nous devons dire tout d'abord pourquoi nous ne proposons, pour les actes qui précèdent, que le droit de 1 %, quand le tarif actuel a été porté à 1 fr. 20 c., sans que ce tarif ait excité de plaintes sérieuses.

Notre raison est toute simple : — c'est parce que nous frappons à la fois le capital et les *intérêts*, tandis que la loi actuelle ne frappe que le capital.

Nous avons vu, art. 11 n° 1, les raisons de justice qui motivent ce nouveau mode d'opérer.

Par le fait, en admettant que la durée moyenne des prêts soit de 5 ans, les obligations se trouveront tarifées comme il suit : — soit un capital de 1,000 fr., intérêts de 5 ans, 250 fr., total 1,250 fr. Il sera dû, à 1 %, 12 fr. 50, — chiffre qui correspond à un droit de 1.25 %, établi sur le *capital prêté*.

Nous arrivons donc, en définitive, à une légère augmentation du tarif actuellement en vigueur.

2. *Sous la retenue de 5 %...* — Cette retenue est toute naturelle. C'est le fait de la partie si le droit a été perçu. Elle doit donc, sinon payer la peine de sa justification tardive, du moins indemniser l'administration des opérations nombreuses qui sont nécessaires pour l'ordonnancement de la restitution et la justification de la dépense.

3. *S'il n'est pas stipulé...* — Nous avons vu, art. 11 n° 1, que le droit d'obligation se calcule tant sur le capital que sur les intérêts que l'emprunteur s'oblige à payer. — Or, il est des obligations productives d'intérêt, stipulées payables à la première réquisition du prêteur. — Quoiqu'il ne soit accordé aucun délai au débiteur, il n'est pourtant pas probable que le remboursement doive avoir lieu le lendemain de l'obligation. Nous avons donc été forcé d'établir, dans ce cas, une base arbitraire, et nous avons pris naturellement celle que la loi a adoptée pour la prescription des intérêts.

4. Si le délai est prorogé... — Cette clause est encore la conséquence de ce que nous soumettons au droit proportionnel l'obligation *de payer des intérêts.*

La loi du 28 février 1872, art. 1 nᵒ 8, contient au sujet des prorogations de délai pures et simples, une disposition que nous trouvons d'une rigueur excessive : elle les soumet au droit gradué de 1 p. 1,000, *avec minimum de cinq francs :* de sorte qu'un malheureux qui devra 50 ou 60 fr., suivant jugement précédemment enregistré, et qui obtiendra un délai de deux ou trois mois pour se libérer, supportera, à raison de ce délai, un droit de 6 fr., y compris les décimes ! — « Pour les petites sommes, a dit le rapporteur, *on ne fera pas d'acte, on échangera une lettre.* » — On voit combien la loi est défectueuse, a répondu M. Sebert, puisqu'on indique immédiatement les moyens de se soustraire à son exécution !

Il est certain que la disposition dont il s'agit est très-dure pour les petits débiteurs. — Le mode de fractionnement est d'ailleurs complètement injuste, puisqu'il fait payer autant pour 20,100 fr. que pour 10,000 fr.

4ᵒ **Les obligations *à ordre* contenant hypothèque, *les billets de même nature* et leurs *endossements.* — Les endossements, en quelque nombre qu'ils soient au moment de la formalité, ne donneront ouverture qu'à *un seul droit* de cession ; — mais ce droit ne couvrira pas les cessions ou endossements qui seraient postérieurs à l'enregistrement.**

1. Les billets de même nature... endossements... — Les cessions ou endossements des billets à ordre ont été exemptés du droit et de la formalité de l'enregistrement par l'art. 70, § 3 nᵒ 15, de la loi du 22 frimaire an VII.

Mais il est une nature particulière de billet qui tend à se généraliser, et qui profite actuellement de l'exemption accordée par l'article ci-dessus *en faveur des effets de commerce* bien qu'il constitue en réalité une obligation civile. Nous voulons parler du *billet hypothécaire.*

Un particulier souscrit une obligation hypothécaire de 100,000 fr. et stipule, qu'en représentation de cette somme, il a remis au prêteur cent billets à ordre, qui sont une seule et même chose avec l'obligation qu'ils relatent, et qui seront transmissibles *par endossement*, de telle façon que le cessionnaire ou porteur pourra directement exercer les *droits hypothécaires* du prêteur primitif.

C'est une manière de mobiliser la propriété, qui est parfaitement licite. — La jurisprudence admet, en effet, que l'hypothèque que renferme le billet à ordre peut être transmise par l'endossement, de la même manière que le billet lui-même. Voir les autorités citées par Garnier, R. G., n° 5367.

— Or, bien qu'il ait été reconnu que la transmission par voie d'endossement d'une obligation notariée payable *à ordre*, est une cession et délégation civile (Garnier, R. G. n° 5361), l'administration a décidé, — à tort selon nous, — que par ce fait seul que les billets sont créés à ordre, *les endossements des billets hypothécaires sont dispensés d'enregistrement!*

Il est de l'intérêt du trésor de ne pas consacrer une pareille immunité. Puisque les obligations émises par les sociétés paient forcément *un droit par chaque transmission*, il est juste, tout au moins, que les obligations de même nature, — émises par les particuliers, — acquittent un droit pareil, *au moment où les tiers porteurs ont à se prévaloir des cessions faites à leur profit.*

2. *Toutefois... un seul droit...* — Nous sommes d'avis, en effet, qu'il ne faut rien exagérer : les billets à ordre hypothécaires sont des actes mixtes. Pendant tout le temps qu'ils circulent de main en main, on peut les considérer comme valeurs de commerce. — Ce n'est que quand le porteur se trouve dans la nécessité de produire son titre et d'établir ses droits, que le *gage* apparaît réellement, et que l'obligation civile reprend son caractère. Donc, à notre sens, tous les endossements intermédiaires échappent à l'impôt. C'est une chaîne dont le premier anneau et le dernier se rattachent seuls à l'obligation primitive, et ils doivent seuls être taxés comme elle.

5° Les *cessions de titres nominatifs* assujetties au droit de transmission par la loi du 23 juin 1857. — Ce droit, pour les *titres au porteur*, ou réputés tels, sera converti en une taxe annuelle et obligatoire de *trente centimes pour cent francs*. — La perception, pour les titres nominatifs ainsi que pour ceux au porteur, n'aura lieu à l'avenir, *sur la valeur négociée*, que déduction faite des versements restant à faire pour les valeurs non entièrement libérées.

Il ne sera dû pour les *conversions* de titres au porteur en titres nominatifs, et réciproquement, que moitié du droit exigible pour les cessions de titres nominatifs.

Toutes les autres dispositions de la loi du 23 juin 1857, ainsi que le décret rendu en forme de règlement d'administration publique, le 27 juillet 1857, (522° bulletin, n° 4803), sont maintenus, — et de plus, déclarés applicables, avec le tarif ci-dessus, aux *valeurs du Crédit foncier* et aux *obligations des départements, communes et établissements publics, français et étrangers*.

Le droit de transmission dû sur les actions et obligations des sociétés, compagnies et *entreprises étrangères*, sera perçu sur la moitié du capital représenté par les actions, et sur la totalité des obligations.

Les *procurations* données pour vendre ou convertir les titres nominatifs seront rédigées, soit devant notaire, soit devant les greffiers de justices de paix. Elles mentionneront les noms, prénoms, profession et domicile des mandataires, et pareille mention devra être faite au répertoire des officiers ministériels, à peine d'une amende de 50 francs. Il devra être fait usage de ces procurations dans les vingt jours de l'enregistrement, à peine de nullité. Le droit d'enregistrement ne sera que de *un franc*, si elles sont pures et simples.

V : Inst. 2102, 2101 et 2302. — Rapprochez : Suprà, art. 1, 3° alinéa.

1. *Cessions*... — D'après l'art. 30 du décret-loi des 27 et 31 août 1792, les actions et obligations des compagnies étaient sujettes, par le seul fait de leur existence, et *indépendamment de toute transmission*,

à la *contribution du quart* du revenu, comme les immeubles réels. — *Les directeurs des compagnies étaient chargés de prélever cette contribution sur les intérêts, dividendes et bénéfices revenant aux porteurs des titres, et d'en compter au trésor.*

L'enregistrement des *cessions* et *transferts* était, en outre, obligatoire dans le délai d'un mois, sous des peines sévères : cet enregistrement avait lieu moyennant un droit de 15 sols par 100 livres.

Nous avons vu, art. 103 n° 10, que la loi du 22 frimaire n'a pas tarifé les *titres* ou *certificats d'actions*; mais elle s'est occupée des *cessions* et *transferts*, qu'elle a assujettis au droit de 0,50 °/₀ (art. 69 § 2 n° 6). — Seulement elle n'a stipulé aucun délai pour l'enregistrement de ces transferts : il en est résulté, qu'étant sous-seings privés, ils n'étaient soumis à l'enregistrement et n'acquittaient le droit de mutation que lorsqu'on devait en faire usage, soit en justice, soit dans un acte public, — c'est-à-dire très-rarement.

La loi du 23 juin 1857 a remédié à cette situation, en établissant, *pour chaque cession de titres nominatifs,* un droit de *vingt centimes pour cent de la valeur négociée,* et une taxe annuelle et obligatoire de 12 centimes pour cent *sur les titres au porteur.*

Ces droits nous ayant semblé insuffisants, nous avons proposé, dans notre première édition, de les porter à 0, 50 et à 0, 20 °/₀. Voici ce que nous disions à ce sujet :

• Comme toute loi qui crée un impôt nouveau, la loi du 23 juin
• 1857 a promulgué un tarif excessivement réduit, uniquement pour
• habituer le contribuable à l'idée d'une taxe quelconque sur des
• transmissions qui en avaient été jusque-là généralement exemptes.

• Maintenant que l'impôt est entré dans les mœurs et reconnu juste
• par tout le monde, il n'y a pas de raison pour tarder plus longtemps
• à appliquer à ces transmissions le tarif qui régit les contrats de même
• nature.

• En suivant ce raisonnement jusqu'au bout et rigoureusement, on
• arriverait à conclure que les actions et obligations constituant de
• véritables créances, et le plus souvent des créances hypothécaires, le
• droit de 1 °/₀ actuellement perçu pour les obligations et cessions de
• créances devrait être exigible, chaque fois que les sociétés ou com-
• pagnies industrielles remettent à un individu un titre dont il est
• constitué personnellement et *nominativement* propriétaire.

• Mais il a toujours été dans l'esprit du législateur de favoriser les
• sociétés commerciales; aussi estimons-nous qu'on ne doit leur faire
» payer que moitié du droit ordinaire, soit 0, 50 °/₀.. — C'est, du reste,

» le tarif établi par la loi du 22 frimaire an VII, art. 69 § 2 n° 6, pour
» les cessions d'actions soumises volontairement à l'enregistrement.

« En rétablissant le tarif de la loi de frimaire *pour les valeurs
» nominatives*, nous doublons et au-delà le tarif actuel : il est certain,
» malgré cela, que le droit n'est pas exagéré, car les valeurs nomi-
» natives sont des valeurs de placement *qui changent rarement de
» mains*, et pour lesquelles l'augmentation que nous établissons ne
» sera pas sensible.

« Quant *aux valeurs au porteur*, nous les augmentons dans une
» proportion moindre, parce qu'elles sont en réalité beaucoup plus
» imposées à l'heure qu'il est. — L'augmentation que nous proposons
» de leur appliquer est de 0,08 c. par capital de cent francs, ou 80 c.
» du mille, — soit 80 fr., pour 100,000. — Cela ne paraîtra pas une
» charge bien lourde pour l'immense majorité des contribuables, et il
» n'y a que ceux dont la fortune se chiffre par millions qui seront
» tentés de s'en plaindre ! »

Le législateur de 1871 reconnaissant, comme nous, que les droits
établis par la loi du 23 juin 1857 étaient insuffisants, les a élevés :
à 0,50 %, plus les décimes, soit 0,60 %, pour les *valeurs nominatives*, — et à 0,15 % soit avec les décimes 0,18 %, pour les *titres
au porteur*.

(Loi du 16 sept. 1871, Inst. 2122).

2. *Titres nominatifs*... — Depuis que la loi du 16 septembre
1871 a été rendue, nous avons lu l'ouvrage de M. Vraye, et nous nous
sommes convaincu qu'une nouvelle augmentation serait légitime.

« N'est-il pas inexplicable, dit M. Vraye, que les *cessions d'actions*
» (et parts sociales, Inst. 2111 § 7), soient taxées à 1/2 %, tandis que
» les *cessions de créances* et les obligations ordinaires sont taxées au
» double ? La cession de la créance ordinaire à terme, n'est-elle pas
» grevée de droits de timbre, d'hypothèques, et d'honoraires que ne
» supporte pas l'action ou l'obligation industrielle, même nominative? »

« Il est certain que ce n'est aucunement l'industrie qui est intéressée à
l'établissement d'un *tarif de faveur* sur les *transmissions* des actions
et obligations dans les sociétés, mais que ce sont uniquement les
détenteurs actuels de ces valeurs ou ceux qui en veulent devenir
propriétaires. — Les choses vues ainsi, il n'y a pas de raison, en effet,
pour que le *transport d'une action nominative*, valant 1,000 fr., paie
moins de droits à l'enregistrement que la *cession d'une créance hypothécaire* de pareille somme : — en admettant le même tarif de part et

d'autre, tout l'avantage, comme le dit M. Vraye, serait encore en faveur de l'action, puisqu'elle n'a à supporter que des frais bien moindres.

Nous croyons donc, en définitive, que le tarif de 1 %, qui est proposé de divers côtés, n'a rien d'excessif, et qu'il doit être accepté comme juste, pour les *transmissions de titres nominatifs*.

Toutefois un doute nous arrête.

Nous lisons dans le rapport de la Commission du Budget, relatif à la loi *non promulguée* du 30 mars 1872, — rapport figurant au *Journal officiel* du 22 *avril* 1872, page 2683, — les lignes suivantes :

« Quand le propriétaire d'un *titre nominatif* veut l'aliéner, il faut qu'il commence par le faire convertir en un titre au porteur ; cette conversion est assujettie au droit de 0,60 c., et l'acquéreur paie encore un nouveau droit de 0,60 c. pour transférer le titre à son nom. En réalité, la conversion d'un titre nominatif en un autre titre nominatif est donc soumise à un droit de 1 fr. 20 p. 100 ! »

Il est certain que si les choses étaient ainsi, l'assimilation que nous proposons d'établir entre les cessions de *créances ordinaires* et les cessions de titres *nominatifs dans les sociétés*, ne saurait exister qu'à la condition de maintenir entre ces valeurs une différence de tarif.

Mais le rapport de la commission n'est exact qu'en partie, et il est fâcheux que les lois se votent ainsi sur des données incomplètes.

A la vérité, les agents de change, lorsqu'ils sont chargés de vendre des valeurs nominatives *qui admettent le titre au porteur*, ont soin de les faire d'abord *convertir* en valeurs au porteur et qu'ils les négocient comme telles, — sauf à l'acquéreur à requérir à son tour la *conversion*, s'il veut avoir un *titre nominatif*.

Remarquons d'abord que le vendeur, en se prêtant à cette combinaison, ne se soumet pas forcément à une marche obligatoire : *il emploie un procédé pour mieux vendre !* Le marché des valeurs au porteur est plus considérable, plus rapide; on vend, pour ainsi dire, quand on veut. D'un autre côté, n'ayant affaire qu'à l'agent de change, on ne court aucun risque et on n'est tenu à aucune responsabilité. — Il y a donc tout intérêt pour le vendeur de titres nominatifs à prendre d'abord la position de détenteur de *valeurs au porteur*.

Mais toutes les sociétés n'admettent pas le titre au porteur. Les agents de change vendent tous les jours des actions du crédit agricole, du crédit foncier de France, de la Société algérienne, du crédit industriel, de la Société générale, etc., — et ils sont bien obligés de les transmettre comme *titres nominatifs.*

D'un autre côté, toutes les *actions* et *obligations* ne sont pas cotées à la Bourse : il y en a des quantités considérables qui font l'objet d'un trafic important, et qu'on négocie comme elles sont, sans payer les frais d'une double conversion !

Le principe vrai, quoiqu'on ait dit le rapporteur de la commission du budget, est donc que, pour les *cessions de titres nominatifs,* — *transmis en cette qualité,* — il n'est dû qu'*un droit de transmission,* — lequel est perçu au moment du *transfert* sur le registre des sociétés.

Or, ce sont les cessions de cette nature que tarifent les articles 6 et 7 de la loi du 23 juin 1857; et ce sont elles auxquelles nous sommes d'avis d'appliquer le droit afférent aux *transports de créances.*

3. *Conversions...* — Quant aux conversions, c'est à tort, selon nous, qu'elles sont frappées par la loi du même droit que les transmissions. Celui qui change la nature de son titre n'opère qu'avec lui-même et n'établit aucune convention. Nous venons de voir, d'un autre côté, qu'il faut *deux conversions* pour arriver à une cession réelle : il est donc juste, comme nous le proposons, de ne faire payer, pour chaque conversion, qu'un *demi droit de transmission.*

4. *Titres au porteur...* — Une loi votée le 30 mars 1872, et non encore promulguée, soumet ces titres à un impôt annuel, décimes compris, de 0, 30 centimes pour cent.

Cette base nous semble en rapport avec le droit de 1 %, que nous établissons sur les titres nominatifs, et nous l'acceptons volontiers. *En 3 ans et 3 mois,* l'action au porteur paiera un droit de transmission d'action nominative. Les valeurs nominatives ne changent pas de mains aussi souvent que cela ; mais il faut tenir compte de ce fait qu'elles acquittent le droit de mutation par décès dans toute son intégrité, tandis que le titre au porteur s'en exempte le plus souvent.

5. *Crédit foncier...* — Par une faveur qui ne s'explique pas, ou du moins qui n'a plus sa raison d'être, *les obligations du Crédit foncier ont été exemptées du droit de transmission* établi par la loi du 23 juin 1857. — Il en est de même des obligations des départements, communes et établissements publics. — V: Inst. 2101, p. 10 et 11.

« Il importe, disions-nous dans notre première édition, de faire dis-
« paraître ce privilège, qui crée une inégalité choquante entre les

» détenteurs des différentes valeurs publiques, et qui prive inutile-
» ment le trésor de recettes importantes, faciles à recouvrer, et dont
» personne ne saurait contester la légitimité. »

La loi du 16 septembre 1871, art. 11, 2ᵉ alinéa, s'est chargée de ce
soin : aujourd'hui toute immunité a cessé, même en ce qui concerne les
obligations des villes étrangères, que l'Inst. 2122 indique comme
omises, et qui ont fait, depuis, l'objet de l'art. 1ᵉʳ de la loi non encore
promulguée, du 30 mars 1872.

Faisons observer que les diverses valeurs dont nous venons de parler
sont atteintes par l'art. 1 de la présente *Refonte*.

6. *Les procurations....* — Cette clause est nécessaire pour réprimer la *fraude*. Il y a dans toutes les villes riches et industrielles des
agents d'affaires, connus sous le nom de *marchands d'actions* ou de
courtiers marrons, qui achètent les *titres nominatifs* et les revendent.
— Mais, au lieu de faire plusieurs transferts, on n'en fait qu'un : le
vendeur, en remettant ses titres, donne un pouvoir de vendre; et, au
moyen de ce pouvoir, l'action circule de mains en mains, jusqu'à ce
qu'un acquéreur sérieux réalise la mutation à son profit.

Les droits ainsi frustrés au trésor dans certaines contrées s'élèvent
à un chiffre considérable.

On se tromperait, du reste, si l'on croyait que cette fraude est d'in-
vention récente : elle existait avant la loi du 22 frimaire, et le décret-
loi des 27 et 31 août 1792 contient, dans ses art. 10 et 11, des disposi-
sévères, mais peu applicables, destinées à la combattre.

6° Les quittances constatant les paiements faits, soit par
des *cautions* ou *obligés solidaires* en l'acquit des débiteurs
principaux, soit par toute *personne étrangère* à la dette, —
qu'il y ait subrogation ou non.

Nous avons tarifé au droit fixe les cautionnements (art. 101 n° 3),
parce qu'ils constituent des obligations éventuelles; mais quand la
condition se réalise, il est juste que l'acte supporte le droit proportionnel suivant les effets qu'il produit : or, l'effet du paiement par la
caution est de lui transférer les droits du créancier. C'est donc une
cession de créance.

Personne étrangère... — Quand un individu paie la dette d'autrui, sans y être obligé, et sans stipuler de subrogation à son profit, il n'est dû, d'après la jurisprudence actuelle (R. P. n° 11925), que le droit de quittance. — Ce droit est insuffisant. Car, ou le payement effectué couvre l'obligation de remboursement souscrite en dehors par le débiteur, et au fond c'est une cession de créance, — ou il est absolument gratuit, et, dans ce cas, c'est une donation non acceptée, mais effective, qu'il n'est pas exagéré de tarifer au droit de 1 °/₀.

ARTICLE 116.

Sont sujets au droit de *un franc cinquante centimes* par cent francs :

1° Les abandonnements ou délaissements pour fait *d'assurance ou grosse aventure.* — Le droit est perçu sur la valeur des objets abandonnés. — En temps de guerre, il n'est dû qu'un demi-droit.

Ces contrats ont été tarifés à 1 °/₀ par la loi du 28 avril 1816, art. 51, n° 1.

2° Les mutations de biens *meubles et immeubles,* en propriété ou usufruit, qui auront lieu par succession, *en ligne directe,* et *ab intestat.*

S'il s'agit d'une succession testamentaire, le droit sera payé par l'héritier avantagé, savoir : au taux ordinaire de 1 fr. 50 °/₀ sur la part qu'il aurait recueillie s'il n'y avait pas eu de testament, — et au taux fixé en l'art. 121 pour le surplus.

Si la succession directe est échue à un *héritier unique,* le droit, au lieu d'être de 1 fr. 50 °/₀, sera de 3 °/₀.

1. *De biens meubles et immeubles...* — D'après la loi du 22 frim. an VII, art. 69, § 1 n° 3 et § 3 n° 4, le droit de succession, en ligne directe, *était de* 0,25 °/₀ *sur les meubles, et* 1 °/₀ *sur les immeubles.*

La loi du 18 mai 1850, art. 10, a effacé en principe toute distinction entre les deux natures de biens, et les a frappées du même droit.

Nous croyons, surtout dans les conditions actuelles, qu'il y a lieu de maintenir ce qu'a établi la loi du 18 mai 1850.

2. *En ligne directe...* — Dans l'ancien droit, les successions en ligne directe étaient exemptes de *profit féodal*. « La raison en est, dit « Pothier (*Traité des fiefs*, partie II, chap. 1), qu'entre parents à ce « degré, les personnes sont considérées comme n'en faisant qu'une, « *pater et filius una eadem que persona censetur*; d'où il suit qu'on « peut dire, en quelque façon, qu'il n'y a pas de mutation lorsqu'un « enfant succède à son père, les pères *n'ayant leurs biens que pour* « *les transmettre à leurs enfants !* »

Ces principes ont prévalu lors de l'établissement du *centième denier*, (édit de déc. 1703), et ils ont été appliqués jusqu'à la chûte de la monarchie.

La loi des 5 et 19 septembre 1790, intervenue dans un nouvel ordre de choses, a pensé, sans méconnaître la faveur dont doivent jouir les successions directes, qu'il était légitime de leur demander de contribuer dans une certaine mesure aux charges publiques : elle a donc frappé, par son article 26, sect. 1, nos 12 et 13, d'un droit de *cinq sous par cent livres, la valeur entière des biens immeubles*, réels ou fictifs, transmis *en ligne directe*, et le montant des sommes et objets mobiliers *légués* également en ligne directe.

La loi du 22 frimaire a suivi la même voie ; seulement elle est allée beaucoup plus loin : — la loi de 1790 n'avait atteint que les *immeubles* transmis à n'importe quel titre, et les sommes et objets mobiliers *légués*.

Évitant d'entrer dans l'intérieur des familles, elle avait ainsi admis l'exemption complète, en ce qui concerne la transmission naturelle des meubles, créances et valeurs que le fils recueillait comme succédant à son père.

Moins libérale, la loi du 22 frimaire a soumis à l'impôt *toutes les transmissions en ligne directe, sans exception* ; et plus aux prises avec les nécessités du trésor, elle a *quadruplé le droit établi sur les immeubles*.

Voici les raisons qu'a données l'illustre rapporteur de cette loi, M. Duchâtel, pour frapper les successions directes :

« La commission ne peut ni ne doit vous proposer d'affranchir du

28

« droit d'enregistrement les successions directes. Ces sortes de muta-
« tions sont dans une classe bien favorable; la commission en
« convient; elle en est même convaincue. Tout ce qui s'opère par
« succession, en ligne directe, semble autant appartenir aux lois de la
« nature qu'à celles de la société. Cependant c'est la société qui
« autorise et qui protége les propriétés privées. — On ne peut être
« propriétaire, on ne peut dire : *j'ai le droit de recueillir ceci*, qu'à la
« faveur de ses lois, et cette faveur ne peut être gratuite dans aucun
« cas, dès que la société a des dépenses publiques à faire pour assurer
« la garantie commune et protéger les propriétés privées. »

Il était utile de reproduire ces paroles si nettes et si péremptoires de
M. Duchâtel, pour combattre les idées qui ont surnécu, que l'impôt sur
les mutations en ligne directe est un impôt inique et contre nature,
qu'on ne saurait augmenter sans méconnaître les principes essentiels
de toute société !

L'impôt sur les successions directes est un impôt comme les autres :
c'est la retenue au profit de tous d'une portion du capital transmis
dans la famille, après avoir été accumulé à l'abri des lois qui protégent
la propriété. Or, comme c'est la puissance publique qui assure cette
transmission, « il est souverainement juste que les héritiers aban-
« donnent à l'*État* une part de ce que, sans lui, ils ne recueilleraient
« pas. » (Émile de Girardin, l'impôt, page 328.)

La légitimité de l'impôt une fois admise, il faut reconnaître que le
chiffre des droits doit être proportionné aux besoins de l'État, et par
suite, que l'augmentation proposée est loin d'être exagérée.

Le droit actuel est de 1 fr. 20 c., décimes compris (loi du 22 frimaire
an VII, art. 69, § 3, n° 1); notre tarif le porte à 1 fr. 50 c. : — c'est
une *augmentation d'un quart*. Mais on se rappelle que nous demandons la *déduction des dettes*, et il est facile de comprendre que, si
cette déduction est admise, le tarif proposé de 1 fr. 50 c. se réduira à
une aggravation de droits très-minime.

NOTA. — Si les exigences de la situation étaient moins pressantes,
nous aurions, du reste, apporté à cette aggravation un correctif em-
prunté à la loi belge. — Cette loi, sage et libérale, exempte de tout
droit les successions *directes* et entre époux dans lesquelles la part de
chaque ayant-droit, dettes déduites, est inférieure à 1,000 fr. (art. 3 de
la loi du 17 déc. 1851). — Quand pourrons-nous prendre en France des
mesures pareilles ?

3. *S'il s'agit d'une succession testamentaire...* — Cette dis-

position est un nouvel emprunt à la loi Belge (loi du 17 déc. 1851, art. 9).

« *Moins la succession est naturelle*, dit M. Thiers dans son ouvrage « sur la propriété (livre IV), *plus elle est une œuvre des conventions* « *sociales qui protégent la propriété,— plus elle doit à la société, c'est-* « *à-dire au fisc qui la représente.* »

Ce principe est incontestable :

Celui-là est en effet doublement protégé par la loi, qui recueille dans la succession de son père, non-seulement sa quote-part héréditaire, mais encore une portion prélevée à son profit sur la part de ses frères et sœurs !

Il est donc juste qu'il paie double.

Double, nous nous trompons. La première mutation, celle qui établit l'égalité dans les familles, est une mutation que la loi *protége*, l'autre est une mutation que la loi *permet comme une exception*, et qu'à ce titre la loi de l'impôt doit traiter avec une certaine sévérité.

Donc, si l'une, profitant d'un tarif réduit, ne paie que 1 fr. 50 c., la seconde, objet d'une juste défaveur, doit être portée au moins à quatre fois le même droit, soit 6 %.

C'est du reste la *proportion* que la loi actuelle établit entre les transmissions qu'elle favorise et celles qu'elle cherche à réprimer. — Ainsi, le droit actuel est de 1 % pour les donations avec partage anticipé, tandis qu'il est de 4 % lorsqu'il s'agit d'une donation isolée faite par un père à son fils. (Voir loi du 16 juin 1824, art. 3 ; loi du 22 frimaire an VII, art. 69 § 6, n° 2, et art. 54 de la loi du 28 avril 1816).

NOTA. — M. Aulanier, p. 21, exprime également l'avis que les libéralités faites à un successible avec dispense de rapport, c'est-à-dire, *abstraction faite de sa qualité d'héritier*, ne devraient pas profiter (pour le tout du moins) de la faveur relative accordée par la loi à ce même titre d'héritier et selon le degré de parenté.

4. *Héritier unique...* — Ce n'est pas ici le lieu de faire des théories sur le dépérissement des familles et sur les conséquences qui en résultent. Mais, prenant les choses à un point de vue plus restreint, nous devons dire qu'avec l'uniformité de tarif actuelle, celui qui recueille seul la fortune paternelle ne contribue pas autant que les autres au paiement des charges publiques. — Quand les héritiers sont nombreux, il y a souvent inventaire, liquidation, partage, et quelquefois contestation judiciaire, toutes choses qui rapportent au trésor et diminuent le patrimoine. Si l'héritier est seul au contraire, non-seulement il n'a aucun de ces frais à supporter, mais encore la dissimulation des valeurs mobilières lui est facile, et Dieu sait combien de fois il en profite !

Il est donc de toute justice de frapper d'un droit plus élevé les successions directes échues à un *héritier unique*. Nous n'avons pas besoin d'ajouter que s'il est un impôt moral, c'est celui-là.

ARTICLE 117.

Sont sujettes au droit de *deux francs par cent francs :*

1° Les donations également en ligne directe, de *biens meubles et immeubles*, faites par contrat de mariage *et à charge de rapport*, au profit des futurs époux. — Quant *aux donations par préciput et hors part*, elles sont régies par l'art. 121 ci-après.

V : loi du 22 frim., art. 69, § 6, n° 1 et 2, et 54 de la loi du 28 avril 1816.

1. *Biens meubles et immeubles...* — Le tarif actuel, non compris les décimes, est de 1 fr. 25 c. pour les meubles et de 2 fr. 75 c. pour les immeubles.

Cette différence de droits n'a plus de raison d'être depuis la loi du 18 mai 1850, art. 10, qui a eu pour but de mettre les meubles et les immeubles sur un pied complet d'égalité devant l'impôt.

Ce que paient en plus les immeubles dans le tarif ci-dessus représente le *droit de transcription*, c'est-à-dire le prix d'une formalité nécessaire pour rendre le donataire *propriétaire incommutable*. Mais si le donataire ne devait pas être propriétaire incommutable, à quoi lui servirait de payer le droit de donation ? — La donation transmet, la transcription *assure*, complète la transmission : la transcription est donc, de sa nature, une formalité accessoire, et le droit qui correspond à cette formalité ne saurait être proportionnel.

Maintenant, s'il est vrai que les impôts établis sont les meilleurs, pourquoi avons-nous réduit de 2 fr. 75 à 2 fr. le droit établi sur les immeubles ?

Nous aurions pu, en effet, maintenir ce droit, et pour établir l'uniformité, élever au même taux le droit de 1 fr. 25 c. perçu pour les meubles. Mais le tarif ainsi fixé eut été une aggravation exagérée. Cela s'explique.

En portant les meubles de 1 fr. 25 à 2 fr., nous leur faisons subir une augmentation de 3/5; en réduisant, au contraire, le droit de 2 fr. 75 à 2 fr., nous ne le diminuons que de 3/11.— Le tarif moyen que nous avons établi comporte donc, en lui-même, une augmentation sensible.

D'un autre côté, les constitutions de dots mobilières sont trois fois plus fréquentes que celles immobilières.

D'un autre côté encore, avec le mode de capitalisation que nous avons adopté (art. 15 n° 6), les droits auxquels donneront ouverture les dots immobilières, calculés au taux de 2 %, seront plus élevés qu'ils ne le sont en ce moment en appliquant le tarif de 2 fr. 75 c.

Toutes les raisons se réunissent donc pour démontrer que le droit uniforme de 2 %, aura pour conséquence une augmentation importante de produits, — et cette augmentation sera d'autant mieux accueillie qu'elle n'est pour ainsi dire pas sensible, puisqu'au point de vue du tarif, on retranche d'un côté ce qu'on ajoute de l'autre.

2. *Et à charge de rapport...* — Les donations à charge de rapport ne sont que des *avancements d'hoirie*, et à ce titre, elles tiennent du partage anticipé et méritent toute la faveur de la loi. ·

3. *Donations par préciput et hors part......* — Nous rentrons, pour ces donations, dans le cas de l'art. 116 n° 2, et les mêmes raisons sont applicables.

2° Les transmissions de biens, meubles ou immeubles, contenues dans les actes *de donation à titre de partage anticipé* faites par les ascendants, en vertu des art. 1075 et suiv. du code civil, et sauf application de l'art. 121 ci-après, *en cas d'avantage préciputaire.*

S'il est stipulé une soulte dans ces partages, le droit sera dû comme pour vente sur les biens qui en sont l'objet, — mais en observant *le mode d'imputation le plus favorable aux parties.*

Moyennant le paiement des droits édictés par le présent article, *la transcription* des donations-partages, comme celle des autres donations, aura lieu *aux hypothèques* sans encourir aucun droit proportionnel.

V ; loi du 16 juin 1824, art. 3.

1. *En cas d'avantage précipulaire...* — Cette clause est également la conséquence des dispositions prises art. 116 n° 2.

2. *Le mode d'imputation...* — Voir art. 106, n° 13.

3. *La transcription des donations-partages...* — Cette disposition, que nous confirmons d'une manière générale, art. 132, sera accueillie avec joie par les notaires. — Dans l'état de choses actuel, les droits de transcription sont tellement élevés, en comparaison du droit d'enregistrement, que les partages anticipés *ne sont presque jamais transcrits.* Il en résulte des embarras continuels, soit qu'il s'agisse de vendre les biens donnés, soit qu'il faille les hypothéquer. Aussi le tarif que nous proposons est-il demandé de tous les côtés, comme une moyenne équitable qui sauvegarde les intérêts du trésor, tout en faisant rentrer les donataires dans la plénitude de leur crédit.

Laissons parler M. Vraye, et apprenons de lui ce qu'est un partage anticipé, la faveur qu'il mérite, et les ressources qu'on peut tirer d'une tarification meilleure.

« Quand, par une journée d'hiver, le notaire d'une famille agricole est appelé au milieu d'elle, au village, dans la modeste maison qui abrite le père et la mère surchargés d'ans et d'infirmités, on peut augurer qu'il se prépare là un pacte dont la conclusion définitive est remise à la direction impartiale de cet officier public. Bientôt, en effet, on est à l'œuvre. Le père de famille dépose l'un après l'autre ses titres de propriété. Ce sont, d'abord, les titres du patrimoine préféré, c'est-à-dire des parcelles reçues de la génération précédente et religieusement conservées; ce sont, ensuite, ceux des parcelles acquises à l'aide du travail, de l'ordre, de l'épargne; c'est parfois aussi, mais rarement, une petite inscription de rente sur l'Etat. Chaque document est un souvenir pour tous; car les enfants ont vu leurs aïeux faire la même opération qui va s'accomplir, et dans ces acquisitions qui ont plus ou moins augmenté le patrimoine qu'il s'agit de distribuer, leur travail a aussi sa représentation. Chaque parcelle a sa légende; et il en est parfois de touchantes par le récit des efforts et des privations que la libération a imposés à la famille.

» L'œuvre de démission (c'est ainsi qu'on la nomme au village) s'achève enfin, non toujours sans observations, tempérées, aplanies par les conseils du notaire écoutés avec déférence. Les enfants deviennent propriétaires à leur tour. Le père et la mère, s'il leur reste quelques forces, travailleront encore, et pour cela, ils conserveront l'usufruit de quelques parcelles; s'il en est autrement, ils recevront une pension viagère, ou, si l'aisance des enfants ne permet pas ce mode, ils iront vivre alternativement chez chacun de ceux-ci, heureux de se soustraire à l'hospice, qu'un sentiment, dirons-nous un préjugé? assurément très-respectable, met en grande répugnance dans l'esprit de l'habitant des campagnes.

» Voilà le partage d'ascendant, ordinairement le dernier acte de propriété d'une vie honnête et laborieuse. Les lois fiscales de la Restauration, empreintes généralement d'une pensée libérale envers la propriété foncière, ne devaient pas l'oublier. Une loi du 16 juin 1824, en abaissant de 4 à 1 % le droit de mutation sur cet acte, a placé au même niveau, dans la loi fiscale, la mutation par partage anticipé et la mutation par décès. Malheureusement, en ne supprimant pas du même coup, ou du moins en n'abaissant pas le droit de transcription, le législateur a fait une œuvre incomplète. Par une anomalie étrange, le droit de transcription, basé sur une simple formalité extrinsèque, est ici supérieur au droit principal de mutation lui-même; d'où, pour le partage d'ascendant, l'alternative d'être écrasé si l'on transcrit, compromis si l'on ne transcrit pas.

» Or, on ne transcrit pas (1). Rebuté par l'exagération du droit de transcription, on préfère un titre précaire, un péril réel, un obstacle à la transmission ou au crédit ultérieur : résultat regrettable de l'exagération de l'impôt, souvent exposé dans des pétitions pleines de logique, mais restées sans effet auprès de l'administration et du Sénat.

» Nous appelons la sollicitude des pouvoirs publics sur le partage d'ascendant, sur cet acte des campagnes agricoles, des petites parcelles et des petits propriétaires. Qu'à son égard le droit de transcription soit réduit à 50 centimes par 100 fr., perçus lors de l'enregistrement de

_____

(1) Il n'y a pas un quinzième des partages d'ascendants qui soit transcrit : — Proportion : 73 sur 1274 dans un arrondissement, pour une période de trois ans.

l'acte, et par cette conciliation équitable, l'intérêt du fisc et l'intérêt du contribuable seront à la fois satisfaits!

» Le fisc y trouvera une augmentation de recette (1), et le contribuable une sécurité, dont ils sont aujourd'hui privés l'un et l'autre par l'abstention de transcrire. »

ARTICLE 118.

Sont passibles du droit de *deux francs cinquante centimes* pour cent :

1° Les adjudications, ventes, reventes, cessions, rétrocessions, et résolutions, marchés, traités, et tous autres actes, soit civils, soit judiciaires ou extrajudiciaires, translatifs de propriété à titre onéreux, de *meubles*, droits mobiliers, *parts sociales*, *fonds de commerce*, récoltes, coupes de bois taillis et de haute futaie, *marchandises avariées* par suite d'événements de mer, et autres objets mobiliers généralement quelconques, sauf ce qui a été réglé art. 112 et 114, n°' 3 et 4. — Les adjudications à la folle enchère de biens meubles sont assujetties au même droit, mais seulement sur ce qui excède le prix de la précédente adjudication, si le droit en a été acquitté.

V : art. 69 § 5, n° 1, de la loi du 22 frimaire.

Quant au tarif, c'est à peu de chose près celui qui est en vigueur sous l'empire de la loi actuelle (2 fr. 40).

1. *Parts sociales...* — Ces valeurs sont encore soumises au tarif

---

(1) Les transmissions entre-vifs d'immeubles avec partage d'ascendants, en 1867, se sont élevées au chiffre de 283,030,616 fr. (20 fois le revenu déclaré des immeubles transmis), et elles ont donné en droits perçus la somme de 3,113,336 fr., compris le décime pour franc. — Le droit proportionnel de transcription, réduit à 50 cent. par 100 francs et perçu lors de l'enregistrement, eût été de 1,556,668 fr. Or, sous l'empire du tarif actuel la recette est insignifiante, parce qu'en vue d'éviter le droit, on s'abstient de remplir la formalité.

de faveur de 0,50 °/₀ établi par l'art. 69, § 2, n° 6 de la loi de frim.—
Inst. 2414 § 7. — Il n'est pas besoin d'insister pour faire voir que ce
tarif est abusivement trop faible.

2. *Fonds de commerce...* — La loi du 28 février 1872, art. 7, 8
et 9 soumet les cessions de fonds de commerce au droit de 2 °/₀ et à
l'enregistrement obligatoire. Mais, comme correctif, elle admet que la
reprise des marchandises neuves ne supportera que le droit de 0,50 °/₀.
— Outre que cette loi est d'une application difficile, on doit remarquer
qu'elle frappe le commerçant, non lorsqu'il prospère, mais quand il s'établit, et au moment où il a le plus besoin de ses capitaux. — Nous trouvons, quant à nous, qu'il est juste de demander au commerce sa quote-
part des charges publiques; mais nous avons pensé qu'il y avait lieu
de l'atteindre par d'autres moyens, et tout en faisant exécuter les lois
établies dans l'intérêt de la société et du commerce lui-même.

V : Supra, art. 65, § 4, art. 87 n° 5 et art. 104, n°ˢ 4 et 5.

3. *Marchandises avariées...* — V : Inst. 2327. — Les auteurs
de la loi du 28 février 1872, — *croyant ces ventes passibles du droit
fixe,* — les ont assujetties au droit gradué. Mais il résulte de la
loi de douanes du 16 mai 1863, que les marchandises dont il s'agit
étaient retombées dans le droit commun, par suite de l'abrogation
de la loi du 21 avril 1818. — C'est donc, en réalité, une *diminution*
de droit que la loi de 1872 a établie *sans le vouloir!* — Nous ne nous
en plaindrions pas, si les risques de mer n'étaient toujours couverts
par des assurances, et si les malheureux naufragés étaient appelés à
recueillir le moindre bénéfice de la diminution d'impôts ainsi accordée!

2° Les constitutions de rentes, soit perpétuelles, soit
viagères, et de pensions à titre onéreux; les cessions,
réversions, transports et délégations qui en sont faites au
même titre, et les baux de biens meubles faits pour un
temps illimité.

Loi du 22 frim. art. 69, § 5, n° 2. Comparez : art. 115, n° 2.

3° Les échanges et retours de partages de biens meubles,

et les parts et portions indivises des mêmes biens acquises
par licitation.

Voir ci-devant art. 11 n° 12, et loi du 22 frim. an VII, art. 69, § 5,
n°° 6 et 7.

4° Les engagements ou antichrèses de biens immeubles ;

Loi du 22 frim., art. 69, § 5, n° 5.

5° Les dommages-intérêts prononcés par les tribunaux,
quels qu'ils soient, et les stipulations amiables de même
nature, qu'elles soient consenties à titre d'indemnité ou à
titre de dommages-intérêts.

Quoique nous soyons partisan du droit fixe de condamnation, nous
n'en tarifons pas moins les dommages-intérêts au droit proportionnel,
attendu que les dommages-intérêts sont la réparation d'un préjudice
causé. En les allouant, les tribunaux fournissent au demandeur un
titre qu'il n'avait pas, et qui correspond à une *perte de son avoir :* il
est donc juste de les tarifer au même droit que les ventes de meubles.
C'est, du reste, ce qui a été fait par la loi de frim., art. 69, § 5 n° 8,
et par la loi du 27 ventôse an IX, art. 11.
Quant aux *indemnités* réglées amiablement, la loi du 22 frimaire,
art. 69, § 2 n° 8, les a tarifées à 0,50 °/°. Mais la différence entre les
dommages-intérêts et les indemnités est tellement subtile, elle a
donné lieu à tant de discussions que nous avons jugé prudent, pour .
en finir, de mettre le tout sur la même ligne.

6° Et les cautionnements de personnes à représenter en
justice, qu'ils soient fournis par l'inculpé ou par un tiers :
le droit sera perçu au moment du versement du cautionnement.

V : Inst. 2331 et 2363.

Le tarif actuel est de 0,50 °/° (loi du 28 avril 1816, art. 50). — Nous
avons expliqué, art. 101 n° 3, qu'on pourrait légitimement lui faire
subir une augmentation.

ARTICLE 119.

Sont sujets au droit de *trois francs* pour cent francs :

Les *actes et contrats d'assurances*, mutuelles ou à primes fixes et quelle que soit la nature des risques, autres que les assurances maritimes.

La perception s'établira sur le montant cumulé des primes ou cotisations, *quelle que soit la nature ou la forme de l'assurance*.

Elle aura lieu de 10 en 10, comme il est établi en l'art. 5 de la présente loi, mais les dispositions de l'art. 6, relatives au *minimum* des droits à percevoir sur les actes donnant ouverture au droit proportionnel, ne seront point applicables.

Le droit sera double, c'est-à-dire de 6 % sur les assurances contre l'incendie.

S'il s'agit *d'assurances mutuelles constatées par écritures administratives* et sans contrat, les droits seront acquittés en bloc, chaque année, dans les quinze premiers jours de février, par le gérant ou préposé des caisses mutuelles, à peine d'une amende de cinquante francs qu'il supportera personnellement en cas de retard.

Les droits ainsi payés seront calculés sur la somme des versements de l'année précédente, et ils seront prélevés avant toute distribution aux ayants-droit.

Voir : art. 17, art. 81, n° 7, et art. 111, n° 5.
Voir : loi du 23 août 1871, art. 6.

1. *Les actes et contrats d'assurances...* — L'édit de 1722, art. 4, avait soumis les assurances à un droit variant de 5 sols à 15 livres au maximum, d'après l'importance des sommes payées *pour la prime*.

La loi des 5 et 19 déc. 1790 a transformé ce droit en un droit proportionnel de 5 sous par cent livres.   (Art. 26, sect. 1 n° 8.)

Puis est venue la loi du 22 frimaire qui a omis ces sortes de contrats, ce qui les a fait considérer comme renfermés dans la classe des marchés entre particuliers.

Enfin la loi du 20 avril 1816, art. 51 n° 2, a réparé l'oubli de la loi de frimaire, et a tarifé toutes les assurances, sans distinction, au droit de 1 %.

Cette loi est encore en vigueur *pour les assurances sur la vie, celles contre la mortalité des bestiaux, la grêle, la gelée, les inondations,* etc. — La loi du 23 août 1871 ne s'est occupée, en effet, que *des assurances maritimes* et de celles *contre l'incendie,* et elle n'a nullement exonéré les autres des taxes existantes.

Il semble, en ces choses-là, comme en bien d'autres, que les lois ne peuvent se faire que par morceaux. La loi du 5 juin 1850, après avoir établi en principe, conformément à la loi du 13 brumaire an VII, art. 12, et au décret du 3 janvier 1809 (Inst. 419), que tout contrat d'assurance doit être rédigé sur timbre, a stipulé que le droit de timbre pourrait *se payer par abonnement;* — mais elle n'a d'abord admis cette faveur que pour certaines assurances, celles contre l'incendie, la grêle, et celles sur la vie. Il a fallu une loi nouvelle, rendue 10 ans après (loi du 9 mai 1860), pour que les compagnies d'assurances contre la gelée, la mortalité des bestiaux, et autres, pussent jouir à leur tour de la faculté de l'abonnement !

Il en est encore de même aujourd'hui : il faudra une seconde loi pour compléter la loi du 23 août, car on ne tardera pas à reconnaître qu'on ne peut avoir deux poids et deux mesures, et que les conventions de même nature doivent être soumises à la même règle, sauf modération des droits en faveur de celles qu'il est utile de protéger.

S'il est un contrat pour lequel la loi doive se montrer favorable, c'est le contrat d'assurance. L'assurance, quelle que soit sa forme, est une association contre le malheur; et cette association est surtout utile à ceux qui possèdent peu : le riche peut être à lui-même son propre assureur. Mais la masse des petits propriétaires n'a pas moyen de perdre; et il est heureux pour elle qu'il y ait des institutions de prévoyance qui mettent à l'abri de la ruine !

Est-ce à dire que le contrat d'assurance ne doive pas être imposé ?

L'impôt modéré ne nuit jamais au développement des transactions. De 1816 jusqu'à ce jour, les contrats d'assurances, quelle que soit

leur nature, ont été assujettis au droit de 1 °/₀. Ce droit a donc
frappé uniformément les assurances sur la vie, celles contre l'incendie,
la grêle, la gelée, la mortalité des bestiaux, etc.; et si certaines de ces
assurances se sont multipliées à l'infini, tandis que d'autres ont à
peine réussi à se faire connaître, on ne peut pas attribuer ce résultat
à la quotité de l'impôt, mais à l'objet même des assurances et aux
nécessités auxquelles elles correspondent.

Celui qui veut faire assurer sa récolte contre la grêle, et qui paie
pour cet objet une prime de 100 fr., sera-t-il arrêté dans son dessein,
parce qu'au lieu de payer 1 fr. 15 °/₀ d'enregistrement il paiera 3 fr. ?

On ne peut pas sérieusement le soutenir.

Il est vrai que sous l'empire de la loi de 1816, l'enregistrement est
facultatif, tandis que nous proposons de le rendre *obligatoire* pour
toutes les assurances.

La différence est certainement considérable ; mais elle n'est pas telle
qu'on puisse y voir une atteinte à l'existence des compagnies et au
développement de leurs affaires.

Nous croyons même que c'est le contraire qui se produira.

Les dispositions que nous avons prises, — art. 47 et 81 n° 7, — en
soumettant les représentants des compagnies d'assurances à l'obligation
de tenir un répertoire de leurs actes, d'en conserver minute et de les
faire enregistrer, font de ces représentants *des sortes d'officiers ministériels*, accomplissant une fonction publique. Cela ne peut que grandir
leur position et exciter la confiance.

*Or, les compagnies d'assurances, pour réussir, ont surtout besoin de
la confiance publique.*

Il faut de la confiance pour qu'une famille souscrive l'obligation de
payer une prime annuelle, sur la tête d'un enfant qui vient de naître,
pour lui assurer, à sa majorité, le capital nécessaire à son établissement !

Malheureusement, nombre de compagnies n'ont pas répondu à cette
confiance. On en a vu faire faillite ; d'autres se sont mises en liquidation, ou n'ont donné à leurs souscripteurs que des dividendes insignifiants. — Il n'est pas étonnant, dans cette situation, que certaines
assurances, — dont le but, cependant, est excessivement utile, — rencontrent de l'hésitation et ne peuvent pour ainsi dire pas s'implanter.

Il importe donc aux compagnies d'assurances qui veulent faire des
affaires, d'avoir partout des agents bien posés : car, on juge, en géné-

ral, de la solidité des compagnies par la position de l'agent qui les représente.

Dans cet ordre d'idées, les compagnies d'assurances sont les premières intéressées à l'adoption des dispositions générales que nous avons proposées, art. 47 et 81, n° 7; et nous avons la conviction que, du jour où leurs représentants seront partout bien choisis, et qu'ils auront une position inspirant toute confiance, on ne verra plus les agents d'assurances aller chercher les affaires, mais que les familles iront à eux, comme on va aux caisses d'épargne !

2. *Mutuelles ou à primes....* — Nous mettons sur le même rang, et tarifons de la même manière les *assurances mutuelles* et celles *à primes*. — Pourtant il a été généralement décidé par l'administration que l'assurance mutuelle doit être considérée comme un *acte de société*, et qu'elle ne saurait être passible, comme telle, que du *droit fixe*. — d. m. f. du 21 déc. 1821, — dél. des 6 et 22 mars 1822, — sol. du 3 avril 1849. — Garnier, R. G. n°° 1702 et suiv.

Mais depuis ces décisions, d'autres principes ont prévalu.

Les assurances mutuelles sont des *associations* d'un certain nombre de personnes qui, versant chacune une *contribution convenue*, s'engagent, soit à payer jusqu'à concurrence du montant de ces contributions, les pertes que viendraient à éprouver quelques-unes d'entr'elles, soit à répartir, entre les ayants-droit, et suivant les chances favorables ou défavorables prévues au contrat, les sommes mises en commun, augmentées des intérêts qu'elles ont produits.

Ces assurances prennent différents noms suivant leur objet :

On les appelle *assurances mutuelles* proprement dites, quand elles sont gérées par une compagnie qui prélève à forfait, et pour faire face à ses frais généraux, une quote-part déterminée sur le montant des contributions réalisées.

On les appelle caisses départementales, ou *caisses mutuelles*, quand elles sont organisées par l'administration et gérées sous sa surveillance.

Elles prennent le nom de *bourses communes*, dans le cas où des personnes exposées au même genre de risques ou de chances se réunissent, soit spontanément, soit par l'intermédiaire d'agents, pour mettre en commun les risques ou chances qu'elles ont à courir, et forment un *fonds commun* destiné à être remis à qui de droit et selon les stipulations arrêtées.

Enfin, elles sont connues sous le nom de *tontines*, lorsqu'elles cons-

tituent des associations ayant pour objet d'assurer aux survivants,
soit les rentes dues aux prémourants, soit la propriété d'immeubles
mis ou acquis en commun.

Toutes ces conventions, quel que soit le nom qu'on leur donne, ou
l'objet auquel elles s'appliquent, sont les mêmes au fond : — c'est
toujours l'*aliénation, au profit d'une masse*, d'une somme ou d'un
objet dont la propriété ultérieure est indéterminée.

*Un semblable contrat crée des droits identiques à chacun des con-
tractants. Mais il ne constitue pas une société.*

« Ces associations ne présentent, en effet, ni travail, ni produit. Les
« capitaux mis en commun restent toujours les mêmes ; le temps ne
« peut ni les augmenter, ni les diminuer ; nulle industrie ne s'exerce
« sur eux. Les revenus mêmes, considérés en bloc, sont invariables.
« Les chances aléatoires roulent uniquement sur les parties pre-
« nantes, qui peuvent recevoir plus ou moins ; mais les capitaux et
« leurs produits sont étrangers aux chances *qui devraient tomber sur
« eux, pour que le contrat fût une société véritable.* » (M. Troplong,
n° 51. Pardessus, t. 1, n° 970. — Garnier, n° 11782.)

La Cour de cassation a jugé, pour les immeubles achetés en commun avec stipulation que la propriété appartiendra au survivant des
acquéreurs, — que, « dans ces actes, chaque co-acquéreur consent à
« courir la chance de perdre sa part, mais qu'il reçoit en échange, et
« comme équivalent, la chance de devenir, s'il survit, propriétaire de
« la part des prédécédés ; — qu'il y a, en conséquence, un contrat aléa-
« toire, où chacune des parties court également des chances de perte
« ou de gain, et reçoit l'équivalent de ce qu'elle donne ; et, partant,
« que ce contrat a le caractère d'une *mutation à titre onéreux.* »
(Arrêts des 15 décembre 1852, 12 juillet et 10 août 1853, 26 avril et
26 juillet 1854, 9 avril 1856 et 11 juin 1858. — Inst. 2150, § 1.)

Ces principes sont, de tous points, applicables aux assurances
mutuelles.

Là aussi, chaque souscripteur ou adhérent consent à courir la chance
de perdre sa cotisation, moyennant la chance de devenir propriétaire,
en tout ou en partie, du fonds commun !

Les assurances mutuelles ne sont donc pas des sociétés, mais des
contrats à titre onéreux, — absolument comme les assurances faites
avec les compagnies à primes fixes. — Partant, elles doivent être
assujetties, comme elles, au *droit proportionnel.*

Mais quelle doit être la base du droit?

Dans tout traité d'assurance, il y a deux valeurs *corrélatives* stipulées, — *la prime* ou cotisation d'une part, — et *l'indemnité* ou dividende de l'autre.

Il y a de plus, dans certaines assurances, *l'objet assuré*.

Mais il est visible que l'objet assuré n'est que *l'occasion* des obligations souscrites, et que, par conséquent, il ne saurait ser   base à la perception.

Restent donc, la prime ou cotisation et l'indemnité ou dividende.

De ces deux valeurs, la première est nécessairement la plus élevée, car c'est avec le montant des primes ou cotisations qu'on fait face, tant aux frais généraux et bénéfices des compagnies qu'aux indemnités et dividendes revenant aux assurés.

Le trésor est donc intéressé à ce que la perception soit établie sur les primes ou cotisations, c'est-à-dire sur l'*obligation actuelle* contractée par l'assuré, plutôt que sur l'*obligation éventuelle* imposée à l'assureur.

Toutefois, quand cette obligation se réalise, l'assuré se trouve investi d'une créance dont le chiffre est infiniment plus élevé que la somme sur laquelle il a acquitté le droit!

Il conviendrait donc, pour atteindre toutes les valeurs, de frapper d'un droit proportionnel l'obligation *réalisée* de l'assureur, sous la déduction des droits payés à raison de l'obligation de l'assuré.

Ce serait le *summum jus*. Nous n'avons pas voulu aller jusque là ; mais nous avons pris des mesures qui s'en rapprochent, en assujettissant à l'enregistrement dans un délai déterminé, comme les polices elles-mêmes, les *quittances d'indemnité* et les *décharges de dividendes* données aux assureurs.

Remarquons, toutefois, que le mode de liquidation des droits que nous proposons, et qui est celui établi par la loi du 28 avril 1816, (Inst. 983, § 2. Garnier, n° 1692), ne s'applique pas aux *tontines*, bien que, comme nous l'avons dit, les tontines soient de véritables assurances mutuelles.

La raison en est que l'*aléa* des tontines se résout, non par un paiement de sommes, comme dans les assurances ordinaires, mais par une transmission mobilière ou immobilière, assujettie par sa nature au droit de mutation. — Voilà pourquoi, tout en reconnaissant aux tontines leur caractère de mutualité, les arrêts que nous avons cités plus haut ont décidé que le droit de transmission à titre onéreux était exigible, sur la *mutation réelle* qui s'accomplit au moment de la réalisation de l'aléa.

3. *Bourses communes...* — Le droit étant dû sur les cotisations individuelles, la perception s'établira, en réalité, sur le total des sommes mises en commun. Cela n'est que juste. Chacun des participants *aliène sa souscription*, moyennant la chance de profiter de toutes les souscriptions réunies. Par conséquent, *le total des souscriptions n'est autre chose que le total des primes.*

Il suffit, du reste, de réfléchir un instant pour voir qu'il en est de même des assurances contractées avec les compagnies à primes fixes : — le droit étant perçu sur chacune des primes, c'est en réalité sur le total des sommes versées aux compagnies d'assurances que sera acquitté le droit d'enregistrement.

4. *Quittances d'indemnités... décharges de dividendes.* — Ces expressions ne sont pas synonymes, et c'est ici véritablement qu'apparaît, au point de vue de l'enregistrement, la différence qui existe entre les assurances mutuelles et celles contractées avec les compagnies assurant à *forfait*.

Les contrats d'assurances passés avec les compagnies ou assureurs à primes fixes, sont des traités par lesquels, moyennant une redevance convenue, les assureurs s'engagent soit à rembourser la valeur de certains objets, dans le cas de perte ou de destruction, soit à fournir une somme déterminée, en cas de réalisation d'une chance prévue, heureuse ou malheureuse.

Si l'évènement prévu s'accomplit, les assureurs sont tenus comme *débiteurs*, et quand ils paient l'*indemnité*, ils se *libèrent*. — Donc le droit de quittance ou de *libération* est exigible.

Les assurances mutuelles, au contraire, ont lieu entre co-intéressés. Les souscripteurs, par le fait de la mise en commun, se rendent co-propriétaires, et celui qui est chargé d'administrer la propriété commune n'a d'autre titre que celui de mandataire. Par conséquent, lorsque le sort a décidé quels sont les ayants-droit aux sommes mises en commun, ceux-ci, en appréhendant ce qui leur appartient, *déchargent* le gérant de son administration, mais ne lui donnent pas quittance. — Le droit de quittance n'est donc pas exigible.

5. *Assurances contre l'incendie...* — Si nous tarifons les contrats d'assurances *contre l'incendie* à un droit plus élevé que les autres contrats de même nature, c'est en raison des charges que s'imposent les communes et l'État pour prévenir ou arrêter les incendies,

— *charges qui profitent directement aux compagnies d'assurances*, et dont il est juste que la masse des citoyens soit remboursée au moyen d'une surélévation d'impôt *frappant les assurances*.

Il y a longtemps qu'on a dit que les pompiers devraient être, sinon payés, du moins aidés dans leur organisation et subventionnés par les compagnies d'assurances, attendu que c'est à elles qu'ils rendent les plus grands services.

L'élévation de tarif que nous proposons rentre dans cet ordre d'idées ; et on peut dire qu'elle a pour but de faire rembourser au trésor les subventions qu'il accorde aux communes soit pour l'acquisition de pompes, soit pour l'équipement des pompiers.

On objectera que ce sont les compagnies d'assurances qui bénéficient des moyens organisés pour combattre les incendies, et que ce seront les assurés qui paieront l'augmentation d'impôt à laquelle cette organisation sert de prétexte.

Ce raisonnement n'est pas absolument exact. — Les compagnies ne sont pas seules à profiter de la situation favorable qui leur est faite ; il est à croire qu'elles y associent indirectement leurs clients, en modérant dans une certaine mesure le prix de leurs assurances.

Du reste, la profession d'assureur est libre, et rien n'empêche de faire concurrence aux compagnies qui maintiendraient des prix élevés, quand il est certain que, dans les conditions actuelles, les risques ont diminué d'une manière sensible.

Il s'agit, au surplus, entre les parties d'un marché de gré à gré, dans lequel le trésor n'a pas à intervenir : — la seule chose qu'il demande, et qu'il est en droit de demander, *c'est que l'impôt soit payé par les contribuables, dans la mesure des protections sociales qui leur sont accordées.*

Il est donc parfaitement légitime que les *assurances contre l'incendie* supportent un impôt plus élevé que les autres assurances.

La loi du 23 août 1871, art. 6, l'a compris ainsi, et elle a édicté un tarif de 8 %, s'élevant avec les décimes à 0 fr. 60 %.

Nous devons dire que ces droits n'ont pas excité de plaintes bien vives. Cependant nous les trouvons exagérés et nous avons la conviction qu'ils sont de nature à arrêter le développement si désirable des assurances.

Voilà pourquoi, malgré l'expérience faite, nous n'avons établi que le droit de 6 %.

ARTICLE 120.

Sont sujettes au droit de *quatre francs* pour cent francs :

1° *Les mutations entre époux, de biens meubles et immeubles,* à quelque titre qu'elles s'opèrent, et sauf ce qui est dit art. 124, § 5 et 7.

1. *Les mutations entre époux....*— Les droits des mutations entre époux étaient fixés par la loi du 22 trim. an VII, art. 69, § 4 n° 2 et § 6 n° 3, à 0.62 1/2 pour les mutations mobilières, et à 2.50 pour celles immobilières.

La loi du 28 avril 1816, art. 53, a porté ces droits, savoir :

1° à 1.50 pour les *biens meubles* transmis par donation ou succession;

2° à 3 fr. pour les *immeubles* :

Et elle a ajouté que, pour les donations entre vifs faites par contrat de mariage entre les futurs, il ne serait perçu que moitié droit, soit 0.75 et 1.50.

Enfin, la loi du 18 mai 1850, art. 10, qui a mis les biens meubles sur le même rang que les immeubles, a établi le tarif actuel de 3 % sur toute espèce de biens, lequel se réduit à 1.50 en cas de donation *entre vifs* par mariage.

Ces droits, avec le double décime de la loi du 23 août 1871, s'élèvent aujourd'hui à 1.80 et 3.60.

Nous proposons de les porter sans distinction et uniformément à 4 %.

L'augmentation paraît sensible en ce qui concerne les donations *entre vifs* faites par contrat de mariage. — Mais il faut remarquer, d'une part, que ces donations sont excessivement rares, et de l'autre, que ce sont des transmissions que le législateur doit d'autant moins favoriser qu'elles sont le plus souvent arrachées à la faiblesse ou à l'aveuglement.

Quant à l'élévation du chiffre de 3.60 à 4 %, elle ne saurait souffrir de difficulté, si l'on tient compte que la loi nouvelle admet la *déduction du passif* pour le paiement des droits de succession. On devrait même à raison de cette déduction, la trouver insuffisante si le *nouveau mode de capitalisation* établi en l'art. 15, n° 6, ne devait fournir au trésor une compensation suffisante.

2. Sauf ce qui est dit, art. 124 § 5 et 7... — Cet article règle les droits exigibles en cas de *succession irrégulière* au profit de l'époux, et en cas de *libéralité excédant la quotité disponible ordinaire*.

2° *Les donations de biens meubles ou immeubles, en ligne directe, faites hors contrat de mariage et sans partage, mais à charge de rapport,* soit en nature, soit en argent. — Quant aux donations par préciput et hors part, elles sont régies par l'art. 121 ci-après.

Les droits actuels, décimes compris sont de 3 fr. et de 1.80. — Loi du 22 frim. an VII, art. 69, § 6, n° 2, et loi du 28 avril 1816, art. 54.

1. Les donations de meubles et immeubles... — Malgré l'art. 10 de la loi du 18 mai 1850, qui dispose que « les transmissions de « biens meubles à titre gratuit entre vifs, et celles qui s'effectuent par « décès, sont assujetties aux diverses quotités de droits établies pour les « transmissions d'immeubles de la même espèce », — les donations de *biens meubles*, en ligne directe, faites hors contrat de mariage et sans partage, sont assujetties au droit de 2.50 %, soit 3 fr. avec les décimes, tandis que les donations immobilières faites dans les mêmes conditions supportent le droit de 1 %, soit avec les décimes 1.80.

Cela tient à ce qu'on ajoute à ces derniers *un droit de transcription* de 1.50, par application de l'art. 54 de la loi du 28 avril 1816.

Selon nous, la transcription hypothécaire étant une formalité accessoire, un élément complémentaire de la transmission, ne doit donner ouverture qu'au droit de formalité, c'est-à-dire au droit fixe, et non au *droit proportionnel.*

Il n'y a donc aucune raison pour ne pas appliquer l'uniformité du tarif établi par l'art. ci-dessus de la loi du 18 mai 1850.

Le tarif que nous proposons présente une augmentation de 1 % pour les meubles et une diminution de 0.80 % pour les immeubles. Il y a à peu près compensation ; cependant l'avantage est tout entier en faveur du trésor, si l'on tient compte du nouveau mode de capitalisation proposé pour les immeubles.

2. Mais à charge de rapport... — Quand les donations isolées, faites hors contrat de mariage, sont sujettes à rapport, elles ne sont

toujours que des *avancements d'hoirie*, et s'il n'y a aucune raison pour
que la loi les favorise, il n'y a aucune raison non plus pour qu'elle les
traite avec sévérité.

3. *Quant aux donations par préciput et hors part...* —
Il n'en est pas de même de ces donations qui détruisent l'égalité et
souvent la bonne harmonie dans les familles. Aussi font-elles ci-après
l'objet d'une disposition spéciale.

**3° Et les mutations par décès de biens meubles et
immeubles, s'opérant *de l'adoptant à l'adopté* ou à ses
descendants.**

De l'adoptant à l'adopté... — Cette disposition est empruntée à
la loi belge (loi du 17 déc. 1851, art. 9). Le droit actuel, en France, est
de 1 °/₀, comme celui des successions directes. Dalloz, 1084. — Mais, si
la loi confère à l'adopté sur les biens de l'adoptant les mêmes droits
qu'à l'enfant légitime (c. c. 350), il n'en est pas moins vrai que la
parenté légale ainsi établie, n'est qu'une *parenté fictive;* par conséquent, il est rationnel de mettre les dévolutions produites par cette
parenté, sur le rang des transmissions en ligne directe pour lesquelles
la loi de l'impôt s'applique sans ménagement.

Il n'y a pas lieu toutefois de les traiter avec rigueur, comme dans
l'art. 121 ci-après, attendu que l'adoptant, en se créant une famille
fictive, ne fait tort qu'à ses collatéraux, tandis que le père de famille
qui avantage un de ses enfants, nuit par là même aux autres.

ARTICLE 121.

Sont sujettes au droit de *six francs* par cent francs :

Les donations *par préciput et hors part*, faites, soit par
contrat de mariage, soit par tout autre acte entre vifs, par
les ascendants au profit de leurs enfants et petits-enfants.

Le même droit sera applicable aux parts et portions de
biens meubles ou immeubles que recueilleront les enfants

et descendants, *au delà des droits héréditaires* qui leur seraient échus dans la succession de leurs ascendants, si cette succession s'était ouverte *ab intestat.*

Voir art. 120, n° 2.

1. *Préciput et hors part…* — S'il est juste que le père de famille, exerçant la magistrature du foyer, ait le droit de récompenser et de punir, la conscience de tous dit aussi que, le plus souvent, il a le devoir de pardonner ! — C'est donc toujours une chose fâcheuse, quand un homme meurt avec des ressentiments contre son fils, et qu'il lègue à la société chargée d'assurer l'exécution de ses dernières volontés, le soin de le venger.

C'est une chose fâcheuse aussi, quand le père de famille, portant une affection particulière et exclusive à l'un de ses enfants, manifeste cette affection, de son vivant, par une donation *préciputaire*, qui réduit d'autant la part des autres enfants. — Agir ainsi, c'est semer assurément la discorde et se préparer des regrets.

Mais si la loi confère de tels droits à la puissance paternelle, qu'elle est la position de l'enfant qui reçoit la donation ou recueille l'avantage préciputaire ? — Reçoit-il une récompense ? Et de quoi ? — Pour avoir aimé, soigné, défendu son père ? — Mais ce n'est là que le devoir, et il y a assez de récompense dans la satisfaction de l'avoir fait !

Le fils qui accepte un avantage préciputaire ne reçoit donc pas une récompense, *il tire profit de la punition de son frère…*

Les choses vues ainsi, et c'est la règle générale, il n'y a pas à hésiter pour frapper d'un droit élevé les dévolutions irrégulières qui se font dans les familles, et le droit de 6 % ne nous paraît pas excessif. — La loi Belge édicte même le droit entre étrangers.

NOTA. — Il est bien entendu que, quand nous parlons des *dévolutions irrégulières et avantages préciputaires*, nous ne parlons que des dispositions qui ont pour objet de détruire *l'égalité* entre les enfants, et non de celles qui sont concertées dans le but de maintenir l'intégrité des héritages. Quand un père de famille, plutôt que de diviser son domaine, en fait don à l'un de ses enfants, à charge de remettre aux autres une somme équivalent à leurs droits, loin d'y avoir injustice, il y a prévoyance, et on ne saurait qu'applaudir.

Ces sortes de conventions ne sont pas l'objet de cet article, mais sont réglés par les articles 106, n° 16, 117, § 2, 2° alinéa, et 120 n° 2.

ARTICLE 122.

Sont sujettes au droit ci-après, sans distinction de biens meubles ou immeubles.

§ 1.

Au droit de *six francs* par cent francs, — les donations par contrat de mariage en faveur des futurs époux, faites entre frères et sœurs, oncles et neveux, et *parents collatéraux au profit desquels la représentation est admise*.

Le tarif actuel (loi du 21 avril 1832, art. 33,) est de 4.50, soit avec les deux décimes 5.40, pour les mutations entre frères et sœurs, oncles et neveux ; et de 5 fr., soit 6 % décimes compris, pour les mutations au profit des petits-neveux.

Parents collatéraux... représentation... — La loi du 22 frimaire avait rangé tous les collatéraux sur la même ligne, sans distinction de degré, et les avait assujettis aux mêmes droits que les personnes non parentes. La loi de 1816, art. 53, continua à ne faire aucune distinction entre les collatéraux, mais établit un tarif différent pour les personnes non parentes. Enfin, la loi du 21 avril 1832, qui est actuellement en vigueur, a divisé la parenté collatérale en trois classes : — les frères et neveux, parents au 2° et au 3° degré, — les grands oncles et petits-neveux, ainsi que les cousins germains, parents au 4° degré, — et les parents plus éloignés.

Cette classification, purement arbitraire, complique inutilement le tarif.

Nous avons donc adopté, comme plus naturelle, la division établie par la loi, qui ne reconnaît que deux espèces de collatéraux, ceux au profit desquels la représentation est admise, et ceux qu'elle exclut de ce bénéfice (c. c. art. 742).

Voilà pourquoi nous avons mis sur la même ligne, pour la perception, les neveux et petits-neveux.

§ II.

Au droit de *sept francs* par cent francs, les donations de *même nature* faites entre *cousins germains*, et tous autres collatéraux jusqu'au 12ᵉ degré inclusivement.

§ III.

Et au droit de *huit francs* pour cent francs, les donations également faites par contrat de mariage, *entre personnes non parentes.*

Le droit actuel est de 7.20, décimes compris.

ARTICLE 123.

Sont sujettes au droit de *six francs soixante centimes* :

1° Les adjudications, — soit par devant notaire, soit au tribunal, — les ventes, reventes, cessions, rétrocessions ; les résolutions, autres que celles énoncées art. 100, n° 7 ; — et généralement tous actes, civils et judiciaires, translatifs de propriété ou d'usufruit de biens *immeubles*, à titre onéreux. — Les adjudications à la folle enchère de biens de même nature sont assujetties au même droit, mais seulement sur ce qui excède le prix de la précédente adjudication, si le droit en a été acquitté.

C'est la reproduction de la loi du 22 frim. an VII, art. 69, § 7 n° 1, avec le tarif actuel. — Nous avons supprimé, toutefois, la réserve faite au sujet des *domaines nationaux*, car nous sommes d'avis que les ventes de biens de l'Etat doivent supporter le même droit que les autres, et que l'exception dont elles ont été l'objet jusqu'ici a toujours été une perte sèche pour le trésor.

Voir : Demante, art. 859.

2° Les échanges de *biens immeubles :* le droit sera perçu d'après le capital formé comme il est dit en l'art. 14, n° 13, — sur la moindre des parts. — S'il y a retour ou plus value, le droit sera perçu comme pour vente, sur la soulte payée, *ou sur la plus value,* si celle-ci est supérieure. — *Il n'est, du reste, pas dérogé à la loi du 27 juillet 1870,* article 4, relative aux échanges d'immeubles contigus.

Le droit sur les échanges, d'après l'article 2 de la loi du 10 juin 1824, est de 2 fr. 50 %, — soit 3 fr., décimes compris.

I. *De biens immeubles...* — L'échange est une *double vente,* qui est l'objet d'une faveur considérable par le fait seul que le droit de mutation ne se calcule que sur la valeur d'un des lots échangés. — En admettant le droit que nous proposons, chaque échangiste ne paiera encore pour l'immeuble dont il devient propriétaire que la moitié des droits qu'il aurait payés, s'il avait acquis à prix d'argent.

Cette réduction nous paraît suffisante.

« L'échange n'est guère entravé, dit M. Vraye, par le droit d'enregistrement. » — Il est à remarquer, en effet, que la modération du tarif dont ces actes ont joui jusqu'à ce jour n'en a pas augmenté le nombre; mais elle a servi, en revanche, à faciliter la fraude. Voici ce qui se passe : — Un individu, *Pierre,* a acheté une propriété à *Joseph,* et, pour la payer, il en vend une autre à *Alexandre.* Au lieu de faire deux ventes, on fait acheter par Alexandre la propriété de Joseph, et on fait ensuite un échange entre Pierre et Joseph. — Supposons qu'il s'agisse de deux pièces de terre ayant un revenu égal de 100 fr. et vendues chacune 1000 fr., le trésor perd à ce procédé 201 fr., et c'est là une fraude contre laquelle il n'existe aucun moyen de répression.

Il importe donc de la prévenir en admettant le tarif que nous proposons.

2. *Il n'est pas dérogé à la loi du 27 juillet 1870...* — Nous sommes loin d'approuver cette loi; — mais elle est tellement récente qu'elle n'a pas encore eu le temps de fonctionner, et rien ne presse pour en demander l'abrogation.

3° Les *baux de chasse*, à durée limitée ou non, et les baux à rentes perpétuelles de biens *immeubles*, ceux à vie, et ceux dont la durée est illimitée.

Le *minimum* établi par l'art. 6 sera perçu, *pour les baux de chasse*, autant de fois qu'il y aura de bailleurs ayant des propriétés distinctes.

Pour les baux à rentes perpétuelles, c'est le tarif actuel. Voir loi du 22 frimaire, art. 69, § 7, n° 2.

1. *Baux de chasse...* — La jurisprudence décide que le *droit de chasse* est un droit inhérent à la propriété, tellement que le propriétaire qui a loué sa ferme reste investi *du droit de chasse*, s'il ne l'a aliéné d'une manière expresse en même temps que la jouissance matérielle de ses terres.

— L'aliénation temporaire du droit de chasse diffère donc essentiellement de l'aliénation de la jouissance fermière qui constitue le bail. Le bail est une cession *du domaine utile*. La cession du droit de chasse, au contraire, est une transmission partielle du *domaine direct*: il est donc naturel de lui appliquer le tarif des transmissions immobilières.

Remarquons, du reste, que les raisons qui portent à atténuer les droits à mettre sur les baux de jouissance fermière, n'existent pas pour les baux de chasse : — Les premiers correspondent à une industrie, à un travail productif dont le développement intéresse la société toute entière ; — les autres, au contraire, ne sont relatifs qu'à l'exercice d'un plaisir, et d'un plaisir que peuvent seuls s'accorder ceux qui jouissent d'une certaine fortune. — On peut donc les frapper sans crainte.

2. *Le minimum...* — La plupart des *baux de chasse* sont moins des baux que des *permissions de chasse*. Dans l'état de division actuel de notre sol, il est peu de propriétaires qui peuvent chasser librement sans le consentement de leurs voisins: aussi nous voyons tous les jours des baux de chasse consentis par trente ou quarante individus ! Or, comme ce sont des permissions de chasse et non des baux, les actes stipulent, seulement pour la forme, un prix de deux francs ou de cinq francs payés comptant, pour toute la durée du bail.

Il en résulte que les *baux de chasse*, — qui sont quelquefois très-

longs et qu'il est nécessaire de transcrire en entier, — s'enregistrent,
en ce moment, moyennant *vingt-cinq centimes*.

En vérité, si l'application de ce minimum a jamais été malheureuse,
c'est dans cette circonstance!

4° Les déclarations ou élections de command ou ami,
par suite d'adjudication ou de contrats de vente de biens
immeubles, dans le cas où la déclaration est faite après
les délais stipulés en l'art. 106, n° 17, ou lorsque la faculté
d'élire un command n'a pas été réservée.

Comparez : loi du 22 frimaire an VII, art. 69, § 7, n° 3, — même
tarif que pour les ventes.

5° Les *parts* et portions indivises de biens immeubles
acquises par licitation.

Voir : loi du 22 frimaire, art. 69 § 7, n° 1. — Le droit actuel n'est
que de 1 fr. 50, plus le droit de transcription, qui est exigible *sur le
tout*, quand l'indivision ne procède pas d'un titre commun..... — quand
elle ne cesse pas d'une manière absolue..... — quand l'acquéreur est
héritier bénéficiaire, etc., etc. — Toutes ces distinctions rendent la
perception fort difficile.

La question du titre commun, particulièrement, a divisé tous les
esprits, occupé cent fois les tribunaux, et ne sera jamais résolue.

Pour couper court à ces difficultés, nous avons tarifé les mutations
dont il s'agit au droit ordinaire des ventes immobilières. Le trésor y
perdra plutôt qu'il n'y gagnera, car si le *droit de vente* est payé sur
les *parts acquises*, le droit de transcription cessera de frapper le
surplus des immeubles : — Mais, c'est justice, attendu que l'acquéreur
ne doit jamais payer de droits que sur ce qu'il acquiert!

Parts acquises... — M. Aulanier, dont la compétence ne saurait
être récusée, est d'avis qu'il n'y a aucun inconvénient à assujettir les
licitations et les soultes de partages au droit ordinaire de vente. « Les
« contractants, dit-il, supposent qu'il n'en peut être autrement, et ils
« comptent toujours avoir à payer les mêmes frais pour une licitation,
« *sur le prix payé*, que sur une vente. — Il en était du reste ainsi,
« sous le régime de la loi de l'an VII non modifiée. »

6° Les retours d'échange et de partage de biens immeubles.

Voir: loi du 22 frimaire an VII, art. 69, § 7, n° 5.

Pour les retours d'échanges, il n'y aura pas d'augmentation sur le tarif actuel.— Mais, pour les soultes de partage, il y aura une augmentation importante, qui sera d'une somme égale *au droit de transcription.* Nous aurions reculé devant cette augmentation si nous n'avions donné une existence légale aux dispositions des instructions 342 et 2137, § 10, qui permettent l'imputation la plus favorable aux parties, même sur les rapports fictifs de dot, et qui réduisent ainsi la plupart des soultes en matière de partage à néant. — V: art. 106, n° 13.

Nous venons de voir, du reste, par l'autorité de M. Aulanier, que le contribuable, préparé d'avance à l'augmentation, ne la trouvera pas excessive.

7° Les retraits non exercés dans le délai de *cinq années,* ou exercés après l'expiration des *délais convenus* par les contrats de vente d'immeubles sous faculté de réméré.

Comparez : loi du 22 frimaire art. 69, § 7, n° 6 et art. 1660 et 1661 du c. c.

ARTICLE 124.

Sont sujettes aux droits ci-après, sans distinction de biens meubles ou immeubles :

§ 1er.

Au droit de *huit pour cent,* les mutations par décès et les transmissions entre vifs *hors mariage, entre frères et sœurs,* oncles et neveux, et *parents collatéraux* au profit desquels la *représentation* est admise.

Tarif actuel 7 fr. 80, décimes compris, entre frères et sœurs, oncles et neveux. — et 8.10, entre grands-oncles et petits-neveux.

(Loi du 21 avril 1832, art. 33).

Parents collatéraux... représentation... — Voir à ce sujet, art. 122 § 1.

§ II.

Au droit de *neuf pour cent*, les mutations par décès et transmissions entre vifs, entre collatéraux autres que ceux désignés au § précédent.

Tarif actuel, décimes compris :
1° Pour les cousins germains 8.40.
2° Pour les collatéraux plus éloignés 9.60, ·

(Loi du 21 avril 1832, art. 33).

§ III.

Au droit de *dix pour cent*, les mutations par décès et les transmissions entre vifs, hors mariage, *entre personnes non parentes.*

§ IV.

Lorsque l'époux survivant ou les enfants naturels seront appelés à la succession, à défaut de parents au degré successible, ils seront considérés, quant à la quotité des droits sur les parts et portions de biens recueillies à ce titre, comme *personnes non parentes.*

Tarif actuel, décimes compris. 10.80.

(Loi du 28 avril 1816, art. 53).

§ V.

Lorsque l'époux survivant, sans être successeur irrégulier, recueillera dans la succession de son conjoint un émolument excédant un quart en propriété et un quart en usufruit, il paiera sur cet excédant un droit égal à celui qu'auraient payé les héritiers collatéraux.

§ VI.

Les héritiers collatéraux appelés par *testament* à recueillir des droits excédant leur part héréditaire, paieront sur cet excédant, en même temps que le droit de mutation par décès, un droit de 1 %, pour tenir lieu du droit proportionnel sur le testament.

Si les successions entre étrangers ne s'ouvrent pas par dévolutions légales, ou si elles ne sont pas le résultat d'une institution contractuelle, les légataires paieront, en dehors du droit de 10 % ci-dessus, une somme de 1 % du montant de leur legs, pour tenir également lieu du droit proportionnel d'enregistrement sur le testament.

On remarquera que nous avons admis une diminution légère, en faveur des mutations comprises dans les derniers paragraphes ci-dessus. Le chiffre de *dix pour cent* nous a toujours paru une limite extrême, et nous nous sommes attaché à graduer les droits de façon à ne pas dépasser cette limite. — Le trésor, du reste, ainsi que nous l'avons répété plusieurs fois, trouvera *dans les nouvelles bases de capitalisation* que nous avons établies une large compensation à ce qu'il pourra perdre en quotité.

TITRE XIII.

Des actes qui doivent être enregistrés en débet ou gratis, et de ceux qui sont exempts de la formalité de l'enregistrement.

Article 125.

Seront enregistrés en débet :

1° Les actes et procès-verbaux des juges de paix faits d'office en matière civile ; ceux des curateurs nommés d'office aux successions vacantes ; les actes faits ou requis par le ministère public dans l'intérêt des absents ; ceux relatifs aux procédures d'interdiction poursuivies conformément à l'art. 491 du c. c. ; ceux faits en conformité de la loi du 25 ventôse an XI sur le notariat ; et, généralement, les actes de procédure intervenant dans tous les cas où le ministère public agit dans l'intérêt de la loi et pour assurer son exécution.

Les droits des formalités données en débet seront, après le règlement de chaque affaire, réclamés aux parties intéressées, et le recouvrement en sera poursuivi, au besoin, par voie de contrainte.

V. Garnier, 1252, 573, 574, — et 65

2° Les actes et procès-verbaux des huissiers, gendarmes, et autres officiers de police judiciaire ; — des gardes champêtres ou forestiers, (autres que ceux des particuliers) ;

— des gardes-pêches, vérificateurs des poids et mesures, employés des télégraphes, commissaires et sous-commissaires des chemins de fer, — ingénieurs et agents des ponts et chaussées, agents voyers et cantonniers, des gardes du génie, gardes d'artillerie, gardiens de batterie ; — et généralement tous actes et procès-verbaux ayant pour objet la poursuite et la répression des délits et contraventions aux règlements généraux de police, — lorsqu'il n'y aura pas de partie poursuivante en cause, ou lorsque la partie civile aura fait une consignation insuffisante.

V : loi du 25 mars 1817, art. 71, et inst. 1899, 1991, 2189, 2018, 2203, 2132, § 2.

3° Les déclarations d'appel de tous jugements rendus en matière de police correctionnelle, lors même qu'il y a partie civile en cause, si l'appelant est emprisonné.

V : loi du 25 mars 1817, art. 71, et inst. 2189.

4° Les actes faits dans les affaires de police correctionnelle ou de simple police, à la requête d'une administration publique agissant dans l'intérêt de l'Etat, d'une commune ou d'un établissement public. — Les administrations des contributions indirectes et des postes continueront, cependant, à faire l'avance de leurs frais de poursuites, notamment des droits d'enregistrement des procès-verbaux dressés par les gendarmes, et constatant des saisies en matières de postes, de douanes ou de contributions indirectes.

V : ordonnance du 20 mai 1816, et inst. 2018.

5° Les actes et jugements qui interviennent sur les actes et procès-verbaux énoncés dans les trois paragraphes précédents. — Il y aura lieu de suivre la rentrée des droits d'enregistrement de ces actes, procès-verbaux et jugements contre les parties condamnées, d'après les extraits des jugements qui seront fournis aux préposés de la régie par les greffiers.

Loi du 22 frimaire an VII, art. 70, § 1, n° 5.

6° Les actes et titres produits par les assistés judiciaires pour justifier de leurs droits et qualités, ainsi que les actes de procédure faits à leur requête; les actes, jugements et arrêts, concernant les affaires soumises aux prud'hommes, — sauf recouvrement comme il est dit en la loi du 22 janvier 1852, à laquelle il n'est aucunement dérogé; — et les actes relatifs aux questions de nationalité en matière de recrutement.

V : Inst. 2016 et 2117. — V : Inst. 1861 et 1879.

7° Les actes faits en conformité des art. 104 et 170 du code forestier, et ceux relatifs soit aux travaux d'amélioration, soit à l'exploitation et à la mise en produits des bois des communes et des forêts de l'Etat.

V : Inst. 1566, 1169, 2066, § 3, 2089, 2110, 2167, § 6, et 2311, § 6.

8° Les actes relatifs à la clôture des faillites, et faits en conformité de l'art. 537 du code de commerce.

Inst. 2062, § 1.

9° Les billets souscrits lors de la réalisation des prêts à l'industrie, et protestés.

Inst. 2311, § 3.

ARTICLE 126.

Seront enregistrés gratis :

1° Les exploits pour le recouvrement des *contributions*, dans les cas indiqués en l'art. 103, n° 2.

30

2° Les acquisitions faites *au profit de l'Etat*, et tous actes y relatifs; les échangés, pour la portion de droits mise par le contrat à la charge du trésor; — et les actes publics, ou de gré à gré, faits en conformité de la loi du 3 mai 1841, à laquelle il n'est pas dérogé.

Comparez : loi du 22 frimaire an VII, art. 70, § 2, n° 1.

3° Les actes des huissiers et gendarmes qui ont rapport à la *police générale et à la vindicte publique.*

V : loi du 22 frimaire an VII, art. 70, § 2, n° 3.

4° Les notifications relatives aux terrains soumis aux *servitudes militaires.*

V : inst. 998.

5° Les actes de procédure en *matière électorale*, jusques et y compris le recours en cassation.

Décret du 21 août 1818. V : Garnier, R. G. 580 — 1 et 2.

6° Les actes relatifs au *reboisement des montagnes.*

Inst. 2201, § 3.

7° Les délibérations des conseils de famille ayant pour objet d'autoriser les tuteurs à consentir l'*engagement volontaire des mineurs âgés de moins de vingt ans.*

V : inst. 1422, § 3.

8° Les lettres patentes de dispense d'âge, les extraits, jugements, arrêts et actes de procédure, consentements et actes respectueux, relatifs au *mariage des indigents* et à la *légitimation de leurs enfants naturels,* sauf les justifications prescrites par la loi du 10 décembre 1850, à laquelle il n'est pas dérogé.

V : inst. 1876.

9° Les citations, actes de procédure, et jugements, relatifs à la *pêche côtière* et à la *pêche du hareng*.

V : Inst. 1950 et 1951.

Le décret du 25 mars 1852, relatif à la pêche du hareng, prescrit l'enregistrement *en débet*. — Il n'y a pas de raison pour que cette exception subsiste.

10° Les actes et jugements ayant pour objet la répression des infractions aux règlements sur les *pêcheries*, entre la France et l'Angleterre.

V : Inst. 1770.

11° Les perquisitions, appositions et levées de scellés, faites chez des *comptables ou dépositaires publics* dans l'intérêt de l'Etat, et chez les titulaires des cures.

Inst. 2301, § 5, J. E. 18685 — 3.

12° Et les actes de procédure et jugements à la requête du ministère public, ayant pour objet : 1° de réparer les omissions et d'opérer les rectifications, sur les registres de *l'état civil*, d'actes qui intéressent les individus notoirement *indigents ;* 2° de remplacer les registres de l'état-civil perdus ou incendiés par les événements de guerre, et de suppléer aux registres qui n'auraient pas été tenus.

Loi du 25 mars 1817, art. 75.

13° Et les actes de société réglant les statuts des sous-comptoirs d'escompte.

V : décret du 24 mars 1848. Inst. 1802, § 2.
V : art. 106 n° 15.

ARTICLE 127.

Seront exempts d'enregistrement :

1° Les actes de *l'Assemblée nationale* et ceux du Gouvernement, sauf ce qui est dit art. 130 ci-après.

2° Les actes d'*administration publique* non compris dans les articles précédents, notamment dans l'art. 43, n° 6.

3° Les *inscriptions sur le grand-livre* de la dette publique ; leurs transferts et mutations *à titre onéreux ;* les quittances des intérêts qui en sont payés, et tous les effets de la dette publique inscrits ou à inscrire définitivement.

V : art. 4, n° 2.

4° Les rescriptions, mandats et ordonnances de paiement sur les *caisses nationales ;* leurs endossements et acquits.

5° Les quittances de contributions, droits, créances et revenus payés à l'État ; celles pour charges locales, et celles des fonctionnaires et employés salariés par la République, pour leurs traitements et remises.

6° Les ordonnances de décharge ou de réduction, remise ou modération d'imposition, les quittances y relatives, les rôles et extraits en matière de contributions, en ce compris les rétributions scolaires.

7° Les récépissés délivrés aux receveurs de deniers publics et de contributions locales ; et les comptes de recettes ou de gestions publiques.

8° Les actes de naissances, décès et mariages, reçus par les officiers de l'état-civil, et les extraits qui en sont délivrés, — sauf pour ces extraits le cas où les actes contiennent reconnaissance d'enfants naturels.

V : art. 7 et art. 106, n° 16.

9° Les actes et procès-verbaux (autres que ceux des

huissiers et gendarmes), et les jugements concernant la
police générale et de sûreté, et la vindicte publique.

10° Les avertissements pour appeler au bureau de conciliation, conformément à la loi du 2 mai 1855, et les
lettres et avis administratifs prescrits par les art. 26 et
suiv. de la présente loi.

11° Les dépôts *au greffe de la justice de paix* des signatures et paraphes des notaires et officiers de l'état-civil ;
les légalisations de ces signatures ; et les affirmations des
procès-verbaux des employés, gardes et agents, faits dans
l'exercice de leurs fonctions.

Inst. 2200.

12° Les obligations, reconnaissances, et tous actes concernant l'administration des *monts-de-piété*.

V : loi du 24 juin 1851. Inst. 1887.

13° Les recours contre les arrêtés des conseils de préfecture.

Inst. 2132, § 6. Loi du 21 avril 1832, art. 30.

14° Les engagements, enrôlements, congés, certificats,
passeports, quittances de prêt et fournitures, billets
d'étape, de subsistance et de logement, tant pour le service de terre que pour le service de mer, et tous autres
actes de l'une et l'autre administration non compris dans
les articles précédents.— Sont aussi exceptés de la formalité de l'enregistrement, les rôles d'équipages et les engagements de matelots et gens de mer, pour tous bâtiments
ou embarcations exerçant une navigation maritime.

Inst. 1919. Inst. 231, § 2.

15° Les endossements et acquits des lettres de change, françaises ou étrangères, et les endossements et acquits des billets à ordre, récépissés des magasins généraux, warrants et autres effets négociables, sauf ce qui est dit art. 103, n° 9, et 115, n° 3, au sujet des billets hypothécaires, et des endossements par actes notariés.

V : inst. 2149, page 11.

16° Les passeports délivrés par l'administration publique.

17° Les certificats, actes de notoriété et autres pièces, exclusivement relatives à l'exécution de la loi du 8 mai 1851, qui constitue une caisse de retraite pour la vieillesse.

Les certificats à produire par les héritiers des titulaires seront passibles du droit édicté par l'art. 103, n° 10.

V : inst. 1880 et inst. 1000, § 2.

18° Les actes intéressant les sociétés de secours mutuels et n'emportant pas mutation.

Décret du 26 mars 1852. Inst. 1932.

19° Les actes et jugements des tribunaux maritimes commerciaux, institués par décret du 24 mars 1852.

Inst. 1983.

20° Les notes tenues par les greffiers en exécution des art. 155 et 189 du code d'instruction criminelle.

Inst. 1953.

21° Et les prestations de serment des médecins délégués pour constater les infirmités des employés.

Inst. 1090 et 2013.

TITRE XIV.

Article 128.

Les lois et décrets qui existent sur l'organisation de l'enregistrement, sa manutention, et ses frais de régie, continueront d'être exécutés jusqu'à ce qu'une loi nouvelle ait réglé cette matière.

Article 129.

Sont et demeurent abrogées, la loi du 22 frimaire an VII et toutes les lois postérieures contenant des dispositions en contradiction avec la présente.

Article 130.

Sont, au contraire, déclarés en vigueur :

1° L'art. 55 de la loi du 28 avril 1816, relatif à l'établissement du *droit de sceau ;* — l'art. 1er de la loi du 21 avril 1832, ayant pour objet la *remise ou modération de ce droit ;* — l'art. 12 de la loi du 20 juillet 1837, relatif à la *réintégration de la qualité de français* et aux *changements de nom ;* — le décret du 28 mars 1848, sur la *naturalisation des étrangers;* — et la loi du 7 août 1850, art. 17, sur les *autorisations de domicile.*

2° L'art. 17 de la loi du 18 avril 1831, concernant les *actes d'acquisition, donation ou legs faits au profit des départements, communes, et établissements publics.*

3° La loi du 3 mai 1841, sur *l'expropriation pour cause d'utilité publique* (art. 2, 11, 56, 57 et 58).

4° La loi du 25 juin 1841, sur les *transmissions d'office* (art. 6 à 14).

5° La loi du 10 décembre 1850, sur le *mariage des indigents* et la reconnaissance de leurs enfants naturels. Cette loi sera applicable aux pièces nécessaires au mariage de français indigents à l'étranger.

Inst. 2407.

6° La loi du 22 janvier 1851 sur *l'assistance judiciaire* (art. 13, 14, 17, 18, 19, 20, 25, 26).

7° La loi du 22 février 1851, sur les *contrats d'apprentissage* (art. 1er).

8° La loi du 8 juillet 1852, sur le *transfert des rentes sur l'Etat* (art. 25 et 26).

9° La loi du 28 mai 1858, le décret du 12 mars 1859, la loi du 3 juillet 1861, et la loi du 31 août 1870, concernant les *magasins généraux* et les *ventes publiques de marchandises en gros*, sauf les modifications de tarif apportées par l'art. 112 de la présente loi.

Inst. 2149, 2197, § 2.

11° Et la loi du 27 juillet 1870, art. 4, relative aux *échanges d'immeubles contigus.*

ARTICLE 131.

A partir de la publication de la présente loi, et jusqu'à

ce qu'il en ait été autrement disposé, *les droits de greffe de rédaction* établis par la loi du 21 ventôse an VII, la loi du 22 prairial an VII, et le décret du 12 juillet 1808, ne seront plus acquittés que *pour la portion revenant au greffier.*

V : art. 106, n° 3.

NOTA. — Nous avons dit, page 116, que si nous faisions une loi de *timbre* ou de *greffe*, nous supprimerions également le *droit d'expédition.* Il est certain, en effet, que l'enregistrement des expéditions est une formalité complètement inutile, qui peut se remplacer avantageusement par un *droit de timbre.*

ARTICLE 132.

A partir de la même époque, la *transcription* des actes de toute nature faite au bureau des *hypothèques,* ne donnera lieu qu'au droit fixe de deux francs, outre le remboursement des droits de timbre et le salaire du conservateur.

Sont exceptés les actes ci-après, sur lesquels le droit de *un franc cinquante centimes pour cent* continuera à être perçu, au moment de la formalité *aux hypothèques,* — mais sans aucune addition de décimes :

1° Les testaments contenant substitution ;

V : art. 1069 du code civil.

2° Les promesses de vente ;

V : ci-dessus, art. 106, n 15, et J. E. 17580.

3° Les déclarations de remploi et abandons, durant le mariage, d'immeubles de communauté à la femme pour la remplir de ses reprises.

V : art. 1595 du code civil. Garnier 10711.

4° Et les donations affectées d'une condition suspensive.

Inst. 2362, § 2.

Article 133.

L'obligation imposée par l'art. 47, de faire enregistrer les polices d'assurances et actes y relatifs, ne concerne que les actes qui seront faits à l'avenir.

Quant aux polices en cours d'exécution, elles acquitteront en bloc les droits établis par la présente loi, mais seulement sur les années restant à courir, et à l'exclusion de l'année courante.

Ces droits seront acquittés par les assureurs et compagnies d'assurances, sauf recouvrement sur les assurés comme il sera dit ci-après.

Ils seront liquidés contradictoirement entre les employés de l'administration et les assureurs et compagnies d'assurances, et les sommes reconnues exigibles seront versées aux bureaux de l'enregistrement du domicile des assureurs et compagnies, en trois paiements égaux, qui seront effectués, à peine de payer double, dans les quinze premiers jours de janvier 1873, 1874 et 1875, au plus tard.

Pour rembourser les assureurs et compagnies d'assurances des paiements qu'ils auront à faire, ainsi qu'il vient d'être dit, les primes d'assurances en cours d'exécution seront, à partir de l'année prochaine, augmentées d'une somme égale aux droits établis par la présente, et les assureurs et compagnies d'assurances sont autorisés à poursuivre le recouvrement de cette augmentation, comme si elle avait été stipulée dans les polices ou contrats.

Pour les assurances contractées moyennant une somme versée à forfait, les assureurs et compagnies d'assurances exerceront directement leur recours contre les assurés, et, en cas de non paiement par ceux-ci, ils pourront être autorisés par justice à réduire l'assurance dans la proportion du droit non payé et des frais dûs par l'assuré.

ARTICLE 134.

En ce qui concerne les assurances constatées par écritures administratives, ou *caisses mutuelles* et *départementales*, le droit ne sera exigible que sur les versements qui seront effectués à partir du 1er janvier prochain.

ARTICLE 135.

Il est accordé un délai de trois mois, à partir de la publication de la présente loi, pour faire enregistrer, *sans amende*, et moyennant les tarifs anciens, les actes sous signatures privées contenant transmission d'immeubles en propriété, usufruit ou jouissance, et les mutations verbales des mêmes biens.

Pour les baux et mutations verbales de jouissance, la perception sera limitée aux années restant à courir, *y compris l'année courante.*

V : art. 1 de la présente.

ARTICLE 136.

Il est également accordé un délai de trois mois, pour réparer sans amende, et moyennant le seul paiement des droits simples et des frais faits à ce jour :

1° Les omissions commises dans les déclarations de successions ;

2° Les vilités de prix existant dans les actes de transmission à titre onéreux ;

3° Et les insuffisances d'évaluation commises, soit dans les déclarations de succession, soit dans les transmissions entre vifs à titre gratuit.

ARTICLE 137.

Les sociétés de commerce et commerçants actuellement inscrits au rôle des patentes, devront faire enregistrer dans le délai de trois mois leur dernier inventaire commercial, à peine de l'amende édictée en l'art. 04.

Les commerçants nouvellement établis seront tenus de déclarer dans le même délai, et sous la même peine, à quelle époque remontent leurs opérations commerciales : cette déclaration sera faite sur une formule spéciale, assujettie au timbre de dimension, et il en sera donné récépissé sans frais.

Notre tâche est terminée ! — Il resterait à établir des calculs statistiques, pour connaître d'une manière précise les augmentations et diminutions qui seraient la conséquence des modifications que nous avons proposées. Mais les données nous manquent. Cependant, à l'aide de documents de comptabilité qui ont été mis à notre disposition avec une bienveillance parfaite, nous avons pu déterminer approximativement la proportion dans laquelle les produits annuels de l'enregistrement se répartissent entre chaque nature de droits, et nous avons calculé, d'après ces bases, et en tenant compte des lois du 23 août 1871 et du 28 février 1872, que l'augmentation *nette* qui résulterait au profit du trésor des dispositions que nous avons formulées, s'élèverait *au moins* à 30 ou 40 millions.

Cette nouvelle augmentation doit fournir largement la part de l'administration de l'enregistrement dans les charges qui sont actuellement imposées au pays.

Nous ferons remarquer, au surplus, que la fixation de droits que nous avons faite n'est pas tellement élevée qu'elle ne puisse se prêter à augmentation, et qu'étant établie *en droit principal*, elle permet facilement l'application d'un nouveau décime, si tant est, ce qu'à Dieu ne plaise, qu'il en soit jamais besoin !

Le cadre de notre travail ne comportait que l'étude des modifications à introduire dans la législation de l'enregistrement.

Mais il y a d'autres lois qui se lient intimement aux lois de l'enregistrement, et qui demandent également une

— 482 —

refonte complète. — Nous voulons parler des lois sur le *timbre.* Ces lois sont nombreuses, arides, et généralement peu connues. Elles sont susceptibles de grandes améliorations, au double point de vue du trésor et des contribuables, et il importe qu'une nouvelle législation y mette au plus tôt de l'ordre et de la lumière.

Quant aux droits de greffe, nous avons déjà dit plusieurs fois, dans le cours de cet ouvrage, ce que nous en pensons. — Pour nous, il n'y a qu'une chose à faire à leur égard, c'est de les supprimer.

Enfin, il est une question qui, en matière d'enregistrement, est au fond de toutes les autres, et qui demande, elle aussi, des réformes urgentes, — c'est la question de travail et de *manutention.*

Le trésor est intéressé, plus qu'on ne le pense, à ce que cette question soit mise promptement à l'ordre du jour.

Ceux qui sont étrangers à l'administration de l'enregistrement ou qui ne voient les choses que de loin ne se doutent pas de la somme de travail que fournissent les receveurs ; et il est incontestable qu'en débarrassant ce travail des complications matérielles qui l'absorbent, on le rendrait plus sûr et plus productif !

Nous tenons à dire qu'en parlant ainsi, nous ne venons pas faire *chorus* aux attaques journalières dont le *répertoire* est l'objet.

Nous avons l'habitude de juger les institutions par le plus ou moins d'utilité qu'elles ont au point de vue général. Or, on ne peut nier, à ce point de vue, que le *répertoire* soit un auxiliaire puissant pour le contrôle de la fraude.

Les résultats qu'il commence à produire sont là pour le prouver : et ces résultats seront bien autres quand il aura fonctionné quelques années encore, et qu'il sera devenu le véritable *casier civil* de la génération actuelle !

D'excellents receveurs conviennent, du reste, — maintenant que le fonctionnement est connu et l'habitude prise, — que la tenue du *répertoire* n'exige pas sensiblement plus de travail que le service des anciennes tables ; et il est évident que, s'il y a une légère perte de temps, elle sera, dans un avenir prochain, compensée, et au-delà, par la promptitude et la facilité des recherches.

Nous sommes donc un des partisans convaincus du répertoire, *malgré ses défauts :* ces défauts, quels qu'ils soient, ne sont que des imperfections réparables, et ils ne peuvent faire que l'institution n'ait été une grande et utile réforme.

Mais, si nous approuvons le *répertoire*, combien ne connaissons-nous pas, en revanche, de prescriptions de service et de détails de manutention, dont l'utilité douteuse est loin de compenser le travail qu'ils occasionnent, et parfois l'humiliation qu'ils imposent !

Espérons que le jour est prochain où toutes ces choses seront examinées de nouveau, *avec la volonté arrêtée d'être utile aux agents sans nuire au trésor.* — Tel doit être le programme de la *simplification du travail,* et là est aussi, dans une grande mesure, *l'amélioration du sort des employés.*

Maintenant, que deviendra ce livre ?

Nous l'avons écrit de bonne foi, sans esprit de fiscalité, avec la préoccupation constante de répartir l'impôt d'une manière égale entre les contribuables, tout en sauvegardant les intérêts du trésor, et pénétré de cette idée que *ce n'est pas assez que la loi soit juste, qu'il faut encore qu'elle soit claire dans ses termes et d'une application facile!*

Évidemment le travail que nous avons accompli ne peut être qu'un *essai* dans cette voie.

Mais la voie est tracée, et tôt ou tard il faudra la suivre, car la situation est telle que la *refonte des lois de l'enregistrement* s'impose chaque jour comme une nécessité.

Les notaires sont les premiers intéressés à cette *refonte*. Nous avons commencé l'œuvre, à eux d'en poursuivre la réalisation. Les témoignages nombreux de sympathie que nous avons recueillis et les lettres pleines d'encouragement qui nous sont venues d'un bout à l'autre de la France, nous font espérer qu'un effort puissant sera tenté en ce sens. Mais, nous le répétons, le travail que nous publions n'est qu'un *essai*, et il ne faut pas que ce soit son insuffisance qui arrête l'élan vers les améliorations et le progrès!

FIN.

TABLE DES MATIÈRES.

31

FIN DE LA TABLE.

Amiens. — Imp. de Lenoel-Herouart, rue des Rabuissons, 30.

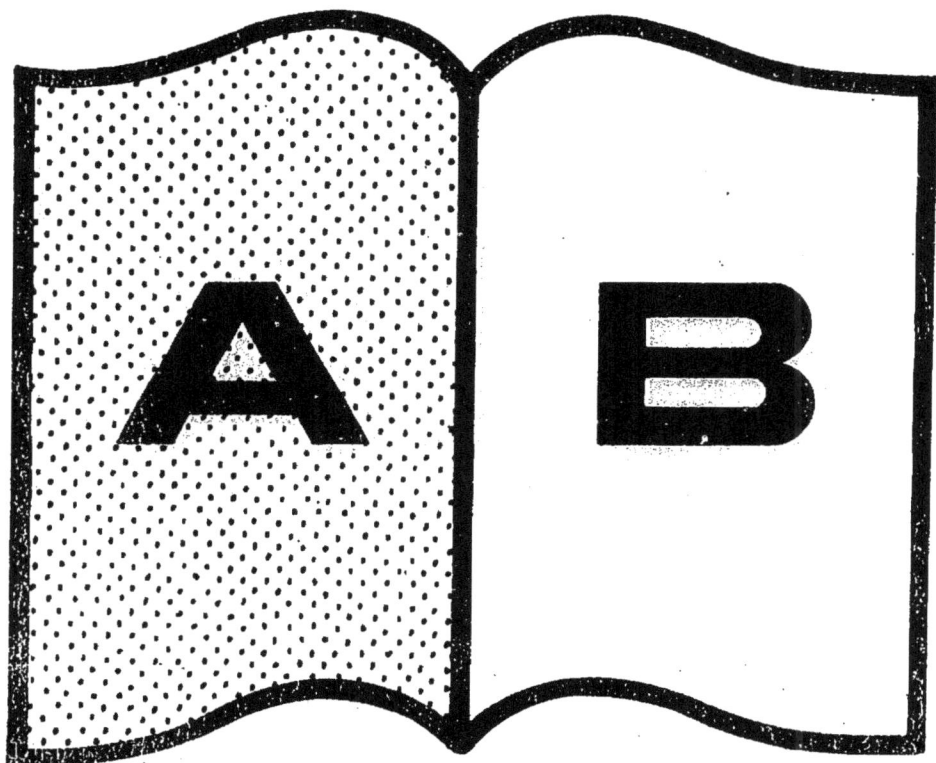

Contraste insuffisant

NF Z 43-120-14